寻道四方

从人文地理学
视角看世界

朱磊 —— 著

九州出版社 | 全国百佳图书出版单位

图书在版编目（CIP）数据

寻道四方：从人文地理学视角看世界 / 朱磊著. --北京：九州出版社，2022.12
ISBN 978-7-5225-1350-8

Ⅰ．①寻… Ⅱ．①朱… Ⅲ．①游记－世界 Ⅳ．①K919

中国版本图书馆CIP数据核字(2022)第232852号

寻道四方——从人文地理学视角看世界

作　　者	朱　磊　著
责任编辑	邓金艳
出版发行	九州出版社
地　　址	北京市西城区阜外大街甲35号（100037）
发行电话	(010)68992190/3/5/6
网　　址	www.jiuzhoupress.com
印　　刷	三河市兴博印务有限公司
开　　本	710毫米×1000毫米　16开
印　　张	28
字　　数	400千字
版　　次	2023年1月第1版
印　　次	2023年1月第1次印刷
书　　号	ISBN 978-7-5225-1350-8
定　　价	82.00元

★版权所有　侵权必究★

序　言

本书旨在提供一个观察世界与品味生活的个体视角。尊重生命、体验生命、热爱生命、通透生命，是本书的主题，也是寻道的主旋律。寻道四方，就是要在生态环境与人类文明的时空中不断探寻规律，认识规律，把握规律，顺应规律。

人类社会一直以集体的智慧在观察和总结时空的演化。人们用历史学关注时间变化，用地理学研究空间变化。

地理学源自人的本性，源自人对所处空间的无尽好奇。每个人都是时空的旅行者。每个人都想知道自己的时空坐标。

地理学分为自然地理和人文地理。人文地理学研究的是地球上不同地区不同人类群体之间的差异及其成因，例如语言、宗教、经济、政治、民俗等各种人类社会现象。

自然地理与人文地理同样研究空间差异，但前者重点研究自然现象，后者重在观察人类社会，核心是人文现象的多样性，聚焦于不同空间的文化和社会变化。

人文地理学既可以作为国家和地区进行区域协调发展规划的研究参考，也可以作为个人观察和体验天地人生的思考视角。

人文地理学是一门注重体验的学问。虽然现代人文地理学运用多元化的方法论，但最常采用的是人文主义方法。与实证主义相反，它不强调普遍性，而是强调个别性和主观性，其研究的现象是不可重复的，现象成因有独特的背景和影响因素。

人文主义方法在展示人文世界多样性时具有优越性。这种方法注重两个角度：一是每个研究对象的特殊性，二是观察者理解的独特性。

传统人文地理学多是经验主义方法，将观察和经历的人文现象记录下来。经验主义方法强调经验，人文主义方法重视演绎推理，更深刻地研究观察对象的特性与共性。

以旅行见闻为例，我们行走各地的时候，看到自然风光、历史古迹、民俗艺术，但是，每个人关注和感受的内容千差万别。所有这些内容都是人文地理学的探讨范围，并且允许有不同的观点和关注，通过观察、体验和多种方法的分析，我们可以探索那些现象背后的成因。

当然，我们的观察如同滤网，可能忽略或扭曲部分信息，我们看到的和想到的，只是我们视野中的世界，我们尽力客观，但那永远不是真实的世界。好在，真实的世界本身不会说谎。尽管我们看到的世界，在时间的冲刷下，有的显露，有的掩盖，但它就在那里。只是，我们的理解总有自身的独特性。

本书采用漫谈的形式，突出个人的体验色彩，根据作者走过的世界七大洲（包括南极和北极）以及中国34个省市区（包括港澳台）的经历和体会，通过人文地理的视角观察世界，接触世界的方方面面，感受人类与环境的丰富多彩，捕捉人生的体验。既是对人文地理学知识的具体化，也是世界旅行的游记随笔。在比较世界各地差异特别是东西方特点的同时，也在努力寻求世界各地、宇宙万物的共性，构建一种"知行合一"加"天人合一"的观察与思考模式。

本书第一章"人文视角"，介绍人文地理学的五个主要观察视角：文化区域、文化扩散、文化生态、文化关联、文化景观，并以这些视角漫谈作者国内外旅行的见闻体验。第二章"人地生态"，从人与自然的角度漫谈地球生态系统，由远及近，分别探讨宇宙、地球、生命、基因、人类的生成与演化过程，间或有相关议题的旅行体验与主观感受。第三章"人类迁徙"，话题由自然地理转向人文地理，观察人类的迁徙、种族、民族、语言、文化等基本现象的特点与演变。第四章"人类居住"，从文明、城市、建筑、风水、陵墓的角度比较人类居住形式在世界各地演化特点的异同。第五章"人类社会"，漫谈作为人类集体生活重要现象的经济、社会、政治、国家、战争。第六章"人类生活"，从身体、心理、饮食、服装、旅行等人类个体生活的角度比较东西方差异。第七章"人类艺术"，从美学、绘画、书法、雕塑、音乐等方面进行世界各地艺术风格的对比，简要介绍代表性的艺术品，漫谈人类精神领域的成果。第八章"人类信仰"，从神话、宗教、哲学、科学、修行等不同的视角观察人类信仰现象。第九章"人天关系"，在前八章以人文地理视角比较世界空间差异的基础上，探讨人与环境的关系，提出古今中外、自然人文存在的共同规律，以寻道者的体验与随感，提出和阐述"天道学说"，倡导"知行合一""天人合一"的行为模式。

阅读这本书，在丰富人文地理学知识、了解修行者各地旅行体验的同时，可以沉浸于人类出现以来所取得的文明成就，感受世界的演化过程。激发思考活力，打破思维惯性。探寻不同的视角、不同的思路、不同的文化、不同的境界。纵览人类文明，跨越古今东西，传播思想文化，开创想象空间。让知识更丰富，让信息更可靠，让视野更宏大，让心灵更自由。这种一边旅行观察一边阅读思考的行为，本身就是寻道的过程。

这本书是随笔，不是研究，并不面向职业，而是面向人生。每个人都可以且应该以独立而真诚的内心面对天地和人生。读万卷书，行万里路，想万年事，始终是一个求知者毕生追求的生活方式。当人们用万年视角来观察和思考世界的时候，就开始了寻道之旅。在万年视角中，很多看似不变的东西，都是可变的，很多看似多变的东西，本质规律是不变的，其为"道"。

寻道之旅，让作者和读者掌握与熟悉一个强调人文主义方法、重视主观感受分析的观察视角与思考方式，开启一次充满正能量、以开放态度面对世界、积极探索万物规律的百科式的知识之旅，体验一种万花筒般的五彩斑斓、瑰意琦行、别具一格、引人入胜的精神世界，领悟一点大哉乾元、万物资始、云行雨施、品物流形的天道文化，品读一本希望是有趣味、有内涵、有视野、有深度、有启发的旅行游记。当然，由于涉及领域广泛，议题观点众多，主观客观并重，难免有失偏颇，如有不妥，文责自负。

朱磊
2022 年于天津

目 录

1. 人文视角 ·· 1
   1.1 区域 ··· 3
      文化区域的类型 ·· 3
      地球两极的建筑 ·· 4
      牧区的饮食感受 ·· 5
   1.2 传播 ··· 8
      文化传播的方式 ·· 8
      卢克索的热气球 ·· 9
      实景演出的印象 ··· 11
   1.3 生态 ·· 13
      文化生态的观点 ··· 13
      最南最北的城市 ··· 15
      澎湖的"海上牧场" ·· 16
   1.4 融合 ·· 18
      文化融合与关联 ··· 18
      亚马逊河的部落 ··· 19
      体验中国茶文化 ··· 21
   1.5 景观 ·· 26
      文化景观的内容 ··· 26
      里约的天梯教堂 ··· 28

　　　　婺源的古装酒店 …………………………………………… 30

2. 人地生态 ……………………………………………………… 32

2.1 宇宙 …………………………………………………… 32
　　　　极目远眺的星空 …………………………………… 33
　　　　宇宙的演化过程 …………………………………… 34
　　　　宇宙的拟人视角 …………………………………… 36

2.2 地球 …………………………………………………… 38
　　　　海洋陆地的年龄 …………………………………… 40
　　　　板块构造的理论 …………………………………… 42
　　　　澳洲的自驾航船 …………………………………… 43

2.3 生命 …………………………………………………… 45
　　　　南极的物种生态 …………………………………… 46
　　　　生命本质与起源 …………………………………… 47
　　　　地球生命的演化 …………………………………… 49

2.4 基因 …………………………………………………… 52
　　　　基因的幕后操控 …………………………………… 52
　　　　植物的生存法则 …………………………………… 55
　　　　动物的演化规律 …………………………………… 56

2.5 人类 …………………………………………………… 60
　　　　人类起源的争议 …………………………………… 60
　　　　人类的共同祖先 …………………………………… 63
　　　　人类物种的演化 …………………………………… 64

3. 人类迁徙 ……………………………………………………… 67

3.1 迁徙 …………………………………………………… 67
　　　　人类迁徙与分布 …………………………………… 67
　　　　探寻迁徙的往事 …………………………………… 71
　　　　中国上古的迁徙 …………………………………… 75

目 录

- 3.2 种族 ············· 91
  - 种族与自然环境 ············· 92
  - 种族包含多民族 ············· 92
  - 尼罗河畔的人种 ············· 93
- 3.3 民族 ············· 95
  - 中华民族的形成 ············· 95
  - 欧洲民族的演化 ············· 98
  - 匈奴民族的消失 ············· 100
- 3.4 语言 ············· 103
  - 语言的共同起源 ············· 105
  - 关于语系和语族 ············· 106
  - 语言类型与传播 ············· 111
- 3.5 文化 ············· 112
  - 文化类型及演变 ············· 115
  - 文化冲突与融合 ············· 118
  - 秘鲁纳斯卡地画 ············· 120

4. 人类居住 ············· 123

- 4.1 文明 ············· 123
  - 文明与沙漠洪水 ············· 124
  - 追求生存与秩序 ············· 126
  - 复活节岛的石像 ············· 129
- 4.2 城市 ············· 131
  - 城市与气候变迁 ············· 132
  - 城市的转型发展 ············· 137
  - 城市的体验观察 ············· 142
- 4.3 建筑 ············· 147
  - 中国的建筑风格 ············· 147

		西方的建筑特色	148
		建筑的艺术体现	151
	4.4	风水	155
		风水起源于选址	156
		科学角度看风水	158
		居住的风水逻辑	161
	4.5	陵墓	163
		从生到死的习俗	163
		中国帝陵的风格	164
		外国墓园与陵寝	166

5. 人类社会 ···169

	5.1	经济	173
		空间不平衡发展	176
		宏观与微观经济	177
		财富创造与增值	179
	5.2	社会	181
		社会学主要理论	181
		社会演化与动力	182
		两种社会化方式	184
	5.3	政治	187
		政治比人类古老	187
		人类的政治制度	191
		为什么选择独裁	195
	5.4	国家	200
		国家也是有机体	204
		国家统一与分裂	210
		拜占庭统一战争	213

5.5	战争	217
	战争为什么发生	217
	东西方战争理念	223
	古希腊战争反思	226

6. 人类生活 ····· 231

6.1	身体	232
	人体与现代医学	238
	医学的道术之分	241
	养生关键是平衡	243
6.2	心理	247
	心理障碍与人格	248
	心理病患的治疗	251
	调节心理与情绪	255
6.3	饮食	257
	中国的八大菜系	260
	世界的特色饮食	262
	合理的饮食观念	267
6.4	服装	269
	中国的服装演化	270
	西方的服装变迁	272
	服装选择的观念	274
6.5	旅行	275
	旅游资源的种类	276
	安全与见闻游记	281
	人类的环球旅行	287

7. 人类艺术 ····· 292

7.1	美学	292

　　　　艺术创作的动机 ………………………………………… 294
　　　　艺术一直在进化 ………………………………………… 295
　　　　人类的早期艺术 ………………………………………… 297
　7.2　绘画 ……………………………………………………… 298
　　　　国画的风格演化 ………………………………………… 300
　　　　西画的艺术风格 ………………………………………… 303
　　　　顾恺之《女史箴图》 …………………………………… 307
　7.3　书法 ……………………………………………………… 309
　　　　国外的书法艺术 ………………………………………… 311
　　　　汉字的书法体系 ………………………………………… 314
　　　　王羲之《兰亭集序》 …………………………………… 315
　7.4　雕塑 ……………………………………………………… 317
　　　　雕塑审美与工艺 ………………………………………… 317
　　　　西方的雕塑艺术 ………………………………………… 320
　　　　中国的雕塑风格 ………………………………………… 324
　7.5　音乐 ……………………………………………………… 326
　　　　音乐是公共事务 ………………………………………… 328
　　　　音乐的数学色彩 ………………………………………… 332
　　　　非物质文化遗产 ………………………………………… 333

8. 人类信仰 ………………………………………………………… 338
　8.1　神话 ……………………………………………………… 338
　　　　古西亚史诗神话 ………………………………………… 341
　　　　古埃及的伊西斯 ………………………………………… 343
　　　　古希腊的特洛伊 ………………………………………… 344
　8.2　宗教 ……………………………………………………… 351
　　　　宗教是文明产物 ………………………………………… 353
　　　　宗教的共同源头 ………………………………………… 355

宗教的主要节日 ··· 358
8.3　哲学 ·· 359
　　　哲学本质是求知 ··· 359
　　　哲学的两大主题 ··· 360
　　　哲学家们的故事 ··· 363
8.4　科学 ·· 365
　　　神秘现象与科学 ··· 366
　　　科学是一种方法 ··· 369
　　　科学知识的对话 ··· 373
8.5　修行 ·· 377
　　　修行是追求信仰 ··· 378
　　　奇特的修行方式 ··· 380
　　　修行的文化选择 ··· 381

9. 人天关系 ·· 384
9.1　时间 ·· 384
　　　思考的万年视角 ··· 384
　　　文明的时间维度 ··· 385
　　　万年未有之变局 ··· 386
9.2　空间 ·· 388
　　　旅行的人生意义 ··· 388
　　　生活的旅人视角 ··· 389
　　　隐士的生活空间 ··· 391
9.3　阈间 ·· 393
　　　东西方的生死观 ··· 393
　　　开悟本质是什么 ··· 397
　　　探讨修行的表现 ··· 399

9.4 世间 · 403
- 志趣的闲情视角 · 405
- 快乐的三个层次 · 407
- 追求身心自由度 · 409

9.5 无间 · 412
- 天道演化聚和散 · 412
- 万物同理繁由简 · 414
- 无我视角兴与衰 · 418

参考文献 · 421

1. 人文视角

每个人一出生就在观察自己所处的世界。在成长的过程中，通常有两种观察方式：一是通过语言文字得到别人观察世界的信息；二是通过做事或旅行得到自己观察世界的体会。无论是前者的二手信息，还是后者的一手信息，都要互相比较印证，才能不断发展自己的观点，形成对周围世界的完整认识。

我们对周围世界可以观察的事物很多，诸如天文、地理、生命、饮食、服装、城市、国家、语言、医药、艺术、神话、宗教、心理、哲学、美学、科学、经济、文化、政治、书法、绘画、雕塑、音乐、建筑，等等。人文地理是个很好的辅助视角，因为它涵盖内容丰富，框架较为成熟，大体可以涵盖上述内容。而且，该学科既可从社会视角分析现象，也可从个人视角观察世界。

人文地理学（Human Geography），有时也被称作"人生地理学""人类地理学"或"人类生态学"，或广义的"文化地理学"（Culture Geography）。人文地理学研究对象是人文和地理。人文即广义的文化，指人类生活的各种现象与特征，包括衣食住行、政府法律、语言宗教等。地理是地球环境中各种自然现象和人文现象的空间差异与成因。尤其是当我们旅行时，通过空间移动接触更大范围的世界，最容易比较新环境与旧环境的不同，也就是空间差异。人文地理学的关注重点，使其不仅可以是从事相关研究的工具，也可以是生活旅行的观察视角和认知工具。

当今地球上已经基本没有人类未曾接触过的区域。人们探险、旅行、移民、交流、居住、生活，将足迹延伸至地球上每个角落。人们集中在一起建立了政治、经济、语言、宗教、文化等系统，在特定空间演化。人文地理学研究不同地域的人们如何生存和生活，如何组织在一起，社会如何运转，以及人们如何与自然环境互动。人文地理学视角帮助思考和理解我们是谁，怎样活着，会向哪儿去。

只要不是鲁滨逊，我们就生活在人类的文化环境里。每个人所处的文化环境不同，相距越远，往往差异越大。与其他人接触越久，能够发现的差异也越多。你可以了解各种各样的文化环境，但你不一定需要完全融入某种文化，尽管你总是会从各种文化接触中吸取营养。人文地理学传统研究范式关注三大主题：空间差异、空间分析、人地关系。现代人文地理学无论从内容的深度和广度方面，还是研究方法的多元与综合方面，都取得了长足的进展，并益发朝跨学科与应用化的方向发展。

最关键的是，人文地理学不仅是可以运用多种方法研究的学科，它还是一种人生体验的学问，有助于观察者从不同的角度审视一切。人文地理学常常采用的经验主义与人文主义方法，不强调普遍意义，而是强调个别性和主观性，主观感受多于客观标准。在同样的观察对象面前，不同的观察者可能有不同的体会和结论；在同样的观察环境中，不同的观察者可能有不同的观察内容和重点。这样的视角，使专业和非专业人员均可在人文地理学的世界中看到独特之处。

人文地理学最基本的观察内容，可以概括为人类在不同空间的各种活动，包括物质文化现象（如城市、农田、建筑）和非物质文化（如制度、信仰、民俗）现象。也有人将人文地理学的研究分为两类：纵向研究是研究人与自然的关系变化，横向研究是研究不同空间的人类活动差异。围绕上述研究内容，人文地理学理论日趋多元，包括文化景观论、人地关系论、区位论、行为论等。

人文地理学将观察和分析的内容分为五个主题：文化区域、文化扩散、文化生态、文化关联、文化景观，比较各地的差异和原因。这五个主题的逻辑思路是：从人文地理现象的空间分布出发，研究其扩散的时间过程，通过分析现象与环境的生态关系、现象之间的关联与整合关系，来说明现存的文化景观何以如此。

1.1 区域

文化区域的类型

地域（place）是地理学的主角。一组功能相似的地域组成的空间单位称为区域（region）。文化地理学者将文化区域划分为三类：形式文化区（formal cultural region）、功能文化区（functional cultural region）和乡土文化区（vernacular cultural region）。

形式文化区的特点是有核心区与边缘区。在核心区，文化特征典型而密集，边缘区则是过渡带，其他类型的文化特征越来越多，直至进入另一个文化区域。例如华语文化区、稻米文化区、爱斯基摩文化区等。

与形式文化区的自然形成不同，功能文化区大多是政治、经济等因素的规定下人为形成的区域。这种文化区域常常没有交错的过渡带，而是存在明确的区域界限。也有区域中心，有指导和协调功能，但属于功能中心，不是区域分布的几何中心。例如国家、省区、城市、市场、银行或报纸覆盖区等。

乡土文化区既无功能中心，也无明确界线，还缺少形式文化区的整齐一致的文化特征，它体现更多的是一种情感认同和民俗方式。例如儒家文化区、穆斯林文化区、贵族学校区等。

从体验的视角出发，文化区域是看这个地区与其他地区不同的文化特色。譬如为什么这样饮食、这样穿衣？为什么住这样的房屋？中国南方人多吃米，北方人多吃面，因为南方高温湿润盛产稻米，北方低温干旱盛产小麦。同理，拉美人爱吃玉米、东欧人爱吃黑麦，也是产地原因。俄罗斯与中国东北流行皮帽、皮衣、皮靴，因当地严寒且较大体型动物众多；东南亚与中国沿海多见宽松高脚裤，起因是为了方便在海边劳作。中国黄土高原便于挖窑洞，中国西南地区盛产竹子因此普遍建造竹楼。美国南部树木繁茂，至今多用木材建房。盛产石材的地中海地区、南亚地区、南美山区均流行石屋。中国福建土楼多为圆形，最初是为了抵御侵扰；中国北方则流行方形的四合院，主要出于生活方便考虑。四合院这种建筑风格在中欧和南美也较多见，世界各地的这种建筑布局均大体相似。

地球两极的建筑

南极没有常住居民。南极大陆的人类基本上是进行科研、探险、旅游目的的临时居留者。民居景观多是科考站或补给站的房屋。

笔者抵达中国长城站，看到其红色房屋的下面均为立柱。这是为了有利通风避免房屋被吹倒或吹走，同时防止被大雪掩埋。墙壁厚达10厘米，两面是耐低温的薄钢板，中间是致密的带小孔的保温材料。

继长城站、中山站、昆仑站之后，中国在南极建立了泰山站。泰山站的房屋采用圆环形外表、碟形结构和高架设计，很像着陆的飞碟。

相较而言，笔者在观察北极地区新奥尔松岛上的科考站时，注意到中国黄河站暗红色房屋下面没有用立柱空隙，事实上当地其他科考站也很少用。可以判断当地风雪不似南极猛烈。

黄河站以及周边科考站都不锁门，且门全部是朝外开的，一旦北极熊来，任何人随时都能迅速跑进楼里避难。北极熊只会推门，不会拉门，所以门要朝外开。

挪威的朗伊尔宾（Longyearbyen）在北纬78度，有几千人的常住人口。每年吸引大量对极地感兴趣的游客或探险者来到这里。行走在8月夏季的朗伊尔宾，可以看到苔原上簇拥在一起的各色帐篷。游客也带动了当地的商店、旅馆、酒吧、体育馆、戏院发展。

同样是生活在恶劣环境下的北极地区，朗伊尔宾的居民却不住爱斯基摩人的雪屋，既是由于文化传统不同，也是因为发展水平不同。朗伊尔宾的居民是现代社会的生活方式。

笔者观察朗伊尔宾的民居有四个特点：

一是民居五颜六色，混杂交错，不像很多城市小区住宅都是统一风格与颜色。毕竟这里有将近4个月的极夜，丰富而鲜艳的色彩可以调节人们的心情。

二是房屋多为大坡度屋顶，因为极地风雪较重，这种设计有利于避免房屋因风力过大或积雪过厚造成损毁。不少房屋用了大量的木材，来自与岛外的交换。

三是住宅相对集中，大多聚集在山谷里，不少房屋依山而建，有如山城。岛上北极熊比人的数量多，这样的布局可以人熊分离，划区而住，保障居民的安全。

四是房屋大多不高，一二层较多，很少能看到超过三层的建筑。这主要是因为当地居民少，不需要高层建筑。城里唯一的医院都只备有个位数的病床。

这些文化景观展示着人类在严酷条件下的生存能力和规划技巧。无论在任何环境下生存，人与环境总是延续着亘古不变的生态图画：从不平衡到平衡，再打破平衡去构建下一个平衡。

牧区的饮食感受

畜牧区与农耕区的分界线大体在400毫米等降水量线。中国牧区面积占全国土地总面积50%以上，大体位于北部和西部边疆，包括内蒙古、新疆、西藏、青海、四川、甘肃、宁夏、黑龙江、吉林、辽宁、河北、山西等地，这些地区常常也成为旅游者的目的地。

牧区饮食以肉奶为主，所谓红食白食。但制作工艺和精致程度会有差别。例如烤全羊各牧区都有，但多数是压平后烤，为的是方便受热均匀，但有些地区可以制作完整立体的烤全羊，端上来也金黄流油。通常越是接近经济更发达地区的牧区边缘区，饮食制作越精细多样。

专门的少数民族餐馆通常提供地道的当地饮食。行走拉萨街头，虽然川菜馆比藏餐馆还多，里面也可以吃到糌粑、灌肠、酥油茶、牦牛肉，但还是藏餐馆里常见的陈设，用餐环境有浓郁的藏族特色。青稞适应西藏高寒缺氧环境，藏族先民吃青稞面只要有水就行。现在的藏餐馆里提供的糌粑，多是先放一小块酥油，再将青稞面倒在上面，然后加入碎奶渣混合制成。食材虽均产自当地，加工已经升级。还有一些特色饮食要去当地才感觉更地道，比如林芝的鲁朗石锅鸡，炖鸡用的手掌参、野天麻、野当归、藏贝母等药材同样产自青藏高原。

内蒙古各地都有专门的蒙餐馆，用玻璃窗展示食品制作全过程的现代蒙餐馆尤其受欢迎。酸奶、炒米、奶豆腐、奶皮子摆在桌上，可以自己掌握奶茶的内容和浓度。内蒙古的面点也是喜欢放酥油，呼和浩特的焙子与赤峰的对夹，都要在面饼里加很多酥油，也会因此比同类的烧饼和白馍酥香。在内蒙古牧区时，主人早上用一大锅羊肉羊肠招待我们，他们自己平时也是早上喝一锅奶茶吃一锅肉，这个习惯源于以前早餐对于牧民一天的辛苦劳作非常重要，要能坚持到晚上回来。

黑龙江与俄罗斯接壤，城市多有俄餐馆，食材不少来自俄罗斯，厨艺也很正宗，饮食特色鲜明，甚至比北京老莫还有味道——北京展览馆边上的莫斯科餐厅是将近70年的老字号，传统俄餐很经典。哈尔滨的俄餐馆里不仅有俄罗斯海参、闷罐牛肉、奶汁焗鳜鱼、脆皮红汤等中式俄餐，还可在此体验用容量大于一瓶的高脚玻璃杯喝啤酒。这种特色可能来自俄罗斯等高寒地带牧民补给点少，需要一次性大量饮食。

新疆很多饮食在内地随处可见，羊肉串、大盘鸡、拉条子、手抓饭。稻米对古代牧区很宝贵，因此要用羊油将每颗饭粒浸润，用萝卜羊肉焖香。除了羊肉，鸡肉、鹅肉、鸭肉都可以做手抓饭。

中国稻米和小麦的产量都是世界第一。小麦可以抵御干旱寒冷，适合北方种植，距离牧区近，因此面食自古对牧区民众很重要。馕在亚欧非游牧地区都常见，如同披萨坯子。新疆气候干燥地域广阔，馕是非常适合旅人携带的食品。当地流行的烤包子也出于早前的方便携带和加热。

牧区肉食比重高，性价比也好。早餐羊肉汤非常实在，能吃完其中羊骨头上的肉就会很饱了。骆驼奶营养高、产量低，因此价格是牛奶、羊奶的几倍，但鲜奶膻味重，多数人不喜欢，可以喝骆驼酸奶。新疆不少城市的街道边上就有专门的奶店奶坊，售卖各种奶，餐厅里也可以喝到。

四川与云南交界处有著名的泸沽湖，当地居住的纳西族摩梭人有独存的母系氏族和走婚习俗。推测该习俗的产生应与当地偏远、与世隔绝有关，在古代，走婚方式可通过与途经此地的外地人行房，有利于避免当地人过度近亲繁殖，保持人口质量和数量。该习俗成为旅游看点。当年去泸沽湖的公路行车时间将近9个小时，入夜才抵达。当地人在院子里点起篝火，用烧烤招待我们，但烤肉外焦内生，技术实在欠缺，可见不是成熟的旅游区。

相较而言，四川的九寨黄龙和云南的香格里拉等成熟旅游区虽然也在群山之中，饮食精美程度就高，烧烤技术明显更好。泸沽湖的特色饮食如酸鱼、烤鱼干、牛头饭，味道见仁见智，与其地处偏远山区、食材有限，且开放较晚、难与外界交流厨艺有关。云南西双版纳基诺族是我国人口最少的少数民族，由于开放较早，饮食技术也提高很多，烧烤不但食材新鲜、火候适当，还有多种口味可以选择，都挺好吃，烤肉比烤鱼更胜一筹。

自古以来，对边疆牧区民众的正常生活来说，很多时候不太讲究味道与花样，关键要能填饱肚子，维持生命必需的营养与能量，此时可能连卫生也不太重要。笔者自驾去青海和西藏时，捐赠携带的衣物、食品、药品、文具给牧区的家庭，有时会赶上草原牧民做饭。虽然帐篷附近有溪流水源，但主人还是一边往火里扔牛粪，一边直接用手捏青稞面团，制作糌粑，不洗手，这是习惯。而且她们认为牛粪是天然燃料，也不脏。帐篷上挂着没有吃完的自制肉肠，颜色发黑。

1.2 传播

文化传播的方式

文化是无数创新扩散的产物。创新的扩散可能很久，也可能很短，可能很广，也可能很窄。文化地理学者将文化扩散分为延伸扩散（expansion diffusion）和异地扩散（也称"迁移扩散"，relocation diffusion）两种。前者是一种文化现象出现后向四周扩散，在空间上具有连续性特征。后者是随着人口的迁移，将文化现象传播到异地，典型例子就是华人餐馆和意大利餐馆的传播。

文化的延伸扩散（也称"扩展扩散"）可进一步分为三类：启发型扩散（stimulus diffusion，也称"刺激扩散"）、跳跃型扩散（hierarchical diffusion，也称"等级扩散"）、感染型扩散（contagious diffusion，也称"接触扩散"）。

启发型扩散是文化现象在扩散过程中进行某种改变和适应性调整。例如：西伯利亚没有牛马，但西伯利亚人看到南方人驯养牛马，就开始驯养驯鹿。再如美欧出现 Hotmail messenger 和 facebook 后，中国开始出现 QQ 和微信。

跳跃型扩散是文化现象在传播过程中存在人群或空间的跳跃现象或等级分布。例如，服装、语言、思想、行为的时尚先在各大城市流行，后在城郊和农村扩散。再如，购物中心的传播主要受城市大小影响，与地理距离无关。

感染型扩散是指某些文化现象如同细菌感染一般让接触者迅速变为接受者。在普及衣食住行的便利化使用方法时基本都是这种扩散模式。又如，从收音机、到电视、到互联网、到手机，人们的信息传递方式不断迭代，这种文化传播方式就是感染型扩散。

从体验的视角出发，文化扩散是看这个地区的文化脉络。比如现代城市的文化扩散现象：中心化力量推动人们将住宅、商品、厂房选在内城，去中心化力量则将人们的选址推向外城。在汽车、电话发明前，中心化力量强大，在市中心选址可以减少交通和通讯成本，并且有较大规模市场，对政治、经济、民生都是有利的选择。城市发展也往往沿河道和铁路从中心向外延伸扩展。

再如，因纽特人（Inuit）定居在高纬度的北寒带，以前被称为爱斯基摩人（Eskimo）。这些黄种人身材矮小粗壮，头发黑直，眼睛细长，视力极佳。早先是为躲避印第安人等敌人的追杀，逃到原本不适合人类生存的高寒地带。目前已经由游牧生活方式改为定居。其传统生食肉类包括鱼类、鲸类、海豹、海象、驯鹿、麝牛、北极熊以及一些小动物。迁移此地之前的萨满教信仰也被带了过来，认为万物有灵，这也是艰苦的生存条件下由于生活中充满太多不确定性而形成的原始信仰。

卢克索的热气球

运动项目容易传播，盈利项目扩散更快。全球有不少知名的热气球旅游点，例如土耳其卡帕多其亚（Cappadocia）、意大利托斯卡纳（Tuscany）、美国纪念碑谷（Monument Valley）、阿联酋迪拜、肯尼亚马赛马拉、缅甸蒲甘等，埃及卢克索（Luxor）也很热门。

笔者10月抵达埃及卢克索，预约了热气球，以便俯瞰底比斯遗址、卢克索神庙和帝王谷。热气球通常是凌晨或傍晚起飞，因为这个时段气温较低，无风的概率高。热气球项目预约之后要看天气，直到最后一分钟都有可能取消飞行。

飞机、飞艇、热气球都是空中飞行器。飞机是比空气重的飞行器，飞艇和热气球是比空气轻的飞行器，但是热气球不像飞艇那样可以控制方向，基本上像帆船一样随风而行，因此气流稳定最重要。这也是飞艇和热气球的致命缺陷，否则在20世纪30年代末之前的几十年间竞争中，未必会最终输给飞机。

凌晨4点起床，穿好T恤和外套，在夜色中乘船坐车，抵达热气球基地。热气球五颜六色，加热膨胀后有几层楼高，热气球下面挂着一个半人多高的吊篮，可以容纳10几个人站在里面，需要在工作人员的协助下翻爬进去。

笔者旁边站着一对70多岁的欧洲夫妇，他们翻入篮筐以及降落后翻出去都没有遇到困难，在无封闭的几百米开放高空请我帮其拍照，没有任何不适感。古今中外总有一些人拥有过人的体质和胆识，具备突破常人的思维和意识。飞行和探险更是如此。

当年阿蒙森（Amundsen）完成人类第一次抵达南极点之后，就开始尝试挑战北极点。航海探索失败后，阿蒙森决定空中探索。人类首次穿越北极的飞行就是由阿蒙森乘坐飞艇完成的。那次飞行的出发点位于约北纬79°的挪威小镇新奥尔松，笔者曾抵达新奥尔松去瞻仰矗立在那里的阿蒙森铜像，怀念这位最后消失在北极的空中英雄。

虽然现在热气球比100年前好很多了，不过空中飞行总是有相当大风险的。仅就卢克索的热气球来说，2008年坠毁造成7人重伤，2009年撞上移动通信塔导致16人受伤，2013年爆炸造成18名游客死亡。

2013年那起事故中，热气球离地面还有5米时突然起火，热气球操纵员和两名英国游客立即从吊篮跳下，但其他人却被热气球迅速拉向高空，最后在距离地面400米的高度停下来，完全爆炸后不到30秒，所有遇难者与热气球残片都散落在麦田中。

笔者所乘的热气球在降落时也几乎是毫无章法地在麦田中着陆。一堆年轻人跑过来七手八脚拽住吊篮，乘客们跳出篮筐，有工作人员在旁边抓拍，售卖照片。而后一群人要走很长的路，穿越麦田回到起飞的基地。看来这种飞行项目需要一定的心理素质和体能，因此结束后会得到公司赠予的一张飞行证书。

不过，这种冒险与空中所见相比较，还是值得一试的。在清晨的高空中，不仅能看到日出的自然美景，还可以看到卢克索的城镇格局、农田分布、山谷地貌、神庙遗迹、建筑布局等平面所无法看全的文化景观。这种体验带给人的不只是一群漫天飞舞五彩斑斓的热气球形成的视觉盛宴，更多的是感受这片古老土地上独特的历史遗迹与人文景观带来的内心震撼。

热气球运动本身兼有体育、娱乐、探险、旅游、广告等多重功能，中国虽自古有孔明灯，但热气球却不如国外盛行。目前中国也有热气球培训、比赛、探险和表演活动，却一直未能作为旅游项目掀起热潮。这一方面是政策管制的原因，另一方面是场地和环境的问题。这显示出环境对文化类型和体育运动的显著影响。

实景演出的印象

实景演出的大量出现是文化传播的跳跃型扩散现象。当一种新的文化形式被创造出来后，受欢迎，有市场，就会有相似条件的地区复制这种文化形式。中国各地古城古镇古街的大量复制也与此类似，通过打造文化景点增加旅游收入。

实景演出是以真实山水为背景和舞台的大型演出，内容一般以当地文化、民俗为主要内容。这是中国人开创的文化模式，是人文旅游的重要创新形式。其特色主要是将文艺表演放置在更广阔的山水空间，注入民俗特征与文化内涵，伴之以华美的画面、灯光和音效，增强观众的沉浸感与代入感。

笔者最早接触到的实景演出是印象系列中的《印象·丽江》，场面震撼，触动深刻，后来去丽江每次都要看一下，前后三遍，均未失望。第一次看完演出时，还在现场买了正版演出光碟，回去才发现是片段剪辑，远不能再现演出情境。现场演出的成功至少有三点：

一是文化展现到位。演出以玉龙雪山实景为背景，讲述了当地人的古今生活。丽江古城是滇西茶马古道上的重镇，马帮影响着纳西人的生活，演出重点展示马帮生活、恋人殉情、祭祀祈福三大故事场景，描绘出纳西人的坚韧、忠贞、虔诚，这些优秀品质引人共鸣。

二是视听表现感人。彪悍奔放的纳西汉子骑着几十匹马冲上舞台的山路时，尽显热血豪情；数十名纳西妇女背负比自己还大的背篓以沉重的步伐弯腰行进，站满山路，其纯朴善良、任劳任怨的精神感染观众，让人瞬间热泪盈眶；在悠扬哀伤的音乐中，一匹马驮着一对痴情男女走向雪山，化为鲜花，余音绕梁不绝，满场啜泣不止。

三是感情体现饱满。《印象·丽江》的500多名演员是来自云南当地乡村10个少数民族的普通农民，都是非专业出演，但全力以赴，认真投入，富有激情。他们用略显生硬的普通话介绍自己，短促真诚，铿锵有力，结尾的时候大声而动情地喊着："下雪了，我等你！雪停了，我等你！你，还会再来吗？"台上台下情绪互动，交融到一起。

与《印象·丽江》的白天实景演出不同，其他的印象系列演出基本都是夜间，这可以大量运用灯光效果，同时夜色便于隐去多余的画面。因此对实景演出的设计来说应该更有挥洒空间，但效果却各不相同。

《印象·刘三姐》是印象系列实景演出中的首创作品，口碑也不错，灯光不可谓不绚烂，山水不可谓不壮观，阵容不可谓不强大，只是很遗憾，笔者看后却略感失望。感觉有三个不如《印象·丽江》的地方：

一是主线过于平淡。刘三姐的故事家喻户晓，又拍过电影，本可作为创作主线，演出却没有刘三姐，只是展示民族风情画卷。场景固然绚烂，情节主题松散。看后记得漓江山水渔火，却无丝毫感动共鸣。

二是音乐不够感人。《印象·丽江》的音乐，透彻肺腑，催人泪下，情景交融，荡气回肠。《印象·刘三姐》的音乐没有给笔者留下印象，现场声音很小，完全没有震撼。似乎当年电影里的对唱山歌更动听。

三是演员缺乏投入。可能是作为中国最早的实景山水，表演次数太多导致激情不足，也可能是600余名演员人太多难以管理，总之看到不少演员出戏。有一个远景章节展示山村生活，听不见声音，让观众以为他们在收道具。

相较而言，重庆的《印象武隆》呈现出了感人的亮点。武隆的天坑地缝闻名遐迩，也是张艺谋《满城尽带黄金甲》的取景地点。剧场安置在一个最高落差达180米的U形高山峡谷，场景设计了一个228米长的时空隧道，剧场的外墙还布置了手绘壁画，营造富有当地文化特色的气氛效果。演出也是串联若干个故事，其中最让笔者印象深刻的是巨轮驶过三峡，纤夫职业消亡于"川江号子"的背景音乐中，只留下沉浸在记忆中的孤单老人的背影。

福建《印象·大红袍》则具有更完整的故事性、更好的音效和视觉效果，也许与演出场地相对较小、便于编导有关。最大的特色是使用了全球首创的360度旋转的观众席，五分钟转一圈，环看山水全景而无丝毫的眩晕感。《印象·大红袍》结构紧凑，集中讲述中国茶故事，以茶历史和茶工艺为核心，并将故事与武夷山下的仿古民居结合起来，每个场景的色调都鲜明而清晰，配合表达主题。

文化形式的复制传播常常会出现大量雷同或类似的元素，实景演出也是如此，诸如实景山水、当地民俗、海量演员、灯光音效。江西的《梦里老家》讲述了金榜题名、衣锦还乡、洞房花烛三个古代书生的典型生活场景，画面与福建的《印象·大红袍》相似之处很多，也是将山水与民居相结合，不过一个是黄油菜一个是绿茶树，一个是徽式建筑一个是闽北民居，但均制作精美，如梦如幻。两次冒雨观看，不觉疲惫，不乏精彩，实属不易。

1.3　生态

文化生态的观点

文化生态指的是文化与环境的关系，主流研究方法是系统论的思维方式。文化不是真空存在，人类与自然是互动的，这种不同空间里的人与自然双向影响被称之为文化生态。

这个领域的研究有四种主要思路：环境决定论（environmental determinism）、环境概率论（environmental possibilism）、环境认知论（environmental perception）、环境塑造论（humans as modifiers of the Earth）。

环境决定论认为气候与地形是文化的决定因素。例如传统观点认为，人类文明产生的前提条件是有剩余产品和剩余劳动,因此古代主要文明均产生于地理条件优越的热带、亚热带和暖温带地区。

环境概率论认为自然环境规定了人们的选择条件,但如何在概率中选择取决于文化思维与文化传承。例如,随着冰期转为间冰期,地球温度上升,陆地出现干旱。面对同样的环境变化,选择既不改变居住地点也不改变生活方式的人群,最终走向灭绝;选择不改变居住地点但改变生活方式的人群,由猎人变成牧民;选择不改变生活方式但改变居住地点的人群,迁徙到气候单调的区域生活;选择既改变居住地点也改变生活方式的人群,产生了苏美尔文明和古埃及文明。

环境认知论认为人们的选择基于人们对自然环境的认知,而非真实的环境,认知来自文化。例如华夏文化诞生之初明显较周边地区先进,加之东亚大陆存在高山、沙漠、大海的地理阻隔,人们产生天下中心的认知,最迟商周时期即称"中国","中国"的认知和称呼更多是来自文化,而非地理上的世界中心。

环境塑造论认为人类塑造自然环境,有改造自然和顺应自然的选择。人类并非被动地适应环境,而是一直在改造环境,文化现象往往是人类与环境的互动结果。城市景观与农村景观都不是自然景观,而是根据人们的需要累积而成的人为景观。

从体验的视角出发,文化生态是看人与环境的互动。譬如城市选址主要取决于位置和地形。防御性选址很常见,比如在岛上、半岛、港湾或山顶建城。厦门、香港、墨西哥城、威尼斯城、纽约最早都是在岛上兴建,波士顿、孟买、伊斯坦布尔都是建在半岛,东京、里约热内卢、旧金山都是兴建在防御性港湾,雅典城、魁北克城、奥地利的萨尔茨堡都建在山上。在交通要道建城也很常见,如法兰克福、牛津、伦敦是在桥滩附近,匹兹堡、圣路易斯是在河流交汇处,莫斯科、芝加哥是在码头附近。美国旧金山是沿海城市,最早墨西哥人在浅水湾定居,后来淘金时期浅水湾被填成陆地用于仓储,这些被填平的陆地如今成了城市中心区。旧金山对面的更有土地潜力的城市奥克兰的兴起也取代了旧金山的港口城市功能。

1. 人文视角

最南最北的城市

笔者3月的南极航行从阿根廷的乌斯怀亚（Ushuaia）出发。乌斯怀亚被称为"世界的尽头"，是地球最南的城市，当地土著语意思是"美丽的海湾"。地球最北城市朗伊尔宾（Longyearbyen），在挪威语里的意思是"长久的城市"。

两个城市都建在一百多年前，最初一个是矿场一个是补给站，现在都成了旅游城市，均留有人类活动废弃的遗迹。朗伊尔宾的城市规模只有乌斯怀亚的十分之一，景观也远不及鲜花盛开的乌斯怀亚美丽，因为纬度过高，温度太低。

人们选择居住地往往是为了更好的生存，通常的标准是低纬度优先于高纬度、低海拔优先于高海拔（热带地区除外）、沿海优先于内陆。中纬度地区气候温和、土壤肥沃、物产丰富，比较适于人类生存。而在严寒干旱等气候严峻的高纬度地区，人口就比较少，极地更是如此。不过，南极地区没有常住人口，北极地区却有不少，如朗伊尔宾。

挪威的朗伊尔宾约在北纬78度，有几千人的常住人口。再往北还有居民，但没有城市了。这座北极圈内的城市位于一个岛上，有山脉、平原、河流，每年分别有116天的极夜和极昼。

笔者8月抵达，时值极昼将尽。从奥斯陆起飞约3个小时到达朗伊尔宾。城市只有一条商业街，确切说应该是小镇。步行10几分钟就走出城镇，碎石土路蜿蜒通向远方。徒步山水之间，满目空旷与苍凉。人们为什么会选择常住这里？

朗伊尔宾的存在依赖特有资源。发现煤矿后，采矿业造就了这个城市，并延续至今，这就是为什么唯一的商业街正中间是一个矿工雕塑。高纬度海洋是鲸群活跃的地区，朗伊尔宾自然也成为捕鲸业和炼油的基地，这与南极附近一些岛屿的最初开发模式如出一辙。人们逐利而来，并定居于此。

自然资源枯竭可能导致初级产业衰落，常住人口也会随之流失。不过，即使在捕鲸业和炼油业凋零的情况下，朗伊尔宾除了二战期间曾被纳粹德国摧毁，常住人口反而是增加的。原因主要在于当地独特的气候环境成了可开发的资源。

科研与教育等产业留住了一些居民。地质、海洋、生物、地球物理等独特的研究对象让这个只有几千人的城市里也可以有大学、博物馆和众多科研机构。

朗伊尔宾一年有 8 个月在冰点以下，地下几乎全是冻土，尸体埋下去都不会腐烂，以致当地政府规定濒死之人必须离开该城，成为世界上唯一的"不死城"。

恰是这样的特殊环境，朗伊尔宾构筑了一座专门为世界末日准备的"种子银行"——斯瓦尔巴种子库，用于保存全球已知的所有的农作物种子，也被称为"农作物的诺亚方舟"。种子库位置高于海平面 130 米左右，即便以后格陵兰或者南极洲的冰层完全消融，它也不会被淹没。这里保留的是人类农业文明的火种。

澎湖的"海上牧场"

晚风轻拂澎湖湾，白浪逐沙滩

没有椰林缀斜阳，只是一片海蓝蓝

坐在门前的矮墙上，一遍遍怀想

也是黄昏的沙滩上，有着脚印两对半

那是外婆拄着杖，将我手轻轻挽

踩着薄暮走向余晖，暖暖的澎湖湾

一个脚印是笑语一串，消磨许多时光

直到夜色吞没我俩，在回家的路上

澎湖湾，澎湖湾，外婆的澎湖湾，有我许多的童年怀想

阳光，沙滩，海浪，仙人掌，还有一位老船长

1. 人文视角

这首《外婆的澎湖湾》80年代传唱海峡两岸、大江南北。现实生活里，歌词中的外婆曾经顶着严重的关节炎，从澎湖到台北去中兴大戏院一阶一阶地爬上楼梯，坐在位子上面，看外孙演唱这首歌，歌手潘安邦当时演唱此曲看到外婆，眼泪忍不住掉下来。

一首怀念童年美好时光的校园民谣，令人感受到浓浓亲情，并产生对风景独特的澎湖湾的向往。很多年后，笔者乘船抵达澎湖，看到了歌曲中描绘的澎湖自然景观。

歌词很写实，主人公的怀想中，只有仙人掌这种抗旱植物，其他就是"阳光，沙滩，海浪，还有一位老船长"，"没有椰林，只是一片海蓝蓝。"为什么澎湖不像很多海岛那样有很多高大绿植？

澎湖列岛地处台湾海峡中枢，属亚热带海洋性气候，是台湾地区中唯一雨量少而气候干燥的区域。海风强劲，地势平坦，浅层土壤，且土质肥力不足，水源缺乏，不利于农作物生长，因此不能生长高大植物，仅能种植甘薯、花生等农作物。在澎湖民居走街串巷时也会偶见高大树木，非常稀少。

这种自然环境使澎湖更像是牧区，而不是农耕区。事实也是这样。笔者看到澎湖有大片的草场，有放牧的牛羊。虽然规模很小，但在海洋之中看到这样的牧区景观还是很有趣。

澎湖居民更是将放牧事业发展到海上，创造了"海上牧场"，供游客参观体验。做法是在近岸的海洋中建造一个灯塔式的平台建筑，周围海域围起来养生蚝。游客们乘船抵达平台，在此休息用餐。

餐食品种很简单：海鲜粥由店家不限量随时提供，生蚝自己去捕捞，然后用店家提供的场地和工具自助烧烤。门票当天有效，因此只要有兴趣，可以在那里待一天，体验当地渔民放养生蚝的生活。

其实澎湖的野生渔货也非常丰富。因为澎湖列岛有曲折的海岸线，其单位陆地面积所拥有的海岸线长度约为台湾本岛的120倍。不但海岸线长，而且海底倾斜平缓，海水温度较高，适宜鱼类繁殖栖息。加上地处大陆沿岸寒流与南海暖流的交汇处，可以满足各种不同水温习性鱼类的需要，因此是一个天然的近海渔场。

除鱼类、贝类外，澎湖盛产珊瑚，质地优良，光润坚硬，色彩绚丽，枝体均匀，是广受喜爱的装饰品。澎湖珊瑚迄今仍是台湾特产中经济价值最高的商品，行销世界各地。80年代以前，台湾珊瑚产量约占世界珊瑚产量的80%，但是长期过度开采，80年代末期以后，产量已锐减。目前澎湖的工艺品店更多的是贝雕类商品。

澎湖海产资源丰富使得当地工业大多与渔业有关，比如鱼类加工厂、冷冻厂、渔船修造厂、渔具生产厂等，渔业工厂占当地工厂数量的一半以上。渔船多，船长也多，于是有了《外婆的澎湖湾》中的老船长，以及坐在门前的矮墙上喜欢怀想的少年。强劲的海风依然在矮墙上吹，澎湖原本简单纯朴的传统渔业生活已经改变。

人类在不断适应自然环境，同时也一直在改造环境，人类与环境的互动制造出各种人文景观。澎湖的双心礁就是当地渔民的无意间的杰作。心形石垒只是渔民在近海处设计的机关，堆成这种形状是故意设置围墙，退潮时进入石墙内的海货由于围墙开口过小而难以回到海中，渔民背着鱼篓使用渔叉进来捕获海物。

然而这种传统渔猎方式已经成为历史，澎湖正在成为人们旅游观光的地点，越来越多的现代旅游景观取代了过去的生活景观，比如博物馆和音乐节。澎湖歌手的许多童年怀想注定是记忆中的景观。

1.4　融合

文化融合与关联

文化是人的一种行为模式，不涉及人的生物特征。文化是复杂的整体，而非各种不相关特征的组合。文化融合是人类历史上客观存在的普遍现象。文化常常具有鲜明的地域性和族群性，文化融合往往伴有激烈的文化冲突。冲突是文化竞争与进步的重要动力。文化经过冲突、调整、适应之后，实现了融合与整合。

从体验的视角出发，可以从饮食、运动、方言等方面看到文化的传播与融合。比如麦当劳、牛仔竞技、标准用语的传播。随着飞机交通和无线广播的创新出现，标准发音和标准用语迅速传播，突破原有的习俗边界和行政边界，甚至出现国际融合。中文里有不少英文词汇，诸如沙发（sofa）、芭蕾（ballet）、吉普（jeep）和模特（model）等。英文里也有不少中文词汇，例如 wushu（武术）、fengshui（风水）、tai-chi（太极）、qi（气）、yin-yang（阴阳）、typhoon（台风）、kung-fu（功夫）、chow-mein（炒面）、guanxi（关系）、fapiao（发票）、dama（大妈）、tuhao（土豪）、mianzi（面子）。还有些英语词来自日文，但追源溯流仍然是中文，比如 mahjong（麻将）、toufu（豆腐）、bonsai（盆栽）、ginkgo（银杏）、ramen（拉面）、soy（酱油）、sushi（寿司）、zen（禅）、hentai（变态）、kawaii（可爱）、sensei（先生）、gyoza（饺子）、kanji（汉字）、go（围棋）。还有中文词进入韩文再进入英文的，如 gosu（高手）、minjung（民众）、soju（烧酒）等。

文化关联是看各种文化因素之间的互相影响。譬如社会文化区主要从社会经济特征观察，如收入、教育、年龄、家庭结构；族群文化区主要从族群文化特征观察，如语言、外貌、行为、移民史等。每个城市都会有这样的区域分布。以美国加州伯克利为例，从社会文化区看，高收入阶层多住东部山区，以白人为主，低收入阶层多住工业湾区，以学生和少数族群为主。政治人士非常关心这些区域分布以提出针对性的政策来获取选票。中国北京清朝时即有"东富西贵"的说法，因为富商巨贾的仓库多在东城，王公贵族的府邸多在西城，这也是社会文化区的自然分布。

亚马逊河的部落

世界上至今分布着一些原始部落，反映着一种几千年来没有太多变化的土著文化。人们常常好奇地去接触和观察这些部落文化。

笔者在 3 月抵达南美亚马逊河流域的玛瑙斯（Manaus，巴西亚马逊州首府），而后乘船深入当地原始部落的居住地。那里是典型的热带雨林景观，树木繁茂，河道纵横，野生动物出没左右。

部落生活在森林中的一块平坦空地上建成的村子，前面有可以容纳上百人的木制大房子，里面是简单的梁柱结构和干土地面，可举办宗教祭祀活动。后面的房子大小不一，功能不同，诸如住宅、仓库、畜栏。有些房子里有吊床、灶台、铁锅、未燃尽的炭火。

无论南美还是非洲，热带雨林和热带草原的民居多用枝叶搭建。这个亚马逊部落的屋顶看起来用的是周围的晒至干黄的棕榈叶，繁密厚实，有些屋顶几乎斜至地面，只有两面墙，通风良好。

亚马逊部落在热带雨林环境中没有穿鞋的习惯，无论男女都可见脚底和脚外侧明显磨白。他们属于黄皮肤的印第安人，男女均赤裸上身和双腿，肤色均匀偏深，可见平时多祖身暴露日晒。男人穿短裤垂腰带，女人穿草裙戴项链。腿上的刺青男女都非常普遍。

现代的大众文化正在迅速传入部落，与原有的乡土文化融合。他们开始接待外来游客，为游客们表演传统乐器和土著歌舞，最后拉着游客联欢，也卖些自制手工艺品，靠旅游业赚取收入。这些活动全民参与，老弱妇孺、未断奶的孩子也不避讳客人。但因语言不通，无法与之交流。

他们会用赚到的钱去城镇里买些现代日用品。在表演区后面的居住区内，笔者看到草屋檐下晾有拖鞋、水靴、胸衣、T恤、牛仔裤等现代衣物，可能进城用。交通工具靠船。部落的附近就是河流，停靠有非常简陋的木船，可供出行或打渔之用。也有轮渡可以载人。

附近的树林中有大量活跃的猴子在窜来窜去。巨嘴鸟站在枝头。散养鸡在居住地草丛中乱跑，无人看管。有孩子在小船上钓鱼。这种原始生活非常亲近自然，世代生活内容和方式没有太多变化。

但它是一种带有表演性质的原始生活，是已经融入文明世界的部落生活。与之不同的是，至今世界上还有大约百余个与世隔绝、拒绝与文明社会接触的原始部落，用弓箭和石刀敌视着外来者。

除南美外，笔者在中国和非洲也接触过一些原始部落，但都是与文明社会友善融合的特色村落，没有去过有冲突风险的隔绝部落。这是两种截然不同的原始部落乡土文化。在亚马逊原始部落里，我注意到一些村民对旅人凝视的眼神，里面充满关注、好奇与友善，而绝无敌意。那是他们通向外界的窗口。

体验中国茶文化

茶文化是最具代表性的中国文化之一。中国是野生茶树发现最早、最多的国家，如今中国茶叶产量世界第一，占全球茶叶产量的40%以上，在中国体验茶文化有得天独厚的优势。对茶文化的体验是不断接触与融合的过程。

笔者在福建武夷山龙头岩参观树龄已有千年的大红袍母树，亲见粗干茶树生长在悬崖峭壁的岩缝中，岩顶终年有泉水滴落。工作人员介绍了这三棵稀世"茶中之王"的传奇经历与引种过程，还通过表演茶道请我们体验大红袍的"冲九泡而有余香"。

福建有超过千年的茶叶种植历史，茶叶产量在中国各省中位居榜首。福建种植和生产的茶叶中，以青茶、红茶及白茶最为知名。

青茶（即乌龙茶，重发酵，发酵程度30%—80%)有四大代表：闽北的大红袍、闽南的铁观音、广东的凤凰单丛、台湾的冻顶乌龙。每次去台湾也常常会与岛内朋友品茶聊茶。据他们讲，冻顶乌龙是海拔越高品质越好，梨山是全台湾海拔最高的高山茶产区，所以梨山茶有名气。

武夷山风景秀丽，是重要的茶叶产区。青茶中的武夷岩茶不仅有大红袍，还有肉桂、水仙、名枞等。朋友之间品茶猜茶时，猜出岩茶很容易，因为岩土气息独特而明显，但如果能猜出"牛肉"（牛栏坑肉桂）还是"马肉"（马头岩肉桂），就需要对味道相当熟悉了。

红茶(全发酵，发酵程度100%)中的正山小种被称作"红茶鼻祖"，有400多年的历史，最早也是福建武夷山地区栽种，在欧洲是中国茶的象征。福建10年前研制出来的金骏眉，也是正山小种的分支，属于红茶。

红茶虽然仅占中国茶叶总产量的12%，比青茶（占总产量10%）多不了多少，但红茶却是世界茶叶市场的绝对主导品种。西式奶茶，大部分是红茶与牛奶调兑而成。港式奶茶与英式奶茶接近，但味道厚腻浓苦。台式奶茶主要也是用红茶，有时用的伯爵茶也是红茶的调味茶。

白茶(微发酵，发酵程度5%—10%)产量更少，只占中国茶叶总产量不到2%，仍以福建为生产重镇。福建福鼎是白茶的原产地和种植基地。多数茶的保质期为两年，白茶与黑茶却是储存年份越久茶味越醇厚，五六年以上的白茶就可算老白茶。

白茶素有"一年茶，三年药，七年宝"的说法，是因为其药效被不断发现和宣传。某位好友出国时经常随身携带老白茶，因为药品可能违反某些过境规定，如有感冒发烧即饮老白茶治疗。但笔者对这种方法的疗效并不确定，因为自己多次尝试未见效果。不过，笔者还是爱喝老白茶，而且常常都是煮茶喝，感觉比泡茶味道更好。

笔者受邀观茶园、品龙井的浙江狮峰山，是西湖龙井的原产地。时值夏秋之交，四周草木葱茏，溪涧流水，云雾缭绕，空气清新，环境清幽，园中喝茶，体验颇佳。茶的品种不断融合创新，龙井茶的品种里面也引入了福鼎白茶和安吉白茶等作为制作原料。

龙井属绿茶。绿茶占中国茶叶总产量超过60%，是国内市场中的主导品种。六大类现代茶叶中，青茶、红茶、白茶、黑茶都适合反复冲泡，其中白茶与黑茶更适合煎煮，绿茶(不发酵，发酵程度0%)与黄茶(轻发酵，发酵程度15%—30%)却不能用这种喝法，最好是80度左右开水冲泡，续水不能过三。滑嫩的龙井茶叶也可以吃掉，还可做菜，如常见的龙井虾仁。

中国古代早先喝茶，就是在煎煮之后连汤带叶（或茶叶末）及葱姜等调料，像喝粥那样一起吃下去。日本的抹茶也是茶叶末冲水喝，这种饮用方式在唐代陆羽的《茶经》中有详细记载，曾是中国古代喝茶的主流方式。宋代是茶文化的分水岭，之前以饼茶为主，之后以散茶为主，饮茶方法也由煎煮为主向冲泡为主转变。

明清时期散茶越来越多，绿茶发展迅速，品种层出不穷，还有所谓"中国十大名茶"之说。绿茶给人的印象也各具特色，除气味外，有的在形状，有的在颜色。

例如，太平猴魁的外形独特，修长挺直，硕叶如刀。笔者去安徽宏村、黄山等地时，看到村镇有很多茶店作坊门面，前店后厂炒制太平猴魁。南湖水墨，月沼倒影，明清民居，古村茶香。古法茶叶制作与古代传统建筑融合在一起，体现出茶文化的关联性。

庐山云雾也在十大名茶之列，颜色鲜艳，嫩绿青翠，丰润光泽。笔者在江西庐山五老峰茶园观赏时四周空无一人，细雨如毛。海拔八百米，南向鄱阳湖，群山雾霭笼，滴翠茶树幽。招隐泉据说为茶圣陆羽隐居之地，在此烹茶水，品云雾，滋味浓厚，怀古清神。

黑茶（后发酵，发酵程度100%）占中国茶叶总产量的14%。笔者去云南普洱市（原称"思茅"），沿路茶山绵延不绝，茶园随处可见。茶园内外能看到晒茶景观，长方形或圆形的竹筛密密地连成一片，满目翠绿。这里是中国最大的产茶区之一，也曾是茶马古道上的重要驿站。普洱茶在境外如港台地区也被称为"阿萨姆"。

"普洱茶"在制作上目前已遍及绿、青、红、黑、黄、白六大类。其中"普洱黑茶"最为传统和著名，分生、熟两种。"生普"是自然存放缓慢发酵，"熟普"是高温高湿加速发酵。形状各异，可以制成圆茶（七子饼茶）、砖茶、沱茶、散茶等，还可以制成各式各样的工艺品摆件。

中国边疆地区的传统奶茶需要用黑茶熬制。除云南普洱外，常用黑茶还有湖南安化茶、安徽六安茶、四川雅安茶、广西六堡茶。边疆牧区难以获得蔬菜，奶茶可以补充维生素。元清时期的宫廷档案也记载了当时皇室所用奶茶的配方和制法。奶、茶、奶油、盐、水是清朝奶茶的五种原料。笔者试着按照上述配方比例，体验用不同火候熬制奶茶，但毕竟所用原料品质与清宫不同，口感肯定有差别。

湖南安化黑茶历史悠久，历来是中原与边疆进行茶马互市的主要茶叶生产地，明朝列为官茶。安化黑茶以花卷为上品。花卷亦称"千两茶"，老秤千两为一卷，合37公斤，一人多高。"千两茶"的制作工艺与砖茶相比，只在压制成形及包装上不同，外裹棕片，再用篾片捆紧，因层层紧压，能抵日晒雨淋，经年不腐。

"千两茶"原本安化独有，后来制作开始少量扩散。朋友邀笔者到北京怀柔看"千两茶"的现场制作。因当地松柏众多，朋友高薪聘请安化专门制作"千两茶"的茶艺大师，将安化地道原料运来后，蒸煮包裹，存放熏香，几年后开饮，茶叶中有松柏之气。朋友说这是他的独家创意，也是北京首次引入安化黑茶的制作。可见茶文化的融合不仅体现在品种和工艺，还表现于口味及地域。

茶文化的体验是综合立体的感受，不仅有茶叶本身的色香味形，还包括饮茶环境与茶具选择，各种因素共同造就的美感，令饮茶者沉浸于中国传统文化的联想，宁静于旅途瑰意琦行的山水，身心愉悦，乐而忘忧，这同样是一种文化关联。

茶具古称茶器，按照功能分四大类：泡茶、品茶、用水、辅助。这样比《茶经》中八大类二十八种泡茶器具更便于区分。陆羽推崇青瓷茶具，笔者也非常喜欢青瓷茶具。

笔者在浙江兰亭参观当年王羲之等人曲水流觞、吟诗挥毫之处时，欣赏书法碑文之余，发现纪念品商店有不少精美的龙泉青瓷酒具与茶具，选购一套喜欢的式样，使用至今。

兰亭距龙泉不远。龙泉青瓷是青瓷之最，将青瓷推向巅峰。宋代"官、哥、汝、定、钧"五大名窑之一的哥窑，即属于龙泉窑。当时唯有龙泉窑能烧制出厚釉不开片青瓷。青瓷茶具可以烧制成半透明的青绿色，莹润如玉，淡雅柔和，令人爱不释手。

笔者到江西景德镇，在中国陶瓷博物馆选购了某位名家的白瓷作品，是一套丹青山水法蓝瓷工艺茶具。白瓷晚于青瓷出现，技术要求也高于青瓷，含铁量更低，但外观感受各有千秋。白瓷茶具看起来干净光泽，但釉质致密，透气性差，传热快，易烫手，好处是茶味足，茶汤颜色好。

这套白瓷茶具轻薄如纸，迎光透亮，色白无瑕，细如象牙。茶壶与茶杯上是古代隐士题材的山水画，线条清晰，技艺卓绝，意境悠长，伏案赏鉴，恍入其中。景德镇瓷器市场非常大，还有制瓷小镇等选购瓷器的地方，笔者在那些地方转了两天，没有发现同样心仪的瓷器作品。也选购了几套造型别致的茶具，但总体感受还是有云泥之别。

　　制作瓷器离不开瓷土。一般的黏土不耐高温，1100℃以下可以烧成陶器。瓷器则要1200℃以上，因此需要瓷土。制瓷业早先是采用单一的瓷石为原料，资源逐渐枯竭后，开始使用瓷土，也叫"高岭土"，因首先发现于景德镇高岭村而得名。景德镇成为瓷都也有赖于此。如同煤矿一样，高岭土矿也是不可再生资源。各地窑场选址必在当地高岭土矿附近，也会因矿产丰竭而兴衰。

　　高岭土矿南北都有。"南有龙泉瓷，北有耀州瓷。"耀州瓷是北方青瓷的代表，有1300多年的烧造史，元明时期衰落估计与资源枯竭有关。笔者到陕西铜川参观耀州瓷。耀州窑博物馆是中国规模最大的古陶瓷遗址博物馆，集遗址展示、文物陈列、模拟古代制瓷工艺演示三位一体。市区西南的陈炉古镇是宋元以后古耀州窑延续生产的唯一窑场，长期是西北地区的制瓷重镇。

　　这里的瓷器制品，造型端庄浑朴，质地坚实耐用，釉面光洁，青幽古典。仿古制品惟妙惟肖，特别是所谓"耀瓷四绝"：倒流壶（注水口在壶底，注水后翻过来壶水不漏）、良心壶（同一壶嘴可倒出两种水，推测最早应被称为"两心壶"）、公道杯（水浅不漏，满则流尽）、凤鸣壶（壶水倒出时声似凤鸣）。原为酒具，仿制后的茶具也颇有趣。以前朋友送的仿古茶具中，以仿制明朝成化御窑斗彩瓷杯最为逼真，如脂似乳，浓淡相宜。

　　除泡茶、品茶用的瓷器、紫砂、玻璃茶具外，辅助茶具的选择也很影响美感体验。例如颜色不协调或风格不匹配就会有违和感。笔者在越南买的木雕茶盘，曲线流畅，色泽深红，木质厚重，非常适合承载紫砂茶具——个人不太喜欢颜色反差太大的组合——紫砂茶具耐寒耐热不烫手，泡茶不走味不变色，尤其适合泡乌龙茶，因为茶叶膨胀过快，盖碗等茶具束缚茶叶舒展空间，紫砂壶不会。不过因北方干燥，虽然喝茶时也经常以水浸润，时间久了木雕茶盘还是有微小裂痕。早些年买的竹制茶盘也有同样问题。

后来用乌金石茶盘就不会有开裂问题。乌金石茶盘硬度高，不变形，不开裂，不褪色，不生味，颜色典雅，肃穆沉稳，烧水消毒功能齐全，用起来方便，看起来舒畅。以前在北京马连道等茶具市场买的几款仿玉石茶盘也一直在用，有的沉重不易挪移，有的轻便适宜户外。这些茶盘用来摆放青瓷、白瓷茶具色泽相映，柔和雅致，颇具观赏性和实用性。

各种茶具的选用标准是让饮茶者惬意舒畅，中看中用就好，不必名贵，真伪也不重要。乾隆喜爱艺术，也是不拘泥真伪。当年他看到《富春山居图》无用师卷，自己仔细鉴定后判断是赝品，但还是花了两千两银子买下。理由是，此画虽非真迹，但亦中看，还特意题跋留念，与大臣共赏。当然乾隆没有想到的是，该画其实本来就是真迹。

茶文化是一种综合体验，不只为解渴消食，常常是追求某种状态。所谓修身养性，顺气怡情。处在幽静的环境，穿着舒适的服装，使用精致的茶具，按照典雅的方式，品尝茶水的味道，保持清和的心情，体验通透的生活。

> 手把青瓷盏，身着太极服。
> 轩窗临空谷，山风倚修竹。
> 云游四海外，花落案头书。
> 悠悠千古事，清馥散玉壶。

1.5 景观

文化景观的内容

文化景观是由文化群体创造出的风景，可能来自自然风景，但有鲜明的人为特征，例如梯田、教堂。文化景观反映人类最基本的生活状态和生存观念。不少文化地理学者将文化景观作为文化地理学的最核心研究内容。

文化景观反映了人类面对环境和改造世界的态度，还包含着关于文化起源、文化传播、文化发展等方面的有价值的证据。以建筑为例，通常民间建筑没有职业建筑师的帮助，建筑风格和方法来源于民间文化；职业建筑则反映出设计水平、物质文化和生活方式。

通过文化景观可以研究文化中的非物质层面的内容。文化景观的三个内容最受重视：空间布局、土地分配、建筑式样。

从体验的视角出发，文化景观是看不同文化环境下的各种景观。譬如民居是最显著的乡土文化景观。一个特征是大多没有专业设计师的设计，而是凭借世代相传的经验和零星创新搭建，没有草图，包括住宅、谷仓、教堂、作坊、酒吧等。乡土建筑往往就地取材，其建筑材料的选取与当地气候、植被、土质密切相关。

游牧民族习惯住帐篷。热带雨林和热带草原，特别是在非洲，民居用枝叶搭建。山地河谷地区建筑多用泥土制砖。有些砖是晒干的，有些砖是烧制的。地中海地区、印度和南美农民多用石头建房，包括房顶、墙壁、围栏、街道，在文化景观上散发出永恒的气息。中高纬度地区森林茂密地区流行全木制房屋，如美国、北欧、俄罗斯；森林不多的地区流行半木制房屋，如中欧、中国部分地区，在木制框架基础上用其他材料搭建房屋。在高纬度的草原和苔原地区，如北美和西伯利亚大草原上，早先有草皮屋。

农舍往往是人畜同住的建筑。简单的农舍只有一层，人畜住在两头，中间甚至没有隔断。较复杂的农舍人畜居住分隔开，甚至有不同楼层。这两种在欧洲都很普遍。在德国中部和中国东部等地区，更多的农舍是将住宅、仓库、畜栏分为不同的建筑，有更好的隐私和保护功能。在美国、澳大利亚、新西兰等土地丰富的地区，较流行分散式农舍，各种功能的农舍分散布局，而没有围绕一个中心建筑或相连接。这种形式有利于防火却不利于防盗。除了建材、布局外，乡土民居还有其他一些特征。例如房顶的形状、烟囱的位置、门窗的设计等。

里约的天梯教堂

宗教景观是旅行途中的常见内容。醒目宏大的宗教建筑比比皆是。

巴西是全球天主教信仰人数最多的国家，每个城市都有各式各样的教堂。打破传统造型的里约大教堂（Rio de Janeiro Cathedral）尤为著名。这座新型建筑模式的教堂又被称作"天梯教堂"，外面看像是高耸入云的天梯。

教堂建筑造型往往直指云霄，内部瘦高空旷，表现向往升腾天堂的执着。天梯教堂高 80 米，相当于两个北京天坛祈年殿的高度。里面可容纳 2 万人。在内部用全景模式拍照，从地面到屋顶，再沿着五彩玻璃窗下来，画面呈现独特的纵深视觉效果。

西方传统建筑以高为美。法国巴黎圣母院高 69 米，梵蒂冈城的罗马圣彼得大教堂高 138 米，德国科隆大教堂高 157 米。

中国传统建筑以大为美。西方建筑有几十个房间就算多了，中国建筑动辄成百上千，北京故宫 9000 多间。天坛占地面积百倍于天梯教堂。

西方教堂建筑到中国就显得比较高。始于 1703 年康熙年间的西什库教堂，是北京最大最古老的天主教教堂，也曾是北京最高的单体建筑，清政府曾因其过于高大而强令迁移。

西什库教堂仅高 16.5 米，钟楼塔尖才高 31 米。而且风格已经中国化，有传统的中式台基和汉白玉栏杆，还有中式碑亭和石狮子。

笔者多次不同季节去西什库教堂，纯粹是因为喜欢其建筑风格。包括内部的设计，也比很多西方国家教堂的采光更好，令人心情愉悦。

宗教是人类精神寄托的方式。教堂是能让人的精神获取正能量的地方。好的教堂要能迅速振奋人的精神，犹如好的食堂要能激发人的食欲。

基督教在中国的传播最初非常难，后来采用穷人信教给饭吃的方式打开局面，被称为"稻米基督徒 (rice Christians)"。

宗教大体有两类，一类是普遍性宗教，其目标是将教义传遍全人类，另一类是民族性宗教，仅限于某个族群。

普遍性宗教多喜欢借助宏伟的宗教建筑震撼人心，并通过建筑风格的创新来释放影响力。例如融合了中西风格的台湾中台禅寺。禅寺僧尼讲解该建筑风格的由来，让人感受到现代宗教文化的融合与创新。

巴西里约的天梯教堂正是有意营造这样的视觉效果。

这座钢筋水泥的高大教堂主体建筑由方框构成，顶端呈圆锥形，也许是来自金字塔的灵感。

教堂顶端是玻璃的十字架造型，阳光透过十字架照射进来，使得内部光线不至过暗。十字架的四端连接着彩绘玻璃窗，一直垂到地面。

讲礼台上方悬挂着木刻的耶稣受难雕像，显现了耶稣被钉在十字架上的场面。讲礼台的后面是小礼拜堂和忏悔室。

个人感觉，里约大教堂里面虽然的确大，但内部装饰陈设过于简单，既没有常见的宗教典故壁画，也缺乏各种生动精致的雕塑。

相较而言，很多天主教教堂都有内容更为丰富的空间。譬如同样位于南美的库斯科大教堂。里面简直就是个很好的博物馆。

库斯科大教堂内的装饰可以用令人眼花缭乱来形容。殖民时期巨幅画作有400幅，还收藏不少著名艺术家作品。教堂建筑内外都能看出工匠的精巧设计与工艺。

其中之一是库斯科大教堂中大量使用镜子，多角度反射影像，加强对人内心的震撼。这在天主教进入南美初期打开传播局面有非常实用的效果，特别是在当地人没见过镜子的情况下。

不过这种比较也许有失偏颇。应该说，里约大教堂的新式建筑风格与库斯科大教堂的巴洛克风格各有特色。

宗教的一个重要功能是促进人与自然和谐相处。自然灾害会影响宗教。中国宗教面对火灾、水灾、蝗灾等传统上有火神庙、龙王庙和蝗神庙等。

对待旱涝灾害，印度教和佛教主张接受和顺应，基督教主张阻止和战胜。有时基督教徒也会视灾难为神谕，需要靠忏悔来消除灾难。

教堂提供给人忏悔的地方。中国传统文化更强调"人在做，天在看"。传统中国到处寺观庙庵，但那里大多是避世或许愿的地方。

婺源的古装酒店

文化景观的创造可能源于实用，也可能追求审美和趣味。职业体验馆、假面舞会和COSPLAY都是为了追求角色扮演的趣味性。将角色扮演与园林建筑相结合的主题酒店成为一种时尚的文化景观。

笔者当年体验感受较好的是江西婺源的一家园林式古装酒店。当前中国古风盛行，服装音乐影视剧都在充分挖掘传统美感元素，这家酒店在综合古风元素方面比较成功，源于以下特色体验：

一是时代的沉浸感。酒店场景设定是南宋，所有工作人员及所有住店宾客在酒店内均要穿古装。前台在宾客办过入住手续后，会请宾客立即穿上自选的古装，由服务人员领到各自的房间。

酒店是园林式建筑群。宾客随领位穿过门厅回廊、流水亭榭、高墙牌坊，来到自己房间所在的徽式建筑。建筑错落有致，多为三合院，进去后有天井，里面是堂屋，楼梯两到三层，三面是宾客房间。

北京友谊宾馆也是园林式建筑，但风格迥异，宾馆建筑厚重，样式一致，园林设计简约，不设湖水。相较来看，这里的徽式建筑富于变化，造型各异，白墙黛瓦，青石小巷，沿湖垂柳，犹如水墨。

南方有些古装酒店外观也与该酒店风格类似，但里面房间完全是现代陈设，宾客会产生违和感。而这家酒店的房间里面仍然保持古香古色，镂空的雕花木窗，熏香的蚊帐木床，仿古的梳妆台、罗汉椅和贵妃榻，木质的浴桶和舀水勺，格窗外可见鱼鳞青瓦、飞檐翼角。

行走酒店园林，如同置身宋代村落，不仅两侧的建筑仿古，路边摊贩也是古装，贩售仿古用品与食品。船上有撑花伞着长裙的闺秀，堂前有穿短襟戴青帽的伙计，来来往往，时空穿越。

二是休闲的故事性。入住酒店既可以短暂休息，也可以游玩赏景。酒店为了增强宾客的休闲趣味，设计了酒店内游玩的剧情。

剧情应该主要是面向喜欢角色扮演和剧本游戏的年轻人，是说有三位主角（各有姓名）——才子、佳人、神仙——混迹在酒店的园林里面，玩家需要四处游走，与古装工作人员（NPC）聊天，打听获取线索，帮助主角完成任务。

故事线各有不同，玩家根据自己的偏好去推进。可以协助成全才子佳人的美好姻缘，也可以帮助神仙解除本地面临的灾难，无论什么故事情节，都要善于发现线索，克服各种困难。

古装工作人员都是有职业素养的年轻人，根据剧情设计化妆后游走于酒店园林各处。有的是白头神仙隐匿江湖，有的是世外高人衣着朴素，在与玩家对话时能够投入剧情，或有夸张表演，态度认真。

每天固定时间还有古装巡游。模式类似迪斯尼、好莱坞、欢乐谷、海洋公园、世界公园等大型游乐场中的盛装巡游。不同的是，这些古装巡游的工作人员在特定地点会停下来表演中国古代礼仪，宾客也可以参与其中。

平时在城市里，孩子们通常喜欢去比如世界、蓝天城等职业体验馆，开飞机、建房子、当医生、做厨师，可以扮演各种当代社会角色，想穿越到古代或魔幻世界，还有COSPLAY的角色扮演，但对成人们来说，倘若不是演员，是不太有机会体验时空穿越的。宾馆的这个设计不但有一些知识含量，还能满足成人们的表演体验。

三是安静的舒适度。如果不喜欢故事游览，也可以安安静静地休息散步。休闲类酒店最重要的是安静，不要车水马龙，不要人声鼎沸。宾馆远离闹市，园林山水，附近十里黄花，油菜飘香，基本具备了安静的环境要求。

室内有笔墨纸砚，可以写写画画，怡情自乐。室外景区有"歙砚展示厅""歙砚制作室""文化碑廊"和书院等建筑区域，为了解古代徽州文化提供平台。漫步园中，可以欣赏婺源三绝：木雕、砖雕、石雕，人少时还可以到湖中石舫抚琴听幽，自娱自乐。

古典园林既是自然景观，也是人文景观。地形、地貌、水体、植被是自然景观，建筑、装饰、布局、风格是人文景观。古装园林酒店在此基础上增加了人的元素，让宾客与工作人员借着古装与情节共同演绎时光穿越，不但是中国传统园林风景的创新，也是极富体验效果的现代文化景观创新。

2. 人地生态

生态系统 (ecosystem) 指由生物群落与无机环境构成的统一整体。环境孕育生命，生命也改变环境。生态环境如何形成的？天地从何而来？生命从何而来？人类从何而来？让我们一起来探究和体验。

2.1 宇宙

浩瀚的星空让人们有宇宙的概念。笔者印象最深的星空感受，是第一次在内蒙古草原过夜时站在帐篷外面所见。当时被眼前的星空景象所震撼。此前在城市中观星均需仰视，而彼时的星空却在眼前，在前后左右，环绕四周与头顶，除了脚下，全是星星，明亮而硕大，印象中有些星星大如土豆。多少年后在看到梵高的星空画作时，瞬间激起那次在内蒙古草原的少年记忆。后来在撒哈拉沙漠也看到了类似的满天繁星，只是星星要小得多，视觉记忆受主观印象影响很大。

笔者平日观星的体会是，凌晨3点到4点的星空最为清晰，4点到5点明显要差，但也能看。北半球最好辨认的是北斗七星。冬季最易发现，正在头顶，抬眼可见。随着季节变化，北斗星在天空的位置也在发生变化，斗柄沿着顺时针方向旋转，有时平视可见，斗柄垂于湖岸，犹如悬在前方的问号。笔者第一次在南半球夜晚观星时，最深的印象就是看不到北斗星了，取而代之的是清晰的南十字星。

2. 人地生态

在这个满天繁星的宇宙里，由于光线抵达地球需要或长或短的时间，我们看到的宇宙并不是和人类同时存在的宇宙的样子，而可能是几亿年几十亿年前的样子。事实上，人类对宇宙的认识一直在变化之中，并不断感到惊奇。

极目远眺的星空

通过文字和考古，我们了解6000年来人类对宇宙的各种认知。每个时代的人类，包括我们，都希望或认为自己对宇宙的理解是真实的，但这种真实性永远是相对的。一个重要原因是，无论是个人还是人类，观察者总是习惯于从自身的视角观察世界，而观察者本身就是观察对象的一部分。中国明朝杨慎说："吾人固不出天地之外，何以知天地之真面目欤？"

人类早期宇宙观，普遍是创造论。一般认为某种具备人类情感的神灵创造和控制着宇宙与自然万物。这个宇宙被创造成什么样子则众说纷纭。既有欧洲人认为的水晶球模型，也有中国人认为的鸡蛋（"浑天"）或双曲面（"天象盖笠，地法覆盘"——《周髀算经》）模型。

当亚里士多德站在希腊的海滩上仰望星空的时候，他认识的宇宙是以地球为中心，太阳、行星和其他恒星等各种天体围绕地球旋转的图景。后来托勒密又为这种地心说提供了一个可以用来预测天文现象的数学基础。

可是从16世纪到18世纪，地心说逐步被推翻，人类认识的宇宙出现一幅全新的景象。最早是伽利略用新式的望远镜观察到有卫星围绕木星旋转——如果地球是宇宙的中心，怎么会有一些天体没有围绕地球运动呢？于是哥白尼等人的日心说开始传播。

然而日心说也很快过时，因为人们发现更多天体没有围绕太阳运动。后来宇宙无限论大行其道。这种理论认为宇宙没有中心，时间和空间都是无限的，没有边界也没有起源。牛顿的判断是，如果宇宙不是无限的，引力会把所有物体拉向宇宙中心，事实并非如此。

不过，无限宇宙论在19世纪之后受到越来越多的天文学家和物理学家的质疑。一个广受关注的分析是，假如宇宙真的是无限的，里面包含有无限颗发光的恒星，那我们看到的星空就不应该是繁星点点，而是一片光明，没有黑暗，因为任何黑暗的部分都会被或远或近的恒星光线所填补。

可是，如果宇宙不是无限的，其边界在哪里，它是什么形状，这个形状会不会变动？20世纪以前，没有人提出过宇宙是膨胀还是收缩的问题。直到1929年，哈勃作出一个里程碑式的观测，发现不管往哪个方向观测，所有星系都离我们越来越远。

在大量证据积累的基础上，20世纪出现的宇宙大爆炸学说成为主流理论。这个学说认为宇宙处在有限的时间和空间内，且正在迅速膨胀。它可以合理解释无限宇宙论面对的一些悖论，而且与大多数现代天文学、粒子物理学的经验和理论相一致。

不过，没有确切的理论能够解释宇宙为什么是这个样子。霍金在《时间简史》中认为："宇宙无边界条件和量子力学中的不确定性原理，可以解释我们在宇宙中看到的所有复杂结构。"但同时他也提道："宇宙的初始应该是什么样子，依然要靠上帝去卷紧发条，并选择如何去启动它。"这让我们想到牛顿在他的《宇宙体系》中写道："上帝创造了世界，并且在无形中统治着它。"

历史和现实中，创造论和演化论始终是并存的。

宇宙的演化过程

从演化论的视角看，宇宙是一个巨大系统，上面有母系统，下面有子系统。每一级系统都有兴盛衰亡。像地球生命一样，宇宙也会经历奇妙的生死。现在的宇宙死亡之后，必然产生新的宇宙。

我们现在这个宇宙的诞生一瞬间从无到有，目前已经存在了130亿年。对那个奇异的瞬间，现代量子物理学精确地分析了亚原子粒子从无到有、似无似有的奇异突变。

然而更神奇的是，早在3200年前，古印度的《梨俱吠陀》（*Rig-Veda*）

就提出"无既非有，有亦非有"的宇宙生成状态。2500年前，中国的《道德经》也写有"天下万物生于有，有生于无"的宇宙诞生过程。

所有的复杂都是由简单生成。宇宙诞生的最初几分钟内，只有元素周期表中的前三个元素：氢、氦、锂。任何质量更重或更复杂的元素和物质都不可能存在。因此最早诞生的恒星和星系差不多就是由氢和氦构成的。然而此后恒星炽热的核心开始不断将氢与氦转变为元素周期表中的其他元素。

宇宙呈现的有序结构是演化平衡的结果。大爆炸产生的张力使宇宙膨胀，由能量凝固而成的物质之间的引力使宇宙聚合。两种力之间存在不稳定的动态平衡。张力在大范围内起主导作用，引力在较小范围内占据优势。

大爆炸之后的10亿年中，引力造就了许多由氢和氦构成的星云，其自身产生的引力抵消了宇宙膨胀的张力。在引力的作用下，气体星云不断收缩，诞生了大批恒星。恒星内部的超过1000万摄氏度的高温产生核聚变，其能量进而又抵消了引力作用，重新达到平衡。

恒星的这种平衡状态可以保持几千万年到几十亿年。太阳目前正值中年，已经存在了50亿年，未来再过50亿年后，太阳将死亡。其他恒星也是一样，濒死阶段会膨胀为红巨星。当燃料耗尽，中小型恒星最终将熄灭为白矮星，密度很大，体积与地球相仿。

恒星体积越大，寿命越短。体积在太阳8倍以内的恒星，死亡后会熄灭冷却，变为白矮星。体积是太阳8—30倍的恒星，死亡后会经过超新星爆炸，变成中子星。体积大于太阳30倍的恒星，死亡阶段塌陷时内核挤压，会成为黑洞。黑洞最终塌缩为奇点。

超新星爆炸是个有趣的过程。因为超新星爆炸产生的巨大能量和闪光可以持续数周，甚至更久，其亮度相当于整个星系或1000亿颗恒星。1054年，中国宋朝的天文学家杨惟德曾经向宋仁宗报告，天空突然出现一颗"客星"（《续资治通鉴长编》卷一七六）。直到20世纪，西方天文学家才确认这是一次产生蟹状星云的超新星爆发。

还有更早的记录。185年，中国东汉天文学家在天空中观察到一次超新星爆发过程，《后汉书》中称此星"大如斗笠，鲜艳缤纷，后渐衰萎，于次年六月没",前后一直在天空闪耀了将近 8 个月。科学家们研究后确认,这是人类历史上最早的超新星爆发纪录。

超新星爆炸是一场神奇的炼金术,它可以制造出元素周期表中一直到铀为止的所有元素,其中最多的是氧元素。大量射入宇宙深处的氧元素没有停下演化的步伐,它们不断地变化,并精彩地演化出地球生命和人类。

宇宙的拟人视角

人类面对宇宙,往往会产生两种截然不同的态度:一种是要征服自然,改造自然;另一种是要敬畏自然,顺应自然。

包括人类在内的所有生物组成的生物圈,只有地球总质量的百亿分之一,分布在由水、土、气组成的 1 公里高、面积大约有 5 亿平方公里的空间内。可是,宇宙有多大?

假设宇宙是一个生命体,人类目前的影响力都还没有超出宇宙的一个细胞。这个细胞就是我们所处的太阳系。

现在人类可观测的宇宙中有大约 1000 亿个星系,中等大小的银河系约有 1000 亿颗恒星。可观测宇宙中的所有恒星加在一起,大致相当于人体细胞的数量总和。人脑大约有 1000 亿个神经元(神经细胞),恰好与银河系中的恒星数量一样多。银河系像不像一个超级大脑?宇宙像不像一个超级生命体?

人类生活在太阳系这个宇宙细胞里,作为细胞核的太阳有多大?倘若我们可以做一次太阳内部之旅,像子弹穿透苹果一样,从一端进入,经过太阳中心,从另一端出来,这个距离足以让登月宇航员从地球往返月球两次(140 万公里)。如果我们乘坐波音飞机,需要连续飞行 64 天。

宇宙里这些"细胞"之间的空隙有多大?太阳距离其最近的恒星是 4.3 光年(超过 40 万亿公里)。这意味着,如果我们以光速从太阳出发,到达这颗恒星需要 4 年零 4 个月,而我们以光速从太阳到地球只需要 8 分钟!

假如把光速飞船换成波音 747 飞机,我们从地球到太阳大约需要 20 年。

而要到达距我们最近的恒星比邻星，则需要 500 万年。这是宇宙里最近的两个"细胞"间的距离。

太阳系处于银河系的边缘。设想我们以光的速度到达银河系的中心，需要 3 万年。这段路程的时间里，如果条件合适，人类足可以从石器时代演化到人工智能时代三四遍。

假设我们所知的宇宙只是某个生命体的一个小细胞，人们发现：宇宙中恒星数量的总和恰好相当于组成一个动物合成细胞的原子数量总和。我们的地球，只是其中一个原子中的一个电子。

宇宙也有生死。而且宇宙还在不断长大。

宇宙诞生之初只是像原子那么大。原子，有多大？如果一个苹果变得像地球这么大，组成苹果的每一个原子，就像地球上的这个苹果那么大。这个宇宙如同原子的比喻是宇宙大爆炸理论创始人之一的勒梅特在 1927 年提出的。

后来，宇宙不断膨胀，这个过程迄今仍在继续。它的死亡日期人类现在还无法准确预测，但它无疑会比人类活得久。

人类目前观测的宇宙，一个星系平均有 1000 亿颗恒星，一个星系群大约有 20 个星系，一个星系团包含几百到几千个星系。超星系团甚至拥有 1 万个星系，最高宽度达 1 亿光年，这应该是宇宙中可观测到的最大的有序结构。

我们观测这些星系、星系群和星系团，就像我们在地球上可以看到不同的人、部落、城市和国家，其实对其内部的复杂程度未必充分掌握。

更何况，天文学家认为有 90% 以上的宇宙物质是无法观测的，这被称为暗物质（dark matter），有人甚至推测其占到宇宙总量的 99% 以上。目前人类对暗物质主要有三种解释，其中一种解释认为暗物质就是暗能量（dark energy），主要由 20 世纪 90 年代晚期发现的真空能（vacuum energy）构成。

对于无法观测的天体，人们很容易想到黑洞。黑洞的密度极大，假如有足够大的引力把地球变成黑洞，地球需要被压缩成直径不到 2 厘米的小球，比乒乓球还小一半。

这个包括光在内的所有物质和能量都被引力控制的区域，近年来被天文学家赋予了更多的解释和猜想。其中一种推测是说每一个黑洞都是由一次独立的大爆炸所产生的独立的宇宙。即使我们能够证明这些猜想，也不意味着那些解释就是完全真实情况，更不意味着人类具备了认知宇宙复杂性的充分能力。

宇宙是个多层级的系统。也许，在我们的宇宙层次之上，还有新的层次，比我们宇宙大得多的"超宇宙"。众多宇宙构成一个更大的生命体。这个猜测，目前既无法证实，也无法证伪，但从逻辑上讲，应该是必然的。仅从人类或身边生物的视角来理解生命是有限的想象。

霍金在《果壳中的宇宙》中写道："宇宙的边界条件是它没有边界。"《庄子·逍遥篇》中同样写道："无极之外，复无极也。"张衡也在《灵宪》里说："宇之表无极，宙之端无穷。"康德的墓碑上刻着他《实践理性批判》结论部分第一句话："有两种东西，我们对其思考越是深沉和持久，它们唤起的惊叹和敬畏就越是新奇和增长：头上的星空和心中的道德法则。"

2.2 地球

陆地与海洋是地球上两个最主要的生态环境。扬帆大海与徒步高山、纵马草原是截然不同的感受。为了多接触和体验自然，女儿小时候曾随笔者行走于西藏雪山、云南雨林、青海丹霞、宁夏沙漠、内蒙古草原、长江黄河、四湖五岳等。特别是女儿上小学之前的几年，我带她依次走遍中国四大近海。

她第一次看海是两岁时在黄海之滨。我们住在渔家，一早来到海边。天气晴朗，四下空旷无人，潮声阵阵，海浪滔滔。女儿被这种巨大的自然声音吓哭。为了转移她的注意力，我们让她去看海滩上众多搁浅的海蜇，她称为"海蘑菇"。有的体型巨大，直径超过一般用餐的圆桌，推动时沉重易破，只好手脚并用，但腿部碰到海蜇的触须，痛痒几日不去。

2. 人地生态

她第一次去东海时，我们选择中国最东端的住人小岛——东极岛。当时那里还处于基本未开发状态，需要多次换乘大船小船才能抵达。女儿幼小，此行饱受晕船之苦。岛上多是石头房屋院墙，可抗海风。只是住户稀少，许久才在石阶山路上遇到一个20岁左右的村民，她很好奇地问我们从哪里来，到这里做什么。她满脸惊诧的表情表明这里游客稀少。后来我们住在当地渔民的家里，主人用当天捕捞的虎头鱼和淡菜（贝肉）招待我们。食材简单而新鲜，取自当地海域，没有污染，女儿印象深刻。多年后，东极岛成了著名的国际海钓小岛。

在南海时，我选择较潜水更为安全的潜水艇方式让女儿认识海洋。隔着潜水艇玻璃窗，可以见到外面海底的珊瑚和鱼群。虽然能看到的鱼的种类并不如各地的海洋馆多，且清晰度也比海洋馆的玻璃走廊差，但这里展示的是自然生态，不是人工喂养的海洋生物。女儿看得津津有味，只是对潜水艇窗外没有发现海洋馆里常见的海龟感到失望。几年后有朋友送了一只美洲鳄龟，正好给她养。她将鳄龟与家里的萨摩犬放在一起做伴，没想到鳄龟竟将萨摩犬的舌头咬断一半。淡水动物与陆地动物的冲突让她看到地球生物关系的真实复杂。

渤海毗邻京津，我们经常过去。因纬度高，是中国唯一结冰的近海。夏天的渤海湾是大量游客的避暑胜地。女儿对渤海的直观印象是水质比其他近海差。环渤海城市较多，沿海城镇工业废水和生活污水长时期直接入海，曾有统计表明，渤海入海污染物占到全国总量近一半。渤海古称北海，曾为陆地，后陷湖海，面积在近海中最小。以最小的体量容纳最多的排污，水质恶化肯定最为明显，因此在渤海湾对生态保护会有直观感受。

地球是水的星球，海洋面积占地表面积的70%以上。后来女儿在纽约上大学，谈到面对大西洋时的亲身感受。她觉得大西洋是蓝色的，印度洋是绿色的，北冰洋是白色的。这应该是水温与海底差异的缘故，她在泰国看印度洋时是处在低纬度地区。与她在日本看到的太平洋相比，感觉大西洋似乎比太平洋颜色深。推测可能是因为太平洋雨量和体量都比大西洋大，盐度低。当然盐度最低的是最早被称为"大北洋"的北冰洋，那里很多区域终年海冰覆盖。我同意她的分析，但提醒她：即使这样的分析在理，也不排除很多时候所见所感只是主观的印象、局部的观察、体验的感受，与科研结论不同。

海洋陆地的年龄

科研领域一直关注地球本身。在地质学、地理学等现代科学尚不成熟的时代，人类对地球的认识相当模糊，也缺乏足够多的技术手段去测定地球的年龄。

1654年，爱尔兰主教厄舍尔（James Ussher）利用《旧约全书》相关记载计算出地球诞生于公元前4004年10月23日9点钟，宇宙的创造过程是一个星期，与《圣经》所述相符。早期学者大都认同这一理论。

不过17世纪欧洲就有科学家提出质疑，认为阿尔卑斯山高处发现的鱼化石说明阿尔卑斯山曾经在海平面以下，而地球形成以来如果真的只有6000年左右，那肯定是不够的。但这些质疑并未撼动主流学说，《圣经》编年史一直被捍卫到19世纪。

而海陆变迁现象也早被东方科学家注意到。1074年，中国北宋科学家沈括沿太行山看到山崖间的螺蚌化石和砾石的沉积带，推断说："此乃昔日之海滨，今东距海已近千里，所谓大陆者，皆浊泥所湮耳。"沈括不但发现了海陆变迁的根据，而且第一次运用科学的观察与推理正确解释大陆形成的原因。当然，他不可能具有对地球的更多认识，更不可能推算地球年龄。

欧洲科学家通过化石和地质不断将地球年龄往前推。在此过程中，地质学家关于陆地的出现形成两派："火成论"认为地球陆地形成于火山爆发，"水成论"认为地球上所有地层都是原始洪水冲积后的沉积物。深受拿破仑信任的法国著名科学家居维叶（Georges Cuvier）则在两派之外主张"灾变论"。他通过大量证据提出地球历史上有一系列灾变，灾变期间所有物种灭绝，最近的一次灾变就是《圣经》中的大洪水。这样可以解释地球在较短时间内发生过的海陆变迁。

莱尔（Charles Lyell）在达尔文的帮助下，凭借《地质学原理》（1830年）成为现代地质学的奠基人。他的"均变论"证明地球表面的所有特征都是由难以觉察的、作用时间较长的自然过程形成的。他还承认并解释了陆地的升降运动，认为地壳岩石记录了地球历史，无须求助于《圣经》或居维叶的"灾变论"。他的结论是地球已经存在了数百万年，而非6000年。

科学家们除了运用化石测定地球历史，还运用地球诞生后的冷却速度来测算地球年龄，虽然实际上都不够准确，但都将地球诞生时间大幅向前推。到了19世纪晚期，人们普遍认为地球至少已经存在了两千万年，甚至上亿年。

20世纪出现的同位素年龄测定法堪称断代技术中最重要的革命，可以较精确断定特定物体的形成时间。通过对至今仍在太阳系中漂移的物质进行分析，因为那些陨石含有太阳星云的残留，用同位素年龄测定法可以测算地球的诞生年代。目前太阳系中找不到46亿年前的物质，由此推断这应该是太阳系的形成时间。

根据人类目前对地球形成的认知，约46亿年前，地球几乎与太阳同时诞生。它们的年龄大致是整个宇宙年龄的1/3，目前生命周期已经过半，距离灭亡可能还有40多亿年。太阳和所有其他恒星一样，是在物质星云受引力作用发生塌陷的过程中形成的。太阳包含了太阳系中约99.9%的物质，余下的0.1%的物质形成了包括地球在内的所有行星。

太阳形成之初，巨大的引力把太阳星云内的绝大部分物质吸到了中心，形成太阳。其他物质以固态或气态在离心力的作用下环绕太阳运行，通过大量碰撞和吸引，形成太阳系的行星和卫星。这些碰撞非常频繁，月球表面被数百万颗流星撞击过的斑驳痕迹，因为没有大气侵蚀保存较多，至今肉眼可见。

早期地球也没有多少大气层，但随着撞击增多、体积变大，地球引力也不断增大，直到可以保留足够多的气体，形成稳定的大气层。二氧化碳很快在当时的大气层中占据主导。大气冷却形成的持续大雨造就了最早的海洋。海洋溶解了大气中的二氧化碳，天空由红转蓝。地球物质构成中，较重的物质沉到核心，较轻的物质浮到地表。

太阳系形成10亿年后，地球已经与今天相似，有了温度极高的铁的内核、高温半液态的地幔、薄而坚硬的地壳、广阔的海洋与环球的大气层，以及卫星月球。地球与太阳的距离，使地球上的液态水既不会因过热而沸腾，也不会因过冷而全部结冰。液态水的存在为生命形式的出现提供了演化条件。

约30亿年前，地球出现了被海洋包围的较大的古大陆板块，而不再是众多的火山岛。由于地壳运动，大陆板块反复分分合合。目前人类所能追溯历史最为久远的大陆是约5亿年前的罗迪尼亚（Rodinia）超级大陆。至此，地球上形成海洋与陆地的基本构成形式，大气层和气候得以运转，生命形式得以出现和演化。

板块构造的理论

20世纪早期，以倡导大陆漂移学说闻名于世的德国地质学家魏格纳（Alfred Lothar Wegener）提出地球上各大陆并非一直位于现在的位置，而是在不断漂移。他的《大陆和海洋的起源》（1915年）用大量证据证明地球上所有大陆曾经合在一起。他的证据虽然比较充分，但难以解释大陆板块如何能够在地表移动。因此他的理论被专业协会拒绝，此后40年该理论也被视为假设或假说。

二战期间发展起来的声呐技术使人们获得彻底的海底勘测数据，更精确的断代技术被运用于海底勘测。人们发现有一条海底山脉穿越大西洋中央，海岭中央是火山链，喷涌而出的熔岩堆积在两侧的海床。中央海岭年龄最小，越往大洋边缘年龄越为古老。每个大洋都有中央海岭，两侧有众多海底山脉。中央海岭相互连接，也称"大洋中脊"，贯穿四大洋，长达6万公里。

靠近中央海岭的岩石都有正常的磁性取向，较远地带的极性往往与如今的地球磁场相反。在更远的地带，极性再一次颠倒，形成了一系列极性交替地带。由于地球的极性每隔几十万年就会改变一次,这说明不同地带产生于不同时期。由此知道海底板块在不断延伸,边缘不断挤入大陆板块的地壳之下。

60年代美国地质学家赫斯(Harry Hess)提出海床扩展论,认为新海洋地壳形成于裂缝处,旧地壳则沉入海洋深沟。人们通过测量海底岩石年龄证实了该理论。大陆漂移学说与海床扩展论合为"综合板块构造论"。

80年代利用人造卫星和激光测量,科学家能够测量板块的运动速度大约为每年2.5—3厘米,与人类手指甲的生长速度大致相同。由此推算,大西洋形成于约1.5亿年前,目前仍在扩张。

详细测绘数据显示,地球最表层的岩石圈是由一些坚硬板块构成,像破碎的蛋壳,有8个大板块和7个小板块,它们在100—200千米厚的岩流圈上移动。柔软炎热的岩流从下方涌出,坚硬的板块因此开裂和移动。正是地球内部的热量,提供了板块移动所需的能量。热量产生于地球内部的放射性物质,这些物质产生于太阳系诞生之前的超新星大爆炸。至此,当年魏格纳未能发现的板块移动的地质原动力终于被找到。

澳洲的自驾航船

不同生态环境造就不同行为内容。自然条件对人类运动类型有明显作用,比如寒冷陆地流行冰雪运动,温暖海岸流行水上运动。在南太平洋中的澳大利亚,水上运动和水上旅游项目非常流行。

笔者生长在中国北方,原本接触和习惯不少陆地运动项目。在澳大利亚做访问学者期间,首次领略了一些水上旅游和运动项目,诸如浮潜、深潜、冲浪、驾船等,虽然已经过去20多年,大堡礁海滩浅水中巨大的野生海参,以及清澈海水中五彩的鱼群珊瑚,至今仍印象深刻。不过记忆中最清晰的片段当属自行驾船远航。

那是一艘有卧室、厨房、餐厅、卫生间、露台的观光游船。卧室是隔间的上下铺,有8张床。笔者加上其他访问学者与留学生共8人合租了这艘游船。在短短的一个小时培训后，我们就自行驾船离开了港口，在没有任何专业人员及管理人员陪同的情况下，准备了足够多的食物后，开始了长途航行。

那时的游船驾驶室还不像现在普遍都有电子仪表盘。当时自驾游船的最核心技术就是如何使用舵轮、锚及罗盘。这个任务主要由我和一位悉尼大学留学生会主席两个人来负责。另外几位各有喜好，譬如钓鱼、烧烤、摄影、写作、聊天。

我们的航船离开港口后，沿着一条河道蜿蜒而行，水面平缓泛黄，两岸灌木丛生。大约三四个小时后，驶出河道，进入大湖。一路上并无其他船只，驶入大湖后更是水天茫茫，无岸无帆，形同海洋，只是无浪。于是大家开始在餐厅与船舷边聚餐聊天，躲避南半球12月的夏日骄阳。

浩渺湖面，阴晴不定。入夜雨沉，心境空远。淅沥之间，如卧江南。拂晓醒来，天已放晴。早起者已经在船顶露台长杆垂钓。其时尚未日出，天色深蓝，空气清新，波光粼粼。湖里鱼群甚众，似乎饥不择食，只要鱼钩下去，几乎必有收获。不多时大家就钓了一桶鱼，足够烧烤烹煮之用。

然而这样的美好时光并没有一直持续。

下午狂风突起，波浪汹涌，航船开始剧烈颠簸。虽然厨房里的冰箱是被固定的甲板上的，但还是在船体摇摆之间食物倾泻而出，盘碟碎片满地。每个人需要紧紧抓住固定物体才不会被撞击或滑出船舱。

这时最重要的事情是求生，是争取不要让船上8个人遇难。奋力进入驾驶室的两个人迅速做了分工：留学生会主席负责用对讲机联系岸上救援，我来掌舵调整方向。

我根据当时的湖面情况，采取之字形路线，增大船头迎向波浪的角度。如果波浪不是很大，可以减小翻船概率。我想到以前看过关于百慕大遇难的一些科研结论，异形浪（Irregular wave）是舰船的重要杀手。这种浪可能突然出现在任何地方，瞬间甚至高达30米，可以轻而易举地将任何舰船卷入海底。

大湖中也会有巨浪吗？没有经历过，而且当时能见度非常低，无法清晰辨识波浪形态。而且，没有任何参照物，除了昏暗的水天雨浪，基本什么也看不见。

由于天气恶劣，对讲机与手机始终无法联系到港口，没有信号，也没有其他任何船只。我们在驾驶室里对航行方向还发生严重分歧。航船如同大海中随时可能倾覆的一片树叶，不知道哪里有可以停靠的湖岸。幸运的是，在波浪减弱之时，我们迅速航行了个把小时，离开风暴中心，终于找到河口，摆脱险境。

溯河而上，三个小时后回到港口，大家庆祝平安。否则，即使船未倾覆，在大湖上断粮漂流也是比较困窘的情况。岸上管理人员向我们解释并致歉。

自驾航船不仅是一种运动体验，也是对海洋文化的接触。在内陆文化区，可能骑马骑驴骑牛骑猪骑骆驼，都不怕摔下来，而在海洋文化区，当浪涌船旋之际，却需要摆脱对原有自然环境的惯性依赖。

类似的另一次海洋体验是笔者乘船穿越南美的德雷克海峡驶向南极洲。德雷克海峡向来风急浪高，早先多有船难，我们也遇到十几米的海浪，拍打6楼的舷窗，舱内前后左右上下剧烈摇晃。浪大时甲板不开放，雨窗模糊。餐厅停止营业，邮轮安排送餐到乘客房间。乘客们大多也严重晕船，无法用餐，恶心呕吐，寸步难行。这种颠簸程度在近海航行与内河航行中基本不会遇到。

雪浪贯长空，天际卷云涛。驶过德雷克海峡后，伫立甲板，仰望夜空，感受星辰大海。盖因星辰之远、海洋之大，所以动人心魄。

2.3 生命

笔者住北京的时候，停车位在树下。夏天经常发现汽车挡风玻璃上布满黏黏糊糊的小点。这是树上蚜虫的排泄物，富含糖分，是蚂蚁的营养食品。因此，蚂蚁会保护蚜虫，将其作为自己的"奶牛"。比如吃掉瓢虫、食蚜蝇等蚜虫天敌的幼虫，并阻止蚜虫迁移。如果人类用农药将蚂蚁连同蚜虫一起消灭，由于蚂蚁也会吃掉大量有害昆虫，蚂蚁数量的大量减少对植物是利是弊就很难讲。

笔者住天津的时候，经常去小区旁边一个湿地公园散步。这个公园占地面积近60平方公里，里面经常可以遇到刺猬、雉鸡、白天鹅、黑嘴鸥、啄木鸟等野生动物。有一天，我和我的萨摩犬在湿地公园的沿湖路散步。忽然看到萨摩犬在前面跳起来，与平时它见到青蛙、刺猬、黄鼠狼时的情形完全不同。我过去看，发现离草丛不远的路上有一条一米多长的青白花蛇，正在张着粉红色的嘴与萨摩犬试图互咬。

这条路是附近居民经常走动的线路，并且总有家长带小孩子在这里遛弯儿，即使是无毒蛇也会非常不安全。为什么管理人员不消灭公园里的蛇？可能不容易做到，也可能不愿意那样做。从生态的角度看，野生小蛇一般都是以蚯蚓、蝌蚪、小型昆虫及其幼虫为食，湿地公园里有几十万只鸟类，管理人员要考虑是否会打破生态链平衡。

总之，生态系统很复杂，微小的干涉、局部的改变，都会导致生态系统最终发展到另一个方向。

南极的物种生态

在南极海域，鲸鱼常常成群结队伴随在船舶附近，结果是人类仅用几十年时间就几乎灭绝了蓝鲸这种世界现存最大型生物。生物链互相影响。南极地区特有的磷虾由于失去鲸鱼这种重要的猎捕者，近几十年先是暴增，而后锐减，因为鲸鱼减少也会使海豹企鹅乌贼金枪鱼等磷虾天敌增加，反过来减少磷虾数量，且人类将渔猎目标也转向磷虾，加速其数量锐减。

笔者在南极海域航行的16天中，曾经多次登上南极诸岛。包括1982年阿根廷与英国爆发"马岛之战"的马尔维纳斯群岛（英国称"福克兰群岛"Falkland Islands）。其中的南乔治亚岛（South Georgia Islands）曾经是捕杀鲸鱼和海豹的基站，现在已基本恢复了和谐秀丽的生态。特别是在南乔治亚岛索尔斯堡平原(Salisbury Plain),眼前景观让人终生难忘:蓝天白云之下,芳草浅溪之畔,数万乃至数十万只帝企鹅密集如阵,摩肩接踵,几无间隙,由山下绵延到山上,列卒周匝,星罗云布,蔚为壮观。

企鹅海豹等南极动物不怕人,还会主动接近游客。动物在没有人类的环境中演化,对人类肯定毫无防范和警惕之心,如果其不能在灭绝前演化出应对人类猎杀的策略和本能,物种消失就在所难免。最近5万年来,人类扩张过程中屡屡伴随所到之处的物种灭绝事件。北美、南美、澳大利亚随着人类的抵达,大型哺乳类动物短时间内灭绝比例分别是73%、80%、86%(以属计算)。

目前南极地区能够再现良好生态,一是人类观念转变,开始注意生态保护,国际组织约束滥捕滥杀行为;二是南极不像北极有常住居民,给其他生物留下更多的生存空间。企鹅海豹们因此有了发展壮大的机会,南极成为它们的天堂。

生命本质与起源

从化学到生命的转变是宇宙史上的巨大转变。就目前人类所知,生命是地球上的独特现象。生命的出现令地球生机勃勃。与无生命物质相比,生命是可以主动获取物质能量进行繁殖的事物,其特征主要有三:

一是复制繁殖。生命可以通过复制或繁殖使自身种群延续和数量增加,无生命物质基本不会,虽然水、火、风、矿物也可以再生,但再生前后没有信息交换,二者没什么关系。也有一些介于生命与无生命物质的中间物体,例如具有复制或演化能力的水晶、病毒、鸡蛋。

二是感知应激。生命能够感知外部环境,对外界刺激会有应激反应,通过移动和变化,不断适应新的环境和新的挑战,多数时候会以集体为单位探索环境。生命是自组织,无生命物体是他组织。无生命物体没有主动感知能力。

三是新陈代谢。维持生命需要有充足的物质流、能量流和信息流,一旦没有这种新陈代谢的输入或输出，生命将难以持久。无生命物体虽然也可能有这些交换，但这不是保持系统稳定性的条件。

生命当然也可以从更多角度来理解和定义。薛定谔不仅设计出那个著名的量子猫，他在《生命是什么》中还讨论了生命的特征，认为关键是生命具有"不断从它周围环境中吸收秩序"的能力，"生命以负熵为生"——这实际就是系统演化的特性，通过动态平衡提升系统的复杂性。后来有人试图用量子纠缠与协调的特性解释物质何以演化出具有感知与记忆的生命。

从无生命到生命的演化过程是如何发生的？

第一步，出现有机分子。生物大多由碳构成。由于地球上碳元素充足，只要条件适宜，有机小分子可以很容易被大自然制造出来，然后再进一步形成氨基酸、蛋白质等高分子聚合物。生命形式主要由控制原子运动的电磁力与核作用力决定，这些力决定了原子如何聚集构成更大更复杂的分子。

第二步，出现细胞。事实上人们对细胞的出现目前有三种猜测：一是来自地球。海洋有机分子吞食化学物质，并可以分裂繁殖，演化成细胞。或者地球内部深处的有机物，通过与周围环境进行化学物质交换汲取能量而形成没有细胞核的原始细菌。二是来自太空。通过彗星或陨石与地球撞击，一些生命构成物质互相反应，例如制造蛋白质的氨基酸、携带信息的碱基、构成DNA的磷酸盐等，由化学演化发展为生物演化。三是来自创造。也有人相信更高智慧创造出了生命的最初形态，然后这些生命再逐步演化。他们认为更高智慧如何产生及演化，或者存在于何种空间，还不是人类所能探知的领域。

第三步，出现精确复制。没有精确复制机制的细胞支配地球上的生命达数百万年之久，直到遗传密码形成精确复制的出现，诞生了目前地球上所有生物的共同祖先。从此开始把遗传信息记载在极为复杂的脱氧核糖核酸（DNA）分子中。

生命就是从两种不同类型物体的共生状态中出现的：蛋白质擅长新陈代谢，维持细胞生命，如同电脑的硬件；由核糖核酸（RNA）演化而来的DNA擅长编译密码，负责信息遗传，类似电脑软件；二者最终结合为单一生物体。这也是目前地球所有生物的共同之处。

共生演化方式会产生神奇的结果。大部分共生生物并不知道自己正在帮助另一种生物，它们只是本能地选择了对自身最有利的生存方式，却共同演化出了新的生命体。

例如，包括植物、动物、人类，几乎所有生物细胞中都带有一个"发电机"——线粒体，它能把氧气转化为能量。对现在的动植物而言，没有线粒体就不能利用氧气。30亿年前，线粒体只是在海洋中浮游呼吸氧气的细菌，十几亿年前进入并寄生在哺乳动物的细胞里，成为细胞的一部分。线粒体的功能是利用氧气制造能量。线粒体越多，制造的能量也越多，细胞就越有活力。动物大脑和肌肉的每一个细胞里都有成千上万的线粒体。线粒体制造的能量远比饮食摄入的能量要多。动物为线粒体提供营养，线粒体为动物提供能量。

线粒体DNA是线粒体中的遗传物质，一个线粒体中一般有多个DNA分子。DNA先复制，随后线粒体分裂。线粒体来自细菌，DNA来自病毒。所有生命组织都是各种细胞和细菌病毒的组合。人类也是由动物细胞和细菌病毒聚集共生而成的集合体。因此，英国生物学家韦斯（Robin Weiss）说过："如果达尔文出现在今天，他会感到非常惊讶，原来人类是猴子和各种病毒的后裔。"

地球生命的演化

当人们在讨论生命的星际迁徙时，哪种可能性更大？是由人类这种目前地球上最复杂的生命，制造宇宙飞船直接进行星际航行，还是在灾难来临时，由陨石或其他方式携带微生物等简单生命，在其他有适合条件的星球从最原始阶段开始重新演化？

这大概会涉及生命起源何处。目前科学研究的答案有三种可能：来自太空、行星表面、行星内部。然而这些答案都离不开一个关键问题：生命如何在地球上实现从无到有的跃迁？历史上曾有人做实验，证明生命不可能通过地球自然演化从无到有。但后来证明那是实验的环境条件与生命产生之初的地球环境条件不同。近几十年来，科学家们用合适的环境已经可以在实验室里培育多种生物细胞。

大约35亿年前，当地球上开始出现有外膜包裹、含有5000个蛋白质、借RNA传递信息、由DNA主控一切的细胞的时候，生命的精彩进化过程拉开了大幕。单细胞生物组合成多细胞生物，组合方式多姿多彩，变化出真菌、植物、动物，乃至极为复杂的人类。

当然，生命的演化也不见得必须以日趋复杂为方向，有时最简单的遗传方式反而优于复杂的，因此可以看到个别情况下，生物体的演化方向可能趋于简单：蛇没有了腿脚，鼹鼠没有了视力，病毒丧失了独立繁殖的能力。达尔文将其称为"退化"的现象。

虽然地球生命都有共同的单细胞祖先，可以画出生命树，但这只是粗略的概括，实际情况要复杂得多。根据1969年美国学者魏泰克R.H.Whittaker提出的分类法，树干下面是杂乱交叉的树根，树干上面大体有5类：原核生物（无核单细胞生物体——细菌）、真核生物（有核生物体——有核单细胞生物、真菌、植物和动物）。

45.5亿年前地球诞生之初，不时受到巨型陨石的撞击，最后一次撞击风暴发生在39亿年前。当地球不再因巨大撞击而熔化时，生命开始出现了。目前发现的最早的生命迹象是距今38.5亿年前的格陵兰的分子化石。

最迟35亿年前，一些靠近海洋表面的原始细菌（原核生物），从由深海化学物质获取能量改为依靠阳光获得能量，通过光合作用在体内储存能量，并为吞食它们的其他生物体提供能量。藻青菌是现代植物的鼻祖，南非和澳大利亚发现有这一时期藻青菌的化石。

长时间光合作用的后果是地球上氧气大幅增加，大气中的氧气含量由20亿年前的3%，升到10亿年前的21%。地球生命走出原核生物，在17亿年前出现真核生物。这被认为是地球生命史上的重要跃迁，它使得后来动植物及人类的出现成为可能。

真核细胞比原核细胞更大更复杂，可以靠氧气获取能量，且DNA在细胞核里受到保护，具有更多的遗传信息。通过共生演化，真核细胞成为最早的多细胞生物体。真核生物繁殖方式也摆脱了原核生物的自我复制，向有性繁殖发展，这种演化方式使生命的环境适应能力大幅提高。

有性繁殖不仅比无性繁殖效率低，因为只有雌性可以生产，而且性行为还可能会带来风险，为什么要选择有性繁殖？因为有性繁殖可以混合雌雄双方的基因，不断演化，产生更有利于防御寄生生物或适应外部环境的能力，降低该物种突然灭绝的可能性。

6亿年前，地球上出现了寒武纪生命大爆发。新物种突然间大量涌现。多细胞生物体演化成三类：通过光合作用获取能量的植物、通过吞食其他生物获取能量的动物、通过分解其他生物获取能量的霉菌。其中动物的多细胞程度和复杂程度最高。

生命的演化过程充满偶然性。过去6亿年中，地球至少经历了5个出现生物多样性急剧减少的阶段，这是地球生态和气候变化的结果。6500万年前的恐龙灭绝事件，使得原本竞争力不如恐龙的哺乳动物有机会迅速发展，并演化出人类这个物种。

在过去6亿年的大部分时间里，多数物种的生存期介于100万年到1000万年之间，新物种出现的速率与旧物种消失的速率大致相同。旧物种的消失可以将生命资源让给新物种。

20世纪40年代英国博物学者菲利普斯（John.Phillips）按化石将地球历史分为古生代、中生代、新生代，三个时期均由生命大灭绝分隔。大灭绝有时会使地球上90%以上的物种消失。以前的大灭绝多认为是自然灾难的结果，当前的物种大灭绝则是人为的后果。

人为的物种灭绝主要有四种原因：人类猎杀、人类毁灭其栖息地、人类带入致命新物种、生物链传导。有科学家估算，未来100年内，地球上的已有物种还会消失一半。某些生命的衰亡会导致其他生命的兴盛，特定物种的兴盛也会改变地球的原有生态。生命演化同样在遵循平衡规律。

2.4 基因

生命均有细胞，细胞或多或少。每个细胞都自带基因。基因是 DNA 片段，是遗传信息的基本单位。基因存在于一个长条形双螺旋结构的 DNA 分子上。DNA 长链上有成千上万的基因，这些基因会在合适的时间开启或关闭，进行遗传信息的复制和传递。植物开什么花、动物长什么样、人类能活多久……都离不开基因的信息指导。

人类也会利用基因技术实现自身目标。例如，人类可以通过释放后代无法存活的转基因蚊子，一旦它们与潜在传播病毒的蚊子交配后，就无法繁衍后代，最终导致蚊子数量下降，直至灭绝。如果这样有可能杀死所有能够传播疟疾和其他疾病的蚊子，是不是可以每年防止数十万人死于疟疾？不过从生态的角度看，人类还不知道消灭所有蚊子会对生态系统产生怎样的连锁反应。蚊子是包括蝙蝠、鸟类、青蛙和蜻蜓在内的许多动物的主要食物来源。一只蜻蜓一天可以吞食 100 只蚊子，如果蚊子消失了，它们可能和其他许多物种一样，至少需要改变饮食习性，生态链由此发生怎样的变化不能确定。而且没有了蚊子，可以致病的细菌病毒难道不能通过其它渠道传播人类吗？由此看，人类的基因技术大规模使用时需要非常谨慎，因为人类对这样做的后果尚无法把握。

基因的幕后操控

生命演化过程中有一种令人费解的现象：自杀。植物、动物、人类都存在自杀现象。人体内也存在类似现象：病毒入侵比较严重的情况下，正常细胞会"劝说"被感染细胞选择自杀，达到阻止病毒扩散的效果。

对于自杀现象，有一种解释，认为是基因的控制。因为广布的基因并不关心个体的存活，它的任务是通过让某些个体自杀，保住基因的宿主不会集体灭绝，使基因可以继续复制。

大量植物自动枯萎，却使其他同类植物在干旱的条件下活下来。动物自

2. 人地生态

杀减少数量后，生态链重新达到平衡，保存了该物种。人类在战场上通过牺牲自己，保护了所在集体的存活。人体的部分细胞自杀，清除有害病毒入侵，维持人体正常机能。

按照这种说法，生命只是舞台上的木偶，基因才是幕后的操纵者。

所有生命在分子层面都有一个共同点：通过基因进行遗传繁殖，这是贯穿整个生物界的生命主线。基因是生命遗传密码。遗传密码具有通用性。人类基因完全没有特殊性。

生命的物质基础是蛋白质，这种有机大分子的类型——从大脑到牙齿——由基因决定。

基因通常由数千个核苷酸小分子构成。核苷酸是核糖核酸（RNA）及脱氧核糖核酸（DNA）的基本组成单位。每个人体细胞内，约有30亿对相互匹配的核苷酸，它们可以构成无数种组合。DNA分子是基因的载体，染色体是DNA分子的载体。一条染色体上只有一个DNA分子。染色体由DNA与蛋白质构成，存在于细胞核中。

简单讲，基因存在的包含顺序大体为：细胞—细胞核—染色体—DNA—基因。这是人类目前已知的认识程度。由于事物总是可以无限细分的，因此未来研究还会如何推进基因构成，尚未可知。

不过可以确定，基因决定了生命的形态、特征、功能和行为。基因很大程度上在生命诞生之前就决定了生命的生老病死。——当然，基因是与环境交互作用的。

英国人理查德·道金斯在《自私的基因》中提到，为达生存目的基因会不择手段。基因唯一感兴趣的就是不断复制自身，以便在演化过程中争取最大限度地生存和扩张。动物或人类繁殖并照料后代，从生物个体的角度来看，这也许是一种利他行为。但基因正是通过这种利他行为完成自身的复制，从而使其自身得以生存。

DNA的发现者之一詹姆斯·沃森说："以前我们觉得命运是上天安排的，但是现在我们知道，命运在很大程度上是由基因决定的。"

基因角度看，地球上所有的生物体都是一家。从最简单的细菌，到最大

53

型的哺乳动物，都使用相同的基因遗传密码。

现代微生物学证实了这一点，并且推论：如果不是地球生命只进化了一次，那就必然是在生命多次进化的过程中，只有一个世系存活到今天，其他世系全部消亡了。无论哪种情况，当今地球上的生物，从香蕉到人类，都来自同一个祖先。

这种猜想早在达尔文时期就开始出现。

自17世纪开始，一些欧洲科学家开始怀疑《圣经》的创世神话。随着大航海时代的开拓和地质学的发展，越来越多的化石证据显示地球上存在过许多《圣经》及历史记载中没有提及的奇怪生物。

19世纪早期，达尔文的叔叔（Erasmus Darwin）提出，物种为了更好地适应环境是会进化的。但与同时代的其他生物学家一样，他也不知道物种以什么方式来进化并适应环境。

达尔文(Charles Robert Darwin)在经历环球考察后，发展了这种通过适应而实现物种进化的演化论。他认为，"自然选择"如同动物育种的"人工选择"一样，重复的频度足够，不断淘汰一些个体而让其他一些幸存，最终环境就能有效改变物种。

这个令人震惊的结论意味着一场彻底的认识革命：地球上所有复杂生物，包括人类本身，都是通过环境盲目的重复过程创造的。这种无意识的过程不但能创造宇宙星球，还能创造生命本身。

可以想见，这种观点刚提出时会激起多么强烈的反对。针对达尔文用化石证明物种随着时间而变化，反对者称，化石表明上帝创造过的很多物种都灭绝了。而且，由于当时大多数地质学家确信，地球存在的时间不足1亿年，地球上如此种类繁多的生物如何能在不到1亿年的时间里演化成当前的样子，这一点令达尔文本身也感到困惑。

直到20世纪，各领域的研究推进才逐渐提供演化论的合理解释。年代测定技术将地球年龄由1亿年向前推进到46亿年，将生命的演化时间拉长了40多倍。地质学发现的化石纪录也远比达尔文时代丰富。生物学实验通过果蝇这类繁殖很快的小物种观察到进化过程。

最重要的是关于基因的遗传理论发展。

达尔文的演化论要发生作用,生命的遗传机制必须十分精确,否则不会有稳定的物种存在,但也不能太精确,否则永远不会发生变化。这个尺度该如何把握,自然界的机制是如何发生作用的呢?

达尔文只有解释说,遗传是品质混合,就像两种颜色混在一起。可是,人们观察到的现象是,如果父母分别是蓝色眼睛与褐色眼睛,子女并不会是蓝褐色眼睛,而只会遗传一种颜色。这削弱了达尔文理论的说服力和可信度。

20世纪的生物学发展使人们了解了基因是怎样一代代遗传下去的。DNA在传递遗传信息时非常精确,这使物种有极大的稳定性。但它在自我复制时,平均每10亿个遗传信息中可能出现一个错误,相当于打字员在50万页文字打错一个字,于是变异就出现了。

达尔文似乎相信所有进化变异的发生都是为了增加个体生存的机会,但现代科学的研究证明,许多遗传变异的发生是随机的。很多随机变化对物种个体生存机会没有影响,但可以导致整个物种遗传结构发生缓慢而本质的变化。

1972年两位学者提出"间断演化(punctuated evolution)"理论,认为地球历史上既有演化变异非常迅猛的时期,也有生物相对稳定的时期,从而否定了传统上演化速度稳定的观点。

很多例子可以证明。当抗生素被广泛使用时,受抗生素影响最小的细菌个体有很大可能会突然开始繁殖更多健康后代,几代之内,它们的基因会支配整个物种。这些细菌新种或多或少都对抗生素有了一定的免疫力。

植物的生存法则

我们在日常生活中,能够通过观察植物的生长、适应和演化,感受到基因的力量:植物会想方设法让自己及种群不断延伸和增多。

可以观察院子里种植的花草:竹子、香椿、月季、连翘、树莓、野菊、艾草互相比谁的繁殖速度快，争夺地面生存空间；紫藤和葡萄的爬藤肆意蔓延，盖满花架，甚至越墙入邻，争夺地上生存空间；湖边的荷花每年将大量莲子落入湖底，长成新的荷叶，铺满湖面，争夺水下生存空间。即使在室内，不断繁衍的龟背竹茎干上，气生根越来越多，越来越长，盘绕在地面上纵横交错，努力寻找可以供其繁殖的土壤。如果长时间没浇水，绿萝、吊兰这些室内绿植会有大量叶子枯黄掉落，存活的不改翠绿，而非同时褪色变黄。这也是植物为求生存的自我保护。

植物在没有天敌的情况下会野蛮生长。遇到外来侵害也会做出反应，像人类的意识一样。为防御动物咬食，有些植物演化出荆棘，有些植物演化出毒液。夹竹桃的花和紫藤的果实都有毒。动物吃了有毒植物，开始会有轻微的肝功能损伤，吃多了就会毒发身亡，其像动物就会减少对这种植物的破坏。红枫能辨识哺乳动物。科学家们做过试验：将狍子的唾液滴在树的截面上，枫树会产生一种非常难吃的防御性物质，来阻碍狍子啃食。如果不滴唾液，枫树只是释放一些能使伤口尽快愈合的创伤激素。

植物还自动应对天气变化。秋冬交替，阔叶树会掉光所有树叶，在温度和湿度都大幅下降的环境下保存能量，争取生存。其实即使在热带，树叶也会掉落，只是由于新的树叶不断生成，不像温带这样明显。落下的树叶会被昆虫、菌类、病毒分解，转换成腐殖质，继续为植物提供养分。为应对严寒，有些植物演化成针叶树。针叶比阔叶防冻，可以防止树木在低温下被冻死。天气一旦回暖，针叶立即产生糖分，在短暂的温暖期萌发新芽。为避免被冬季的风暴掀翻或大雪压弯，针叶树的树冠还演化成尖细形状，更有利于生存。

植物的生存法则背后，是基因繁殖扩张的力量。

动物的演化规律

动物与植物一样，在基因力量的驱动下，演化出精彩纷呈的多样化世界。女儿看过海洋馆后问父亲："海龟游泳时脚像桨一样，鱼没有脚，为什么也能游泳?"

"大部分鱼有鳍,那就是鱼的脚。胸鳍相当于前肢,腹鳍相当于后肢,但鱼游泳时主要靠尾鳍提供动力,背鳍等鱼鳍管平衡。"

"鱼不上岸,所以脚很软,海龟要上岸,所以脚很硬,对吧?"

"对,海龟只有产卵时才上岸,那时需要用四肢支撑身体和移动,但没有指甲,因为不需要,而且海龟不能像陆龟那样,将头和四肢缩回到壳里,也是因为生存环境不一样。"

"蛇没有脚,为什么跑那么快?"

"蛇有鳞,那就是蛇的脚。蛇的鳞片粗糙坚硬,腹部鳞片尤其大,与蛇的肋骨相连。蛇的肋骨是可以各个方向活动的,所以通过肋骨带动鳞片,鳞片支撑地面或树枝,蛇就可以快速移动。"

"蛇要跑得很快才能追上猎物,然后吃掉。"

"所有种类的蛇,都是食肉的。地面的蛇吃青蛙、老鼠,树上的蛇吃鸟、松鼠,甚至猴子。"

"毒蛇比无毒蛇厉害吧?"

"毒蛇靠毒液,麻痹或杀死猎物;无毒蛇靠力量,勒死大型猎物。不过,吃法都一样,直接吞下去,然后找个地方慢慢消化。"

"怎么区分毒蛇和无毒蛇?"

"毒蛇上颚有两颗弯曲的长牙,无毒蛇没有。辨认的时候,毒蛇通常脑袋大、三角形、身上有鲜艳颜色、性情凶猛,但不少毒蛇也没有这些特征,所以最关键还是看有没有毒牙。如果被咬了,要看有没有又大又深的毒牙伤口。毒蛇的舌头总是在动,但舌头是无毒的,毒牙是将毒液注入猎物的唯一途径。"

"毒蛇太可怕了! Bear Grylls 他们还敢吃毒蛇。"

"不少电视节目是比较真实的野外生存记录,比如 *MAN VS WILD*、*NAKED AND AFRAID* 等。能够有蛇肉补充蛋白质,对野外生存者来说,就像中了大奖一样幸运。"

"咱们在西双版纳时我还摸过大蟒蛇,凉凉的。"

"那是人工驯养的蛇。咱们在郊区徒步时——雾灵山、居庸关、箭扣长城——看到过很多次野蛇。记不记得有一次在爨底下黄花梁,咱们登上山顶,看到一条油亮的黑蛇,钻进草里跑掉了。"

"对,那是无毒蛇吧?"

"黑蛇是无毒蛇,但却是毒蛇的天敌,可以直接吞掉响尾蛇。这种视频网上有。多数无毒蛇喜欢待在低处、潮湿树木、池塘附近,有利于捕食。但黑蛇例外,喜欢在干燥的高处晒太阳。"

"蛇在山顶应该比较危险,容易被鹰发现。"

"鹰是鸟中之王。空中扑鸟,地面捕蛇,抓兔子捉羊,也被称为空中狮虎。鹰隼雕鹫,都属于这一类。"

"《雍正王朝》里面康熙过生日,十四阿哥送的寿礼,被人换成了死鹰。"

"那是海东青,隼的一种,古代东北少数民族驯化海东青可以帮着打猎。体型不大,但是飞得高,动作快,耐饥饿。真实的历史中,康熙过生日时,是八阿哥送了两只海东青,这是满族人非常喜爱的东西,可不知道什么原因,康熙看的时候发现都快死了,因此大怒,八阿哥从此在九子夺嫡中彻底没了希望。"

"太可惜了!我想鹰爪一定很锋利,才能抓猎物。"

"对,而且厉害的是可以握住树枝睡觉不会掉下来。"

"所有鸟的脚都能这样吧?"

"不是。栖息类的鸟,比如麻雀,是这样。这种鸟的脚不适合走路,只能跳跃。攀爬类的鸟也是这样,比如鹦鹉,平地走路一瘸一拐,树枝奔跑健步如飞。但,奔跑类的鸟就不行,比如鸵鸟,腿脚粗壮,只能跑不能飞。游泳类的鸟也不行,比如鸭子,脚蹼是用来划水的。刨地类的鸟,比如鸡,脚是用来寻找食物的。蹚水类的鸟,比如鹤,长腿长脚长脖子,适合水中捕鱼。"

"看来生存环境决定它们的样子。"

"没错,不仅脚是这样,嘴也是这样。其他动物一般有软的嘴和硬的牙,是分开的,但鸟类的嘴和牙是一体的,也叫喙。鸡在地里找食物,所以嘴是尖硬的。鸭子在水里找食物,所以嘴是扁平的。鹦鹉嘴有弯钩,是为了咬坚果。麻雀嘴尖平短,是便于捡种子。鸟类还有一个与其他动物不同的地方,就是多数动物大小便是分开的,绝大多数鸟类却是大小便混合的,还是因为生存方式的需要,不存尿可以减轻重量,便于飞行。鸵鸟不用飞,所以它的大小便是分开的。"

"陆地动物都是大小便分开的?"

"对,不过食肉动物排便,大多需要停下来,食草动物可以边走边拉。这是因为食草动物需要保持随时可以移动,才能减小被食肉动物捕获的风险。"

"谁跑得更快?"

"食肉动物。猎豹是速度最快的陆地动物。不过,食草动物的脚更适合奔跑。所有食草动物都长蹄,食肉动物都长爪。爪子适合刺伤、钩紧、撕扯猎物,蹄子只适合跑。"

"给马蹄钉马掌,马会痛吗?"

"不会。自然条件下,马的生活环境是草原,马蹄磨损有限。人类驯服马后,要跑各种路,钉上铁做的马掌可以保护马蹄。"

"人为什么只吃食草动物,不吃食肉动物?"

"都可以吃,但对猎人而言,捕杀食肉动物的过程危险更大。另外,食草动物的肉质好于食肉动物,有害物质相对少。"

"我们应该尊重每一种生命对吗?"

"是的,从植物到动物,对每一种生命都应抱有尊重的态度,但也要遵循自然法则。自然界中的能量是在持续运动与转化的,吃这种行为只是动物界能量转化的一种方式,与植物吸收水中的营养并没有本质的不同。通过这种方式实现能量循环,并在物质世界中构造出完整的食物链和生态环境。人类需要顺应这种环境。"

2.5 人类

人类物种在生物树中所处的位置是：动物界——脊索动物界——脊椎动物亚门——哺乳纲——灵长目——人科（大猩猩亚科、人亚科）——人亚科(大猩猩族、人族)——人族（黑猩猩亚族、人亚族）——人亚族（人属）——人属（智人种）——智人种——现代智人。

生物学显示，人类与动物的差异性并不大，人类基因组与黑猩猩基因组的相似程度高达98%，与小鼠基因组的相似度为85%，与果蝇相似度为61%。人类基因组测序发现：人类与其他生物的最大差异不超过2%，人类基因中大约8%的DNA序列与细菌和病毒相同。与其他物种相比，人类并没有奇特之处。

人类与其他动物的主要区别是人类集体智慧发达，使得人类在地球上的数量远远超过相似体重的其他动物。这也造成人类对地球生态环境的破坏能力超过其他动物，包括曾经统治地球的恐龙。人类在战争时期的放火决堤、和平时期的砍伐排污，都在改变生态景观。而且，也在挤压其他物种的生存空间，人类可能已经成为物种灭绝的最重要影响因素。

人类起源的争议

人类的起源主要有神创论和演化论的争议，这种分歧至今仍然在世界范围内广泛存在，包括美欧。全球发展水平最高的美国迄今有相当大比例的民众仍然是神创论的信奉者。

从系统论的角度看这两种观点，演化论是主张人类由自组织产生，神创论主张人类是由他组织产生。二者也非截然对立，一个物种，既可以自行演化而成，也可以先被创造出来，再开始自行演化。

人类早期的各文明中，关于人类起源全都是神创论。这些神话传说大同小异。从现代的诠释看，神创论就是认为宇宙中存在比人类智慧遥遥领先的智慧或力量，一般将其拟人化，称为"上帝"或"神"，他/他们运用基因技术或其他先进手段，创造出人类这个以前没有的物种。换句话说，神创论认为人类是突然出现的。

神创论流传了几千年。19世纪诞生的演化论提出另一种观点：人类是自然演化的产物，是逐渐产生的，不是被突然创造出来的。

达尔文写过两本有深远影响力的巨著：《物种起源》和《人类的由来》（*The Descent of Man and Selection in Relation to Sex*），在后一本书中，他认为人类也是演化的产物，并提出："有一种更大的可能性：我们早期的祖先生活在非洲大陆的某一个地方。"

达尔文之后的100多年里，科学研究为演化论提供了越来越多的证据，考古学、生物学、遗传学、古人类学等众多学科的研究结论日趋一致：人类是近几百万年来的地球生命演化产物。

大多数科学家认为生命演化在某些时候是循序渐进的，但在另一些时候则可能十分迅速。而且这两种演化方式在地球漫长的历史中都曾经发生过。

人类演化的过程主要是渐变的，期间经历了古猿、能人、直立人、智人几个阶段，其中可能有一些阶段性的标志，诸如直立行走、使用工具、语言、劳动、用火等等，但这些标志并不是绝对的和唯一的。例如用工具的行为，野生黑猩猩会用石头敲开坚硬的树果，猩猩则会用树枝测量水深，判断自己能否安全渡河，亚洲的类人猿会把大树叶当伞撑，在下雨天保持身体的干燥。

物种多样性是环境分隔的产物。物种一旦分离，就无法再融合。不同物种之间无法通过交配正常繁殖后代。人类与其他灵长类动物分支之后就沿着另一种路径演化。

关于人类在空间上是单起源还是多起源在学术界还有争论，大多数学者认为人类起源于东非，然后向亚欧大陆扩散。

至少500万年前，猿类物种在非洲进化出了南方古猿。大约300万年前，南方古猿中的一支进化成"能人"（Homo habilis，或称"巧人"），开始制造工具。这里面既有曾经被称为人类"老祖母"的露西化石（南方古猿阿尔法种），也有时间更早的南方古猿湖畔种。

这些会制造工具的能人开始走出非洲，散布各地。迄今为止，除非洲以外，没有地方发现200万年以前的人类化石。美洲和大洋洲的人类化石最早不超过3万年。据此可以推测，世界各地人类均来自发现最早人类化石的非洲。之后，不同阶段的人类走出非洲，又在多个地方分别演化。

180万年前左右，能人中分化出很可能是最早发出人类声音的匠人（Homo ergaster）。他们会用工具和火，约140万年前灭绝了。同期人属的直立人（Homo erectus），包括北京猿人，远比匠人存在时间长，约20万年前才灭绝。这一阶段有较多的化石发现，但该阶段人类物种的发展与后面阶段的发展水平似乎缺乏连续性。

20多万年前到5万年前，早期智人（Homo sapiens）生活在非洲和亚欧大陆。最早出现于考古学记录中的尼安德特人生活在13万年前，其化石记录消失于2.5万年前。他们的脑容量和现代人类一样大，甚至更大，身体矮壮但更结实。他们的石器比直立人的石器要更复杂，但比现代智人的石器缺乏多样性和精确性。

五六万年前，随着"现代智人"（晚期智人）的崛起，世界各地的其他人类都灭绝了。包括同属智人的欧洲尼安德特人也在现代智人扩散的过程中灭绝了。多数学者认为这些人种是被现代智人消灭的。动画片《疯狂原始人》讲述的应该就是这一阶段的故事。

2022年诺贝尔生理学或医学奖授予瑞典进化遗传学家斯万特·帕博（Svante Pääbo），表彰他对已灭绝古人类基因组和人类演化的发现。帕博研究发现，尼安德特人与走出非洲的现代人类在4.7万年—6.5万年前发生过混血。诺奖评奖委员会说，帕博的古基因组学的开创性研究，"揭示当今人类与已灭绝的古人类之间的基因差异，他的发现为探究是什么使我们成为独特的人类奠定了基础"。帕博的研究有助于人们更加清晰地了解人类演化与迁徙的过程。特别是，曾经比现代人类更健壮而基本有同样智力的尼安德特人为什么会消失。比较明确的是，在食物匮乏的严寒冰期中，现代人类存活了下来，而尼安德特人与丹尼索瓦人等其他智人则全都消失了。环境变迁是物种演化的重要条件，好的环境会增加物种及数量，差的环境会减少物种及数量，存活者必是适应者。

总之，现代智人一批批走出非洲，穿越大陆和海洋，遍及了除南极洲（至今没有常住人口）以外的各大洲。

人类的共同祖先

生命演化方式并没有内在的必然性。演化路线是反复无常和随意发展的。人类的出现只是来自一次偶然的灾难。

哺乳动物最早出现在三叠纪，与恐龙出现时间基本相同。然而在整个恐龙时代，哺乳动物的种类、数量、体积都十分有限。哺乳动物的幼崽出生前在母体内获取营养，出生后靠母体乳汁获取营养。

白垩纪后期的小行星碰撞是人类物种得以产生的关键事件。这次碰撞造成大多数恐龙消失，原本居住在地下洞穴的小体型哺乳动物存活下来，大量繁殖，填补恐龙消失后的生态和物种空间。

人类属于灵长目哺乳动物。地球上的灵长目哺乳动物目前有200余种。最早的灵长目哺乳动物在恐龙消失后很快就出现了，且该群体迅速多样化。

化石记录表明，最早的人科动物出现在约2500万年前的非洲。达尔文在没有现今如此多证据的时代也提出了同样观点。

分子断代技术表明，大约500万年到700万年前，人亚科与大猩猩亚科的进化序列分离。人亚科原人是唯一习惯两足行走的灵长目动物。现代人类是现存唯一的人亚科原人成员，其他成员已经灭绝。

换句话说，大约500万年到700万年前，人类与黑猩猩分道扬镳，而在此之前，有一种动物是现代人类和现代黑猩猩的共同祖先。只是那段时期化石记录的缺乏，使我们对该祖先一无所知。

此后的生态变化与人亚科原人的演化路径，人们通过多方面的技术联合已经研究出大体轮廓。人亚科原人演化出几十种，其中一支演化为现代人类。

遗传学的发展为现代人类起源于非洲提供了可靠的科学证据。1987年学术界发现了"线粒体夏娃",以及2000年发现了"Y染色体亚当",证实了人类起源于非洲。

夏娃和亚当是西方《圣经》故事中的人类始祖。人们用他们的名字代表最早的现代智人女性祖先与男性祖先。"线粒体夏娃"与"Y染色体亚当"是约20万年前生活在非洲的女性群体和男性群体。现今世界上各种肤色的人类的DNA均来自这两个群体。

人类物种的演化

从古生物学的时间范围看,人类物种的出现几乎是瞬间发生的事件。人类经过数百万年的演化,在跨过某道门槛后突然发生了某种转型。大多数动物学到的大多数东西都会随着动物死亡而消失,人类却能通过集体知识探索和积累不断前进,距离其生态根源越来越远。

人类进入文明时代之后,知识发展更加迅速,甚至使其具备了改良和创造物种的能力。19世纪笛卡尔给瑞典女王做老师时,曾说人体就是一台机器,女王指着墙上的钟表说:"看看它能不能生出弹簧来。"200年过去了,科技的发展颠覆了人们的思维。机器真的可以"生"出机器了!机器不但可以制造自己,还可以自我更换零件、补充能源、判断情况、散热除污。随着可以复制自身的3D打印机的出现,人工智能逐步具备生命的三要素:繁殖(复制)、意识(算法)、新陈代谢(自我更新),而且还会自己不断改进,这能否视为新物种开始出现?

图灵、香农、巴贝奇、洛夫莱斯等人很早就在设想和研究会思考的机器,现在,人工智能(AI)的发展已经使其成为现实。人类制造出会思考的人工智能,在很多领域开始超越人类。例如在公认高强度的智力游戏围棋中,2016年与2019年围棋世界冠军李世石两次败于AI,令人惊叹人工智能时代已经正式到来,AI大脑与人脑在竞争中可能已经出现了历史性的死亡交叉。

人工智能虽然是人类创造的全新"物种",但它会学习、会思考,可以自行演化，自行升级，而且速度快于人类。那么，未来 AI 会不会全面取代人类，成为地球上新的统治者？

目前人工智能可以利用大数据对人类的各种行为做出最优化的建议，人类只需要按照人工智能的建议执行，就不必犯错，不会失败，不用思考，那么究竟谁是机器？谁是人类？人类的演化方向是进化还是退化？是日趋复杂还是日益简单？

人们也在想象，人类的演化会不会出现突变。

看过系列电影《X 战警》的人都会对神奇的变种人印象深刻。故事的主线是，在人类的演化过程中，基因变异存在渐变和突变，偶发的突变会带来人体神奇的特异功能，这部分具有各种各样的超能力的人被称为变种人。正常人完全不是变种人的对手。好在，变种人里面有好有坏，好的变种人选择与正常人类和谐相处，坏的选择消灭正常人类，于是好坏双方展开魔高一尺道高一丈的对抗……

人类的演化真的会出现变种人吗？人类的前景在自我毁灭、外部灾难、演化替代以外还有没有更多可能？

中国成都三星堆的千里眼青铜头像，人们只注意到了他的双目突出，其实，他耳朵也长，嘴也大，表现了原始人们对于视力、听力、味觉等感知能力的延伸的渴望。这是人类自古以来的发展渴望。

当前人类科技的发展已经可以满足这些渴望。依靠科技延伸，人类对影像、声音、气味、材质、温度等感知能力已经远远超过自然演化出的人体感知水平。事实上，人类科技水平的发展现状远远不止于此。抗衰老技术、干细胞再生器官、基因定制婴儿、大脑移植……生物技术的迅速发展出现了通过技术重塑人体的"超人类""增强人""改良人"，科技的发展已经让现代的人类通过基因技术进行优生选择，制造出完美适应环境的人类。

人类寿命可以大幅延长，一种方法是通过无限延长细胞新陈代谢的功能，另一种方法是通过更换人体器官把人变成有生命的耐用金属。如果有更好用的人造器官、更敏捷的生物芯片、更长久的人体寿命，为什么不用呢？

只是，人类不断通过人为的科技手段改装自己，这样最终演化出来的人类还是我们现在认知的人类吗？

人们一般只注意到机器越来越像人一样具有智能，却忽略了人类也在越来越像机器一样可以人工更新器官零件。人类与机器的界限正在变得模糊。经过了20万年的演化，我们原本熟悉的人类是否正在沿着先进的科技迅速发生变异，进入"智能人类"阶段？"智能人类"与我们现代人类相比，会不会如同20万年前"智人"与"直立人""能人"之间的巨大差别？人类物种的演化是否正在突破原来认识的界限？

3. 人类迁徙

3.1 迁徙

人类迁徙与分布

迁徙现象贯穿人类历史。旧石器时代的人类族群规模很小，但仍存在内部冲突或区域性的人口过剩，于是有部分人开始迁徙。如果是气候引发环境改变，则会导致人类族群的大规模迁徙。

人类早期迁徙首先带来大量其他物种的灭绝。主要原因可能是人类掌握了火的使用，并改进了狩猎技术，开始大量使用弓箭。迁徙到新环境的人类在觅食捕猎的过程中，消灭了大量物种。

繁殖速度慢的大型动物首当其冲。猛犸象、长毛犀牛、巨型麋鹿在欧亚大陆迅速消失。马、象、树懒在北美消失。多种大型有袋类动物在澳大利亚消失。由于突然消失的时间与人类迁徙到来的时间一致，不难推测二者有着因果联系。

被消灭的物种里面也有现代智人的近亲。与现代智人有同样脑容量的尼安德特人具有相当的创造力，其狩猎能力使其能够深入到北半球的寒冷地带，此前的人亚科原人从未抵达那些地方。尼安德特人与现代智人曾经同时存在过，后来的消失，意味着与现代智人在生存竞争中失败了。

考古学家研究二者遗留下的猎物骨骼发现，现代智人大多是在夏季和冬季捕猎，尼安德特人的捕猎活动整年都在进行。研究者推论：现代智人活动范围广，捕猎可以有选择性，尼安德特人全年固守同一个地方，四季都要靠捕猎生存。

由此推测：尼安德特人的群落和个体之间保持比较隔绝的状态，现代智人不同群落之间有更频繁的接触，可能在更广泛的范围内分享信息。在食物采集共同体中，信息分享对生存可能至关重要。

自给自足程度较高而机动性较低的群体可能更易受到突发性生态危机的伤害。由于狩猎方式效率低，更多依靠个人，需要消耗更多的身体能量才能存活。这可以解释为什么尼安德特人更健壮。

尼安德特人有着与现代智人类似的捕猎工具（或者只有矛而没有标枪和弓箭），有着至少同样发达的四肢和大脑（或者大脑结构语言中枢稍弱），有着精美的洞穴艺术，但在现代智人的迁徙扩张过程中却彻底灭绝。可能缘于食物争夺的失败，也可能缘于直接冲突的失败。

目前的基因研究已经将现代智人迁徙路线及时间做出了比较清晰的勾勒。智人以东非大裂谷为中心向非洲四周扩散。也有走出非洲的分支，但在地球气候变化过程中均以灭绝为结局。直到大约6万年前，有几百个"现代智人"离开非洲，后来子孙散布了全世界。

这些人当然不是最早离开非洲的"现代智人"，例如考古学家曾经在以色列卡梅尔山发现过更早的智人遗骸，但那些人类没有把基因繁衍下来。可能是在8万年前—5万年前的冰期灭绝了。

6万年前的这批"现代智人"（M130）走出非洲后，没有沿着更早的尼罗河谷—西奈半岛—以色列的老路去走，而是沿着非洲海岸—南亚海岸—东南亚海岸，终点站抵达澳大利亚。沿途也有很多分支。

大约4万年前，第二波人类大迁移开始了。这些"现代智人"（M89）与第一波迁徙者拥有共同的"现代智人"祖先（M168）。他们的狩猎工具更加先进，并追随猎物进入欧亚干草原带。

这次扩散持续了3万年。在这个过程中，第二波"现代智人"（M89）在一些地方与第一波"现代智人"（M130）的后裔相遇，例如在印度，他们

3. 人类迁徙

杀光了第一波"现代智人"后裔的男性，抢掠了女性，这些事实在印度人的基因中得到证明。第二波"现代智人"（M89）的后裔主要分为中东氏族、中亚氏族、印度氏族和东亚氏族（M175）。东亚氏族（M175）在中日韩的血统比率为60%—90%。

大约1万年前，人类由旧石器时代进入新石器时代，使用的工具从打制石器转为工艺较为复杂精致的磨制石器。那时的原始人驯化了某些动物和植物，出现了最初的农业。农业保证了较为稳定的食物供给，人类数量开始大幅增长。全球人口由1.7万年前的300万原始人类增至7000年前的3000万人。

大约300年前，人类由农业时代进入工业时代，摆脱了单纯依赖人力和畜力的生产模式，利用矿物燃料等新型能量提供动力，生产能力突飞猛进，人类数量再次出现骤增。全球人口从1650年的5.5亿增至1950年的25亿，再到1987年的50亿。截至2022年，全球人口数量已达76亿。人口爆炸引发人口危机的忧虑。发达和不发达国家有各种控制人口的办法和尝试。这些措施影响人口的年龄和性别分布，并影响人们的生活水平。

人类在全球呈现不均匀分布。大体上，欧亚大陆人口占75%，北美占8%，南美5%，非洲11%，大洋洲1%。不发达国家的出生率和死亡率高，发达国家出生率和死亡率低。

环境对人口的影响非常明显。中纬度地区气候温和、土壤肥沃、矿产丰富，比较适于人类生存。而在严寒、干旱等气候严峻地区，人口就比较少，例如爱斯基摩人。多数情况下，低海拔比高海拔更宜人居。但在热带地区人们喜欢居住在高海拔地区，例如在南美洲，历史上人们多居住在安第斯山脉而不是亚马逊平原。相较内陆地区，人类更喜欢居住在沿海地带，欧亚大陆、澳大利亚、南美洲等地区，人口分布图如同中空的贝壳。

人口与环境的互动决定了区域内人口的繁荣或衰亡。一是环境改变会导致人口变化。例如矿产的发现与枯竭会影响当地人口的增减。二是政治、经济、文化因素都影响人口迁移，特别是被动迁移。例如犹太人和爱尔兰人的大规模迁移，19世纪欧洲对外移民超过5000万。再如1947年印度教徒和穆斯林的大规模迁移。三是政策限制的影响。海地禁止向多米尼加移民的政策造成该岛东西两侧的人口密度相差悬殊。四是法律制度也有影响。在欧洲，罗马法系是平均继承制度，日耳曼法系则是长子继承制度，后者会造成大量没有继承财产的人口背井离乡，而前者的人口密度则会增加。五是交通要道、商业中心等因素会影响人口密度，例如印尼的爪哇岛人口密度远高于周边地区。

人口迁移的主要原因，是预期新居住地条件会好于原居住地。但很多时候是人们头脑中的认知决定了移民行为。对于自愿的人口迁移，多数情况下是经济因素推动。国际移民的出发地和目的地存在显著空间变量差异是关键性因素。全球范围内，富裕国家多在北方，贫穷国家多在南方。资源丰富的富裕地区往往成为移民地区。

总生育率（total fertility rate，简称 TFR），是指该国家或地区的妇女在育龄期间，每个妇女平均的生育子女数。当今世界上几乎各地的 TFR 都在下降，欧洲一些国家降到 1 以下，非洲肯尼亚从 8.1 降到 4.8。有些实施计划生育政策的国家是剧烈下降，如中国在 35 年间 TFR 从 6.1 降到 1.5，伊朗在 28 年间从 6.8 也降至 1.7。

TFR 的下降带来社会老龄化的问题。老年人需要养老金和医疗费，工作人口通过缴税等方式提供这些资金。如果退休后的老年人超过总人口的一半，不到一半的工作人口却因为 TFR 不断下降而持续减少，全社会的资金和服务将入不敷出，严重不足。

解决这种缺口一般有两种方式：一种是放松人口生育政策，甚至是鼓励和奖励政策。2015 年中国全面放开二孩政策，实施了 35 年的独生子女政策正式宣布终结。2021 年 7 月 20 日《中共中央国务院关于优化生育政策促进人口长期均衡发展的决定》公布三孩政策。瑞典制定多种政策鼓励生育，例如政府设立基金开办公费托儿所、给产妇长达 1 年的产假等。

尽管如此，生育率仍然不易提高，一是人们观念改变，二是盛行晚婚晚育，三是工作生活压力太大。文化对生育率有明显影响。例如在一些伊斯兰文化盛行的国家，女性的教育和就业受到严格限制，生育率很高。但在女性职业生活非常普遍的发达国家，生育率往往偏低。

因此不少发达国家采取了另一种增加纳税人口的方式，即鼓励移民。近几十年，移民在很多西方国家扮演重要角色，也产生一些社会问题。如德国的土耳其和库尔德移民、法国的阿尔及利亚穆斯林移民、美国的拉美移民等。像日本那样国内生育率很低又不鼓励移民的发达国家目前很少。

美国经历两波移民潮，第一波止于20世纪30年代，目前还处于第二波。18世纪后半叶美国建国，19世纪开放移民，涌入大量北欧和西欧移民。19世纪晚期，南欧与东欧移民增多。进入20世纪，随着欧洲爆发一战，美国转为孤立主义政策，同时当时很多美国白人对来自东欧与南欧的肤色较深的移民抱有种族主义偏见，因此国会在1921年立法通过配额阻止来自东欧与南欧的移民。来自亚洲的移民也因此受到影响。1929年经济大萧条让美国对外来移民更加严苛，20世纪30年代的某些年份，美国移出人口甚至大于移入人口。

20世纪40年代美国开始修正移民限制政策。1943年给予中国与欧洲国家相同的移民待遇，1952年日本也得到类似地位。1952年国会通过新移民法后，大量难民涌入美国，25年间超过700万。1965年国会制定新的移民规定，每年来自世界不同地区有固定配额。2001年后，美国出于安全考虑大大压缩寻求庇护者的移民数量。司法部门有权扣押任何非法移民，无论其是否与恐怖主义组织有关联。新设置的检查环节也大幅延缓通关速度，新冠之后更是如此。

探寻迁徙的往事

中国西北的贺兰山与六盘山之间，有一片草原与荒漠过渡地带，宁夏银川就建在那里。笔者曾驱车至贺兰山下，看到一群高低不同的黄色土丘。早先民间不知其为何物，只是奇怪其不像其他土堆上面长草。史学界和考古界曾称其为"唐墓"。后来一个偶然的机会，通过挖掘出的文物考证，这些土丘是 800 年前的西夏王陵。

党项族建立的西夏，立国 190 年，比北宋、南宋和金朝寿命还长，且西夏军力强盛，足以寇境宋金；文化繁荣，儒学佛教昌盛，境内西夏文、汉文、藏文并行。

崛起的蒙古为灭亡西夏进行了六次攻伐，尤其以第六次最为惨烈，成吉思汗亡于此战。蒙军攻入西夏国都后，按照成吉思汗的遗命屠城。曾在中国历史上威震一方的西夏王朝在进行了殊死抵抗后国破族灭。灭西夏后，蒙古人设宁夏府路，始有宁夏之名。因成吉思汗死于征西夏，且西夏又被看成是宋、辽、金的"属国"，以致元朝为前朝修史时没有西夏史。

被灭国后，幸存的西夏人四处流散，并为逃避蒙军的追杀隐埋民族，加速了党项族的消亡。除少部分留在宁夏外，分别迁移到四川、西藏、山西、河北、河南等地，但迁徙者往往只有很少一部分西夏党项族的文化特征，并且说不清自己从何而来。笔者曾在西藏看到一些荒废的古建筑，有相关资料推测是当年党项族后裔迁徙至此的遗迹。

迁徙常常伴随融合。西夏亡国之后，民族与文化都迅速消失，在相当长时期内几乎没有留下任何记录。西夏文字成了无人能识的天书，在近现代学者将其重新破译出来前，西夏历史被人淡忘，曾经的辉煌也被掩埋在黄沙浅水之中，显赫一时的西夏王陵则成了世人不知为何物的贺兰山脚下的几个土堆。

除了中国内部的民族迁徙，也有很多中国人迁徙国外的案例。

南美安第斯山与太平洋之间，分布着众多小岛，是海鸟的天堂，亿万年来鸟粪堆积数十米。3 月夏秋之交，笔者身临其境，尚未登岛就闻到臭气熏天。在鸟粪堆积的地方待久了，更是会头晕恶心，严重不适。当年移民南美的华工就曾在这种极其恶劣的条件下劳动，而且每天工作 14 小时。

19 世纪国际上正在经历世界范围的大移民。欧洲对外移民超过 5000 万，美洲是最主要的移民目的地。数千万非洲黑人几百年间被大量被贩运至美洲，成为种植园或矿场的奴隶。南美劳工中有大量契约华工。华工主要工作是挖鸟粪、开采硝石和银矿。鸟粪是优质的有机肥，硝石是制造火药的重要原料，白银是重要交易媒介。

19世纪全球人口猛增给世界粮食产量带来巨大压力。鸟粪可以制作增加粮食产量的肥料，为出口国带来丰厚利润。但挖鸟粪和挖矿不仅工作环境恶劣，秘鲁雇主还以奴隶方式管理华工，动辄打骂虐待，缺吃少穿。华工生不如死，多次爆发起义。

秘鲁华工中有太平军余部散勇。于是有了下面流传一时的故事：

1864年南京被清军攻陷，太平天国忠王李秀成被杀，忠王之弟、侍王李世贤部逃入福建漳州。左宗棠三路围攻漳州，李世贤撤退途中被杀。余部尚有数万人，但已无力对抗清兵。为求生存，他们自愿签约去南美，成为秘鲁的华工。

1867年，以太平军余部为主体的秘鲁华工暴动，并运用以前在中国的战法，包括佯攻、埋伏、乔装、近战、惊扰、突袭等，屡胜秘鲁政府军。后来秘鲁与玻利维亚合兵绞杀起义。但这支太平军余部原先在中国身经百战，战法诡谲多变，搏杀凶悍凌厉，竟然击败联军。

数年后，智利、秘鲁和玻利维亚三国之间的南美太平洋战争（鸟粪战争/硝石战争）爆发。太平军余部协助智利军队击溃秘鲁与玻利维亚联军，秘鲁和玻利维亚被迫割地签约停战。智利军方高度赞赏太平军余部的英勇善战。为表彰其丰厚功绩，授予智利国会勋章，并抚恤阵亡太平军家属。智利政府还提出将秘鲁割让的城镇伊基克（Iquique）赠给太平军余部，允许其自治，条件是以后继续帮助智利打秘鲁。太平军余部没有接受智利政府提出的方案。他们主动提出放弃自治，情愿放下刀枪，接受国籍，做普通百姓，融入当地社会。智利政府接受了他们的请求。

伊基克虽然没有成为太平军的自治区，却在语言风俗方面保留了众多的中国元素。迄今居民中有1/4约15万人有华人血统。很多家庭保留过春节、包饺子、闹元宵、吃馄饨的习惯。

当然，这只是个令人动容的故事。不过也是基于一些历史事实。

笔者在福建漳州古城龙眼营（古称"龙骇瀛"）街的通元庙看到太平军遗迹。1864年10月，侍王李世贤率数十万大军攻克漳州。这支队伍是天京陷落后整个中国南方唯一依然大规模、成建制、有纪律的太平天国武装力量。侍王下令不占民房，不扰民宅，其士官均住于宫观、祠堂，故在此设立指挥部，后称"侍王庙"，至今犹存，1988年被列为市级文物保护单位。

清朝闽浙总督左宗棠亲临福建，督剿太平军。1865年5月侍王兵败漳州，弃城西走。清军追杀剿灭了侍王部队。侍王余部纷纷投靠驻扎附近的康王汪海洋，康王一时俨然成为南方太平军的新统帅。人皆以为战死的侍王李世贤，也乔装改扮前来投靠康王。康王以极其隆重的仪式出城迎接领导，然而李世贤入城仅五日，康王借酒宴将其灌醉，并于夜间杀害。侍王是太平天国后期最核心的主将之一，后任整个南方军的统帅，威望在当时无出其右，其被害令太平军内军心涣散，迅速被清军击溃，1866年2月清军完成对太平军的完全剿灭。

从历史真相看，1845年到1875年被掠贩到秘鲁的华工约12万人。里面肯定有太平天国起义失败后的太平军散兵游勇，但清军对太平军的剿杀残酷而彻底，应该不会有大规模的太平军部队集体迁徙到南美，自然也就没有成建制的太平军大败南美军队的精彩故事。

美国历史学教授瓦特·斯图尔特（Watt Stewart）所著《秘鲁华工史》被认为是研究秘鲁华工史最权威的著作，其中比较确定的结论：

一是当时秘鲁有不少华工。秘鲁独立后经济急待发展，资本家和种植园主需要大量海外劳工，于是招募、骗取或绑架大量廉价又吃苦耐劳、且没有政府保护的中国劳工。

二是当时华工境遇悲惨，暴动频发。1847年到1872年，从华南赴拉美的华工运载船上的暴动有记载的就有52起，多数取得胜利。当时秘鲁一家报纸报道："除非极少例外，没有哪一艘运载中国劳工的船只不发生一次或多次暴动的。"秘鲁本土也爆发过大规模华工起义，但被秘鲁军队残酷镇压。

三是鸟粪战争前秘鲁的华工贸易已经停止。但的确有华工自愿参加智利军队与秘鲁作战。葡萄牙政府于1873年宣布结束通过澳门进行的华工出口。前往秘鲁的最后一船华工是于1874年7月2日在秘鲁靠岸的。1879年爆发南美三国的鸟粪战争，参战的数千华工被智利军队编为单独的"火神营"。

四是华人在南美最终赢得尊敬。清政府与秘鲁政府签订"天津条约",规定秘鲁华工可以选择回国,但是只有几十名华工乘船回国,十万余名华工基本上留在当地。这些华工逐渐获得自由,在各行各业发展起来,并形成著名的"中华街"。

人口迁移受多种因素影响。主动的人口迁移,多数情况下是经济因素推动。被动的人口迁移,则常常是政治因素所致,如犹太人和爱尔兰人向美洲的大规模迁移,以及中国历朝历代政府组织的多次大规模移民。秘鲁华工的移民既有经济因素,也有政治因素。但与欧洲殖民者以占领和统治为目的不同,华人移民罕有霸权思想,更多的只是想平静生活。

当年留下来的华人大多都有了西班牙文名字(秘鲁原系西班牙殖民地,使用西班牙语),并信奉了天主教。他们与当地黑人、印第安人、欧洲移民成立家庭,落地生根,逐渐融入了当地主流文化。

一百多年过去了。笔者走在伊基克街头,已经无法清晰辨认出华人后裔。2008年,有着众多华人后裔的伊基克市与太平天国发源地中国广西南宁市正式签约成为友好城市。

中国上古的迁徙

关于中华文明的起源,20世纪早期盛行"西来说"(如刘师培、章太炎、梁启超等),30年代出现"独立说"(如傅斯年的"夷夏东西说"、梁思永、李济等),50年代后流行"本土说"(如夏鼐的"中原中心说"、苏秉琦的"满天星斗说"和"直根系说")。近年来,在考古和古史研究界,人们多倾向于用"多元一体"来描述上古时期各区域文化互动起源,有人称其为"新中原中心说"。

在探讨文化或文明起源时,需要避免混淆的是,文化传播不等于人种迁移,虽然这二者也可能是同步的,但有时少数外来族群也可能让多数本地族群出现文化变迁,这种变迁可能是进步,也可能是退步。中华大地的居住人群一直是流动与融合的,文明溯源是探讨中华大地由文化阶段迈入文明阶段是如何发生的。

文化进入文明的标志，一般有三要素说或四要素说。三要素指城市、文字和金属工具，四要素是在三要素之上加上一条礼仪性建筑。文明要素说最早是由英国一些考古学家根据西亚文明发展情况提出来的。近来中国学者提出文明社会由物质文明、精神文明和制度文明三部分组成。这种划分有更广阔的视角和更抽象的概括，且更具包容性，但不足之处是标志不明确，不似"要素说"简单明了。

对于中华大地由文化阶段进入文明阶段，目前中国学界的主流观点是：1.距今5800年前后，黄河、长江中下游以及西辽河等区域出现了文明起源迹象；2.距今5300年以来，中华各地区陆续进入了文明阶段；3.距今3800年前后，中原地区形成了更为成熟的文明形态，并向四方辐射文化影响力，成为中华文明总进程的核心与引领者。

从地域版图来看，中国早期文化影响较大的有：长江下游的上山、跨湖桥、马家浜、崧泽、凌家滩、良渚等文化；长江中游的彭头山、大溪、油子岭、屈家岭、石家河等文化；长江上游的宝墩、三星堆文化；甘青地区的大地湾、马家窑、齐家、四坝等文化；山东地区北辛、大汶口、龙山、岳石等文化；北方地区红山、夏家店、石峁等文化；中原地区的裴李岗、仰韶、陶寺、二里头等文化。这些文化构成了中国上古的文化版图，最终孕育出中华文明。

在上述考古研究的基础上，目前学界涌现出对中华文明源头的多种猜测。在没有得到公认的论据之前，各种合理的推测和学说都应该允许探讨，这是学术求真的基本态度。

对于文明起源的研究，主要方法包括研究文献、民俗、考古成果和运用分子人类学方法等。考古成果只能提供资料，考古资料要与文献记载联系在一起，才能还原真实的历史。虽然，在没有获得充分内证性材料支持的情况下，一般不将考古成果或某一遗址背后的族群与文献中的上古人物进行对照匹配，但从逻辑的视角分析历史演化，离不开对历史文献，乃至神话传说与考古成果进行联结。

按照传统历史叙述，华夏历史从"三皇五帝"开始，但是三皇五帝在迄今的考古成果中都无法得到证实。而当各种考古成果与可信赖的历史文献进行对接时，可以得出中华文明演化的大体脉络，这种靠多学科、多领域证据逻辑推测出来的脉络未必准确，却为现有信息条件下尽可能真实还原历史做出有益探索。

之所以要将二者联结，是为避免两种常见的极端化观点：一种是只看考古成果，不相信中国古典文献的记载；另一种是只依赖古籍传述，不采用考古成果辨别记述真伪。只有通过逻辑让文献与实物契合，才能更好地理解真相。

主流观点是在现有证据的条件下得出的多数人认同的结论。当解释还有不圆满的地方时，允许有其他推测和猜想，也许各种观点证据都不充分，但可以继续探寻。

笔者对众多文化遗址进行了大量实地参观，从全球人类发展史的角度，提出"融合"假说，认为中华文明的起源与发展始终处于本土族群与外来族群的融合过程中。迁徙是人类的常态。外来族群可能统治中原，本土族群也可能外迁海外。中华文明萌芽于"三皇"时期，起源于"五帝"时期，成熟于"三代"时期，是本土文化融合外来文化的结果。"五帝"之首的黄帝与"三代"之初的夏禹均可能有一部分外来族群的血统，即使如此，这也丝毫不影响中华文明的伟大。

这种假说建立在笔者对文献与考古成果的了解基础上，通过逻辑链条联结考古资料与文献记载。该方法可能出现多种合理的版本，这些可能性应该允许同时存在，任何结论或假说都是探寻真相的努力，都是秉持客观真实的态度进行学术探讨，都不影响主流观点与文化自信的存在。反复强调这一点是为防范常见的情绪化误解或有意歪曲。

在运用可信文献资料整理中华文明起源脉络时，笔者尽量将多领域的研究成果与可靠的中国传统文献及传说结合起来。当然，以迄今掌握的资料，完全对应是不可能的，且历史文献本身尚存质疑，因此这种尝试只是逻辑演绎，而非资料考证，至少在因果关系上是合理的。事实上，中国传统的严肃学者也会运用这种方法提出对历史的认识。

例如《史记》是公认的严谨之作，开篇以《五帝本纪》《夏本纪》详述中国历史传说时代的人物关系与族群演变，卷十三以《三代世表》将上古帝王谱牒清晰呈现。司马迁在对距他2000多年前的历史进行记述时，同样是查阅了大量可信史料（"予观《春秋》《国语》，其发明《五帝德》《帝系姓》章矣"），进行了大量实地考察（"余尝西至空桐，北过涿鹿，东渐于海，南浮江淮矣"），然后运用逻辑分析法去粗取精，得出结论（"非好学深思，心知其意，固难为浅见寡闻道也。余并论次，择其言尤雅者，故著为本纪书首"）。

根据"融合"假说，这个故事脉络可以从晚期智人的全球扩散开始讲起：

距今约6万年前，一批早期人类走出非洲，这批智人没有像此前走出非洲的人类那样遭受灭绝厄运。约4万年前，由共同祖先繁衍出的第二波走出非洲的早期人类进入欧亚干草原带，向世界各地迁移。在这个过程中，第二波早期人类在一些地方与第一波早期人类的后裔相遇并融合。在东亚地区，第一波早期人类主要从东南亚进入长江流域，第二波早期人类主要从中亚进入黄河流域，后来成为东亚地区主导族群。这是人类DNA遗传基因分子结构的采样检测中得出的结论。

距今约12900年前，地球出现被称为"新仙女木事件"的超强寒潮，全球气候快速变冷，持续约1200年。期间大型哺乳动物减少或消失，可供采集的植物类食物数量骤减，原始人类开始大规模流动以获取更多的食物，游群与部落在接触与争夺中，拉开了人类文明的序幕。

"新仙女木事件"期间，原始人类被迫拓宽食谱，食用大量植物种子与坚果。其后的2000多年的时间里，地球气温回暖，有利植物生长，人类在长期与植物打交道的过程中发展出农业，出现定居。在农业发明之前，在渔猎为主的人类游群移动频繁，漫长的年代里有大量的不同文化接触。

浙江浦江上山遗址是距今约11000到8500年的新石器时代文化，其人已经会种水稻，会用石磨棒和石磨盘磨稻谷脱壳。湖南玉蟾岩遗址和江西仙人洞遗址均发现距今超过万年的有人工育化迹象的水稻遗存。这一时期的西亚两河流域的"新月沃土带"也出现原始农业和半稳定性聚落。

距今8200年前的"8.2千年冷事件"之后，各地原始人类因环境变化，纷纷聚集到更适合生存的河谷与三角洲地带，大规模人群的出现，使人类演化进入文明爆发阶段，出现城市与国家。古西亚与古埃及文明均在此时诞生，距今7400年前后，两河流域及尼罗河流域出现了目前发现的人类最早的城市。两地约在距今6500年前进入青铜时代。

人类文明最先在古西亚与古埃及这两个距离相近的地区产生，主要是气候与地形的结果。"8.2千年冷事件"之后地球上现今最大的撒哈拉沙漠和阿拉伯沙漠开始迅速形成。大面积草原消失，出现沙漠化，原本生活在这两片广大地区的人类被迫迁移，距离两大沙漠最近的两河流域及尼罗河流域成为地球上最先聚集了大量人口的地区，具备了人类文明产生的前提条件。

由于该阶段中华大地未出现大面积沙漠化等促使人口大规模聚集的气候环境演变，因此这一时期东亚文明进程不如古西亚与古埃及快速而激烈。但此时东亚文明也在气候骤变的刺激下开始快速孕育和萌生。中华大地出现满天星斗的文化聚落，且各有所长，其各自的突出贡献以传说形式流传下来。

东亚洪水泛滥等灾难导致人口骤减。此后，华北地区诞生了杰出的母系氏族部落——女娲氏。灾后女娲造人，大量繁衍，恢复人口，治理水患，斩杀水怪，清除威胁人类的猛兽，利用火灾过后产生的大量芦灰，填补淹水地区（"断鳌足以立四极，杀黑龙以济冀州，积芦灰以止淫水"）。女娲氏恢复和创新了被自然灾害一度中断的人类知识技术积累，如制陶技术，"造人传说"中的泥人塑像是制陶技术的副产品。女娲炼的"五色石"即各色陶土，用于制作工具与修补住处。

随着极寒之后的气候好转，各地人口大量繁衍，生存状态多由游群转为部落，进而出现部落联盟，甚至早期国家的形态。该阶段是中国传说中的"三皇"时期，已经有一些部落在较大地域范围内有了统治能力和影响力，其首领也被视为领导人们走向文明的杰出人物，例如燧人、伏羲、神农三个部落的首领。

继有巢氏发明建筑房屋后，燧人氏发明取火用火，熟食改善人类营养吸收状况，伏羲氏发明渔猎畜牧，动物性食物增加改善人类营养供给，神农氏发明种植五谷，植物性食物大幅提升食物数量，等等。陶器、弓箭、布帛、音乐等新事物也被各地发明。华夏出现第一个创新爆发期。此时定居和游猎均为部落生存的常态，因此各地间已经存在频繁交流互动，生产技术与宗教信仰也在扩散和传播。

中国境内辽河流域的兴隆洼文化（8200—7400年前）、红山文化（6000—5000年前）、黄河流域的裴李岗文化（8000—7000年前）、北辛文化（7500年—6100年前）、仰韶文化（7000—5000年前）、龙山文化（5000—4000年前）、黄河上游的大地湾文化（7800—4800年前）、长江流域的跨湖桥文化（8000—7000年前）、大溪文化（6400—5300年前）、凌家滩文化（5500—5300年前）、钱塘江流域的良渚文化（5300—4300年前）等文化遗址都是在两次小冰期之间这个阶段形成的。

从考古成果来看，在黄帝出现而初步开始形成中华文明之前，中华文化主要分布7大区域：辽河流域（北方地区）、黄河上游（甘青地区）、黄河中游（中原地区）、黄河下游（海岱地区）、长江上游（成渝地区）、长江中游（江汉地区）、长江下游（江浙地区）。这样划分大体涵盖主要文化遗址，且可以清晰勾勒"三皇"时期中华文化的区域分布。从这个角度看，黄帝部落既可能来自中原地区，也可能来自甘青地区或北方地区，而后者的可能性甚至更大。

约5000年前，地球气候最适期结束，大部分地区发生了从湿润到干燥的转变。古西亚与古埃及的城邦国家因环境恶化而战争频繁，不停有族群向四面扩散，希望能够找到更好的栖息地。东亚地区因自然条件优越，逐渐成为各路迁徙族群的目标乐土，并与当地的众多本土族群在这片"新大陆"上接触、冲突、融合，对土地、资源与人口进行重新分配。

"三皇"时期中国大地部落密布，已有大小尊卑之分，最强大者称"帝"。神农氏部落取代伏羲氏成为部落联盟之首，头领称"炎帝"。4700年前，青藏高原地区骤冷，赤杨属植物绝迹，羊齿类孢子剧减，当地居民为求生存大量向东迁徙。黄河流域聚集了来自西部、北部的部落，碰撞和战争不可避免。

此时中国西北地区出现一支游牧部落，居住在野兽出没的地区（"有熊国"），国家不大（"少典"），游猎为主（"迁徙往来无常处"），擅长驯养动物（"教熊、罴、貔、貅、貙、虎"），还会使用中原地区尚未出现的战车（"轩辕"）。这种战车与几百年前西亚出现的战车是否一致已不可考，但先进的军事装备令其所向披靡。

没有人知道这支部落来自哪里，只知道他们迁徙到渭水上游支流姬水的旁边，以"姬"为姓，并与"有蟜氏"部落联姻，生下来的部落新首领被称作"公孙轩辕"。从其父母双方的特征来看，都有可能不是当地的本土居民。或者因交流频繁，发明较多。总之该部落带来众多新鲜事物，并开始挑战神农氏数百年的权威。

神农氏"炎帝"虽然仍在维持天下共主的统治，但已世衰。轩辕氏战力强大，且凭借战车有快速移动的军事优势，与神农氏开战。在阪泉（北京延庆）三战而击败神农氏"炎帝"，轩辕氏成为北方实际上最强的部落（"得其志"）。

"公孙轩辕"挟天子以令诸侯，引发众多部落不满。位于黄河下游、江淮流域的众多部落，不服号令，尤其以蚩尤部落最不听话（"蚩尤作乱，不用帝命"）。不仅如此，蚩尤氏集结了众多（约81个）东方与南方部落，主动清君侧，向轩辕氏发起挑战，进攻至涿鹿（河北张家口涿鹿）。

轩辕氏则集结了所有能够动员的北方部落（"征师诸侯"），双方使用当时最先进的技术（如指南车）、装备（如头盔、甲衣、战车）和武器（金属刀戈、大弩）投入战斗。最终轩辕氏在冀州之野（河北衡水冀州）擒杀蚩尤氏首领。此战胜利后，"公孙轩辕"被各部落尊奉为首领，取代神农氏称帝，自此才有"黄帝"的称号（"诸侯咸尊轩辕为天子，代神农氏，是为黄帝"）。

此后中国进入"五帝"时代，国家形态统治方式日益明显。黄帝不断征讨不顺从的部落，直到平定才离开（"天下有不顺者，黄帝从而征之，平者去之"）。最终黄帝成为中华大地上所有部落的霸主（天子），其统治力和影响力波及各地，并随之带去先进的技术文化，被后世奉为中华文明的人文始祖。

这一时期中国不仅有了国家形态的治理制度，也出现了大量文明要素中的城市形态。距今5000年的城墙与围壕遗址全国发现不少于10处，有的建于6000年前。城墙内部有居住区、墓葬区、制陶区等遗迹。金属工具方面的发掘尚不足，目前发现中国境内最早的青铜器是甘肃马家窑文化青铜刀（5000年前），但由于是孤例，没有发现青铜冶炼的痕迹，不排除从外部传入的可能。中国最早的青铜冶炼遗址和大规模成组的青铜礼器出现在河南洛阳二里头遗址（3700年前）。

黄帝的四处征讨加速了各地文化融合。此前中华大地万邦林立，群星璀璨，黄帝的横空出世，令天下归一，中华文明由多元走向一体。考古成果表明，黄帝的统治范围可能波及甚广，权力核心的出现也伴随着区域中心的衰落。红山、河洛、良渚、石家河、宝墩、山东龙山等文化支脉均融合到中华文明主脉中。

以黄帝为代表的轩辕氏是游牧为主、农耕为辅的族群，本身通过吸收不同文化，从而成为较之纯游牧或纯农耕族群更有战斗力的部落，在与其他部落的碰撞中不断融合其他部落，并在融合的过程中，逐步建立起国家形式的统治模式。

黄帝时代出现了新生事物的爆发期，大量发明层出不穷。这些发明有可能是原创，也有可能存在输入。无论是本土发明，还是受外来族群或技术的启发出现再创造，都不影响中华文明的灿烂伟大。中华文明自诞生起就是开放的。

黄帝喜欢云，官职都用云来命名，军队号称云师（"官名皆以云命，为云师"）。这一偏好反映在当时各地器物上均开始流行云纹，并成为日后中华文化中的一大特色。从出土文物看，黄帝所在的新石器时期以勾云纹为主，商代青铜时期的器物常见云雷纹，此后历朝历代都使用云纹，但样式各有不同。

"五帝"时代统治实行"家天下"。黄帝、颛顼、帝喾、尧、舜并称"五帝"。黄帝有二十五个儿子,两个嫡子,帝喾和尧是嫡长子系列,颛顼和舜是嫡次子系列。嫡长子玄嚣分封在长江中游,嫡次子昌意分封在长江上游(若水,即雅砻江)。

由于黄帝长寿,两个嫡子均未能接班,继任者是孙子颛顼。此时天下太平,天子不再需要四处征战,居无定所。于是颛顼赴任后,开始在黄河中游建造统治中华大地各诸侯国及部落的帝都(有多种说法,例如河南巩义双槐树遗址)。帝都应该是震惊世界的石峁古城。它是2021年美国考古学会期刊《考古》"过去十年世界十大考古发现"中唯一上榜的中国遗址。

石峁城位于陕西榆林神木高家堡镇,面积至少425万平方米,规模远大于年代相近的良渚遗址,相当于6个故宫,是已发现的中国史前时期规模最大的城址,也是当时全球规模最大的城市。经系统勘察和科学检测,确认兴建于约4300年前,正是颛顼与帝喾的统治时期。废弃时间约3800年前,即夏代建立之后。

这座古石城由皇城台、内城和外城三部分构成,皇城台相当于故宫太和殿,内城则相当于紫禁城,外城相当于北京城。这已经完全具备国家都城的基本形制。石峁古城的城内密集分布着宫殿建筑、房址、墓葬、祭坛、手工业作坊等龙山文化晚期至夏代早期遗迹。石峁城墙格局很像北京、西安古都的形制,地势险要,易守难攻,非常符合都城建设的特征。

石峁古城以墙藏玉,6000千余件,是中国文化中"琼楼玉宇"的神话来源。石峁玉器品式多样,有祭祀用的玉圭、玉璧、玉琮、玉刀等,也有生活和装饰用品,且制造工艺也已达到相当的水准。作坊区还出土了上万根由动物骨头打磨而成的骨针,其中最细的甚至达到了毫米级。石峁虽是出土玉器最多的古遗址,但周边并无玉矿,说明是石峁作为政治经济中心从外部输入的玉器。

石峁是农耕文化与游牧文化融合的地区。黄帝部落出身游牧,颛顼在此建城就是为了方便统治游牧区与农耕区。在颛顼之后的帝位争夺战中,嫡次子系列的鲧（颛顼之子、黄帝的曾孙）失败了，最高权力被嫡长子系列的帝喾（颛顼之侄、黄帝的曾孙）获得。帝喾为确保权力稳定，并彰显地位的合法与正宗，没有居住在颛顼所建的石峁古城，而是选在黄帝曾经的办公场所——陶寺，并予以扩建。

陶寺遗址位于山西省临汾市襄汾县陶寺村南，距石峁遗址约400公里，面积约300万平方米。多种科学方法判断均显示陶寺遗址的年代为距今4300年至3900年。陶寺遗址是中国史前功能区划最完备的都城，由王宫、王陵、观象祭祀台、外城、仓储区、手工业作坊区、下层贵族居住区、庶民居住区构成。遗址中还发现了朱书文字、青铜器、玉器、城墙和城门遗址，完全具备文明要素。

陶寺与石峁这两大都邑性遗址，南北呼应，既有不同又有联系。除了因地理条件的不同，城址建设存在夯筑与石筑的差异外，在典型器物、筑城规划、城址结构、夯筑技术、用玉制度、彩绘图案、杀戮祭祀、铸铜技术等方面显示出千丝万缕的关系。陶寺和石峁遗址出土的部分陶器，面貌相似度很高。石峁与陶寺在崇尚和使用玉器方面也有较多相似。

陶寺遗址肯定与石峁遗址之间发生过相互影响与借鉴的深刻互动，又保持自己的个性。陶寺外郭城门加筑"C"形瓮城，有可能受到石峁皇城台门址凹凸扣合形内、外瓮城结构的启发，发明了简单却实用的军事城防工事"C"形瓮城。石峁外城东门遗址的始建年代可能略晚于陶寺中期外郭城门，吸收了陶寺"C"形瓮城的合理性，建造了更复杂的反"乙"形门道的内、外瓮城结构。

陶寺都城遗址的聚落形态考古研究已经初步表明，陶寺文化早期与中期的统治者，变换了王族。从都城由早期非典型的两城模式，发展到中期宫城—外郭城双城制，早期与中期王族不同茔域、宫城内宫殿建筑群的变化、丧葬礼制的重大变化、世俗生活文化面貌也出现了明显的变化，这一系列显著变化，都表明陶寺政权在早期与中期之间存在变化较大的政权更迭，这个更迭很有可能是尧舜之变。

各种证据显示："五帝"时代中华文明已具雏形。当时国家观念、王权观念、私有观念、礼制和历法等均已出现，甚至相当成熟，其中很多被后来的夏商周文明继承和发展。陶寺古城与石峁古城是五帝时期的文明中心。

2015年中国社科院考古研究所召开新闻发布会，初定确定山西陶寺遗址，极有可能就是黄帝之玄孙帝尧的都城。石峁城主要为黄帝之孙颛顼所建，陶寺城主要为黄帝之曾孙帝喾所建。陶寺古城经帝喾与帝尧的两代扩建，已颇具规模。帝喾死后，儿子帝挚继位，但治国不善，不久就死了（"帝挚立，不善，崩"）。帝挚的弟弟帝尧（帝喾之子、黄帝的玄孙）取得帝位，继续在陶寺统治天下，治理国家。

4200年前的"4.2千年冷事件"在全球范围内带来洪水与降温。环境恶化导致大量族群无法在原有的高原地带生存，纷纷到低海拔地区寻求生存和抢占资源，人口流动加剧，利益纷争激化，同时也为中华文明的进一步成熟创造条件。

帝尧继位后正值气候剧烈变化，"鸿水滔天，浩浩怀山襄陵"。鲧素有贤名，被举荐治水。鲧本来有资格和机会继承天子之位，但没有争过自己的远方兄弟帝喾。因此，帝喾迁都陶寺之后，鲧就留在父亲颛顼开创的石峁城内。但因黄帝嫡次子系列的封国在川甘一带，鲧也要经常回去，并在那里生下了禹。

青藏高原东侧的岷山位于四川、甘肃交界之处。发源于的岷山南麓的岷江曾长期被视作长江正源。岷山氏居住在岷江上游，成都平原位于岷江中游。岷江流域野蚕众多，因此岷山氏最早发明了养蚕纺丝，并以蚕为图腾。通过丝绸的对外贸易，岷山氏富甲一方，岷江成为南北丝绸之路的枢纽中心。

曾经有一支外来族群，沿着古丝绸之路来到岷江上游，征服并融合了岷山氏。该族群崇拜眼睛，岷山氏崇拜桑蚕，两个图腾崇拜组合在一起，称为"蜀"（眼睛＋桑蚕）。"岷山氏"改称"蜀山氏"。新国家被后世称为"古蜀国"，统治区域后由岷江上游逐渐扩展到中下游，后留下三星堆遗址（约4800年前—3100年前）。

古蜀国统治集团大力发展该地独特的养蚕纺丝技术与丝绸贸易，被称为"蚕丛（丛者，聚也）"。蚕丛氏来自异域，相貌奇特，发髻与服饰均与当地人迥异，风俗也与众不同，人死后用石棺石椁。他们有独特的宗教信仰和神权政体，热衷祭祀活动，盛行青铜文化，成为独树一帜的地方势力，并对禹产生影响。

黄帝在征战的同时，很注重通过与各部落联姻，维持统治的稳定。黄帝娶蚕丝产地蜀山氏部落之女嫘祖为正室（隋唐之后嫘祖被奉为"蚕丝始祖"），生子昌意。昌意再娶蜀山氏部落女子为妻，生子颛顼。鲧被分封在川、甘交界的岷江流域。他的儿子禹就出生在富裕的岷江流域汶山石纽（西羌地区）。

鲧被帝尧征召治水后，历时九年，勤勤恳恳，声望日增，对尧的帝位形成威胁。帝尧于是启用舜（黄帝的七世孙，母亲是东夷人）。舜获得权力后，以鲧"治水不力"为由，将其流放到东夷之地并最终处死（"舜登用，摄行天子之政，巡狩。行视鲧之治水无状，乃殛，鲧于羽山以死"），消除了竞争隐患。

舜虽然是颛顼之后，属于嫡次子系列，却一直与本族人不睦，而选择投靠嫡长子系列。帝喾与帝尧均为嫡长子系列。帝尧对舜的投靠不以为意，认为舜之所以受到父母、兄弟及周围人的排斥，完全是那些人的邪恶与过错，舜没有杀死那些人，说明舜慈孝高尚，因而予以重用。尧在位时舜即开始代为行使天子职权。

舜在权力稳固后，就把尧软禁起来，让尧做有名无实的太上皇。帝尧之子丹朱被赶到了都城以外的尧山遗址（山西浮山县），父子不能相见。帝尧死后，舜正式继位天子，却受到帝尧之子丹朱的反对和讨伐。

丹朱一度占优，攻占平阳（陶寺），舜被迫定都蒲阪（山西永济）。但后来形势反转，舜逐渐取得优势，诸侯拥舜，舜以天命为由，重新占据陶寺。（《史记》："尧崩，三年之丧毕，舜让辟丹朱于南河之南。诸侯朝觐者不之丹朱而之舜，狱讼者不之丹朱而之舜，讴歌者不讴歌丹朱而讴歌舜。舜曰天也，夫而后之中国践天子位焉，是为帝舜。"）

帝舜通过政治与军事斗争平定丹朱之后，任命禹继续治水，如有差错，后果将与鲧同。当时禹的政治和军事实力尚不足以反抗舜，只能从命，不敢轻忽,"劳身焦思,居外十三年,过家门不敢入"。

率众治水之外,禹利用中原受灾较轻、各地灾害严重的时机,高举天子之命,开疆拓土,征讨各地尚未臣服的部落前来朝贡("披九山,通九泽,决九河,定九州,各以其职来贡,不失厥宜,方五千里,至于荒服")。

水患是当时人类的共同灾难,禹以治水为名,要求各地部落听从调遣,有道义上的正当性,不服从就用武力消灭。在此期间,辉煌一时的长江下游的良渚文化、长江中游的石家河文化、长江上游的宝墩文化都不约而同地迅速消亡。

带有这些文化的浓郁特征的精美文物大量出现在了远在北方的石峁城。各地物产、生产技术、历法、葬俗等也汇集而来。

石峁城曾经是颛顼都城,也是鲧和禹的统治中心与办公住所。禹在外治水和征讨期间,战利品源源不断运送至石峁城,由儿子启来管理。启在积累财富、巩固城防以外,积极训练部队,准备以武力手段将最高政治权力夺回来,并为自己的祖父鲧报仇。

石峁建城之初,黄土高原地区有大面积的森林覆盖,质地疏松,气候适宜,有利于石质工具进行简单的土地开垦和浅种直播等原始农耕活动。然而农业活动会造成天然植被的破坏和土地贫瘠化,反过来导致农业衰退。而且,单一作物对土地有着较为致命的影响,土壤的侵蚀度在增加,同时肥力也在减弱。在地表植被遭到破坏后,水土流失加剧,土地恢复力极其缓慢。

随着石峁人口的增加,需要更多的土地、木材、陶器来满足人们的需求,所以森林与草地被砍伐与开垦的速度加快,再生速度比不上破坏速度,原来的森林草原迅速沙漠化,最终农业无以为继,粮食短缺,石峁人必须另谋出路。

禹的军队和启率领的全体石峁人发动了对陶寺的战争,以残酷的手段消灭了留在城内的敌人,为被尧舜冤杀的鲧报仇。不仅击败了舜的势力,还清除了嫡长子系列的尧的势力,并采用了残酷的"绝嗣"之法杀死并掩埋了陶寺贵族。

关于五帝历史，虽然古代文献中的"禅让"记载也符合情理，但从现实中的考古挖掘来看，暴力战争更有可能。考古成果显示，陶寺与石峁都属于龙山文化，两处遗址之间有交流，两地居民有血缘关系，后来石峁居民残暴毁灭过陶寺。

禹军占领平阳（陶寺）后，舜之子商均逃到阳城。禹军追到阳城，商均又逃至安邑。禹军一路攻杀，因此历史上禹的都城有平阳、阳城、安邑等多种说法，很可能这些地方都曾为禹发出号令的指挥都城。

禹在大约4000年前（公元前2070年）称帝，建立夏代（"即天子位，南面朝天下，国号曰夏后"）。夏代历任君主都以"后"称呼自己，例如羿夺取太康之位篡权，篡位后就被称为后羿。商代和周代君主则称"王"，例如商纣王、周武王。

此时石峁城地区因气候恶化已经农业衰竭，不适宜生存，因此夏代几代帝王向南方农耕区迁都。为了寻找更好的自然环境，多次改址，最终河南二里头遗址（距今3800—3500年）成为夏都城。

石峁出土的牙璋被二里头传承，成了夏文化的标志物。夏代的建立，结束了中国历史的"五帝"时代，中华文明走向成熟，夏文化成为中华大地的主导。

夏代迁都次数较多，每次都城建造期短，规模有限，因此后世未发现与石峁城规模相似的遗址。"五帝"时代与夏代时期，丝帛发达，是官方文字的主要载体，但极易腐坏，所以各地出土的"五帝"与夏代文物中很难见到文字（三星堆遗址也未发现文字应为同样原因）。

商代先祖可能起源于辽河流域。早在黄帝时期，辽河流域的红山文化部落就可能参与了涿鹿之战，并帮助黄帝为击败蚩尤部落立下大功。《山海经》《龙鱼河图》等书记载，"天遣玄女下授黄帝兵信神符，制伏蚩尤。"这个"玄女"的来源，历来众说纷纭，但多认为原型来自"玄鸟"（燕子或凤凰）。红山文化出土陶器中有大量玄鸟图案。当时红山文化尚为母系氏族，红山文化中牛河梁遗址的炼红铜遗迹被认为与"女娲补天"传说中女娲炼五色石的情节吻合。"玄女"能够给黄帝指导军事作战（"授黄帝兵信神符"），应该本身是较为发达先进的文化部落首领。红山文化的考古发掘结果一定程度具备该特征。

"玄鸟生商"的传说见于《诗经·商颂》《楚辞·天问》《史记·殷本纪》《荀子·成相篇》等典籍中。据《史记》记载，商代的始祖契，其父亲是黄帝的曾孙、五帝之一帝喾，母亲是帝喾的次妃简狄，但契并非二人所生，而是简狄外出洗浴时吞鸟蛋而生（"天命玄鸟，降而生商"）。

商祖契与尧舜禹同时代，因契生而神奇，能力出众，受到帝尧的重用。从其人生经历看，擅长水利（佐禹治水有功）、天文（创造历法和观星台）、能源（管理火种）、教育（帝舜命契为司徒）、工艺（烧制陶器和冶炼铜器）。

契因能力出众被帝尧封于商（今河南省商丘市），因此，其部族以地为号，称"商族"，契被后世尊称为"商祖"，其墓葬之地被称为"商丘"，后人建立的王朝称"商代"，国民称"商人"。

契受封于商，但出生地并不在商。《荀子·成相篇》中说："契玄王，生昭明，居于砥石，迁于商。"可见砥石为商祖契与其子昭明的居住地。辽河发源于砥石，砥石位于辽河流域红山文化地区。诸多当代学者考证认为，砥石是辽河流域的赤峰市最高峰——大光顶子山。赤峰境内有两大山脉，一条是大兴安岭山脉，一条是燕山山脉，大光顶子山是属于燕山山脉的七老图山最高峰。如果商契在砥石居住，应该也是红山文化的一部分。也因此，红山文化及之后的传承者夏家店文化，出土文物也和殷墟遗址出土文物十分类似。

石峁文化横空出世之后，四处征战，夏家店下层文化也同样受到石峁文化的攻击和摧毁。石峁城墙根发现5处人头坑，其中2处埋24颗，另3处被破坏了，估计每个祭祀坑都埋24颗人头。这些祭祀的头骨经基因检测，被认定是内蒙古赤峰夏家店人。应该是黄河流域的石峁文化多次与辽河流域的夏家店下层文化交战，才有大量战俘献祭。

赤峰市二道井子夏家店下层文化属于早期青铜时代文化，目前保存完好的遗址内，可以看到居民的防御和生活设施相当完备，甚至不逊于几十年前的当地农村，夏家店下层文化时期居住人口密度还略高。夏家店下层文化层内发现的青铜器，生产技术水平足以与同时代中原地区最发达的文化相媲美。

夏家店下层文化年代为4000年前—3500年前，时间基本与中原的夏王朝重合。可以猜想、尚无证实的是：在与夏王朝战争与对抗的过程中，夏家店下层文化与其他文化交流融合，孕育出善于畜牧和冶炼的商部落（此时的部落也可称"国"），经过500年发展壮大，终于灭掉宿敌夏，建立商，定都于亳。族人南迁，原文化废弃。

史载，契与其子昭明领导族人放牧为生，商部落一直以畜牧业闻名，喜欢迁移与交易，灭夏建商后仍然迁都10余次，后人将该习性视为"商人"特征。古代的部落间，凡是畜牧业比较发达的部落，武力都比较强盛。商部落拥有牛车和马车，武装较其他部落先进。先灭了夏王朝的个别属国，形成对夏的孤立，最后由商汤完成王朝更替。

商代历经17世31王，灭亡之后，大量的商人留在了故地，西周在这里分封了卫、郑、宋等国。另外还有一部分回到了东北，其中箕子率领殷商遗民退回辽河流域，向东迁徙，建立了箕子朝鲜。

商代因有红山文化及夏家店下层文化基因，虽然当时中原部落多已演化为父系氏族，商代却保留以前在辽河流域时期的特点，女权盛行。商王武丁的妻子妇好率军东征西讨，屡战屡胜，成就了"武丁中兴"。周武王讨伐商纣王在牧野誓师时因此指责商："母鸡早晨不打鸣，母鸡如果代替公鸡打鸣，家就应该败了。"（《尚书·牧誓》："牝鸡无晨，牝鸡之晨，惟家之索。"）

赤峰地区早在兴隆洼文化时期即流行少见而独特的居室葬。商代妇好死后未埋于墓地，而是下葬在了商王武丁的宫室旁边。2500年前，孔子临终前对学生子贡感叹："梦见自己坐在屋子两柱之间，这是商代停放棺椁的礼仪，夏代和周代则是停放在屋子两侧。自己是殷商的后裔啊（予始殷人也）！"

总之，中华文明萌芽于"三皇"时期，起源于"五帝"时期，成熟于"三代"时期，是本土文化融合外来文化的结果。1. 中国"三皇"时期（距今约 6000 年），黄河、长江及辽河流域的伏羲、神农、女娲等神话传说中包括了诸多文明要素，出现了开始从文化阶段向文明阶段发展的迹象；2. 中国"五帝"时期（距今约 5000 年），由黄帝开创的中华统一局面已经具备国家雏形，考古成果也证实此时中华大地各地区陆续进入了文明阶段；3. 中国"三代"时期（距今约 4000 年），以夏代建立的国家为开端，历经商周，中华文明日益成熟。中华文明的每个阶段的发展，都是本土文化融合外来文化的结果。中国上古时期的人类迁徙很可能远比后人想象的更频繁。

3.2 种族

人类种族拥有共同祖先。由于迁徙，在不同生存环境下，不同种族具有了某些不同的遗传特征。目前确定人种特征的标准有：遗传性、相对稳定性、无外界因素引发的变异等。

人类种族的划分方法包括：三分法、四分法、五分法、六分法、八分法、十九分法、三十四分法。联合国教科文组织采用三分法：蒙古人种、尼格罗人种、高加索人种。中国基本也是三分法：蒙古人种、赤道人种、欧罗巴人种（参见《中国大百科全书》《世界民族大辞典》等）。三大人种外，属于过渡型人种。

三大种族均属于智人种。智人种由非洲南方古猿阿尔法种演化而来。智人走出非洲后演化出三大人种。蒙古人种发源于蒙古高原，黄皮肤，最初主要分布在亚洲。赤道人种发源于撒哈拉以南非洲，黑皮肤，最初多分布在非洲和亚洲的赤道地区（有时将棕色人种分出来单独作为"澳大利亚人种"）。欧罗巴人种发祥地主要是高加索地区，白皮肤，最初多分布在欧洲。普遍认为，人种大约出现在 5 万年前，即"现代智人"走出非洲后在不同的自然环境中适应而成。

三大人种下面还有很多亚种，具有过渡性质的体质特点。亚种之间各有特色又相互融合，混血人种越来越多。整个地球生物史上，人类是唯一分布范围遍布全球而没有在内部发生种系分化（speciation，指分化为有生殖隔离的独立种群）的物种。一般认为这是文化的作用。

种族划分并非绝对，只是生理特征的相对差异。人类在种属上是统一的，并无优劣之分，也无智力差异。认为种族有高低之分的种族主义论调荒谬且危险。欧洲殖民者曾经借种族主义大肆屠杀和贩卖非洲黑人与美洲印第安人，数以亿计。德国纳粹以同样理由屠杀犹太人，数以百万计。日本帝国主义也自诩优等民族。事实表明，曾被认为"高等"的种族或民族，历史上也曾有落后的时期，同样，曾被认为"低等"的种族或民族历史上也可能有发达辉煌的时期。

种族与自然环境

肤色是人类种族的最一般特征。人体肤色取决于人体内部色素量，色素量主要取决于光照强度。赤道地区阳光充足，人种色素多，肤色黑。从赤道向两极延伸，纬度越高，光线越弱，人种肤色越浅。

热带森林地区的人种，鼻孔宽阔较短。寒冷地区生活的人种，鼻子长而突出，可以暖化寒冷空气。生活在草原沙漠的人种，鼻孔宽而鼻管深，既防寒又防热。

除自然环境外，社会环境也会对种族特征产生一定影响。例如，中亚地区长期使用弓箭，人种身材多宽肩粗臂，矮小健壮；而东非地区惯于投掷长矛，当地人种多身材细高，四肢修长。当然，这些身材差异与生活环境是草原平地还是森林山地密切相关。中国西南地区藏族、彝族等山区高原居民也大多是修长身材。

种族包含多民族

一个种族（Race）下面通常有多个民族（nation）。区别民族的标准一般包括共同语言、共同地域、共同经济生活、共同心理特征。其实这两个名词是不同视角的概念。种族属于生物学和人种学范畴，民族属于历史学和社会学范畴。

种族出现很早，智人完成世界性分布并开始定居后，人种特征就出现分化。民族则出现在原始社会后期。当一些氏族或部落聚集在一起，产生共同的语言及风俗习惯的时候，才产生了民族。在后面的演化过程中，种族和民族都是经历分分合合的融合与分裂。

种族和民族的划分都与血缘有关。但种族的血缘关系只受自然地理的隔离，民族的血缘关系则受人为的社会因素的隔离。无论种族还是民族，都没有血缘上"纯种"的存在。一般认为民族的形成经过氏族、胞族、部落、部族、民族五个发展阶段。氏族、胞族还是以血缘为主要纽带的阶段，部落、部族就主要以地缘为主要纽带了，民族的出现则主要是以文化为联系纽带和共同特征。

尼罗河畔的人种

尼罗河流域自古是三大人种汇集群居的地区。很多旅行者到了这里都会好奇地想道：创造了灿烂的古埃及文明的主体人种是黑人、白人，还是黄种人？埃及地处亚非欧交界地带，各色人种杂居在古埃及很正常，可当时主体民族或统治集团是什么人种？关于这个问题还有不少国际研讨会，但并没有形成共识结论。

目前很多人认为古埃及统治集团是棕色人种。也有不少人认为古埃及统治集团是黄色人种。笔者在埃及从南到北参观了大量遗址壁画、雕塑、木乃伊，直观感觉黄种人的说法较有可信度。

早先学界主流观点认为古埃及文明是一个黑人文明。因为古希腊历史学家希罗多德曾在记载中多处提到古埃及人肤色是黑色或深色。

19世纪，西方学者从古埃及壁画入手，认为古埃及男性大多是红色皮肤，女性则大多黄色皮肤，都不是黑色，所以古埃及文明肯定不是黑人文明。

法国学者利用木乃伊分析认为，古埃及法老拉美西斯二世是一个浅色皮肤的人，具有白人特征。

英国学者则有人明确提出古埃及人可能是来自东北亚的黄种人，认为古埃及壁画里的人肤色和发型像蒙古人种。

也有现代学者利用基因检测技术得出一些检测结果，但因微生物滋生造成的DNA污染等原因，DNA有效性及样本数量全面性也常常受到质疑。

其实从相貌上也可以看出来，古埃及人的主体不太可能是黑人或白人。即使单从历史文献和文物考古这两个条件着手，也应该可以对这个问题有个大概的认识。

古埃及恰好具备这两个条件：有大量的历史文献，且文字已经被破译；有大批的木乃伊和古迹壁画，且可以与历史文献的记载相对应。这一点很不容易。

中国有巨量的历史文献，详细记录了众多历史人物，却少有这些人物的遗骸；也有大量的木乃伊（尤其是在新疆各地的博物馆里），却少有关于这些木乃伊生平的文献记载。而在埃及的开罗博物馆，则可以看到文献中有详细记载的历史人物的木乃伊，穿越几千年完好地呈现在眼前。例如，可以看到古埃及最著名的法老拉美西斯二世的遗体。他生前的赫赫战功与神一般的存在都可以在其木乃伊的信息中获得蛛丝马迹。如非亲见，很难想象91岁高龄去世的人仍然有那样完整的牙齿和头发，从木乃伊的体貌特征看，更像是黄种人。当然，这也只是印象。

即使是那些没有记载的木乃伊，其棺椁上的画像或雕像，也可以让后人看到死者生前的相貌。大量文物都显示出古埃及人具有黄种人的特征：黄皮肤、黑头发、扁圆脸、中鼻梁、唇厚适中。很多木乃伊的面孔甚至常常被当作中国人。

应该说，古埃及人是尼罗河上游黑种人（主要是努比亚人）与下游黄种人和白种人的混合（不少来自黄种人和白种人杂居的西亚）。后来经过希腊人、罗马人、阿拉伯人等历史上外来征服的民族融合，现代埃及人已不是古埃及人的种族构成。

3.3 民族

民族虽然常常以血缘为纽带，但维系民族的核心力量却是民族认同。民族认同基于民族文化，文化认同的基础是核心理念。一个民族失去自己的文化特色和心理认同，民族会消失。

目前世界上约有 3000 个民族。汉族是世界上最大的民族，约占世界人口 1/5。汉族人口约 98% 居住在中国。世界上其他人口过亿的民族还包括：印度人、美利坚人、孟加拉人、俄罗斯人、巴西人、日本人，其中除孟加拉人外，均是约 98% 本民族人居住在本国。

民族演化过程充满融合、分裂与消失。但与物种演化不同的是，民族演化的核心是心理认同。民族的消失并不意味着组成该民族的人们消失了。

中华民族的形成

中华民族的形成是个非常典型的以文化认同为核心的融合过程。

在中国历史的传说时代，东亚大陆分布有五大族群：黄河中游的炎黄族群，黄河上游及华北地区的戎狄族群，黄河下游及淮河流域的东夷族群，长江中上游的苗蛮族群，长江下游沿海地区及岭南的百越族群。

这些族群内部还细分为若干族群及民族。例如百越族群分布大体是：东越在浙江，闽越在福建，南越在广东，西越在广西，雒越在越南。

炎黄族群的文化发展水平明显领先其他族群，该族群的两个文化繁荣期——华胥文化和夏朝文化——奠定了华夏民族的早期认同。先秦典籍中对中原地区诸侯国称为"诸夏"或"诸华"（关于华夏的称呼存在多种解释）。

原属东夷族群（此说有争议）的商朝取代夏朝，原属戎狄族群的周朝取代商朝。在此过程中不仅一直发生族群融合（"同姓不婚"的制度扩大了血缘联系范围，极大促进族群融合），华夏文化也在朝代更迭中延续下来，形成文化水平明显高于周边的华夏民族。

秦人原为殷商诸侯，属东夷族群（因历史分期标准不同而有不同说法）。周灭商后将秦人废奴西迁，居于陇右西陲。秦人在当地对抗西戎，并依靠地利为周室提供大量战马，受封立国。秦国多位君王死于讨伐西戎，秦戎常年交兵造就了秦军能征善战。秦国商鞅变法后击败关东六国，统一华夏。华夏民众被称为"秦人"。秦亡汉兴，汉朝民众被称为"汉人"，华夏族也融合了边疆民族开始被称为"汉族"。

秦汉中央政府多次进行大规模移民，中原民众被迁移至西北、岭南等边疆地区。三国两晋时期，汉族政权迁徙大量周边少数民族人口进入汉地，以补充因长期战乱而大量损失的劳动力和士兵。这两种流向的移民极大促进了华夏地区的民族融合。

五胡十六国时期，北方少数民族大量涌入中原地区，江淮以北出现了不止16个少数民族政权，其间也有汉族政权。在胡汉杂居的过程中，先进的汉文化始终是各民族无法忽视的力量，且认同者愈来愈多。当时最强大的匈奴、鲜卑、羯、氐、羌五个北方主要少数民族后来基本都在文化融合中失去了原有的民族特征，融入汉族。

氐族原本聚居在陕甘川交界地带，汉朝设郡后氐人被挤出平坦地区。三国时期曹操将20余万氐人内迁关中。氐人苻氏建立前秦政权，差点统一全国。但由于前秦王苻坚采取了氐族人外迁、鲜卑人内迁的政策，淝水之战失败后政权迅速在内乱中解体，氐族也在散居中融合。

羌族最早聚居青海三河源。汉朝设河西四郡，并进行汉人移民，与羌人发生冲突。东汉将羌人内迁关中，关中羌人数量迅速增长，仅次于氐人。姚氏灭苻氏建立后秦，又为东晋所灭。与氐族权贵一样，羌族上层也仰慕汉文化，政权消亡后羌族融于汉族为主体的其他各族。

鲜卑人发源于大兴安岭。曾经臣服匈奴。匈奴灭，鲜卑兴，融入大量匈奴遗民的鲜卑人称雄塞北。两晋时期鲜卑人纵横华北，建立诸多政权。拓跋部鲜卑人结束了北方混乱局面，建立北魏，统治中国北方达140余年。孝文帝推行深度汉化，尊汉学，穿汉装，说汉语，用汉姓（拓跋、宇文、独孤等鲜卑复姓变成元、刘、陆等汉姓），使鲜卑人与汉人迅速融合。

北魏政权几经演变被隋政权取代，隋文帝家族有鲜明的鲜卑族色彩。隋亡唐兴，唐朝宗室也有很多汉化的鲜卑人。隋唐两朝仅宰相就有20余位鲜卑人。但由于鲜卑人与汉人融合日久，失去自身特征，唐朝以后鲜卑族融入汉族而不复存在（鲜卑语与匈奴语一样消亡）。

突厥人发源于叶尼塞河流域，崛起于阿尔泰山，建立了从中亚到蒙古的幅员辽阔、强盛一时的突厥汗国。被唐朝击败后大量内附。突厥人降唐受到优待，唐朝五品以上官员突厥人占一半，多达百余人，一度形成"突厥名王满朝堂"的局面。唐太宗说："自古皆贵中华贱夷狄，朕独爱之如一"。唐朝番将众多，名将灿若群星。来源主要有三：一是西北的突厥与回纥，二是东北的契丹与高丽，三是西域及中亚各族。突厥等大量少数民族凝聚在以汉文化为内核的唐朝政府，逐渐汉化，突厥族自此也在中国史籍中消失（突厥人在其他地区仍有辉煌历史）。

契丹族崛起于辽河流域，目前学界多认为源于鲜卑（鲜卑源于东胡）。北齐强制契丹人内迁，唐朝契丹人主动内附，五代时契丹强盛，攻占开封灭后晋建立辽朝。金灭辽后，部分契丹人西迁，在西域和中亚地区建立西辽。中原地区的契丹族融合消失。

建立金朝的女真族（"女直"）早先主要生活在黑龙江流域，长白山附近。先秦称"肃慎"，汉代称"挹娄"，南北朝称"勿吉"，隋唐称"靺鞨"，辽代以后称"女真"。唐时曾建渤海国，为契丹人所灭。黑水靺鞨的后裔完颜部逆袭契丹人，灭辽建金，统治中国北方。金灭辽后将契丹人也称为汉人。元灭金后将北方的汉人、契丹人、女真人统统称为汉人。

蒙古族（"蒙兀"）的来源说法不下7种。最有信服力的考证应该是源于东胡，最早生活在靠近大兴安岭的额尔古纳河流域。唐灭东突厥后，蒙古人在蒙古高原崛起。一度强盛的塔塔尔（鞑靼）人等草原各部落也在心理认同下归入了蒙古族。蒙古汗国版图空前广阔。蒙古人灭宋建元推动蒙汉融合。元灭，蒙古人保留了自己的语言文字，成为中国地区的少数民族。

满族（"满洲族"）是女真族之后，皇太极治下改称"满洲"。入关前满族人口不超过80万。建清入关后统治数百倍于己的汉人，满族坚持保留本民族文化特征，并推动一定程度的汉人"满化"，如发式、衣着等，但认同儒家文化。清亡，满族保留了语言文字等本民族特征。

20世纪初，梁启超率先提出"中华民族"概念（《论中国学术思想变迁之大势》，1902年），并表示："我中国主族，即所谓炎黄遗族"，"今之中华民族，即普遍俗称所谓汉族者"（《历史上中国民族之观察》，1905年）。1912年，孙中山《中华民国临时大总统宣言书》中第一次提出了五族共和论："合汉、满、蒙、回、藏诸地方为一国，即合汉、满、蒙、回、藏诸族为一人。是曰民族之统一。"并在《对外宣言书》上首次使用了"中华民族"的称谓。后来"中华民族"的内涵扩大为在中国境内接受中华文化的56个民族的统称。

欧洲民族的演化

欧洲民族众多，历经冲突、迁徙和演化，形成现今的格局。

希腊民族是在欧洲文化源头——古希腊文化的认同中形成的。古希腊是移民地区，早先主要有米诺斯人（克里特文明）等几个主要部族。不过直到荷马时代还没有"希腊（Hellas）"民族存在。公元前8世纪后，巴尔干半岛形成雅典、斯巴达等200多个城邦，相互间才形成了共同的文化和共同的称谓——"希腊人（Hellenes）"。古罗马人用附近一个希腊人部落的名称将整个希腊叫作Graeci（Greece）。

古希腊城邦大多在公元前4世纪被马其顿的亚历山大征服，并于公元前2世纪并入罗马。但先进的希腊文化却伴随亚历山大帝国与罗马帝国的扩张广泛传播。这300年被称作"希腊化时代"。

罗马分裂后，希腊是东罗马的一部分，多数人信东正教。土耳其人灭亡拜占庭后，希腊成为奥斯曼帝国的一部分，希腊人西逃引发欧洲文艺复兴。19世纪的希腊革命是奥斯曼帝国统治地区中最彻底的去伊斯兰化运动。今日希腊基本是单一民族国家，98%的人口是希腊族，但在历史上吸收了其他民族的成分，如斯拉夫人。

3. 人类迁徙

斯拉夫人与凯尔特人、日耳曼人是古罗马人眼中的欧洲三大蛮族。斯拉夫人发源于奥得河（捷克）与第聂伯河（乌克兰）之间。匈人进攻引发的欧洲民族大迁徙中，大量斯拉夫人西迁至原来日耳曼人的生存地区，与留守当地的日耳曼人及凯尔特人融合，成为今天捷克人、斯洛伐克人、波兰人的祖先。

后迁徙的斯拉夫人转向南方，征服巴尔干半岛上的其他民族，成为南斯拉夫人祖先。最后迁徙的斯拉夫人向东扩张，进入顿河及伏尔加河流域，将这些地区与斯拉夫人的大本营连接起来，成为俄罗斯人的祖先。

凯尔特人早期生活在多瑙河上游，有文字，会冶铁，并扩张为中欧地区的强大势力。但在希腊人的挤压下，一部分凯尔特人西迁，罗马帝国建立后，将这部分凯尔特人称为高卢人。另一部分凯尔特人越过英吉利海峡，占领大不列颠和爱尔兰岛。留在中欧腹地的凯尔特人则翻过阿尔卑斯山攻陷罗马，并向马其顿王国发动进攻，但被希腊罗马联军击败。

罗马开始只是一个多部落组成的城邦，先民是拉丁人。逐渐崛起后，对凯尔特人进行反击，占领了中欧腹地和高卢地区，于是，欧洲大陆上的凯尔特人与罗马人融合。罗马帝国疆域辽阔，地中海成为内海（罗马人称其为"我们的海"），政府重视罗马公民资格，不强调复杂的民族成分，且文化多元，因此没有形成单一的罗马民族。

罗马的恺撒大帝在欧洲大陆征服高卢后，又试图征服大不列颠和爱尔兰岛上的凯尔特人，但未能成功。另一位罗马皇帝克劳迪乌斯（Claudius）率军登上大不列颠岛，却只占据半壁江山——哈德良长城以南属罗马，长城以北是凯尔特人统治。

罗马人撤出大不列颠岛后，日耳曼人的一支——盎格鲁人大量涌入（亚瑟王传说发生的年代）。残余的凯尔特文化在爱尔兰岛遗留下来。后来又有一些日耳曼人部落进入大不列颠。日耳曼人和凯尔特人奠定英国民族的主要成分。苏格兰至今仍有人讲凯尔特语。苏格兰短裙和风笛成为凯尔特人的文化标志。

日耳曼人发源于北欧的斯堪的纳维亚半岛，一部分向南迁徙，赶走和吸收了居住在阿尔卑斯山北部平原上的凯尔特人。强大的罗马帝国组织数量庞大的军队，发动对日耳曼人长达10余年的征服战争。日耳曼人各部落被逐个击破，向罗马称臣纳贡。但在日耳曼人联合起来组成部落联盟之后，罗马新一轮的征服战争就力不从心，于是开始建立界墙（日耳曼长城）。

不过在匈人的挤压下，西哥特人，以及后来的勃艮第人、法兰克人、东哥特人、盎格鲁人和撒克逊人等日耳曼部落纷纷涌入罗马帝国，并最终摧垮了罗马帝国，在罗马领土上建立了许多日耳曼人王国，其中法兰克王国版图最大。

后来西欧、北欧国家民族成分多与日耳曼人有关：英国人主要是日耳曼人的盎格鲁和撒克逊部落的后裔。法国人主要是高卢人的后裔。德国、奥地利、卢森堡、列支敦士登、荷兰、比利时等国民众主要是法兰克人后裔。西班牙、葡萄牙主要是法兰克人、西哥特人与高卢罗马人融合的后裔。意大利北部民众主要是日耳曼人的伦巴底和东哥特部落的后裔。瑞士人主要是日耳曼人勃艮第部落后裔。丹麦、瑞典、挪威、冰岛人主要是没有随着民族迁徙离开故地的北支日耳曼人后裔。

匈奴民族的消失

匈奴是在东西方历史上都曾有重要影响和诸多记载的民族，也是民族消失的典型案例。匈奴消失于与其他民族的融合，没有留下自己的语言和文字。

匈奴发源于阴山。《史记》记载匈奴是中国夏朝人的后裔，逃到蒙古草原不断繁衍，并出现很多分支。周朝时匈奴开始有力量骚扰中原。春秋时受到秦晋两强国的重创。战国时秦、赵、燕对北方游牧民族用兵，开疆拓土，匈奴生存空间受到挤压，吸收了大量其他游牧人口之后开始强势崛起。

不过，最初匈奴选择与距离最近的赵国开战，却被名将李牧打回老家。养精蓄锐后再战，又被刚刚灭掉六国、士气高昂的秦军打到漠北。休养10年重返漠南之后，幸运地出现了像秦始皇一样的杰出领袖——冒顿。他运

3. 人类迁徙

用谋略和武力将漠南草原上另外两股强大势力东胡和月氏打跑，统一诸戎，雄霸塞北，而后挥师南下。

刚刚结束楚汉争霸的汉军作战经验丰富，对匈奴迎头痛击。冒顿改变策略，诱敌深入，使刘邦陷入白登之围。虽有陈平妙计解围，但汉朝对此后匈奴在边境的频频骚扰束手无策。汉朝后来以和亲方式，通过反复赠送女人和财物换取和平。汉朝则利用这段和平时期积累了大量马匹、粮草、军费、骑兵。

和亲政策实施63年后，汉武帝开始反击匈奴，一举将匈奴打回漠北。然后又做出中原王朝以前从来没有过的举动——穿越沙漠进军漠北。此战汉军北征至狼居胥山（今蒙古首都乌兰巴托附近）。匈奴虽然元气大伤，但仍有能力骚扰汉朝边疆，甚至迫降赵破奴、李陵、李广利等汉朝名将。

汉武帝死后，汉朝又休养十几年，再次反击匈奴。此时赶上北方天灾，匈奴人口损失30%以上，牲畜死亡过半。匈奴内部出现纷争，一度同时存在5个单于，争相向汉朝示好。后来匈奴分裂为两支。北匈奴西迁，郅支单于被汉将杀死在西域。南匈奴附汉，依靠汉朝重新主宰蒙古草原，并重新向汉朝求婚（不是以前的逼婚）。汉朝也恢复和亲政策，昭君出塞。呼韩邪单于死后，王昭君请求归汉，未获准许。

王莽篡汉，匈奴一度复兴。但在东汉政府打击下，再次分裂。汉军长途奔袭5000余里，彻底击溃北匈奴。清空的漠北草原被新兴的鲜卑人占据。南匈奴在漠南与汉人杂居，编入汉朝的治理体系。三国时期南匈奴成为曹魏百姓。

十六国时期，南匈奴后裔刘渊建立汉赵（前赵）政权，灭于后赵。刘勃勃（赫连勃勃）建立大夏政权，灭于北魏。建立北魏的鲜卑人统一北方，后来分裂，有匈奴血统的鲜卑人宇文家族先后建立西魏和北周，后被隋朝取代。此后匈奴民族在华夏大地不复存在。

匈奴民族虽然大部分融合于华夏其他民族，但也有一部分走上西迁之路。北匈奴被东汉击溃后，一部分逃至西域。先到乌孙（伊犁河流域，今新疆），再至康居（巴尔喀什湖至咸海的河中地区，今哈萨克斯坦），又抵

101

阿兰（里海与黑海之间的顿河、伏尔加河流域，今俄罗斯）。欧洲史料对其记载即始于阿兰，古罗马称其为"匈人"（最初是 Hunnis，后为 Huns）。

阿兰人主要是雅利安人，控弦 10 万，以战车为主，是匈奴人西迁遇到的第一个强敌。匈奴骑兵人数虽少，但长期与汉朝作战积累了丰富的大战经验。顿河一役，匈奴人征服阿兰。阿兰武士入编匈奴。匈奴人乘胜渡过第聂伯河，攻击目标直指东哥特人。

东哥特人属于日耳曼人，控制黑海北部地区（东起顿河，与阿兰人接壤；西至德涅斯特河，与西哥特人为邻；今乌克兰）。东哥特人很快被匈奴人击败，一部分投降，编入匈奴军队，另一部分向西投奔西哥特人。匈奴人继续追击，进入多瑙河平原。

西哥特人与东哥特人同族，主要分布在多瑙河下游与德涅斯特河之间（今罗马尼亚）。匈奴军团的凌厉攻势让西哥特人充满恐惧，两军交战立刻崩溃。西哥特人原本与罗马帝国以多瑙河为界，协议不得渡河。但在匈奴人的驱赶下，纷纷涌入多瑙河以西的罗马帝国。

躲避匈奴的西哥特人与罗马帝国爆发战争，西哥特人的重装骑兵碾压了罗马的重装步兵，罗马皇帝和 2/3 罗马士兵战死。接下来不久，罗马分裂为西罗马和东罗马。西哥特人攻陷并洗劫了西罗马首都。匈奴人则以东罗马缴纳财物和互市贸易为条件暂时停止了征服。

几十年后，欧洲匈奴出现了像冒顿单于一样强有力的领袖——"上帝之鞭"阿提拉。他一举攻陷东罗马 70 座城市，迫使东罗马割地赔款答应所有条件才签订和约。然后他将目标锁定西罗马。西罗马与西哥特人组成联军，却未能避免匈奴人打到罗马城下，获得财物而去。

阿提拉死后，匈奴迅速分裂衰落，最后融入其他民族。当今很多匈牙利人自称是阿提拉的后代。历史学家对匈牙利人是不是匈人的后裔、匈人是不是匈奴人，始终存有争议。

3.4 语言

直立行走和语言曾经被视为人类产生的主要特征和诱因。直立行走解放出人的双手，可以制造工具；语言允许人类不同大脑之间精确有效地传递信息。

这两者也有因果关系：直立使人科生物的喉咙受重力的影响下降，于是喉咙的周边就形成了空洞，以肌肉的细微动作振动空气，生成各种细腻的声音。这种使用语言所必需的独特发声器官，极有可能是意外的产物，是双足直立行走的副产品。

喉咙下降的时间当然略晚于双足直立行走。猿人的发音机制似乎尚不完善，但是当人科进化到直立行走的阶段时，喉咙位置已经完成了一定程度的下降。可以根据其颅骨化石推断，直立人大脑中控制语言的部分可能已经开始显著发育了。

如果没有语言，单个的人脑与黑猩猩的大脑几乎没多少差别。但语言使人类通过集体学习进行知识积累，信息的迅速大量获取使人类进化速度得以大幅领先其他物种。

人类学家认为社会语言在距今15万年—5万年经历了快速演化，变成了具有强大表达能力的通用语言，语言比音乐、绘画、舞蹈、雕塑、宗教、科学出现得更早。

人类语言有些特殊性，人类语言比非人类语言的交流方式更开放。因为语言有些语法上的逻辑规则，使人类能从极少数量的单词中产生无限多的含义。

语言通常伴随文字符号。符号可以代表不在场的实体，甚至是根本不会出现在人类面前的事物。符号使人类可以将具体的东西抽象化，能够储存和浓缩大量信息。符号语言让人类集体信息可以不断积累。

文字的发明使复杂抽象的信息可以长久保存，让后人借此可以了解人类文明之初许多新事物的诞生和演化。

人类目前考古发现最早的可识别文字，来自苏美尔人（Sumerian）距今至少 6000 年的石头和泥简。泥简制作简单，在松软的泥板上刻字，烘干后长久保存，耐久性仅次于石碑。

在中国东汉的蔡侯纸发明之前，世界范围内的文字载体有纸草、羊皮、绢帛、甲骨、岩石、金属、木牍、竹简、泥简等，其中泥简应该是最早的书写工具之一。苏美尔人将文字写在湿泥上，甚至使用陶制圆筒印章在泥板上进行最古老的文字印刷。

考古人员在一些古城遗址发现大量集中存放的泥简，估计可能是当时的图书馆或档案馆，对这些泥简上面的文字破译可以让人们了解很多当时的情况。

出土的苏美尔泥简内容庞大，文字非常成熟，肯定曾经存在长期的文字发展过程。但更早的情况无从得知，从已知文字证据出发，可确信的人类文明破晓曙光目前暂时只能前推到苏美尔（Sumer）时期。

人类文明起源是个有争议的话题，西亚与埃及孰先孰后也有不同观点。这两个地区实在太近了，距离方便往来意味着文明容易扩散。不过主流意见认为西亚更早。

从文字看，埃及文字越古老就越像西亚文字，埃及出现国家前采用的文字与苏美尔文字如出一辙，逻辑上应该是源于苏美尔。不仅文字，生活用品的发明也有很多案例。比如苏美尔人早就使用的陶器转盘，埃及第四王朝之后才有。铜器也确定是从西亚传入埃及。古埃及建国前的雕像、饰品都有明显的西亚特征。不过文字还是研究人类历史和文化的最重要依据。

纵观人类历史，一种语言消失了，后人可以根据考古发掘出的文字了解曾经的文明。同样，一种文字消失了，后人也可以根据世代相传的口头故事还原曾经的历史。孔子、释迦牟尼、苏格拉底、耶稣、穆罕默德、惠能均选择用语言传道，文字性的《论语》《论藏》《理想国》《圣经》《古兰经》《六祖坛经》都是这些智者的弟子所撰。很多时候，读者未必真正理解文字所要表达的意思和内涵，这时用语言面谈就格外有效。同样，有些较难理解的道理，面谈交流对方反而可能一时难以消化，需要时间体会，此时可以反复阅读琢磨的文字就更能发挥沟通的功效。语言和文字，不仅仅是听觉与视觉的运用，更是人类交流沟通的互补工具。

语言的共同起源

迄今人类存在7000多种语言，不过人们发现，这些语言可以根据相似性划分成少数的几个类别。于是有人提出大胆的设想：会不会各种语言均是早期共同语言演化而来？

语言存在相似性的问题很早就被注意到。18世纪欧洲学者们将语言相似性研究由欧洲语言扩展到亚洲、非洲和美洲语言。

1786年，时任印度法官的英国人威廉·琼斯（William Jones，1746—1794）发现并提出，梵语与希腊语和拉丁语有"高度相似之处"，肯定"来自一个共同的源头"。琼斯的"语言演化论"比达尔文提出的《物种起源》早了60多年。

琼斯研究的这些语言都属于印欧语系，这个语系有140多种语言，广泛分布在从印度到欧洲的亚欧大陆。琼斯的假说目前已经得到语言学家们的普遍认可。它被称为"语言分类的遗传模式"。

琼斯最早正式提出印欧语假说，揭示了梵语、希腊语、拉丁语、日耳曼语、凯尔特语之间的同族关系，使他成为历史比较语言学的奠基人，也有人认为他是语言科学的奠基人。他是英国东方学家、语言学家、法学家、翻译家，还是英国第一位汉学家。

关于印欧语，20世纪20年代，提出"新石器时代革命"的戈登·蔡尔德曾推测，印欧语的故乡应该在黑海以北。1987年科林·伦弗鲁在其著作《考古学与语言》中则判断应该是小亚细亚半岛。

这些研究虽然尚无共识性结论，但却对语言演化进行了深入研究，并证实了达尔文在《物种起源》中提出的猜想："如果我们拥有人类的完美谱系，一个有关人类不同种族的谱系分布，那么它将为当今世界的各种语言进行最佳分类。"

1988年的一个研究成果表明：通过对全球42个群体的遗传数据与语言

的研究，发现遗传群体与语言群体高度符合。

这个研究也发现存在一些基因和语言不统一的例外，有两种情况：一是语言替代，人们学会说一种新的语言，但并无相应的外来基因流入，如北美洲印第安人有的说纳-德内语，有的说印第安语；二是基因替换，有大量外来基因，但语言不变，如中国北方汉族与南方汉族。

研究者们还发现：中国人的语言（汉藏语系）与北美洲原住民的语言（纳-德内语系）有很大关联性，于是他们运用遗传学方法考察二者有没有基因关系。

结果发现：北美洲原住民与包括中国人在内的东亚人有共同基因（M130），而这种基因在南美洲原住民中完全没有。这证实了10000年前至5000年前东亚人第二次迁徙北美洲。

进一步的推论是：语言的演化很可能与人类迁徙路线一致，起源于非洲，分散到各地。不过，完全证实这一结论是非常困难的。语言演化的速度非常快，语言学家认为6000年的时间足以让各种语言失去共同起源的所有证据。

关于语系和语族

依据语言的语音、词汇、语法规则之间某些对应关系，把相似的语言归于同一体系，称为"语族"（language group）；按"语族"之间的相似性再合并，称为"语系"（Language family）。

根据美国《民族语》的分类，世界上共有7099个语种，包含在141个不同的语系中。北京大学中文系教授将世界语言分类为13个语系、45个语族。

使用人口最多的前十大语系分别为：印欧语系（欧洲、西亚、中亚、南亚）、汉藏语系（东亚）、阿尔泰语系（中亚）、闪含语系（西亚、北非到非洲之角）、南岛语系（大洋洲、马达加斯加、东南亚）、壮侗语系（东南亚）、乌拉尔语系（北亚到北欧）、达罗毗荼语系（南亚）、南亚语系（东南亚）、尼日尔-刚果语系（撒哈拉以南非洲）。

以上分类并非固定不变。由于语言的复杂性，分类本身也有争议，有些语系被拆分，有些语系被合并。例如很多学者将阿尔泰语系拆分为：突厥语系、通古斯语系、蒙古语系、日本语系、朝鲜语系、阿伊努语系。再如有些学者将以前的南岛语系、壮侗语系（族）、苗瑶语族合并而成澳泰语系。

语言像人类族群一样分分合合地动态演化，鉴定难度本来就大，且随着学术研究的推进，分类观点也在不断推陈出新。比如，近年有观点认为欧亚语言同源。英国希蒙大学采取遗传学分类法提出了包括汉藏语系和印欧语系的欧亚语系，此外还有北美语系和非太语系。

传统上四大最主要的语系简介如下：

（一）印欧语系（Indo-European languages）

威廉·琼斯18世纪提出、19世纪得到正式命名的语言学概念，即认为印度和欧洲的大部分语言都是从"原始印欧语"分化出来的，这些语言之间有亲属关系和相似性。

印欧语系包含了400多种语言，母语使用人口超过15亿，是当代世界分布区域最广的一个语系，使用者几乎遍及整个欧洲、美洲、澳大利亚、新西兰，还有非洲和亚洲的部分地区。

印欧语系包括：

1. 日耳曼语族。如：英语、德语、荷兰语、丹麦语、瑞典语、挪威语、冰岛语、哥特语（消亡）等。

2. 罗曼语族（拉丁语族）。如：法语、意大利语、西班牙语、葡萄牙语、罗马尼亚语、达尔马提亚语（消亡）等。

3. 斯拉夫语族。如：俄语、乌克兰语、白俄罗斯语、塞尔维亚-霍尔瓦特语、斯洛文尼亚语、马其顿语、保加利亚语、波兰语、捷克语、斯洛伐克语等。

4. 印度语族。如：梵语、印地语（乌尔都语）、旁遮普语、信德语、孟加拉语、吉卜赛语等。

5. 伊朗语族。如：波斯语（平原塔吉克语）、帕米尔语（高原塔吉克语）、库尔德语等。

6. 波罗的语族。如：拉脱维亚语、立陶宛语、库罗尼亚语、古代普鲁士语（消亡）等。

7. 凯尔特语族。如：苏格兰语、爱尔兰语、威尔士语、科尼什语（消亡）等。

8. 希腊语族。如：希腊语。

9. 阿尔巴尼亚语族。如：阿尔巴尼亚语。

10. 亚美尼亚语族。如：亚美尼亚语。

11. 吐火罗语族（消亡）。如：吐火罗语。

12. 安纳托利亚语族（消亡）。如：赫梯语、卢维亚语等。

语系和语族的划分是按语言特点，不是按地域或文化。例如，同属英国人，英格兰人的英语属于日耳曼语族，苏格兰语、爱尔兰语、威尔士语却属于凯尔特语族。

欧洲的匈牙利语、拉普语、芬兰语、爱沙尼亚语、巴斯克语、阿尔泰语言、乌拉尔语言、高加索语言、土耳其语、马耳他语，以及印度南部的达罗毗荼（德拉维达）诸语言虽然也分布于欧洲或印度，但均不属印欧语系。

（二）汉藏语系（Sino-Tibetan languages）

汉藏语系是法国人让·普鲁祖斯基（Jean Przyluski，1885—1944）于1924年提出的语言学术语，分为汉语族和藏缅语族，是用汉语和藏语的名称概括与其有亲属关系的457种语言。

中国学者认为这个语系至少包含汉语语族、藏缅语族、苗瑶语族以及壮侗语族，但西方学者一般否认苗瑶语族和壮侗语族属于汉藏语系，而把它们看作是各自单独的语系。有些研究者认为壮侗语系(Tai-Kadai Language Family) 和南岛语系（Austronesian Family）有十分密切的关系，建议将这两者联合起来，构成一个"澳泰语系(Austro-Thai Family)"。

汉藏语系使用人口超过世界人口的1/5，主要分布在中国、越南、老挝、柬埔寨、缅甸、泰国、印度、尼泊尔、不丹、孟加拉国等亚洲各地。汉藏语系大多数语言的词主要由单音节的单纯词和多音节的复合词组成。汉语以外的汉藏语系语言都普遍借用汉语词。

中国的语言学家多认为汉语是一种单一的语言，但国外部分语言学家和中国国内的一些语言学家认为汉语是一个语族，是官话、粤语、吴语、闽语、客家话等一簇亲属语言的统称。

汉语一般划分为9种方言，各方言又可划分为多种次方言。国际标准化组织把汉语分为9种一级方言：官话、闽语、晋语、徽语、赣语、客家语、湘语、吴语、粤语。

上古时期的中原雅音在五胡乱华、衣冠南渡后，分化成为中古汉语语音。而现代"官话方言"，主要形成于宋元时期，在南北方分别发展。北方官话至今是现代标准汉语的基础（大陆称普通话，台湾称"国语"）。使用这一方言的人占中国人口的70%。

汉藏语系包括：

1. 汉语族。如：普通话（官话）、粤语、吴语、湘语、客家语、赣语、徽语、晋语、闽语等。

2. 藏语族。如：藏语、门巴语等。

3. 缅彝语族。如：缅甸语、彝语、景颇语、傈僳语、拉祜语、哈尼语等。

4. 羌语族。如：羌语、纳西语、白语、土家语、克伦语、西夏语（消亡）等。

5. 博多－噶罗语族。如：博多语等。

6. 有观点认为汉藏语系里面还应包括壮侗语族和苗瑶语族，该语族包含：壮语、傣语、布依语、泰语、老挝语、侗语、水语、仫佬语、毛南语、黎语、苗语、瑶语。

（三）闪含语系（Hamito-Semitic family）

闪含语系（闪米特－含米特语系）又称亚非语系（Afro-asiatic languages），是375种语言的统称。分布于西亚和北非的一个主要语系，包括阿拉伯语、希伯来语、豪萨语和阿姆哈拉语等主要语言。使用人口近2亿。

闪含语系的命名来源于《圣经·旧约》。圣经说，挪亚的儿子闪是希伯来人的祖先，儿子含是亚述人和非洲人的祖先，故称闪含。

闪含语系包括：

1. 闪米特语族。如：阿卡德语（巴比伦语）、阿拉伯语、希伯来语、腓尼基语（消亡）、萨马利亚语（消亡）等。

2. 埃及语族。如：科普特语、古埃及语（消亡）等。

3. 奥摩语族。如：瓦拉莫语等。

4. 库西特语族。如：索马里语、奥罗莫语、锡达莫语、比林语、贝扎语、贝贾语等。

5. 乍得语族。如：豪萨语等。

6. 柏柏尔语族。如：塔马舍克语、哲纳加语、塔马塞特语、卡比勒语等

（四）阿尔泰语系（Altaic languages）

阿尔泰语系（阿勒泰语系）以中、俄、哈、蒙交界的阿尔泰山为中心，广泛分布于亚洲腹部的荒漠和草原地区。使用这一语系的地区西起欧洲东部阿塞拜疆，经过中亚五国，直达蒙古国和中国，还包括伊朗及东欧一些国家。

阿尔泰语系包括：

1. 突厥语族（西阿尔泰语族、楚瓦什—突厥语族）。如：土库曼语、土耳其语、阿塞拜疆语、特鲁赫曼语、撒拉语、维吾尔语、乌兹别克语、西部裕固语、艾努语、哈萨克语、塔塔尔语、巴利基利亚语、吉尔吉斯语（柯尔克孜语）、图瓦语、雅库特语、哈卡斯语等。

2. 蒙古语族（东阿尔泰语族）。如：蒙古语、东乡语、保安语、土族语、达斡尔语等。

3. 通古斯语族。如：满语、锡伯语、鄂温克语（埃文基语）、赫哲语（那乃语）等。

由于对这个语系3个语族之间是否有亲缘关系，语言学界认识不同，形成两个学派。一派认为有亲缘关系，也就是在3个语族各自的共同语之上还有一个原始阿尔泰语。另一派认为3个语族之间没有亲缘关系。还有的学者游移于两派之间，认为可以把3个语族之间有亲缘关系作为一个假说

来看待，等到比较研究取得进一步的成果后再作结论。

语言类型与传播

人类的语言可以从不同角度分类。根据词语形态变化的有无和差异可分为孤立语、屈折语、黏着语和复综语四种类型：

1. 孤立语（分析语）：孤立语也叫词根语，以汉语为突出代表。主要特点有：(1)语法关系主要靠词序。(2)虚词对语法十分重要。(3)复合词多，派生词少。

2. 屈折语：以印欧语系诸语言为代表，如俄语、英语、法语等。其主要特点是：(1)语法关系主要靠词形变化。(2)一种词形变化的语素可以表示几种不同的语法意义。(3)词尾和词干或词根结合十分紧密，脱离开词尾，句子中的词根就不能独立存在。

3. 黏着语：以土耳其语、日语、维吾尔语为代表。其特点如下：(1)语法关系主要靠词尾变化。词语前面和中间不发生变化，只是词的尾部发生变化，表示语法意义。(2)变词语素的每一种变化只表示一种语法意义，多种语法意义就要用多个变词语素来表示。(3)词根与变词语素结合不很紧密，两者有很大的独立性，只是在用的时候临时贴上去，故名黏着语。

4. 复综语：复综语可以看成是一种特殊类型的黏着语。其突出特点是词和句子合二为一。这种结构类型多见于美洲印第安人的语言。

按照上述语言特点划分的四种类型，汉藏语系和南岛语系属于孤立语，印欧语系和闪含语系的大部分语言属于屈折语，阿尔泰语系、乌拉尔语系属于黏着语。普遍对日语和韩语的语系归属还没有一个准确的定论，大多数语言学家把他们归到了阿尔泰语系，根据就是从语音、词汇和语法等方面归类，韩语和日本语是黏着语。

不同地域有不同语言及方言。山川河流都会成为影响语言分布与分隔的地理因素。语言地理学家用等语线（isoglosses）来作为区别语言或方言的界线，但因语言现象过于纵横交错，更多的使用语族、语系来划分和描述

111

不同语言。

语言随人口迁移而传播，随族群衰亡而消失。阻碍人群接触的地理环境也阻碍语言传播。帝国扩张、政治经济影响力增强，都会加速语言传播。宗教书籍加速语言扩散。

语言受环境影响明显，山地居民语言对各种山形地势的描述词汇远多于平原居民，而水边居民语言对各种河流水道的描述词汇则多于旱地居民。贝都因阿拉伯人有160多个词汇称呼家养的骆驼，以区分骆驼不同的年龄、色泽、血统、性别等特征。

一个民族不再有影响力和没有了民族自豪感，民族语言会逐渐消失。语言融合会出现许多新词汇，英语中的pidgin（洋泾浜）来自business的中式发音。加拿大魁北克是个语言融合的案例，早先英语主导，后来法语意识兴盛，但因主导魁北克政治经济的上层人士多为英语使用者，英语重新压过法语占据主流。

2022年1月土耳其宣布国名的英文拼写由Turkey改为Turkiye，以更好的方式展现土耳其的文化和价值观。他们认为自己的国名应得到尊重，跟"火鸡"同名有损国家形象。更改外文译名有许多先例，原因各有不同：抹除殖民印记（如象牙海岸改为科特迪瓦）；提升民族形象（如波斯改名伊朗，强调是雅利安人后裔）；促进民族团结（如缅甸将带有大缅族色彩的Burma改为可指代全体民族的Myanmar）；符合民族语言发音（如韩国将汉城改为首尔）。

3.5 文化

文化表现为人类的生活方式。生活方式根源于思维方式。文化的演进起始于思想观念和思维方式改变。文化的融合形成于思维碰撞和优胜劣汰。文化的冲突是短期现象，文化的融合是长期趋势。

文化是什么？

坊间惯以"文化"指代"知识",称"知识分子"为"文化人",称知识水平较低、精神生活较少的地区为"文化沙漠"。"文化"的确包括"知识",知识水平高也可称文化水平高,但文化不仅仅是知识。衣食住行等物质生活方面的特征也是文化现象。

民间也常见将"文化"混同"文学",将"文学巨匠"称为"文化大师",有的当代知名文化学者给年轻朋友开出的文化书单全是历史上的文学作品。其实文学只是"文化"的一个方面。各种艺术、思想、制度、法规、民俗等,都是文化。

还有的文化学者将"文化"与"科学"并列对比。科学的本质是一种研究方法,但研究方法并非只有科学,所有的研究方法都是文化现象。更适合与"科学"对比的词汇可能是"玄学"或"艺术",科学、玄学与艺术都属于文化。

学界常见将"文化"等同"文明"。虽然很多时候二者的确有相同内涵,但确切来说,"文化"出现更早。当原始人类开始会制作多种造型的陶器、丰富生动的壁画、精细打磨的石头工具时,我们可以称这些现象是文化,还不能算是文明。文字、城市、复杂的礼仪中心出现后才产生文明。更多语境中,文明是文化的实体。

那么,究竟什么是文化?目前关于文化的众多定义中能够成为共识的部分,一是文化与人类有关,二是文化是属于特征的现象。因此,"文化"应该指"人类社会群体的特征"。"社会群体"(有时也可以是个人)可以小到家庭、家族、企业,也可以大到民族、国家,乃至东方和西方。社会群体的"特征"广泛存在于人们生活的精神领域与物质领域。

正由于文化是人类社会的特征现象,而人类社会又是多特征的复杂巨系统,可以从多种角度归纳特征,所以我们看到文化论述五花八门,文化概念角度各异。有的美国学者著作中罗列了164种关于文化的定义。连文化学者们也深感"这个世界上没有别的东西比文化更难捉摸"(A.L.Lowell)。

总体上,学界按文化"特征"主要有以下方式分类:两分法分为物质文化和精神文化(联合国将文化划分为物质文化和非物质文化);三分法分为物质、制度、精神；四分法分为物质、制度、风俗习惯、思想价值；六分法分为物质、社会关系、精神、艺术、语言符号、风俗习惯。

理论上，"文化"概念不仅包括精神领域特征，还包括房屋建筑、交通工具、饮食服饰、日常用品等物质领域现象，是物质和精神特征的总和（广义内涵）。实践中，政府公文与人们通常使用"文化"概念时，一般指的是社会创造的精神财富（狭义内涵），包括文学艺术、宗教信仰、风俗习惯、道德情操、学术思想、科学技术、家庭制度、社会制度、审美观念、思维方式等。

文化不是实体，是特征，是人类生活的外在表现。文化现象既包括物质特征，如衣食住行的器物工具，也包括精神特征，如社会交往的行为规范。这些都属于生活方式。人们生活方式的不同，最主要源自人们思维方式的不同，因此最深层次的文化差异是思想观念。

每个人受生活环境影响形成不同思想观念，表现出不同文化特征。譬如，有的家庭异地成员住到一起后，开始感觉住不惯、吃不惯，进而互相看不惯、不适应，表面是吃住等物质领域的文化差异，背后是思维方法和行为方式等精神领域的文化差异，特别是看待事物是非好坏的标准和观念不同。

不仅家庭文化，企业文化、民族文化、国家文化都有类似现象。不同社会群体的价值判断不同。诸如求知、上进、文雅、安静、坦诚、勤奋、节俭、理性、独立、爱干净、爱艺术等特征，有些社会群体对此重视和提倡，有些则否定而鄙夷，甚至仇视。不同观念的人在一起因此产生摩擦与冲突。

不同观念是不同精神文化的核心基础。精神文化会影响物质文化。20世纪60年代东亚的韩国与西非的加纳处于同一经济水平，30年后韩国人均GDP是加纳的14倍，亨廷顿认为这主要是节俭、投资、勤奋、教育、组织和纪律等韩国文化的影响。事实上，二战后东亚地区整体经济发展速度明显优于非洲、拉美等地区，普遍认为与儒家文化圈的集体主义及自强精神分不开。

文化类型及演变

文化有普遍性文化与特殊性文化两种。

普遍性文化是各个社会群体都会具有的特征。例如世界各民族都会使用工具，而且工具发展大体都经过了石器时代、铜器时代、铁器时代等历史阶段，只是不同民族或早或晚。

普遍性文化代表着一个社会群体的发展程度，有先进、落后之分。从马车到汽车，从弓箭到枪炮，从采猎到农耕再到工业，从神治到人治再到法治，这些文化特征标志着文明的进步，也是大部分民族都经历过的文化演进。人的生理结构及其功能的相同性决定了某些人性的一致性，进而决定了文化在某些方面具有普遍性。

特殊性文化是不同社会群体的独有特征，不见得在各个群体都会出现，例如同样是使用餐具，中国人使用筷子，西方人使用刀叉。汉语文化圈的人可以理解中文诗词的优美意境，英语文化圈的人可以感受英语表达思想的准确性。

特殊性文化往往各有优劣，不存在先进、落后之分，但它是一个社会群体自我认同的内在力量。有的特殊性特征可以延续很长时间，例如中国古代的诗书礼乐和琴棋书画；有的可能时间不长就消失了，例如某些民族纹面和打落牙齿作信物的习俗。

特殊性文化源自各个社会群体特殊的生存环境。包括自然环境和社会环境。最初的不同加上人们行为方式的路径依赖，形成后来该群体较稳定的特殊性特征。当一个社会群体特殊性文化特征消失的时候，基本也反映这个社会群体正在融入其他社会群体的潮流。曾经活跃在中国北方的匈奴、鲜卑、羯、氐、契丹、党项后来都因为失去了本民族特征而成为了历史名词。

普遍性文化具有强传播性。先进的工具、制度和思想，往往是大多数社会群体向往和追求的目标，后进的社会群体会主动向先进的社会群体学习和靠拢。在这一过程中，特殊性文化也会被传播，后进群体原有的特殊性却可能随之消失。

17、18世纪中国国势强盛之时，中国的哲学思想、科举制度等普遍性文化被欧洲推崇和学习，连带中国的茶叶、瓷器、丝绸也成为欧洲贵族的时尚和抢手货，这些特殊性文化的传播使欧洲洛可可艺术风格带有鲜明的中国风。

19世纪欧洲人眼中强大繁荣的中华帝国在鸦片战争中被英国轻松击败，令欧洲人大跌眼镜，那些曾经公开表示倾慕中国文化的欧洲学者纷纷改变态度，曾经受人敬仰的睡狮国度和东方文化沦为欧洲人嘲笑的对象。这种转变首先发生在物质文化领域，是欧洲普遍性文化超越中国的显著标志。

20世纪中国人在学习西方先进科技等普遍性文化的过程中，原来的长袍马褂拱手礼等特殊性文化也逐渐被西装领带握手礼取代。80年代大量中国留学生赴美学习先进知识，同时美国牛仔服、摇滚乐和麦当劳也开始在中国广为传播。

文化演化，有时是移风易俗，有时是文化革命。文化传播，有时是渐进的，有时是突发的。

中国文化传至欧洲大多历时较久。中国2世纪发明的造纸术，1000年后才传到欧洲。中国8世纪发明的印刷术700年后才传到欧洲。中国9世纪发明的火药500年后才传到欧洲。中国《孙子兵法》等先哲著作，2000多年后才传到欧洲。

西方文化在近代中国的传播却非常迅速。不仅在中国，欧洲文化在世界各地的传播速度都很快，但起初不是通过精神文化，而是通过物质文化让世界开始研究欧洲，是通过军事优势与战争能力发动的文化传播。事实上，欧洲历史上从未产生过一个有影响力的主要宗教。但近现代主要意识形态均出自欧洲，诸如马克思主义、无政府主义、法西斯主义、自由主义、保守主义、国家主义等。

有学者认为文化的渐变与突变方式类似于生物的演化方式。道金斯在《自私的基因》一书中，认为人类的文化也能用基因的原理解释演化过程。

他根据基因（gene）创造出文化的演化单位"迷因"(meme、也被音译为迷米）。迷因是文化的遗传因子，也经由复制（模仿）、变异与选择的过程而演化。迷因学是以迷因（文化基因）为天择单位；社会演化仍然是一种生物基因中心观点，以遗传物质分子为天择单位。

文化演化的先天因素主要是文化传统基因，后天因素包括内外环境刺激。

古希腊人将崇尚自由、民主的文化基因遗传给欧洲。罗马人发展了理性和法制，并成为欧洲文化基因的一部分。凯尔特人、日耳曼人、斯拉夫人等都对欧洲文化基因有深刻影响。中世纪基督教为欧洲文化注入了敬畏信仰和崇尚智慧的基因。正是这些文化传统的深厚积淀，才有欧洲文艺复兴与近代科学的文化发展。

中国文化基因也是历史发展的多元产物。华胥夏禹时代奠定了华夏文化的原始基因。殷商天道文化成为中国文化的传统底蕴。西周反思"天命靡常"（《诗经·大雅·文王》），转向"敬德""修身"。春秋战国诸子更是将人道文化发扬光大。秦汉以降，天道与人道融为"天人合一"的传统文化基因。皇帝是"替天行道"的天子，中央集权成为中国文化的重要基因。

多数时候，文化基因的演化是渐变的。先有一种思想酝酿，这种思想最初只存在于个人或少数人的范围，思想者往往因为与社会主流观念不符而受到冷漠、疏远，甚至迫害。然而随着这些有价值的思想传播范围越来越大，其文化价值开始在社会中体现。这样的例子中外都很多，如老子、孔子、苏格拉底、竹林七贤、哥白尼、达尔文、毕加索、萧伯纳等，他们的思想化为了后世的文化基因。

一种思想能否影响社会成为文化基因，取决于多种条件。有时候无关其是否正确或代表真理。一个人的想法，当他是亭长或和尚的时候，没人当回事，后来他做了皇帝，所言均为圣旨，自然影响全社会。一个人选择隐士生活，其思想大概率随着他本人一起消失，除非出关时有人请他留下文字，或者有很多优秀学生替他宣扬。

文化在剧烈的内外因素刺激下，也会有突变。一次迁都可以推动一个民族汉化。一场征服可以使基督教文化变成伊斯兰教文化。一次改革可以使一个国家"脱亚入欧"。一场内战可以废除奴隶制度。一波运动可以消除社会歧视。

文化突变有时会长达百年，塑造新的文化基因。三国两晋南北朝的战乱严重冲击了两汉的儒道体系，佛教迅速传播，由此形成延续千余年的儒释道三位一体的中国传统文化体系。19世纪欧洲列强侵华引发中西文化激烈碰撞，中国人对传统文化进行深刻反思，并尝试接受各种西方文化，20世纪中期以后马克思主义成为中国文化的主导。

文化突变也往往是在传统思想文化基因的架构下发生的。譬如引入民主时，宣传自古就有"民为贵，君为轻"的民主思想；引入平等时，强调原本就有"等贵贱，均贫富"的社会公平思想；引入共产主义时，声明传统就有"大道之行也，天下为公"的大同社会思想。

文化冲突与融合

不同文化相遇，可能发生碰撞或吸收，可能伴随冲突与融合。文化冲突的形式包括战争、歧视、排斥。文化融合的方式主要有传媒、商业、留学、旅行、移民。

常见的情况是，开始不同文化的社会群体均意图和平相处（哥伦布船队最初也想与印第安土著和平共处），但因观念和利益的差异发生冲突。通过重新建立秩序后，继续进行文化融合，通常是弱势方学习强势方，但有时反过来，征服者主动向被征服者学习文化。

"西学东渐"是东西方文化的一次冲突与融合。晚清重臣张之洞主张的"中学为体，西学为用"（非其首创，但因张有威望，且有光绪上谕加持，故为代表）成为当时中国思想界的圭臬。梁启超谓"举国以为至言"。

回顾"中体西用"，何为体？何为用？核心理念为"体"，行为器具为"用"。张之洞《劝学篇》称："旧学为体，新学为用"，"四书五经、中国史事、政书地图为旧学；西政、西艺、西史为新学。"

不过，如果体用不兼容、观念有冲突怎么办？当初严复就曾质疑"中体西用"的可行性："有牛之体则有负重之用，有马之体则有致远之用。未闻以牛为体以马为用者也。""故中学有中学之体用，西学有西学之体用。分之则两立，合之则两亡。""中学"的"体"发展不了"西学"的"用"。

与之类似，20世纪30年代的埃及，阿里也提出"埃学为体，西学为用"（"不使文化过分西方化的技术现代化"）。此前日本也曾提出"日本的精神，西方的技术"。这种面对西方文化冲击的态度被亨廷顿称为"改良主义"。另外两种态度分别是"拒绝主义"和"基马尔主义"（全盘西化主义）。

亨廷顿的结论是："现代化并不一定意味着西方化。"他所理解的"现代化"，其实是指普遍性文化；而这里的"西方化"，也就是欧美的特殊性文化。普遍性文化有先进落后之分，因此每个国家地区都追求现代化，而特殊性文化则不然。

在文化的冲突面前，保持文化特殊性有利于维持凝聚力和自信心，因此多数国家地区在受到外来文化冲击时，都会有倡导和弘扬传统文化的力量。这种力量有时会加剧文化冲突，甚至引发军事冲突，却能维护社会群体特征。但也有国家或民族为了学习先进文化，不惜放弃本民族语言，将英语作为国语，全盘西化。

文化的核心是思维方式。不同的思维方式决定不同的行为方式，进而决定不同的知识技术水平与器物制造能力。对于普遍性文化而言，落后方一定要全面学习先进方。精神文化决定物质文化，只学习先进方的物质文化而拒绝精神文化则很难成功。文化变迁过程中，矫枉过正是常见现象。

文化只是特征，不是实体，其载体是人类社会群体。人们所追求的根本目标，是本群体的存在、壮大与振兴。文化对实现目标有决定性作用，但文化本身不是最终目标。因此，不必拘泥于形式。无论普遍性文化还是特殊性文化，目标均应指向有利于本群体的更好发展。

秘鲁纳斯卡地画

秘鲁沙漠地带秋高气爽，炎热干燥，天空湛蓝。两位飞行员载着我们十几位游客去俯瞰纳斯卡地画。

这些地画被发现于广阔荒凉、几乎无人居住的纳斯卡平原，但地面上却有着诸多巨大图案，多数需要在空中才能看出全貌。很多观察者都会想：这是人类的作品吗？

纳斯卡地画也被称为"纳斯卡线条"（Nazca Lines），人们最早发现时也只看出是地面上的线条，如同或弯或直的道路，没想到如果空中俯瞰则是一系列巨大的地面画作。

这些线条深度为10到15厘米，通过去除红棕色岩石层，露出下面灰黄色的底土制成，宽度在30厘米到1.8米之间，足够一个人或几个人并排在线条中行走。

后来人们发现，这些简单的线条组成了很多复杂的图案，包括秃鹰、蜘蛛、鹦鹉、鹭、手、树、蜂鸟、猴子、蜥蜴和人类等，而且基本都是生动的一笔画，线条之间无交叉。

陆续发现的纳斯卡巨画有数千个图案，区域面积达450平方公里，不少图案长度在100米上下，最大一个应是跨度达370米的蜂鸟图案。

科学家们通过碳测年法确定，这些线条的历史约距今2000年左右，目前一些新发现的比这个时间还久远数百年。人们于是疑惑：那时的纳斯卡人设计和绘画时是否依据几何学原理？如何能保持线条笔直？荒原上毫无地标是怎样做出这些长达百米的巨画呢？

制作地画其实并不难。美国超自然现象研究人员尼克尔（Joe Nickell）带领一个很小的团队，在21世纪初使用和纳斯卡人相同的工具和技术，在地面上复制出了这些图案，而且没有任何空中支持。

真正令人疑惑的是，这些地画的创作动机与功能为何？

猜测1：用作地标。图案下可能分布着大量的水渠，这些图案是为了标明该地区的水源分配。图案代表着不同家族的族徽,以此来区分每个家族的地位和所在位置。这种解释是假设沟渠都深埋于地下,那么地表地标无须进行如此复杂而生动的巨画,且迄今为止考古学家并未发现有暗渠存在。地表这些线条也无法作为引水灌溉坑,因为太浅。如果作为家庭族徽,怎么可能出现大量当地并不存在的雨林生物与海洋生物的图案?这是什么家族?

猜测2:用作宗教礼仪。地画用来作为和天上的神沟通,图案代表星空,动物代表星座。猜测可能是用作农业的祈雨仪式,或是祭祀活动场所,举办宗教礼仪活动,人们沿着线条依次行进或跳舞。这种解释可以说明为什么线条基本均为不交叉的一笔画,但不好解释地画图案为什么分散众多,相距甚远,通常宗教或礼仪活动只会集中在一处地方。如果是不同部落所为,众多图案就不可能统一代表完整的星空,也不好理解为什么图案选择很多当地没有的生物。

猜测3:用作天文观象。作为天文观象的辅助工具。专门研究纳斯卡巨画的德国人玛丽亚·里奇(Maria Reiche)认为,这些图形与天文学和宇宙学相关,图案标志着不同的太阳周期,线条代表了星球的运动,而动物图形则代表了星座。这种解释不易说明为什么要用这种方式,将星象图画得那么大,需要在三百米以上的高空才能看到图案全貌,画得小一些不是更便于观看吗?甚至只需要雕刻一块石头就足够了。多数研究者认为该推测将图案与星座对应的解释过于牵强,且绝大部分图案与星座对应不起来。有些图案过于精致,不像星座图案。

猜测4:用作导航。这种想法认为地画并非纳斯卡人的遗迹,而是外星生命的远古跑道,通过各种几何图形和动物图形,作为导航记号引领外星生命降落航空器。虽然这样的说法有利于解释为什么图形中会有那么多当地不存在的生物,但无法解释整体地画图案的杂乱,并不适于用作导航,纳斯卡柔软的沙土也根本不适合任何沉重的飞行器降落。而且用无法证实的外星生命假说来解释另一种神秘现象,本身就不具有说服力,更接近科幻想象。

猜测5：用作艺术。认为这片区域是纳斯卡人的运动场，或其他用途的集体活动场所，在上面作画，可以增加艺术情趣。如果这些地画图案是纯粹出于审美的艺术创作，观众会是谁呢？研究证实，地画区域以前也不存在高山，那谁有能力在空中欣赏这些艺术画作呢？有人用当地材料制作出了热气球，以证实纳斯卡人可能在热气球上观看地画。但无法证明当时的人也掌握了热气球原理。而且，后人制造的这种热气球只能在空中停留了短短的三分钟。

文化景观反映人类最基本的生活状态和生存观念。纳斯卡地画的有些图案造型也见诸当地挖掘出的陶器彩绘。这些文化印迹可能是印加前文化中的特色。如果从艺术视角看待古人的创作，纳斯卡地画也可以理解为增大版、地面版的人类壁画或岩画。它记录着创作者的博学多见、艺术功底、设计灵感、制作技巧、统治能力，在缺少文字的时代留下存在过的痕迹。也让后人看到这些景观时，对该地曾经的气候地貌与人类活动充满无限遐想。

4. 人类居住

4.1 文明

当原始人类开始会制作多种造型的陶器、丰富生动的壁画、精细打磨的石头工具时，我们可以称这些现象是文化，还不能算是文明。

文明的观点是由18世纪法国思想家相对于"野蛮状态"提出的。文明出现的标志，一般有三要素说或四要素说。三要素指城市、文字和金属工具，四要素是在三要素之上加上一条礼仪性建筑。文明要素说最早是由英国一些考古学家根据西亚文明发展情况提出来的。

丹尼尔在《最初的文明》中认为文字、城市、复杂的礼仪中心三者有其二即是文明。贝冢茂树在《中国古代史学的发展》中将文明三要素定义为文字、宫殿基址和青铜器。亨廷顿在《文明的冲突》中提出，文明社会不同于原始社会，因为它是"定居的、城市的和识字的"。

随着人类社会发展，文明内涵不断扩大和深化，观念、工具、语言、文字、信仰、宗教、法律、科技、城市和国家等现象都是文明的特征。文明已经是人类所创造的各种成果的总和，既有物质文明，也有非物质文明。

考古学者柴尔德将文明的城市特征归纳为十个：（1）人口规模；（2）分工专业化；（3）生产剩余物资能够集中；（4）社会阶级分化明显；（5）国家和政府组织成形；（6）有公共建筑物；（7）有远程的贸易活动；（8）有纪念性质的大型工艺品出现；（9）文字出现；（10）算数、天文、几何等抽象科学开始萌芽。

人类曾经拥有不同的文明。学术界对于文明的划分多种多样。按时间顺序学术界有过以下4种代表性的分类：一是俄国的丹尼尔夫斯基提出人类世界有12个历史文化类型；二是德国的施本格勒认为历史上出现8个高级文明；三是英国的汤因比分出26个文明，其中5个是还在生存的文明；四是美国的亨廷顿认为世界主要有8个文明。

汤因比的26个文明包括16个已经死亡的文明，还有5个停滞的文明，和5个仍然生存的文明：西方文明、东正教文明、伊斯兰文明、印度文明、远东文明。亨廷顿的8个文明划分是：中国文明、印度文明、伊斯兰文明、西方文明、日本文明、东正教文明、拉丁美洲文明和非洲文明。

以上分类是综合地理与文化的差异所做的划分。此外，还有单纯按地理环境划分的：大河文明、海洋文明、草原文明和极地文明等；以及按宗教文化分类的：基督教文明、伊斯兰教文明、佛教文明和儒家文明等；或者按生产技术分类的：渔猎文明、农业文明、工业文明和信息文明等；还有按时间顺序划分的：上古世界（原发性农业文明）、中古世界（农业文明+宗教文明）、近代世界（工业文明）、现代世界（信息文明+生态文明）。

文明的划分只是为了研究的方便。真实的人类文明是立体的、多面的、交叉的。不同时期和地域的文明如同各种植物的花朵，多姿多彩。美丽的花朵需要种子、土壤和水。如果把人类视为种子，良好的自然条件就是适宜植物生长的土壤，气候变化推动人口聚集则是能够绽放文明花朵的重要但不唯一的水源。

文明与沙漠洪水

传统观点认为，人类文明发源于大河流域是因为那里自然条件优越、适合人类居住。可是，为什么条件同样优越的亚马逊河、密西西比河、巴拉那河（拉普拉塔河）等大河流域没有孕育出早期人类文明？为什么古巴比伦、古印度、古中国的发源地均是处于两条大河之间？

4. 人类居住

文明的产生有供给和需求两个因素。四大古文明均发源于大河流域，并不仅仅是因为那里条件优越，更是因为附近地区沙漠化或洪水灾难造成那些大河流域出现人口大量聚集，强劲的文明需求刺激了人类早期文明的诞生。

人类文明如绚烂的火焰，是不同人群剧烈碰撞的结果，没有足够的人口密度和不同人群的文化多元性，就无法燃烧出多彩的人类文明。

气候与地理变化是人口大规模聚集的最重要原因。

地球气候长期来看冷暖交替非常明显。我们将地球历史上冷暖不同时期称为冰期和间冰期。目前处于1.1万年前开始的间冰期（全新世间冰期）。间冰期里面也会有一些小冰期。当地球气候变暖时，各种生物大量繁衍，人类也不例外。

1.1万年前之后的长达2000多年的时间里，地球上万物生长，食材丰富，人类可以毫不费力地获取各种食物，人口数量增长，但在缺乏外界刺激的条件下，文化发展缓慢。

距今8200年前，气温上升导致北半球巨量冰川融化，并诱发洋流紊乱，导致全球发生干冷事件，被称为"8.2千年冷事件"。这个事件导致的地理变化加速了人类聚集并催生出人类最早的文明。

受该事件影响，地球上现今最大的撒哈拉沙漠和阿拉伯沙漠开始迅速形成。非洲撒哈拉地区和西亚阿拉伯半岛曾经温暖湿润、水草丰美，此时出现湖泊萎缩干涸，草原迅速变成沙漠并逐渐扩散。

原本生活在这两片广大地区的人类被迫迁移到更适合生存的河谷与三角洲地带。距离两大沙漠最近的尼罗河流域及两河流域成为地球上最先聚集了大量人口的地区，出现了人类文明产生的前提条件。

距今7400年前后，尼罗河流域及两河流域出现了目前发现的人类最早的城市。这两个地区最早开始出现需要解决大规模人类群居而产生的生存和秩序问题，由此催生了古埃及文明和苏美尔文明的出现。

人类发明农业之前，迁徙是生活的常态。不同的人群四处游走觅食（为"游群"），易于聚集在食材丰富的大河流域，特别是三角洲地区。因此这些地区出现的城市里面，人群成分混杂，甚至有着不同的肤色和语言，他们既有因寒冷从高原上走下来的人群，也有因干旱从沙漠里走出来的部落。

这一时期的东亚地区环境良好，没有出现大规模沙漠化等自然条件急剧变化，也就没有大规模的人口聚集。中国境内黄河流域的裴李岗文化（8500年前—7000年前）、仰韶文化（7000年前—5000年前）、龙山文化（5000年前—4000年前）以及长江流域的大溪文化（6400年前—5300年前）、辽河流域的红山文化（6600年前—5000年前）、钱塘江流域的良渚文化（5300年前—4300年前）都是在两次小冰期之间这个阶段出现的。

距今4200年前，地球又一次出现影响巨大的气候转冷事件（"4.2千年冷事件"，全新世以来强度仅次于8.2千年冷事件）。这是一次全球性气候变化，但对不同地区的影响程度及效应也不同。在非洲尼罗河流域和西亚两河流域，气候变化以干旱为主；在东亚黄河长江流域，气候变化以暴雨洪水为主。

中国地形自西向东大体分三个台阶，西部青藏高原平均海拔4000米，东部沿海平均海拔400米，中部地区的海拔处于中间高度。当气温骤降引发西部地区寒冷干旱、东部地区暴雨洪水的突发自然灾难时（4200年前—4000年前），各地区的散居人类都开始向有利于生存的中部地区集中，形成了文明产生的前提条件。

"4.2千年冷事件"引发黄河中下游大洪水，大量人口聚集在以河南为中心的中原地带，人们急需能够抵御灾害、保卫生存的人类领袖，尧舜禹就是这个时期涌现出来的杰出人物。自此，华夏大地出现了可考证的城市，文明诞生了。

追求生存与秩序

在历史上人类首次出现大规模聚集之后，文明围绕着生存和秩序两大主题出现了。生存主要是解决人与自然的关系，秩序主要是处理人与人之间的关系。

4. 人类居住

通常作为文明标志的城市和金属，是人与自然互动的结果；文字和国家，则是人与人之间互动的成果。所有这些都是演化的结果。主要有以下 8 个方面：

为了解决饮食问题，人类发明了种植技术获得足够多的粮食，并且为了提高产量，人类还发明了水利、农具、畜力等农业技术。

为了解决居住问题，人类发明了建筑技术可以在较小土地上居住大量人口，建筑水平的提高还使得人类建造城市及宗教祭坛成为可能。

为了解决交通问题，人类发明了轮子、车辆和帆船，可以高效地运输和交换货物，并可以远程投放军事力量。

为了解决工具问题，人类发明了冶金技术和金属生产能力，用于军事（武器）、祭祀（礼器）、生产（工具）、生活（饰品），金属武器的出现大大提升了人类的防御和攻击能力，其先进程度往往成为衡量文明领先程度的标志。

为了解决沟通问题，人类发明了书写系统作为比语言更清晰持久的信息传递工具，用以协调合作与传达政令，以及表达复杂思想，避免交流不畅或经验失传。

为了解决思想问题，人类发明了宗教信仰，对人们进行思想管理，降低暴力镇压的管理成本。

为了解决组织问题，人类发明了法律制度对辖区内的人实施行为管理，避免无秩序地互相伤害和争夺，并发明了国家制度提升组织效能。

为了解决认知问题，人类除应用类的技术外，开始有了理论性的思考，这种思考是混合哲学、科学、宗教的综合性产物，体现该群体意识的最高水平。

大量人口聚集开始形成新的系统。人与自然的关系是系统与母系统的关系，人与人之间的关系是人类系统内部的子系统之间的关系。系统演化的方向是适应上一级系统的新变化。

回过来看，人类早期文明为什么多产生在两条大河之间？

文明本身就是不同文化碰撞的结果。河流孕育生命。大河聚集更多的人口，产生更多元且复杂的文化。距离相近的两条大河，意味着两种以上较高层级的复杂文化发生强劲碰撞，催生文明现象。

在西亚地区，最早的苏美尔文明崛起于两河流域三角洲地带，当时幼发拉底河与底格里斯河汇合成阿拉伯河，注入波斯湾，沿河存在大量文化多元的城邦。不同人种与文化的碰撞，在苏美尔文明之后又诞生了阿卡德帝国和古巴比伦文明。

在南亚地区，不同文化的游群先是在印度河流域碰撞出哈拉帕文明，后来向恒河流域转移，继之而起的吠陀文明则统治了印度河与恒河流域。

在东亚地区，黄河流域炎黄部落与长江流域蚩尤部落发生了涿鹿之战，获胜的炎黄部落融合了南方文化，后来在黄河流域与长江流域之间发展出夏商周文明。

在中亚地区，锡尔河与阿姆河是亚洲中部最大的两条内陆河，两条大河之间（中国古称"河中"地区）孕育出雅利安人等族群，并向南扩张创造出吠陀文明，向西征战发展出波斯文明。

在南美与北美地区，亚马逊河与密西西比河流域本来自然人口就少，在纬度、地势等条件的影响下，由于没有沙漠或洪水等自然灾害的刺激，未能在短时间内形成大规模人口聚集，因此文明演化较慢、出现较晚。

在非洲地区，尼罗河流域比较特殊。它相当于两条大河。尼罗河由青尼罗河与白尼罗河汇合而成。这条世界上最长的河流从南向北流，纬度跨越之大，宽达35°，南北气候迥然不同，上下游孕育的人类文化有巨大差异性。河谷地带衍生出的涅伽达文化和三角洲地带发展出的马阿迪文化相碰撞，产生了古埃及文明。

在自然界中，原子量较小的元素快速相聚碰撞变成原子量较大的元素，会因质量损失而产生巨大能量及爆炸等光热现象，称之为"核聚变"。与此相类似，人类社会中大量人口迅速聚集，会出现众多新的社会现象，我们称之为"文明"。

早期文明的产生是多元文化碰撞的结果。文明的出现意味着人类对大规模人口聚集、气候与生态变化等新环境做出了适应性改变。人是文明的根本。没有人就没有文明。薪尽则火熄。当全球人类形成一个高于国家与民族的人类共同体时，人类文明也将会呈现新的形态。

复活节岛的石像

自然环境的改变也会影响社会群体的文化演化，乃至文明的兴盛与消亡。早先爱斯基摩人会造独木舟，后来树木的消失使其丧失这种技能。澳大利亚土著接受了欧洲人的铁斧后，原来凭借打制石斧享有威望的老人失去社会地位，父权社会解体，传统文化改变。复活节岛上的波利尼西亚人原本可以造大船出海，捕食大量海豚，随着岛上环境恶化，到 18 世纪只能造极其简陋的小木筏在沿岸活动。

复活节岛的历史被现代研究者视为滥用资源、破坏生态、文明衰亡的案例。不过复活节岛上的巨型石像并非伫立在荒凉的石滩上。笔者登岛的时间是在 3 月份，也就是南半球的夏秋之际，看到的是草场丰盛，树木成荫，生机勃勃，阳光灿烂，包括石像周围和当年建造石像的采石场。

目前飞机是去往复活节岛的唯一交通方式。从智利首都圣地亚哥出发，飞跃大约 3700 公里的南太平洋，就抵达了与世隔绝的复活节岛。这个距离相当于从北京到拉萨，基本是复活节岛与陆地的最近距离。复活节岛的面积不到 120 平方公里，与中国江苏的阳澄湖差不多大小，俯瞰像个三角形的草帽。

复活节岛的机场航站楼只有一层，是茅草屋顶的木建筑，里面像博物馆的过道，外面有灌木围栏和棕榈树，草坪上有动物雕塑，如同公园里的休息小屋。岛上有几千人的城镇，有警局、旅店、餐厅、别墅、港口，渔夫倒挂着一人长的新捕获的大鱼在船上加工售卖，消防飞机在海滩演练。这些景象让人几乎忽略了岛上存在已久的神秘的巨型石像。

巨型石像当年一经发现，立即震惊世界。环绕全岛的几百座石像均由整块岩石雕凿而成，一般高 7—10 米，重 30—90 吨。最高者达 22 米，重 300 多吨。当地土著（拉帕努伊人）流传的说法是，某酋长最早发现了该岛，将土地分给六个儿子，后来发展为六个部落，各部落雕刻这些石像作为守护神。

有研究认为，石像可能是各部落的地权标志物，每个部落都拥有自己的石像，并且互相攀比，巨石像的尺寸和数量也随着增加，有些石像体积甚至大到无法搬离采石场。这就是为什么我们可以看到迄今仍有大量成品半成品的石像被遗弃在采石场。造像过程中大量砍伐树木造成生态破坏，文明走向衰落。

还有研究认为石像是祭祀之物，因为发现地下埋有尸骨。修建石像并非土著破坏生态的原因，恰恰相反，是各部落合作利用当地资源的证据，例如石像与后来发现的引水道密切相关。

复活节岛是火山岛，岛上有火山口和火山湖，因此用火山岩做石雕并不奇怪。从岛上发掘的石器工具来看，当地人建造这些雕像是完全可能的，而且研究者也复原了用原始工具与方式雕刻并移动这些石像的方法，证明技术上是可行的。这些解释让热衷于讨论外星生命的神秘主义者未免有些失望。

可是，复活节岛石像的造型，均高鼻深目，长耳薄唇，鼻直口阔，神态威严，与当地土著的相貌特征相去甚远，倒与中国三星堆铜像面具有几分相似。这些石像是当地土著人雕刻出来的吗？原型是谁？

有一种说法是，岛上原有不同民族，早先统治该岛的是长耳族，后来被原本受奴役的短耳族消灭，其众多巨石雕像也被推倒。如果属实，那么石像原型可能就是原来的长耳族酋长。

从地理学看，复活节岛是个与世隔绝的孤岛，虽然古地图上周围还有几个岛屿，据土著流传的说法后来沉入大海，但无疑从任何陆地过来都是绝难的事情，早期登岛的居民必然有高超的航海技术。

考古学发现，早期岛民的食物构成里海豚比重极高，海豚不是近海产物。拥有制造大型船队能力的部族，如果也具备制造大型雕像的能力和宗教热情，不是很正常的逻辑吗？

人类学检测，现在的岛上土著拉帕努伊人虽然属于善于航海的波利尼西亚人，但他们在18世纪被西方人发现时，只有制造小舢板的能力，且相貌与石像完全不同。那么很有可能，石像的雕刻者并非目前土著的祖先，而是一个已经灭绝的人类文明或准文明。

文明的灭绝有多种方式。正因为复活节岛的与世隔绝的地理形态，得以在没有外界干扰和打断的条件下发展出灿烂的文明成就，也由于本身没有文字记载，其他文明也缺乏接触与记录的机会，于是在人类历史上只有辉煌却模糊的存在，如同谜一样的三星堆文明，让后人无限遐想。

阳光下面无新奇。时间和空间可以演化出各种奇迹，让后世或他人觉得不可思议。阳光下的复活节岛石像，提醒着这是一个隔绝发展的人类文明遗迹。

4.2　城市

欧美文字词语中，文明化的意思就是城市化。城市的产生和早期农业发明与人类定居密切相关。早期村庄规模一般不超过200人，家族统治。当农业发展到有剩余粮食可供发展出手工业和职业军警时，城市就具有产生的基本条件。很多创新因素会加速城市的诞生。例如，水利灌溉促使农业增产，利用剩余粮食发展出有效率的权力统治，反过来，权力衰败后水利失修，农业减产，加速城市消亡。

最早的城市多出现在大河流域，特别是两河流域。开始普遍较小，占地面积1—5平方公里，居民有几千到几万人。两河流域的城市有围墙，尼罗河流域的早期城市没有围墙。城市里面出现社会等级，有的住宅是泥土的平房，有的则是烧砖的楼房。豪华的住宅前有花园，房屋内有专门的卧室和浴室，房屋之间铺有石板路和排水系统。

中国也较早出现城市，目前发现不少于10处的距今5000年的城墙与围壕遗址，有的建于6000年前。城墙内部有居住区、墓葬区、制陶区等遗迹。中美洲早期城市的占地面积很大，人口密度稀疏。这些城市是自发出现的，还是文明传播的结果，尚无定论。对于中美洲城市，持传播说的学者有的认为来自东亚，有的认为来自北非。

城市与气候变迁

植被随季节而荣枯，城市随气候而兴衰。气候的变化让生命演化出人类，又催生出在繁华与废墟之间变换的城市，犹如地球的植被，在温暖中隆起，在严寒下消退。气候如何影响人类城市的变迁？当今数以万计散布在地球表面的城市也会在气候的变化中走向消失吗？

以10万年为单位观察地球气候，可以看到冰期与间冰期的交替。冰期与冰河期是不同的概念：冰河期是地球上存在冰床的时期，人类至今仍处于冰河期。在冰河期里面，相对寒冷的时期被称为冰期，相对温暖的时期是间冰期。人类目前处于1.1万年前开始的全新世间冰期。

人类与其他生命一样，都是地球气候变化中诞生的物种。300万年前，地球多次经历冰期（每次持续数万年）。在一次冰期中，因降水量骤减，东非许多森林变成草原，一些没有灭绝的灵长目动物开始因环境变化发生直立行走等生存方式的改变，演化出人类。

早期人类以采集狩猎为生，因食物源的丰竭而迁徙。每次地球冰期降温，都会海平面下降，红海萎缩乃至干涸，人类可以徒步从非洲到欧亚大陆等地。距今2.1万年到1.8万年前的时期被称为"最终冰期极寒期（Last Glacial Maximum）"。地球平均气温比现在低5度，北半球中高纬度地区如北京地区比现在低12—14度。这一时期人类首次扩散到了世界各地。

最终冰期极寒期过后，地球开始变暖。人类逐渐离开最终冰期的洞窟（自此人类洞窟壁画艺术就遗失了），选择更适宜采集和狩猎的森林河流地区定居，形成小规模村落。约1万年前，以农业为基础的新石器时代村落开始出现。研究认为当时定居点很少有超过200人的规模。居民以血缘关系为基础组织起来，集体劳作，几乎没有分工。

约7000—8000年前，少数村落发展成了城市，这一变化被有的学者称为"城市革命"。城市居民有劳动分工,大多数人不再自己种植和养殖,因此作为城市形成的必要条件,需要在城市周边固定地域内可以提供足够多的粮食和肉食。两河流域最早具备了这样的条件。

地球上有20万种植物,其中有2000—3000种适合食用,其中有200—300种曾经被人类试图驯化,其中约有56种可结出较为沉重的果实,这些植物是人类最终挑选出来适宜栽种的品种。宜栽谷物原种仅在西亚两河流域和中国地区有自生品种,这两个地区也成为人类最早出现种植业的地区。

地球上45公斤以上的哺乳类动物约有148种,目前只有14种被驯化,其中9种是在西亚两河流域被最早成功驯化的,包括猪牛羊等家畜(不过,家畜病原体变异给人类带来大量传染病,42种来自猪,46种来自绵羊,55种来自牛,如天花、结核)。西亚地区也成为最早出现畜牧业的地区。

约5500年前,由于全球范围的寒冷化,美索不达米亚平原周边发生严重干旱和沙漠化。大量人口在西亚两河流域聚集,形成若干城市。现今所知最古老的城市乌尔城(Ur)全盛时期有一两万人。南部的乌鲁克城(Uruk)有五六万人。北部的塞赫那城(Shekhna)建有巨大的城墙,也曾有大量人口,但突然就被遗弃了。后世研究者在当地发现了严酷干旱的痕迹。这座城市重新被人类居住是在3000年后,那时气候已经重新变得湿润。

尼罗河流域也是较早出现人类城市的地区。随着气候变动,撒哈拉地表在草原和沙漠之间反复变化。8000年前,撒哈拉地区的人类部落以狩猎采集为生,并以养羊作为补充性食物。6500年前撒哈拉西部开始明显干燥,逐渐沙漠化。这次沙漠化将大量游牧人口驱赶至尼罗河流域,很多由畜牧业改为种植业。

从5500年前开始,地球经历了400年的寒冷期。5100年前,尼罗河三角洲的古埃及文明也出现了拥有大量人口的城市。开罗附近的古城孟菲斯(Menphis)成为古埃及的第一个首都。当时的城市建筑上都涂满了白色的石膏粉,也被称为"白城"(公元7世纪阿拉伯人征服埃及时,孟菲斯遭到毁灭性破坏)。

自人类出现以来,地球平均气温长期来看有降低倾向,每700—800年就会发生一次长达百年的极端寒冷化，并在某些地区引起严重干旱。其中有三次较显著的寒冷化时期，分别是4200年前、3500年前、2800年前，每次都使人类社会陷入混乱局面，城市出现大范围崩溃。对人口集中的城市而言，长期干旱是致命的，水患同样能摧毁城市。由于卫生条件差，传染病也极易流行。很多重要城市的直接崩溃原因人们至今知之甚少。

4200年前的气候转冷（"4.2千年冷事件"，全新世以来强度仅次于"8.2千年冷事件"），引发亚洲东部沿海地区出现长时间暴雨洪水，大河泛滥（良渚文化等诸多文化发达村落被毁）。洪灾地区逃难人口聚集在以河南为中心的伊洛平原。夏部落的大禹治水功绩为其赢得崇高声望，子启建立夏朝，定都夏邑（河南禹州）。但夏朝多次迁都，没有发现确切的都城考古遗址（河南偃师二里头被主流观点认为是夏朝的都城遗址）。

3500年前的寒冷化前后，夏朝农业减产，民怨四起。以畜牧业为主的属国商，却因气候变化有利于草场扩大而受益。利用夏朝内部危机，商汤凭借发展起来的经济实力灭夏，定都于亳（河南商丘），后来商朝13次迁都，大部分都城毁于水患战乱。

2800年前的寒冷化时期，华北地区温度一度比现在还低。西周农业歉收，民不聊生，终于引发国人暴动，周厉王逃亡，中国开始了有确切纪年的"共和行政"。同时，寒冷恶化北方草原，戎狄游牧部落被迫南下，不断与周人发生冲突，最终导致都城镐京残破，周平王东迁，定都洛邑（今河南洛阳），建立东周，开启中国春秋时代。

4200年前，在寒冷的驱赶下，来自叙利亚草原的闪族阿摩利人攻占了西亚小城——巴比伦，建立了古巴比伦王国。第六位国王汉谟拉比统一了美索不达米亚平原，颁布了世界上第一部较为完备的成文法典——《汉谟拉比法典》。巴比伦城也建成为显赫一时的首都，并有传说中闻名遐迩的"空中花园"和"巴别通天塔"。2800年前，气温显著降低，巴比伦的大麦收获期比3500年前推迟了一个多月，由3月下旬延迟到5月上旬。来自寒冷北方的亚述帝国吞并了古巴比伦。公元前3世纪后巴比伦城衰落。

尼罗河洪水的时间和规模被善于观测天文和测量水文的古埃及统治集团

预测，因此法老被认为拥有控制洪水的神力而受到民众敬仰。但4200年前，气候出现较大波动，埃及发生严重干旱和饥荒，没有预测到灾难和洪水的法老被民众质疑其是否仍有神性，乃至暴乱频发，首都孟菲斯陷入严重混乱，衰落崩溃，王朝更迭，法老被迫迁都。

"4.2千年冷事件"发生后，一些印欧语系民族迁徙到伯罗奔尼撒半岛定居，开启了迈锡尼文明。今天的希腊，白色大理石建造的雅典卫城周围是树木稀疏的荒山。然而在迈锡尼文明时期，却是活跃着野猪和马鹿的森林。3200年前，迈锡尼王国为了争夺海上霸权而跟小亚细亚国家发生冲突，其中最著名的就是长达10年的特洛伊战争。繁荣一时的特洛伊城沦陷后崩溃。然而迈锡尼文明也随后迅速消亡，学者认为这与始于3500年前的气候干燥化导致土地贫瘠、国力衰退有关。

2800年前的寒冷气候还促使原本生活在北欧的日耳曼人大量南迁。原来占有中欧的凯尔特人被加速挤压至法国、英国和西班牙地区。日耳曼人的南下最终还导致了罗马城的沦陷和罗马帝国的灭亡。罗马城经过长期发展，到2世纪已经成为拥有百万居民的国际都市。随着罗马的衰落，欧洲各中心城市居民纷纷流散，城市影响减小，直到11世纪才开始城市复兴。

1939年有地质学家最早用了"小冰期（little ice age）"的概念。后来用来特指14世纪以后的地球寒冷化时期。小冰期虽然成因不完全是太阳活动变化造成的，但每个时期都与太阳黑子数减少的时期一致。

在小冰期之前，距今2200年前到1800年前（BC200—AD200），地球处于温暖期，物产丰富，交易活跃，汉、罗马、安息等疆域辽阔的帝国都在这一时期维持了长期稳固的统治。丝绸之路活跃了400年以上。

1800年前到1200年前（AD200—AD800），地球经历了相对寒冷期，人类社会陷入混乱，中国经历三国两晋南北朝的长期割据混战，欧洲出现民族大迁徙，罗马帝国分裂为诸侯割据。

1200年前到800年前（AD800—AD1200），世界各地气温上升，被称为"中世纪温暖期（Medieval Warm Period）"。在此温暖期前后，中国经历了隋唐盛世和两宋繁华。欧洲人口增长四五倍，欧洲中部新建造的城市超过 1500 个，伦敦首次成为人口超过 10 万的城市。

800 年前到 100 年前（AD1200—AD1900），地球再一次寒冷化，逐渐迎来小冰期。在此期间，草原饥荒背景下的蒙古军队横扫欧亚，草原鼠疫（黑死病）等传染病肆虐，欧洲和中国人口都曾一度锐减 1/3 到 1/2。伦敦在 1377 年缩减为 3 万人的规模。

小冰期中有 4 个特别寒冷的时期：

1350 年前后（中国黄河溃堤，元末明初战争期间死亡数百万人；欧洲出现史无前例大饥荒，英法百年战争，英法国内均爆发大起义）。

1450—1570 年（蒙古军队再次南下，"土木之变"明朝死亡数十万人；欧洲饥荒，法国超过 300 个村庄荒芜，存续一千多年的拜占庭帝国灭亡）。

1645—1715 年（中国连续荒年，明末清初死亡数千万人；欧洲爆发"三十年战争"，北欧和西欧沿海大面积冰封，法国一年饿死 200 万人）。

1770—1830 年（中国灾害起义频繁，随后鸦片战争和太平天国运动死亡人数过亿；欧洲在法国大革命和拿破仑战争期间死亡数百万人）。

不过，16 世纪以后，马铃薯和玉米在欧洲和亚洲的传播为大量新增人口提供了重要的食物，使欧洲人口重新迅速增长。解放出来的农业人口也推动了工业革命，使人类开始进入工业社会。工业化带来急剧的城市化。工业革命发源地英国尤为明显。1800 年伦敦人口猛增至 100 万。英国城市化率由 1700 年的不到 2% 迅速发展为 1900 年的约 70%。

这些变化都是在近 100 年来的温暖气候条件下发生的。如果我们从太空的角度观察地球上的事物，人类如同植物等其他生命，遇到温暖湿润的条件就会加速繁殖和生长。人类的城市也如同植被，迅速在地表蔓延。平房变成高楼，矮草长成大树，不断在地球的表面隆起，不停转换为新的形态。

冰期和间冰期总是循环出现的。距今 12 万年前、24 万年前和 32 万年前的间冰期长度都是 1 万年左右。人类目前所处的间冰期是从距今 1.1 万到 1.6 万年前开始的。如果按照以往规律，现在可能间冰期已经结束，人类正处于新的冰期的开端。当然，时间长度的规律不是绝对的，但冰期的来临却是必然的。

4. 人类居住

在最近这次间冰期，地球上演了人类文明的精彩一幕。随着温暖的结束和严寒的到来，科技能否让人类这个物种有着不同于以往物种的命运？电影《后天》所表现的地球极寒灾难是否真的会很快到来？城市这种砖木、钢筋、玻璃、混凝土组成的另类地球植被，会不会最终被冰雪覆盖、变得悄无声息？

城市的转型发展

希腊城市是西方文明的源头。公元前600年，希腊有超过500个城市，并随着文明传播将城市形态扩散到环地中海地区，但那些城市普遍规模不大，少有超过5000人的城市。不过雅典城的规模在公元前15世纪可能就达到了30万人的超大规模，其中约10万人是奴隶。希腊城市的两大特色，一是具有防卫和祭祀功能的卫城，二是作为市民生活中心的城市广场。虽然希腊城市有杰出的公共建筑和神庙，但早期均是又脏又乱，缺乏规划。随着后来美学家和设计师的大量涌现，希腊文明扩张过程中的城市就明显有规划了，比如意大利的希腊人城市布局都像棋盘一样整齐。

罗马城市在公元前200年接替了希腊城市的地位，并承袭了后期希腊城市的棋盘布局特点。罗马城市的论坛广场合并了希腊城市中卫城和城市广场的功能，并且发展出图书馆、学校、集市等功能。论坛广场位于城市中心，周边居住着权力阶层，住宅干净宽敞，水平延伸，设施完备。贫民住宅远离中心，垂直建设，通常住在四五层楼里，环境脏乱，瘟疫流行。罗马帝国的扩张再次推进了欧洲的城市化。其在交通便利之处选址建城的模式也被普遍接受。这与其他文化倾向在山顶或岛屿建城以利防守的习惯不同。大量罗马城市如巴黎、伦敦、维也纳都显示出交通便利的优势。

中世纪城市是欧洲的城市复兴。此前，自公元400年罗马帝国衰亡后欧洲城市也因战乱纷纷凋零，萎缩成村镇。从公元1000年到1500年，欧洲涌现出2500多个新城市，现代欧洲城市绝大多数都是这个时期就有了。这些城市的特征有5个：（1）城堡具防御功能；（2）城墙虽然在火器时代之后防御功能大为下降，但却是分隔城乡的屏障，城市居民在移动和交易方面更自由，城门日出而开日落而关，货物进城要接受检查和交税；（3）集市是商家交易和居民采购的地方，是城乡贸易的中心；（4）教堂是宗教功能，通常离集市很近；（5）宪章是城市生活的法规，由地方政府或封建领主制定。很多欧洲现代城市都保留中世纪城市特征，例如狭窄的街道、上住下店的楼房，有些欧洲老城是中世纪以来的老旧房子，房租很低，通常低收入阶层住在那里。

欧洲城市在1500—1600年的文艺复兴时期和1600—1800年的巴洛克时期在形式和功能方面发生显著变化。君权绝对大于神权，城市中产阶级的兴起，城市规模扩张，城乡日益融合。城市景观也更强调设计，巴洛克时期的城市有大型露天广场、大型宫殿和公共建筑、各种雕塑。连接各街区的直线街道越来越多，博物馆、银行、公园大量出现，开始具备现代城市雏形。美欧不少城市受该时期风格影响，如华盛顿特区就是巴洛克巅峰时期的法国设计师的规划作品，其他如费城、弗吉尼亚的威廉姆斯堡、南卡罗来纳州的哥伦比亚等。特点是空间开阔，有林荫大道、公共建筑、城市纪念碑等。

工业革命让西方城市发生巨大变化，历史上首次城市人口超过农村人口，城市化与工业化密切相关。城市过快发展出现无序膨胀。以前只租不卖的土地逐渐开始成为商品，所有者对土地的使用不顾忌社会责任。矿业、工厂、铁路成为工业革命时期的城市新标志。

在20世纪的100年间地球整体平均气温上升了0.74度（IPCC评估报告）。20世纪20年代和30年代气温上升尤其明显。40年代到70年代相对寒冷，气温下降到1900年的水平。80年代以后再次显著回暖，这次气温上升的剧烈程度无法用太阳黑子等自然现象合理解释，多认为是工业化等人为因素所致。

工业化对人类的城市发展影响巨大。按照麦迪森（Angus.Maddison）的推算，公元1500年时中国的城市化率是3.8%，西欧6.1%；到1890年，中国为4.4%，西欧已高达31%，其中英格兰高达62%。这是欧洲率先启动工业化的结果。

此后城市大体有三类：自发型、殖民地型、政府控制型，形成不同城市景观。

自发型城市大多街道狭窄曲折，土地使用混杂，居住区和作坊区交织，民众住在一层或两层的住宅里，商店大多临街或在居民区里。城市中有众多少数民族聚居区和手工业商业集中区。市中心往往是大型集市、宗教建筑、政府机构、纪念性建筑。市中心不但人口密度高，往往也是权力和财富的体现，居住地离中心越远，常常也会被视为社会地位与财富的下降。这是前工业化时期的城市模式。19世纪之后这些模式开始改变。

殖民地型城市的特点是行政和商业由外部势力主导，殖民势力和本土势力的活动是分开的。殖民地城市往往在老城附近修建，二者功能和形式不同，城市景观也显著不同。殖民地城市往往开阔有规划，呈现巴洛克风格，因为巴洛克时期是欧洲殖民者四处扩张的主要时期。例如英国殖民者兴建的新德里与德里相比，整齐有序，人口密度远低于老城。无论英法还是葡西殖民者，大部分殖民地城市呈现网格规划。

政府控制型城市完全是政府主导下的产物，凭借政策力量，城市从无到有，或从小到大，或由大到小，都是政府决策的结果。如巴西利亚、堪培拉、华盛顿特区等城市都是政策建城。中国案例更多，在开发自然资源或控制边疆的政策目标下，可以平地造城，并持续存在。

随着城市逐渐成为人类社会的主要居住形态，城市结构也在发生根本性变化。

前工业时期的城市，更接近乡村社会，社会秩序基础主要是习俗和传统等级制度，而不是法律和警察。家族门第和亲属关系网仍是社会重要组织形式。政府官员、各行各业的聚居区域有严格规定。

工业化城市的主导力量换成新兴中产阶级。社会流动不再严格受到社会分层体系的禁锢。不过，工业化城市目前也在发生新的变化。19世纪的典型城市，人口密集而紧凑，城乡差别明显。20世纪以后，特别是21世纪以来，都会区（metropolitan areas）迅速发展，一个或多个大城市加上周围的郊区，凝聚在一起。目前美国 75% 以上人口生活在都会区。

都会区不断发展，逐渐连接成片，形成都会带（megalopolis）。市区和郊区有时绵延上百公里。美国有 10 几个这样的都会带，最有名的是"波士顿—华盛顿走廊（Boswash Corridor）"。中国也有"粤港澳大湾区"等世界级都会带。这些都会带由市区、郊区、工业区连缀而成，界限模糊不清，靠高速公路和城铁公交解决人们工作与生活的通行。

都会带的兴起让城市和非城市的比较研究已经没有意义。郊区在都会带生活中的地位日益提升。美国 1970 年首次出现郊区人口超过城市居民数量。1990 年时，46% 美国人生活在郊区，40% 生活在中心城市，14% 生活在非城市地区。美国学者称 19 世纪是"大城市的时代"，而 20 世纪下半叶开始进入"大郊区的时代"。

美国有研究报告显示，低密度的郊区住宅与城区高密度建筑相比，仅增加 3% 的能源消耗，但郊区人较少接触污染，因此应该大力发展郊区。美国是发达国家中最晚实行城市规划的国家之一，因为美国人不喜欢政府干预。英国、瑞典、日本早就开始了有创意的城市规划。

即使没有美国政府的城市规划，未来的城市发展方向仍会是持续去中心化。大多数美国人的美国梦几代都未曾改变：独立生活、有独家住宅（只能在郊区）、车库里有两辆汽车。只要美国中产阶级一直在追求这样的梦想，城市就会一直向郊区、再郊区发展……

城市的文化扩散有两种力量：中心化力量推动人们将住宅、商品、厂房选在内城，去中心化力量则将人们的选址推向外城。在汽车、电话发明前，中心化力量强大，在市中心选址可以减少交通和通讯成本，并且有较大规模市场，对政治、经济、民生都是有利的选择。城市发展也往往沿河道和铁路从中心向外延伸扩展。

中心化力量除利益因素外，还有一些社会因素。历史惯性很常见。例如旧金山的金融街最初是淘金时期形成的，当时位于临河的商业活动的中心，后来填土造地海岸线外移，但金融街的位置却延续下来。声望会吸引人们中心化，例如早年伦敦、巴黎的市中心意味着精英居住区，北美相对不那么明显，南美同样是。但随着时间发展，富裕阶层追求安静隔绝的居住环境，将无力逃离噪音和拥堵的低收入阶层留在中心老城区。

去中心化力量加速城市扩张。商场随着客户迁移，当富裕阶层向郊区转移后，商场和食品加工业也会随之而来。原来的中心城区由于租金过高、城市拥堵导致供货不及时等弊端，促使商家向边缘区域转移。交通设施的建设使城市边缘区域也很便利。企业向边缘迁移会带动员工的去中心化。城市中心不再是最能提供就业的地方，在大都会区，分布在非中心地带的大量工业区、加工厂、总部中心、购物中心才是主要的就业地区，人们因此居住也分散化。

去中心化加重了城市运行成本，包括需要更多公共设施、警察、消防员、电缆、下水道等。不少城市在推动再中心化举措，包括在城市中心盖高楼、建商业中心、税费减免、提高行政效率等，但影响城市格局的住宅、商铺、办公楼都受制于城市交通的制约。城市改造还通常会将低收入者迁移至远离市中心的贫民区，以免影响市容。有的城市如加州圣何塞采取回填（in-filling）政策，在城市中相对不发达的地区加强建设，牵制城市向边缘区蔓延。

城市演化有以下几种主要模式：1. 同心圆模式。中心是 CBD，第二圈是商业住宅混合区，第三圈是蓝领住宅区，第四圈是中产阶层住宅区，第五圈是高收入阶层住宅区。20 世纪初纽约、芝加哥大体上属于这种模式。2. 扇形模式。核心同样是 CBD，但高租金区域呈现扇形分布，而不是均匀分布，一般沿交通线或河道向外延伸，高租金区域之间间隔有中租金区域和低租金区域。3. 多核模式。城市中心不只是 CBD，即使是商业中心周边，也有不同功能区，低中高收入阶层居住区域不规则分布。4. 二元模式。城市精英居住在城市主干道两侧，贫民区与棚户区被严格分隔开，很多拉美城市是这种模式。

城市的体验观察

这是一座南方城市。城市的核心区是一个有 1300 多年历史的古城。古城临江，水面宽阔，棹竿泛舟，木杵浣衣。一派古风气象。草木茂盛，冬夏常青，落花成片，江鸥盘旋。四处如画景致。

古城的中心是文庙，门前有弓形水池和两个石牌楼，上书"德配天地"与"道冠古今"。城内还有两个明朝万历年间的石牌坊，一个正反面分别写着"尚书"与"探花"，另一个写的是"三世宰贰"和"两京扬历"。

古城门巍峨屹立于现代街市。除了文庙和公园外，古城大部分是住宅和商业区，基本都是传统建筑风格与装饰。商业风格古今交错。前面是现代的品牌时尚，后面是传统的修鞋修车；左边是传统的理发点痣，右边是现代的护肤美容；这边是现代的黄金珠宝，那边是传统的打制首饰；里面是传统的茶馆汤铺，外面是现代的咖啡酒吧。

脚下石板铺路，小巷四通八达。既有古朴风貌，又有现代生活。走在古城的街道，可以感受到浓浓的市井烟火。所谓烟火气，就是每日沉浸在衣食住行繁杂琐事的泡沫里。在消耗掉很多精力的同时，也会带来各种普通生活的快乐。人们或追求谋生发财，或追求公侯将相，或追求家庭和睦。在人情世故中周旋，在求神拜佛中心安。

白天商家打开木门，各种招旗沿街悬挂。有铁铺、饼铺、碳铺、肉铺、香铺，有佛具、渔具、竹器、草编，有餐饮、水果、茶叶、烟酒，有日杂、古玩、服装、婚嫁用品等各式商店。早市还有地摊，卖各种蔬菜和药材。

晚上在小巷中行走，可以看到古城居民在家里、门前的悠闲生活。喝茶的、吃饭的、打牌的、听戏的、吹奏的、逗狗的、哄孩子的、看电视的、写作业的、玩手机的、做手工的、做运动的、练武术的、做头发的、闲聊天的，各得其乐。

几座跨江大桥连通南北两岸，方便人们往来。大桥造型各异，设计多有巧妙，夜间灯火辉煌。古城居民在江边散步、玩耍、野餐、喝茶、下棋、游泳、垂钓、唱歌、跳舞，还有自发的音乐会或才艺表演，以及老年养生活动，怡然自得。

古城有历史上的传奇故事，也有现如今的闲适恬静。古城居民在自己的舒适区里，品味美好。悠闲的安宁中，忘记烦恼，感知存在，感受幸福，感恩命运。

古城居民普遍热情好客，民风淳朴。一旦发现对方听不懂当地话，会立即用普通话交谈。不少店家，在门前摆了桌椅，行人累了可以坐下来休息，不消费也没关系。

居民中不少佛教信众。古城内外有很多佛教寺庙，小的建在家里或船上，大的依山傍水。有的寺庙前摆有"平安茶"，里面是罗汉果茶水，供路人免费取用。但去莫复问，白云无尽时。

居民文化气氛浓厚。书店、博物馆、艺术馆随处可见。江边的绿化带里面有书院，山路沿途有微信扫码押金的自助书店。古城的书店老板还会请路人猜灯谜，自己提供饮料作奖品。

古城旁边的高校里建有很别致的图书馆，里面藏书甚丰，还有大量的电子数据库可用。校长定期向高校师生推荐图书，涵盖专业领域相当广泛。图书馆预约系统先进，人多而不混乱。借还图书均可无接触操作，有利防范疫情。

我受聘来这所高校开课讲学。这里的学生，较之我以前在北大、清华、南开等北方高校授课时面对的学生，更多些许的安静、柔和与礼貌。学生来自四面八方，却都会受到城市文化与学校文化的熏陶。

我住在古城边上。凭窗眺望，可见平缓的江水、零星的篷船，和青黛的远山。端居不出户，满目望云山。工作读书之余，我会漫步古城江岸。江边是生态公园，有林木，有草坪，有石桥湖塘。竹林幽静，空气清新，是适合打太极拳的地方。古榕垂绦，芋荷丛生，是适合读书休息的地方。九曲长廊，彩虹天桥，是适合散步观景的地方。木棉花落，流水潺潺，是适合静坐冥想的地方。

城市里也可以有悠闲，悠闲时以前经历过的场景常会在脑海浮现：穿越撒哈拉沙漠，冒险亚马逊雨林，跋涉南极大陆，徒步北极冰川，潜水普吉岛，踏浪夏威夷，俯冲纳斯卡，升空尼罗河，探秘复活节岛石像，自航澳大利亚海湾，驱车青海湖盆地，纵马内蒙古草原，行走北疆戈壁，登临西藏雪山，观泸沽摩梭人，访台湾原住民，登浙江东极岛，出广西友谊关，走喀什噶尔，寻香格里拉，进恩施洞穴，下武隆天坑，宿西双版纳，食南海渔家，绍兴饮黄酒，兰亭品绿茶……

读万卷书，行万里路，想万年事，始终是一个学者毕生追求的生活方式。每到一个城市，我都会大量行走，优先参观各种博物馆和展览馆，了解当地的文化特色与历史演变。初来这座城市时，每日步行20公里以上来观察城市文化细节。

对于一座城市，既可以体验它的风格，也可以审视它的演化。认识一个城市，如同认识一个人，需要时间。认识不同的城市也如同认识不同的人，很有趣。城市有大有小，一如人物有大有小。不过，城市大小不重要，有的城市很耐看，总有一些新奇的东西呈现出来；有的城市相对简单，较为单调。

如果与一个人只有一面之缘，或仅闻其名，不算认识这个人。如果只是听说或到过一个城市，没有在这个城市居住两周以上，也很难说是认识这个城市。

机场、车站、街道、宾馆，往往是接触一个城市的最初印象。正如看到一个人的外貌、着装、举止、谈吐，会形成对这个人的第一印象。但这远远不能代表真实与全部。

接下来你会去看这个城市的商场、广场、影剧院、博物馆、图书馆、美术馆、科技馆、历史古迹、风景区、度假区、游乐场、美食街，你开始对这个城市的面貌了解增多。

你注意到这个城市街道两侧的绿植是什么树，路灯是什么造型，建筑是什么风格，公交以什么方式为主，地铁站里画些什么，行人的服饰偏好，店家的说话方式，当地的饮食特色，甚至司机的开车习惯，以及道路分隔带的设计。

这时你依然不能确定眼前所看到的一切是不是这个城市的主流。有些城市的繁华地区光鲜亮丽，周边或老城区却破败不堪。有些城市并非高楼林立，便利化设施却非常齐备。有些城市很多不起眼的胡同里有历史名人故居，以及不那么有名却颇有特色的文化古迹。同一个城市，主街道的人们行色匆匆，节奏很快；社区小巷中的人们却泡茶拉琴，悠闲生活。

通过大量行走可以观察城市不同的区域，可以逐步认识这个城市的全貌，可以看到很多乘车游览无法看到的细节。老城也有现代的一面，新城也有古朴的痕迹。就像一个人，不同的精神状态与禀性人格交织在一起，形成复杂迥异的面貌。

城市景观的形成有明显的历史成因。比如，欧洲城市一般都比美国城市古老，当初很多街道的设计都是用于步行或马车，而不是汽车，因此欧洲城市更窄，城市人口更密集，比美国城市更适合步行。欧洲摩天大楼往往不像美国那样建在城市中心，而是让城市中心保持历史风貌。中国很多城市都分新城区与老城区，这是改革开放后城市化进程中人为规划的结果。

城市景观的变化受制于政策，如同一个人的状态受制于发育环境。例如美国旧金山和阿根廷的布宜诺斯艾利斯，政府对建筑有限高要求，部分是因为不少社区要求保护传统的山景和海景不被遮挡。有些城市甚至对新建筑的样式都有规定要求。其他因素包括自然条件、建筑材料与建筑风格、审美文化等共同塑造了不同的城市景观。但城市景观也有趋同现象，原因是相似的建筑技术、相似的商业需求。有些城市建筑超越商业需求，成为城市地标，例如摩天大厦或历史古迹，它们往往具有象征意义。

一个人面对不同的人与场合，会有不同的表现。与此类似，一个城市面对不同的人与场合，同样会有不同的呈现。日常生活、施工维修与重大活动期间的景观截然不同。前来视察的领导、度假休闲的游客与进城打工的农民看到的内容迥然不同。

移民涌入导致本地人向城外移居。城市中心景观开始呈现移民特征。巴黎市中心附近有大量移民社区，北非和伊斯兰特征明显，几乎感觉不像在法国，几站地铁之后又进入欧洲世界。20世纪60年代也有大量移民进入荷兰阿姆斯特丹，阿姆斯特丹人向附近城镇转移，荷兰政府出台对公住房相关政策限制少数民族社区的扩张速度，并且使印尼人、摩洛哥人和土耳其人混住在一起，使社区呈现多文化杂居。可见政府的移民政策对城市社区景观有重要影响。

大量移民聚集在缺乏管理的贫民窟。巴西里约的贫民窟建在有源流危险的山坡上，印度加尔各答有成千上万的移民甚至没有棚户区可住，露宿街头、桥下甚至排污通道。这些移民的经济活动常常是"非正式经济"，即不纳税、不计入 GDP 的经济行为，如修理、拾荒、贩卖自制品，都是现金交易，不经过银行。政府无力解决这些移民的工作、住宿和医疗。

城市的复杂特点，不仅在于景观的多样性，还有文化的多重性。每个城市中的长期居住人群往往有一些相近的行为方式，可称之为"城市文化"。每个城市有自己的独特文化，犹如每个人有自己的特点和个性，需要深入接触才能发现。

景观反映文化。例如，美国住宅临街都有一块没有用处的草坪，这是 19 世纪以来美国文化的一个标志。房主如果没有照顾好草坪，或作它用比如菜地，都会招来邻居的敌意和蔑视，且会使房产贬值。即使在美国西南地区的沙漠地带也是如此，靠灌溉维持草坪。但是后来也有让前院荒芜的做法。

文化景观表现在生活的方方面面。例如美国不仅能看到精英别墅和绅士农场，还有大量的商业住宅区和单元楼，以及商业购物中心、二手车店、汉堡包连锁店。美国景观不仅有自然形成的西部大峡谷和黄石间歇泉，还有人造的帝国大厦、五角大楼和金门大桥。

对某一个城市的印象，可能是旅游出差形成的，也可能是若干年的居住形成的。如果不注意观察和深入了解，即使居住了很久，这种印象也只是对这个城市的管中窥豹、盲人摸象。结果也无法看到城市与城市之间的差别与差距，无法判断哪个城市更与自己的禀性合拍。

一个人风评甚好，却不见得适合做你的朋友。一个城市口碑极佳，却不一定适合做你的家园。

一个人并非固定不变。一个城市也并非一成不变。城市文化本身在变迁之中。观察者在多次接触这个城市的过程中也会调整看法，并可能喜欢或融入这个城市，成为朋友。

4.3 建筑

旅行时经常遇到各式建筑，头脑中可能会有一些符号式的认知。例如在欧洲，看到柱子就想到希腊式，典雅！看到拱券就想到罗马式，雄壮！看到圆顶就想到拜占庭式，大气！看到尖顶就想到哥特式，神圣！欣赏建筑如同走入历史的回忆。建筑物往往比设计者与建造者存在更久，成为某个时代的文明记录。

建筑、雕塑、绘画均属造型艺术。绘画是把造型局限在特定的二维空间，观众只能从一个方向欣赏；雕塑则将造型扩展到三维空间，观众对圆雕可以从各个方向欣赏；建筑进一步将三维空间里的造型扩展到把人装进去，观众对建筑从外部和内部两个空间均可进行各个方向的欣赏。

中国的建筑风格

中国古代建筑风格总体不像欧洲变化那么大。不同时期也有一些不同特征：商周秦汉追求高台建筑，六朝流行寺塔建筑，隋唐盛行宏大建筑，宋元风靡精致建筑，明清普及制式建筑。

其实由于幅员辽阔，中国各地建筑形制各异。但也存在一些共同特点：一是结构分台基、梁柱、屋顶三部分，使用斗拱；二是布局讲求对称均衡；三是材料以木为主；四是色彩醒目，追求雕梁画栋。

由于夏朝遗址尚有争议，目前中国发现的大规模宫殿陵墓建筑始自殷商。西周宫廷建筑遗址已全部采用版筑墙体（商朝贤相傅说曾从事版筑工作），并有木柱加固。春秋时期建筑分工专业化（木工鲁班后来被奉为中国建筑鼻祖），建筑装饰和艺术功能迅速发展。战国时期铁器广泛运用。秦汉时期木构建筑非常成熟，砖石结构被用于陵墓建筑。中国古典建筑此时已形成独特体系。

六朝时期佛教传入，中国最雄伟的建筑除帝王宫殿和贵族宅邸外又多了庙宇建筑。佛寺、佛塔、石窟是该时期最突出的建筑类型。

隋唐建筑进入全盛时期，标志着中国古典建筑的成熟，并将许多外来因素汉化。建于隋朝的河北赵县安济桥（赵州桥）是世界上最早的敞肩拱桥。隋朝建筑技术先进发达，隋炀帝曾带千人大帐和"观风行殿"（上面为宫殿式木结构建筑，可以拆卸和拼装，殿内可容数百人；下面设有带轮的机械，搬运灵活便捷，平地一日可成）巡视北疆，四方观者无不惊拜叹服。

唐朝大明宫遗址范围相当于明清故宫面积的3倍多。此时建筑大规模使用砖石。佛塔也由木造逐渐改以砖石结构。中国现存最早的木结构建筑典范出自唐代，位于山西五台山。

两宋建筑规模缩小，但装饰绚丽，盛行园林建筑。砖石建筑主要用于佛塔和桥梁，技术水平继续提高。因城市面积小，人口增加快，城市楼阁发展突出。

金朝在北京营建中都，模仿北宋都城汴梁并加以发展，建筑比宋朝更显富丽宏大。元朝在北京建大都，采正方形平面，皇宫位于中轴线上，宫殿建筑以木构为主，发展了琉璃砖石工艺。明清建筑风格稳健，标准定型，不及唐宋建筑舒展开朗。

西方的建筑特色

受古埃及和古西亚影响的古希腊和古罗马建筑，不仅对西方建筑艺术产生深远影响，而且是人类建筑史上的经典作品。古希腊人虽然已经知道拱券技术，但主流仍是梁柱结构。雅典的柱廊和剧场最有名。柱廊虽产生于埃及，古希腊人却将其由王宫神庙应用到公民广场。雅典酒神剧场观众席下方埋设起共鸣作用的大缸，使1万多人的后排观众也能听清演员台词。

雅典卫城最有建筑艺术的代表性，城内"皇冠上的明珠"帕特农神庙则是技术与艺术完美结合的典范，体现了古希腊建筑艺术的创造性成就和高度发达的审美意识。帕特农神庙采用了全方位"矫正视差"技术，通过调整柱子的粗细和倾斜角度增强高大观感。

古罗马建筑直接继承和发展了古希腊建筑。建筑类型看，突破了古希腊的宗教建筑领域，广泛应用在角斗场、浴宫、公路、高架输水道、纪念碑等公共建筑。建筑风格看，古希腊建筑单纯、明快、和谐，古罗马建筑豪华、壮丽、粗犷。装饰手法看，古希腊建筑雕刻精美，花式繁多，制作者多为自觉奉献的自由民；古罗马建筑装饰粗糙，做工不细，与大量使用奴隶建造有关。建筑结构看，形制大为丰富，不仅发展出更多种柱式，还创造了券柱式、穹隆、十字拱等新形式。罗马人发明了混凝土后，不像古希腊建筑仅以大理石为主要材料，建筑技术发生重大飞跃。罗马大角斗场是代表性建筑，通过采用大量的拱解决了承重问题。万神庙（Pantheon）是罗马穹顶技术的最高代表，古代建筑中最为宏大，保存最好的建筑之一。

中世纪建筑以教堂、修道院和城堡为标志，回到以宗教建筑为代表的建筑形式。早期教堂的形制有三种：厅堂式（简单的梁柱结构，中间是长方形大厅）、集中式（圆形大厅，中央部分是穹隆，周围是回廊）、十字式（十字架形状大厅，中央也有穹隆，四周延伸出翼廊）。罗马的加拉普拉西提阿墓（Galla Placidia）是现存最早的十字式教堂。罗马风格（Romanesque）的意大利比萨大教堂（Pisa Cathedral）是厅堂式和十字式的结合范例（比萨斜塔是比萨大教堂的钟楼）。

东罗马的拜占庭建筑在上述三种教堂形式基础上有所发展，对厅堂式建筑加上穹隆，已有穹隆的建筑则加大跨度。圣索菲亚大教堂是典型拜占庭建筑，中央大穹隆离地50多米，形成一个约18层楼高的完整室内空间，非常宽敞。除偏爱穹隆外，另一个特点是内部装饰大量使用马赛克。后世教堂窗户用不同颜色玻璃也是马赛克技术的遗风。

西罗马灭亡后，古罗马的拱券技术传到北方，促进了北方诸国建筑哥特式与罗马式的结合，而以法国为中心的哥特式建筑也向南影响到意大利建筑。意、法、西、德、英诸国均形成有自身特色的哥特式建筑风格。形式多样的哥特式（Gothic）建筑有以下共同特点：一是复杂的肋（分担拱柱间的墙体承重）网络；二是大面积的玻璃窗；三是出现尖拱；四是采用"飞扶壁"（抵消高大建筑自身外推力）。法国的巴黎圣母院、兰斯大教堂和德国的科隆大教堂等，都是哥特式建筑的精品。

文艺复兴时期建筑以复古为潮流，涌现一些风格不同的著名建筑大师：拉斐尔沉浸在古典的典雅中，每个设计细节都有所依据；米开朗基罗则热衷创造出属于自己的东西，开创了"手法主义"（Mannerism）风格。梵蒂冈圣彼得大教堂作为最杰出的文艺复兴建筑之一和世界上最大的教堂，耗时160年建成。文艺复兴时期多位杰出的建筑师和艺术家都曾参与圣彼得大教堂的设计。拉斐尔对大教堂建筑的总体规划做出重要贡献，并在罗马负责这一巨大工程的进行，直到逝世。后来米开朗基罗担任了圣彼得大教堂的总设计师，并为促成教堂的主体建筑完工做出主要贡献。

巴洛克（Baroque）风格诞生于手法主义。其特点是宏大华丽，追求雄伟、生动、热情、奔放的艺术效果。第一个巴洛克建筑是罗马耶稣教堂。法国凡尔赛宫是巴洛克建筑的代表作。巴洛克风格后期逐渐有更多曲线和自然形象，并演化出洛可可和（新）古典主义两种截然相反的风格。

洛可可（Rococo）大约自法王路易十四逝世时开始，伴随着路易十五的统治，算是巴洛克风格的晚期阶段。其特点是轻快、精致、细腻、繁复。结构和线条具有婉转、柔和的特点，装饰题材有自然主义倾向。洛可可发展了巴洛克的复杂和精细特征，并逐步融合外来元素，包括东方艺术和不对称组合等。代表作是巴黎的苏比斯（Soubise）府邸。

古典主义（为区别古希腊—罗马时期也称"新古典主义"）是与巴洛克、洛可可背道而驰的风格，崇尚简洁含蓄，特点是和谐明亮。代表作是法国卢浮宫与凯旋门、巴黎先贤祠、德国柏林的勃兰登堡门。古典主义建筑、浪漫主义建筑、折衷主义建筑是建筑领域的三种复古思潮。

浪漫主义发源于英国，渐成主流的新教教堂为区别于天主教教堂，追求中世纪的哥特式建筑风格（哥特复兴）。特点是挺拔尖耸，崇尚个性自由。最著名的建筑作品是英国议会大厦（威斯敏斯特宫）、伦敦的圣吉尔斯教堂。

折衷主义在法兰西第二帝国时期取代了古典主义的主导地位，任意选择与模仿历史上各种建筑，自由组合混搭，希腊、罗马、拜占庭、中世纪、文艺复兴和东方情调的建筑纷然杂陈，但讲求比例均衡，注重纯形式美，并大量使用新材料和新技术。代表作是法国巴黎歌剧院。

现代建筑始于19世纪中叶。随着新的建筑材料、结构技术、施工方法和施工设备的出现，不少建筑师在自己的作品中实现了技术和艺术上的突破。例如铁的使用和升降机的发明，使328米高的法国埃菲尔铁塔得以建成。新的建筑理念集中在三个方面：简化造型突破传统创建新风格、注重功能与成本、大胆运用现代工业技术新成就。

建筑的艺术体现

建筑是综合艺术。老子在《道德经》中提出："凿户牖以为室，当其无，有室之用。故有之以为利，无之以为用。"建筑与空间的适当安排，可以起到虚实相生、浑然一体的效果。与绘画、雕塑相比，建筑是更强调虚实关系的空间艺术，是更重视哲学与科技的美学历史。

各种艺术形式都有实用性和艺术性两种功能。建筑的实用功能尤其明显。建筑最早只是人类遮风避雨御寒防兽的一种发明，随着社会的发展，人类逐渐对建筑赋予艺术性。

一种观点认为建筑艺术是其他很多艺术之源。英国学者赫伯特·斯宾塞（Herbert Spencer）在《进步：它的规律和原因》（1857）中主张：语言文字、绘画、雕塑在古代社会最初都是建筑的附属物，后来逐渐分开。

另一种观点则强调建筑的实用性。奥地利建筑理论家阿尔多夫·洛斯（Adolf Loos)）在《装饰与罪恶》（1908）中反对把建筑列入艺术的范畴，认为建筑应以实用为主（不过他的主旨其实是反对建筑装饰）。

实用、坚固、美观是建筑的三个基本要求。美观是建筑的艺术特质。欣赏建筑之美也和欣赏雕塑一样，通过内容（主题和背景）与设计（外形、结构、环境）理解设计者传递的包括美感和象征意义在内的各种信息，感受建筑表达出的情绪、意境与文化。(当然,设计者赋予的信息与欣赏者获得的感受均是综合性结果,分解为具体要素只是一种理解事物的思维方式。)

主题指建筑物的主要功能(存在功能交叉)。建筑物大体可分三大类:实用类建筑以物质功能为主,例如仓库、住宅、办公楼、学校、医院、商场、剧院、博物馆等,其艺术性要求也由低到高;精神类建筑以意识形态功能为主,例如教堂、寺庙、宫殿、陵墓、纪念堂等,艺术性要求一般高于实用建筑;园林类建筑以人工建筑与自然环境相结合、生命景观与人文景观相结合为特征,往往是建筑群,兼有观赏和象征功能。

背景指建筑物的由来。建筑艺术在史前时期就开始分流。当自然洞穴不能满足数量日益增长的人类的需求时,人类开始发明各种用途的建筑。人类建筑因建造的时代和文化不同而呈现不同的风格与特色,例如欧洲在各历史时期建筑风格有明显差异。

世界范围看,东亚建筑以木为代表,西亚建筑以砖为代表,欧洲建筑以石为代表,主要是因地取材的结果,也有文化因素。木结构建筑保存时间较短,其优势是建造周期快、成本低、节省人力、形制灵活。中国文化以人为本,重现世,轻永恒,故多用富有生命气息的木材,只有陵墓、防御性城墙等建筑才普遍采用坚固耐久的砖石。

外形是建筑物从外部看过去的形状与线条,包括高矮大小、方圆扁尖、横竖曲直、宽窄明暗等设计。

形状表现性格。同样是尖顶建筑,中国佛塔层层叠叠,屋檐形成清晰的水平线,反映不懈努力逐级攀登的勤奋。欧洲教堂直指云霄,内部瘦高空旷,表现向往升腾天堂的执着。埃及金字塔规整简单,基础开阔浑厚,表达渴望雄踞人间追求永生的动力。

线条调动情绪。宽阔雄伟的宫殿令人感觉庄严肃穆,尖细高耸的教堂令人感觉崇高神圣,简洁明快的高楼令人感觉现代时尚,错落有致的别墅令人感觉安静舒畅。

西方传统建筑以高为美。如果将北京天坛祈年殿(高38米)视为1,法国巴黎圣母院(高69米)是1.8,缅甸仰光大金塔(高112米)是2.9,

梵蒂冈城的罗马圣彼得大教堂（高138米）是3.6，埃及胡夫金字塔（高146米）是3.8，德国科隆大教堂（157米）是4.1。

中国传统建筑以大为美。西方建筑有几十个房间就算多了，中国建筑动辄成百上千：山东曲阜孔府400余间，河南登封少林寺5000余间，北京故宫9000多间。中国隋朝首都大兴城（唐代长安城）是中国古代面积最大的都城，也是古代世界最大建筑群。如果将其占地面积（84平方公里）视为1，古雅典城（38平方公里）是0.5，古巴格达（31平方公里）是0.4，古罗马城（14平方公里）是0.2，拜占庭古城（12平方公里）是0.1。

结构是建筑物内部的艺术语言，包括建筑组成、内部空间、材料搭配、装饰陈设等组合。建筑结构从侧面看一般有三部分：下面是台基或柱座，中间是支撑物，上面是屋顶。中式建筑在屋顶和支撑物之间特有斗拱（斗是方形垫块，拱是弓形短木，斗拱位于柱与梁之间，分散承重和稳固建筑）。从俯视的平面布局看，有单体建筑（如宫殿）和附属建筑（如门廊），单体建筑有集中式（次要空间围绕一个大的中心空间，如某些剧场、教堂等）和非集中式等平面，布局有对称和不对称等形式。

20世纪之前，建筑结构中有两个基本系统：一个是梁柱结构，由横向的梁和纵向的柱组成框架基础。古中国建筑几乎都是典型的梁柱结构。另一个是拱券（券读"绚"，同拱）结构，墙体有可供进出的弧形开口。最早见于西亚建筑。古埃及开始也是梁柱结构，卡纳克的阿蒙神庙大厅用了134根巨柱，后来出现以楔形石来建造拱门和穹隆（圆顶），古罗马对此开发利用，后来圆拱、圆柱、圆顶等样式和结构沿袭下来并不断发展出新式样。

中国、西方国家和伊斯兰国家的建筑风格构成世界三大建筑体系。中国建筑独有斗拱彩画、朱柱金顶和飞檐翼角等建筑形制。在欧洲，古希腊神庙是柱式建筑的经典，古罗马多采用集中式平面和穹隆屋顶，中世纪哥特式教堂采用拉丁十字平面和尖塔屋顶，文艺复兴时期教堂采用复古的希腊十字平面和雄伟穹顶。伊斯兰建筑广泛使用集中式平面和尖拱尖顶穹隆。

环境是建筑物自身与周围建筑及自然人文环境的关系。即使单独的建筑并不非常突出，但与环境组合在一起可能就立显壮美。陵墓、庙宇、宫殿、园林等建筑尤其重视环境要素。空间与建筑体现虚与实的关系。园林建筑最具代表性。中国文化讲究天人合一，亭馆廊榭与山水草木的组合法度犹如人体，表达人性，而非神性。中国艺术家视建筑如生命，故中式园林多动态、曲折、流线、虚实结合，重视线群布局。西方艺术家视建筑如雕塑，故西式园林多静态、对称、均衡、几何图形，重视单体建筑。

中国是世界上环境艺术出现最早、成就最显著的国家。古代北京城是高度有机组合的建筑群：城市对称布局，轴线中段是皇宫，太庙、社稷坛分列宫前左右，显示族权和神权对皇权的拱卫。城外四个方向分设天、地、日、月四坛，与皇宫相呼应。紫禁城周围都是棋盘布局、整齐划一的低矮民居，突出中心皇权。紫禁城内大部分区域没有园林绿植，以显庄严。城西则是水木丰美、华丽精致的北海、中海、南海的园林建筑，古为禁苑。美国建筑师恩贝康（Edmund N Bacom）在其《城市设计》中说："在地球表面上，人类最伟大的个体工程可能就是北京城了。"

紫禁城周边的明十三陵、清东陵、清西陵都是建筑与环境的结合典范。英国学者李约瑟观后赞叹：皇陵建筑部分与风景相结合是中国建筑形制上的伟大成就。中国建筑也有类似雅典柱式神庙那种矫正视差的技术，例如明十三陵中的长陵，神道本应纵直于中轴，考虑到西山体量大于东山，神道设计略偏东北，让观者视觉产生均衡美感。

当代的建筑创新产生不少别开生面的新型建筑。

法国朗香教堂(La Chapelle de Ronchamp,洪尚教堂)由法国建筑师勒·柯布西耶（Le Corbusier，瑞士人，被称为"现代建筑的旗手"和"功能主义之父"）设计建造，1955年落成，被誉为20世纪最为震撼、最具有表现力的建筑。它摒弃了传统教堂的模式和现代建筑的一般手法，仿佛是一件混凝土雕塑作品。教堂造型奇异，墙体几乎全部弯曲，有的还倾斜。白色墙面上开着嵌有彩色玻璃的大小不一的窗洞，产生特殊的室内光线效果。

美国普林斯顿大学威尔逊学院（Woodrow Wilson School,Princeton University）由山崎实（Minoru Yamasaki，日裔美国人，纽约世界贸易中心双子塔设计者）设计，1965年建成，有希腊神庙之风。

西班牙毕尔巴鄂古根汉美术馆（Guggenheim Bilbao）设计者是美国建筑师弗兰克·盖里（Frank Owen Gehry，加拿大人，以设计具有奇特不规则曲线造型的建筑而著称的后现代主义建筑大师）。1997年落成后，它迅速成为欧洲最负盛名的建筑圣地与艺术殿堂。从外表看，它像抽象派的艺术品，由数个不规则的流线型多面体组成，上面覆盖着3.3万块钛金属片，在光照下熠熠发光，尽管建筑耗用了5000吨钢材，但由于造型飘逸，色彩明快，丝毫没有沉重感。

英国伦敦千年穹顶（Millennium Dome）由理查德·罗杰斯事务所（Richard Rogers Partnership）完成建筑设计，1999年12月31日建成揭幕，是英国政府为迎接21世纪而兴建的标志性建筑，使用悬索结构。

北京银河SOHO由英国女建筑师扎哈·哈蒂德（Zaha Hadid，伊拉克人，被誉为当今世界上最优秀的"解构主义大师"）设计，2012年落成。这座建筑群的设计借鉴中国院落特点，摒弃僵硬的矩形街区，每栋建筑均有核心且在不同层面上融合，通过圆润可塑的主体以及拉伸的天桥连接，创造出丰富的空间景致和流动的室外平台。建筑在从下至上的不同层面朝各个方向展开，没有角落，也没有不平滑的过渡。

建筑表现不同历史时期不同设计者的美感追求。美只是主观感受，建筑却是文明的历史记录。

4.4 风水

笔者曾应朋友之邀自驾驱车2000多公里至青海，看朋友的祁连养鹿场。朋友称受惠于极佳的"风水"，效益颇佳。该鹿苑依山而建，围山养鹿，可在发情期吸引大量野鹿入园。栅栏两侧是斜坡，只能进不能出，野鹿越养越多。

风水的好坏，应该根据选址是否有利于生产生活判断。该鹿苑地势和环境都非常有利，可是这种吸引野鹿的方法，要考虑会不会将山里的野鹿全部吸光?野鹿的消失会不会对当地生态链产生影响?野鹿主要以树叶、野果、草为食物,如果野鹿数量大幅减少,应该对当地植物生长是有利的,进而对其他食草动物是好事,因此当地的生态平衡不会被破坏,保持生态平衡就是保持好的风水。

风水起源于选址

人类自古就注意到环境对生活的影响,中国的风水学是判断环境吉凶之术。风水术早期也称"堪舆术"("堪,天道也;舆,地道也"——《淮南子》),本是探究天地人关系的学问。堪天道是勘察天空日月星辰的方位与运动情况,舆地道是考察地面的自然环境状况。通过天地情况,选择适于人生存的环境。国外学者将风水学(geomancy)看作是一门综合了地理学、生态学、建筑学、心理学、阴阳、数理、五行、八卦等多种学问的知识学科。

风水术起初用于村落与城市的选址和定向。原始部落挖窑洞选址不当可能坍塌,临河而居朝向不对可能遭水淹。后来建城也是如此。殷商和西周的建城与迁都事先都有风水评估,《诗经·大雅·公刘》描述了周人先祖如何通过风水要素进行迁居选址。

早期风水理性务实与朴素合理的成分较多,汉代阴阳五行学说使风水与玄学结合,一方面出现了成熟完整的相生相克的风水理论,另一方面风水也开始变得玄奥神秘和主观唯心。特别是汉代风水与太阳在黄道上的位置联系起来,吉凶开始与时间挂钩,并且跨越生死,将坟墓与居室同等重视,产生宜忌的"黄历"。

东汉三国时期风水盛行,张衡、蔡邕等名家亦通风水,三国时期管辂、于吉、左慈等术士尤为精通。魏晋嵇康等人对住宅风水有过辩论,郭璞著《葬经》注《青囊》而成后世风水之祖。因此梁启超在《中国学术思想变迁之大势》中也认为风水行于东汉,盛于三国。

隋唐厚葬之风使风水日益偏重阴宅墓地的选择。宋元时期指南针广泛应用使罗盘成为风水术的重要工具。宋明理学和心学的主流哲学丰富了风水学的理气理论，但流派也日益增多。明清官方编纂的《永乐大典》《四库全书》等百科全书均收录风水内容，风水师职业在"上九流"中排第四，仅次于师爷、医生、画匠。

随着人们不断反思总结建筑选址与各种灾害之间的规律，逐渐归纳出一些影响因素，涉及地质、地理、天文、水文、生态、生物、气候、建筑、心理等诸多领域，又与《易经》、五行学说、理气学说等中国古典哲学相结合，形成内容繁杂而不统一的风水学综合体系。这些内容从中国传播至亚洲很多国家地区。

朝鲜从中国引入风水学较早。韩国首都首尔（汉城/汉阳）的选址即是风水之作。1392年李成桂推翻高丽创建李朝，风水师建议都城由原来的开城迁到汉阳，称汉阳地理位置符合风水的全部要求。李太祖采纳建议，建汉阳而成就600年之都。朝鲜民间亦重视风水，常有为争风水吉地发生打斗诉讼者。

风水在日本称"原始地理学"，或"堪舆""地术"。中国唐宋时期日本社会各阶层推崇风水文化。京都建筑格局模仿唐代长安城，选址设计由留学大唐的"地师"完成。奈良（平城京）、东京（江户）选址也是风水指导下的产物。日本民间风水重阳宅不重阴宅，重方位不重地形。日本风水著作众多，发展出"家相"理论体系。

古代西方虽然没有风水学，但同样重视环境与人的关系问题，以前是把相同的研究对象细分成了上述多领域的学科门类，近几十年发展出与风水学类似的环境行为学及行为地理学。环境行为学起源于环境设计理论，以环境心理学为主要依据，不断综合其他领域，成为大学课程。当代西方也有风水学校、风水咨询公司和风水杂志，还有不少风水专著。

当代中国风水研究有学院派与江湖派之分：学院派是高等学院和研究所的不同专业学者从建筑学、规划学、景观学、哲学、地理学、历史学等角度研究风水的理论和历史；江湖派是由风水职业人员等各种人士组成，有一定实践经验，但多数缺乏理论基础，不少是江湖骗子。风水需要去伪存真，以批判的态度、从科学的视角审视风水。

科学角度看风水

石敢当早先只是埋在建筑地下的奠基之物，后来演变为具有辟邪作用的矩形石碑，甚至进一步美化为大门两侧的石兽。原本只是标志方向的路牌、后来不断演变成壮丽的华表。与之类似，风水也在不断演化。

起初源于人类选择居住点建城规划之用，后来被延伸用于住宅、陵墓、生活建筑等方面。风水学是早期人类经历各种灾难不断反思总结的产物，是探寻适宜人类居住、生命成长的环境的学问。现存理论有合理成分，也有无稽之谈，具体应用需要去伪存真。

对风水的理解有两种常见误区：

一种是将风水理论彻底否定，视为荒诞不经，完全否定风水中蕴含的合理成分。风是空气流动，水是生命之源，风水理论重视空气与水的选择，难道不会与生命运行密切相关？人生中很多时间在居所，居所的风水影响有时是直接的，比如空气与水很差会致人生病；有时是间接的，比如选址不当会影响建筑质量，坍塌、火灾、水患等事故会危及生命，不方便不美观会影响心情。

一种是将风水盲目肯定，流于神鬼迷信，以神秘主义牵强附会因果关系，认为风水是可以预测和改变吉凶的巫术。传统风水理论将生者运气与死者葬处相结合，认为死者坟墓处置不当与生者居室处理不当一样会影响生者的运气。土葬时阴宅风水如果能决定子孙祸福，火葬没有阴宅难道就会香火断绝？在建筑选址中错误解释、胡乱运用阴阳理论是风水学的庸俗化。

这两种误区类似对待清晨鸡鸣日出的两种态度：或完全忽视清晨鸡鸣与日出的时间联系，或误以为鸡鸣与日出存在因果关系。这两种认识都与事实不符。人们注意到两个现象之间有规律性联系，这是可贵的，但不应流于简单化和庸俗化的解释，科学的可贵之处在于运用可检验可重复的方法给予现象合理的解释。

风水理论有其合理的内容，但风水不是科学，因为没有运用科学研究的方法，而且现存体系还有大量错误的认识和故弄玄虚的理论，对风水理论过度否定或肯定都不客观。

从合理的角度看，所谓风水决定运气，实质是风水的间接影响，而不是改变一下建筑格局或家具摆放就直接改变了人的命运。风水好就是环境好，身体健康，事故少，处理问题顺心。风水不好，条件差，健康受损，情绪坏，经常节外生枝。风水本质是环境。生命需要适宜的空气、水源、温度等环境条件。好的环境有利养生。更进一步，可以从"天人合一"的哲学角度去理解。

风水经常被用来评判吉凶。什么是吉凶？吉凶就是好坏结果发生的概率。规律性现象有两种：一种是确定性现象，必然会发生的因果关系，另一种是不确定性现象，有一定发生概率的因果关系。风水判断的大多是不确定性现象。人们通常相信运气，也就是事情顺利或不顺利的概率，这种概率当事人自己无法决定，因此也被称为天意。人们在选择建筑地点和营造布局时，运用风水理论来顺应或改变天意，实现顺利吉祥的愿望，背后是有合理逻辑的。

例如，风水选址不能在风口或封闭空间，附近不能有污染源或强磁场，这其实是健康要求。再如，风水判定在河水经常泛滥地带建房为凶，是因为此处以后可能面临洪涝灾害，虽然不是必然发生，却是大概率事件。改变的办法是将建筑地址选在弯曲河道的内侧，并加高地基。又如，风水判定在土质颜色不一地带修建窑洞为凶，是因为色杂往往是土壤不纯所致，含有砾石的黄土结构不紧密，易渗水，窑洞因此不稳固不安全，需要更换地址。

风水的评判要素不止空气与水，土地是最重要的因素之一。风水术也称"相地术"，因为地质土壤对人体的影响也至关重要。建筑所在地不要位于地震频发带，不能是容易使建筑下沉的松软土质，不能含有高辐射的矿物质，不能是泥石流易发区。

从科学的角度看，地球形成初期先有土石，后有大气，再有水，才有生命。生命受土、气、水的影响。这个逻辑顺序在风水学中也是如此。《葬经》（晋朝郭璞著）是风水学的经典，开篇中说道："土者气之体，有土斯有气，气者水之母，有气斯有水。"（中国传统文化中一些概念往往较模糊，例如"气"在不同地方会有不同理解。）

风、水、土以外，风水涉及领域非常广泛，不过缺乏统一的逻辑，大部分论述围绕如何有利于"聚气"展开。聚气大体可以理解为聚集生命之气，相当于现代科学中的能量。古人没有科学理论和科学仪器，风水术主要采取间接推理的方法。通过某些现象，判断某处的空气、水源、土质等条件的好坏，据此得出"吉凶"结论。

风直接影响人体健康。中医讲"风是万病之源"，繁体字的风里面有一条虫，表示风中有致病的细菌，因此中国古人很重视防风，盖被子建房子都是以避风为上。风水理论总结了8种风。阳风是山顶向下之风或温暖之风，阴风是山谷向上之风或寒冷之风，阴阳之风最好可以交替，不要有定向风。

风水理论还归纳了10种气。通过光线的形态和色彩辨别气，方法是在即将日出或刚刚日落时观气，以五色之气最佳，黄富或赤衰都不好。气的颜色反映空气质量，污染之地气色必然不好。形状上古人以伞盖云气最佳。气的形状与空气湿度密切相关。

综合上述主要影响因素，什么样的选址是最吉祥的风水宝地？

按照风水学，标准的风水穴应该是马蹄形地貌，三面环山，一面临水。这样有利于"藏风"：风势过大损坏建筑、影响人体，适当通风则空气良好、温度适宜。也可"得水"：住址干燥为宜，但又需要用水方便。对种植业与养殖业也有利，交通运输便捷，因此俗称"聚财"。

这种地貌如在气候交界之处更佳，阴阳之风交替会形成最适宜生命成长的小气候。位于中国南北分界线的秦淮线上的终南山不但是"万山之祖"昆仑主脉的延伸，还有黄河秦川的水土，加之2000多米的海拔温度变化和独特的北纬30度区位，自古成为修行人士的隐居之地。颇具仙风道骨的唐代诗人王维自述"中岁颇好道,晚家南山陲"中的"南山",即是其晚年隐居的终南山。

风水吉地不但有利于生命成长,还有利于安全防卫,也有利于保存建筑。历史上咸阳、西安、洛阳、南京、北京、昆明等中国名城均大体符合此环山临水的风水标准。

居住的风水逻辑

明代《阳宅十书》在建筑营建经验及民间习俗基础上,归纳出100多项住宅吉凶的环境特征。有些风水结论其实可以从生活逻辑上了解其本身的道理。

室外环境

为什么住宅向阳为佳,不居盆地?地势有阴阳之分,阳指山之南、水之北。向阳的好处,日照充足,干燥不潮。如果住宅处于山谷,或四周是高大建筑,形同盆地,则积聚废气不易散去。

为什么住宅不宜鹤立鸡群?一楼独高的缺点是风大易寒,易引雷击。

为什么住宅四周避免反光?真实原因是房屋周围的池塘、河流反光入室会产生不稳定的光影晃动,使人精神紧张。可以使住宅与反光源保持一定距离。

为什么环境整洁不宜杂乱?避免附近有工厂排放废气、废水、废渣,尽量远离铁路、公路等较大噪音场所,住宅周围不宜有高压线或电厂,电源产生磁场必然刺激人脑。

为什么门前道路忌直冲?真实含义是这两种位置均易发生车祸等危险,不安全。可用增建阶梯"冲煞"。

为什么房屋不宜靠近形状怪异的建筑?例如周边有尖刀般大厦或寸草不生的丑怪假山,风水认为这些建筑有"煞气",真实原因是奇形怪状会影响建筑安全性及人的审美情绪。

为什么住宅不宜靠近坟地监狱？真实原因是古代坟地为土葬集中场所，腐烂尸体会聚集食腐生物与细菌，且易引发人的恐惧。越狱逃犯则是不安全因素。

为什么住房不宜正对高楼之间空隙？真正的道理是高楼之间距离越窄气流越强，长期暴露在快速硬风下对建筑和人都不利。

住宅结构

为什么住宅平面方正优于狭长？真正的理由是方正比狭长或不规则形状更容易利用空间，实用率高，且易通风采光，有利身心健康。

为什么入门要藏，客厅要敞？其实主要是保护隐私，现代住宅以玄关代替。客厅需要宽敞大气，古今皆然。

为什么卫生间不宜与卧室或厨房对门？卫生间的污水细菌和混浊空气应避免对流到卧室或厨房，以免影响起居和饮食。

为什么阳台不宜封闭或改建？人们封闭或改建阳台往往是为利用面积，扩大客厅，防盗防尘，其实"纳气"应该是指保持阳台通风换气和光照。

为什么独门独院要留后门？真正的理由应该是安全考虑，如有火灾、盗匪等事故应有逃离通道。

为什么庭院中有水景，住宅外无死水？有水的作用不仅可以增加湿度、美化环境，令人心情舒畅，遇到火灾还可扑火救急。但死水不利健康。

装饰陈设

为什么办公桌椅要靠墙？真实的理解应该是靠墙可以避免人们在此久坐时受风着凉。

为什么卧室不宜设置大窗？这其实是起到防风保温的作用。卧室不设大窗也不是"旺气外泄"，而是让卧室不会因阳光照射过多而影响休息。

为什么餐桌不宜有尖角？其实是为避免划伤人体，因此才提倡圆角餐桌，或八仙桌、圆桌等。

为什么镜子摆放多禁忌？真实的原因很简单，尽量不要在日常生活中被镜子影像吓到或干扰。

总之，应用风水理论围绕的核心是"藏风聚气"。藏风（真实的风或引申的灾难）是避开外来侵害（自然的或人为的），聚气（真实的气或引申的能量）是积聚自身潜能（对自己或对他人）。因此，从科学的视角看风水的讲究，住宅选址或装修的总体思路是：该挡就挡，不要让路人对宅内一览无余；该美就美，要让自己处在身心愉悦的住宅环境里。

4.5　陵墓

从北京市区出发不足百里，即到达明十三陵景区。放眼望去，三面环山，南面敞开，山间泉溪汇于陵前，流向东南。陵前神道两侧有两座小山，被视作龙山、虎山。背靠天寿山，山势延绵，龙脉旺盛，前景开阔。山上草木丰茂，富有生气。陵寝建筑与自然山川及水流植被和谐统一，达到风水选址的完美境界。

这个天寿山，原名黄土山。明朝永乐年间，明成祖命风水师寻找吉祥墓地，发现此处。经朱棣亲自踏勘确认后，封为天寿山，开始在此处修建明十三陵的第一座陵墓——长陵。长陵是十三陵中的祖陵，在十三陵中建筑规模最大，营建时间最早，地面建筑保存最为完好。

长陵历经六百年沧桑，仍完好无损，且无被盗记录，地宫至今未被发掘。整个明朝帝陵中，只有万历皇帝的定陵在20世纪50年代被考古工作者挖掘，其他均无盗挖。反观清朝帝陵，却有半数以上被盗挖。抛开技术因素和历史分析，仅从环境来看，站在明陵上和清陵上的远眺景观还是有些不同的样貌和感受。

从生到死的习俗

中国人按照选址的习俗安排生死的居所。中国地域辽阔，地势地质差别大，习俗在不同地区会有不同。草原牧民住帐篷，选择水草丰美之处安顿；

西南地区多潮湿，有蛇虫，选择竹楼，上住下空；华中平原少遮挡，选择林地附近，夯土建房抵御风寒；西北地区干旱少雨，选择挖掘穴洞作为民居。居住的习俗也被用于墓葬。

世界各地安葬逝者有很多方式。欧洲葬礼上有用玫瑰花的传统，纪念地中海地区掌管生死的女神。印度教和佛教采用火化。传统的埃及和中国盛行土葬。1949年前中国有10%的土地用于坟墓和神龛。中国的风水学对下葬选址有丰富理论。

中国百姓安葬讲求逝者超生，必怀尊敬。除土葬外，中国古代还有火葬、风葬、天葬、木葬、空葬、塔葬、悬棺葬等多种形式。

悬棺葬是古代流行于南方地区的一种葬俗，将棺木置于悬崖峭壁。笔者最早实地目睹是在福建武夷山地区，后来在云贵川等西南地区也有所见。棺木在崖壁缝隙或岩洞间，距其下水面数十米，多认为是"悬葬崖上，子孙高显，于是争挂高崖以趋吉"。

土葬是中国产生最早、流传时间最长、使用范围最广、最为普遍的一种丧葬民俗。棺木入土多横置，也有竖放，应该是为节省地面。十几年前笔者沿北京北土城的元大都城墙遗址漫步，仍可见林间坟冢。1949年后国家为了节约土地，杜绝疾病蔓延，规定除部分少数民族外，其余一律采用火葬。

火葬后，亲人可把骨灰撒入大海，或用于植树，也可保留骨灰盒。北京有很多墓园置放骨灰盒。例如香山植物园附近的金山陵园和万安公墓。万安公墓里有李大钊和朱自清墓。植物园里有梁启超家族墓，是安置骨灰之处。

葬者，藏也。鬼者，归也。中国传统文化认为使逝者形体完整而灵魂得安，则其子孙昌盛而祭祀不绝。这种观念让生者的利益和死者的愿望通过特有的葬俗方式得到和谐统一。

中国帝陵的风格

中国古代皇家帝陵规模宏大，设计复杂，事死如生。选址极重风水，讲究整体原则，要求环境和谐，天人合一。

特点之一是依山傍水。主要是为聚气。《葬书》云："气乘风则散，界水则止。"秦始皇陵背靠骊山，面向渭水，浑然一体，影响后世。西汉帝陵如高祖长陵、文帝霸陵、景帝阳陵、武帝茂陵均仿效继承。

特点之二是坐北朝南。这是中国居民的建筑传统，也被用于死后陵墓。中国地处北半球，季风气候明显，坐北朝南有利于房屋接受阳光照射，抵挡北风，有利健康。后来绝大多数帝陵也采取这种方向。不过秦陵大都坐西朝东，可能当时礼制讲究主人要坐西朝东，也可能秦人长期以东向为目标，生死不忘。

特点之三是环境良好。包括水质、土质、绿化等因素均要达标。明十三陵附近有丰富水源，因此当地草木茂盛，生物具有多样性，符合风水选址的要求。十三陵水库至今仍是北京城市供水的重要来源。

中国有很多风水宝地符合建造帝陵的要求。北京北依燕山，南向平原，五朝古都，龙兴之地。明清帝陵在此附近。西安背靠秦岭，坐拥关中，四塞之地，金城千里。十三朝古都，汉唐帝陵在此附近。其他如洛阳、沈阳、太原、银川、开封、曲阜、成都、南京、杭州、广州等历史朝代兴盛之地也均有吉祥风水地貌。

中国帝陵历朝历代各有特色。秦陵规模宏大，设施复杂。汉陵掘地凿山，讲求厚葬。魏晋盛行薄葬，无树无封。唐陵高坟大冢，帝后同穴。宋陵小墓快建，四面环山。明陵前方后圆，神道共用。清陵东西两制，尊卑有别。

乾陵是为唐高宗李治与武则天的合葬墓，是唐十八陵中主墓保存最完好的一个，也是唐陵中唯一没有被盗的陵墓。从黄巢大军到民国军阀，都没能找到墓道口。地形上看，乾陵主峰梁山高出周围诸山，轮廓对称浑厚，周围翠柏环拥，符合宝地标准。

不过凭借古人较原始的方法和手段得出科学选址的准确结论并不容易，有时暂时满意了，回头又后悔。

清朝道光帝的御用风水师先是在清东陵的宝华峪寻得吉地，7年竣工。

道光视察陵寝，见规制完备，质量坚固，重赏工程大臣 4 万两银，其他臣工也论功行赏。次年道光出京行围打猎，顺便再次视察陵寝，发现竟有地下水渗入，地宫积水高达一尺六寸，不禁大发雷霆，严惩工程人员，主要负责人革职发配，多人抄家问斩，共罚赔 25.6 万两白银。事后道光弃宝华峪陵墓不用，另在清西陵的龙泉峪建成慕陵。这是对地下水情况勘察不力的案例。

清朝雍正帝别出心裁地远离先帝陵寝，在清东陵之外另辟清西陵，也是风水的考虑。雍正谕旨中表示，曾想在清东陵的孝陵（顺治）、景陵（康熙）附近选址，但找不到完全符合风水条件的地点，后来在东陵之外的九凤朝阳山下选到吉地，但动工后发现"穴中之土带砂石"，这其实就存在渗水可能，又被否定。直到在河北易县发现符合标准的吉地，才修建泰陵（雍正），开启清西陵。清西陵的遭遇果然好于清东陵。后来清东陵除了只入葬骨灰的孝陵外，均被盗，清西陵除最后的帝陵崇陵（光绪）被盗外，均幸免。从盗墓记录来看，清东陵的确渗水严重。虽然皇陵修建有完善的排水系统，但裕陵（乾隆）等墓还是水淹棺椁。阴宅风水以是否有利保存遗体骸骨为吉凶。这样看，开辟西陵也许是风水判断上的明智之举。

外国墓园与陵寝

夏威夷（Hawaii）的神庙谷（valley of the temples）安葬着张学良将军与赵一荻女士。笔者 5 月抵达夏威夷，专程参拜瞻仰。

夏威夷群岛总面积 1.6 万多平方公里，与北京市一样大。1898 年被美国吞并，1959 年成为美国的第 50 个州，首府为檀香山（火奴鲁鲁，Honolulu）。这里只有两个季节：夏季（5 月—10 月）和冬季（11 月—4 月），常年温暖。因此，墓园也是草木常青。

神庙谷是安葬着各国逝者的公墓，主体部分与很多其他欧美墓园一样，大片平坦的草地，并无坟冢，走近可见其间密布许多平铺的碑石，前面插有鲜花。张学良墓却有明显中国风格。墓地依坡而建，背山面海，四周开阔，山间绿草如茵，墓前溪水潺潺。

坟冢用大理石覆盖，冢前横立着一块黑色花岗岩墓碑，上刻"张学良""赵一荻"繁体楷书，下面有各自的英文名及生卒年。墓地周围有石墙，栽种扶桑扁柏，正后方竖有白色十字架。

1990年张学良在全面恢复人身自由后离开台湾到美国探访，之后侨居美国夏威夷，直到2001年逝世，与2000年病逝的赵一荻合葬于此。此处原为菲律宾前总统马科斯家人所购墓地，因其遗体后被运回菲律宾，张学良从马科斯夫人手中买下这块墓地。

墓地所在的神庙谷地处人迹罕至的海岸山谷。夏威夷的日本移民曾经成为当地占比最高的族群，后来被菲律宾移民数量超过，但仍然多于波利尼西亚人原住民，是当地第二大族群。因此，很多地方可以看到日式建筑。张学良墓选在这种亚欧文化融合的地方，墓墙上的《圣经》经文"生命在我"，伴随着这位长眠的基督徒。

墓园是生者对死者的怀念，因各地文化不同而风格各异。

阿根廷首都布宜诺斯艾利斯的雷科莱塔（Recoleta）公墓，让人感觉如同进入生者社区。公墓砖石铺路，形似街区，林荫大道两侧有众多小巷，陵墓如民居般依次排列，大小形制也与生人住宅相仿，各种造型的陵墓雕塑和廊柱穹顶富有生气。

笔者置身其中，感觉肃穆庄重，但所见所闻更像游览博物馆。建筑样式与材料奇思妙想，各有门牌，却比社区更具观赏性。而埃及开罗卡拉发公墓群（俗称"死人城"，CITY OF THE DEAD）是生者与死者混住的状态，反而缺乏凝重，感觉破败、凌乱和阴森。

古埃及法老的金字塔陵寝截然不同。所用石块的巨大，要身临其境才能感受到威严的气魄。进入金字塔需要攀爬而上，进口隧道正对北极星，让安葬于北半球的古埃及法老逝后仍能辨别方向。金字塔内隧道幽暗曲折，但仍未逃脱盗墓者的侵扰。后来法老们意识到金字塔陵寝修建得再好，也只是给盗墓者提供方位，于是在修建了近百座金字塔之后放弃了这一做法，改到帝王谷下葬。

帝王谷坐落于离底比斯遗址不远处的一片荒无人烟的石灰岩峡谷中。其实依山而建也是很多中国帝陵的做法。帝王谷的一些法老陵寝选址是在峭壁上开凿墓室，封土后不易找到入口。而在山下远望，整个山形宛如巨大的天然金字塔，笔者一进山谷就对该地势不禁称奇。

大多开在半山腰的墓穴入口，有细小通道通向墓穴深处。通道两壁的图案和象形文字至今仍十分清晰。巨大的岩石洞被挖成地下宫殿，墙壁和天花板布满壁画，装饰华丽。帝王谷中的岩石质地不一，陵墓的修建需要穿过多层不同质地的石灰岩，因此可能会遭到洪水破坏。此处墓葬的绝大部分法老遗体与随葬品都被盗空，可见选址百密一疏。

印度泰姬陵安葬的不是皇帝，而是皇后。当时统治印度的莫卧儿王朝信奉伊斯兰教，这位来自波斯的皇后难产去世后，皇帝耗尽国库修建了这座陵墓清真寺。陵墓基座为正方形，主体建筑呈八角形，中央是半球型的圆顶。整座主体是白色大理石，上面镶满各种颜色的宝石，拼缀成花纹与图案。石棺存放于地下室。在主体建筑两侧各有一座清真寺，维持整座泰姬陵建筑的平衡效果，形成对称之美。

这座汇聚了来自各地的设计师、工程师与原材料历时22年完成的陵墓建筑，也未能避免战乱与人为的破坏。虽经多次修复，随着印度工业化的发展和生态环境的恶化，泰姬陵遭酸雨侵蚀，乳白色的大理石外墙出现了黄斑，墓室生出小孔，白银大门变黑。泰姬陵附近的亚穆纳河污染严重，也在损坏着泰姬陵的基座。

5. 人类社会

社会形态改变的速度有时很快：人们习惯于网购和 24 小时便利店的时候，是否还记得走街串巷的老冰棍和磨刀匠？人们习惯于语音视频联系的时候，是否还记得存在过电话接线员和传呼机？人们习惯于数码相机和手机拍照的时候，是否还记得使用过曾经很神气的 120 相机和容易曝光的黑白胶卷？人们习惯于在餐厅里扫码支付的时候，是否还记得大学食堂里购买饭票时需要携带的粮票……那些人和物在中国社会生活中消失的时间并不长。在一个快速发展迭代的社会里，几十年后，人们现在所熟悉的时尚也将在未来成为这个时代的陈旧标志。

改革开放以来的 40 多年间，中国消费市场在制度变迁、经济变迁、技术变迁、观念变迁等因素的影响下，经历了巨大变化，在世界消费市场版图中的地位也即将超越美国成为第一。

第一阶段是起步期，1978 年至 1992 年，中国消费市场从短缺型向温饱型转变。

短缺经济是计划经济体制的产物，生产增长受资金原料等资源限制，消费行为受物资短缺的制约，呈现"供不应求"。这个阶段还保留以前计划经济时期的各种票券：粮票、布票、煤票、肉票、肥皂票……因为物资不够丰盛，消费购物就需要限制，于是采取凭票用券购买。这种票券的使用一直延续到 1992 年全国废除粮票使用。

这个阶段改革开放引入市场机制和国外资源，消费品开始增加，中国开始摆脱物资匮乏的局面，居民消费在崇尚节俭的观念里开始慢慢转变，消费品的种类开始由单一变得多样，广告开始出现并得到了大众认可。品牌意识逐渐形成，人们开始对消费有了选择的权利和空间。

70年代的日用品"四大件"（自行车、缝纫机、手表、收音机）开始成为80年代农村居民消费内容。80年代城市居民则不仅由老的"四大件"（上述"三转一响"）向新的"四大件"（电冰箱、电视机、洗衣机、收录机）转型，还在追求新"四大件"的升级（单门冰箱变为双门冰箱、黑白电视机变为彩色电视机、单缸洗衣机变为双缸洗衣机、单卡收录机变为双卡收录机）。

第二阶段是爆发期，1992年至2008年，中国消费市场从温饱型向舒适型转变。

邓小平1992年南方谈话清晰地解决了中国市场制度性资姓社的问题，是一次思想大解放，也坚定了改革开放的基本方向。当年有大量公务员和知识分子放弃"铁饭碗"，"下海"创业，同时也有大量外企进入中国。1992年麦当劳在北京王府井开设第一家门店，第一天顾客就超过4万。中国巨大的消费需求开始被世界认识到。

这一阶段中国掀起"全民消费"的热潮。居民对新兴家用电器、家具、消费需求增势凶猛，造成雷同化、排浪式消费。家庭建设又向新的消费目标迈进，家电"四大件"又变成了空调、录像机、电脑、手机，且不断升级（空调由制冷到冷暖、录像机由磁带到磁卡、电脑由台式到笔记本、移动通讯由传呼机到手机）。

随着社会主义市场经济的建立和发展，消费观念由追求数量转向追求质量。人们开始要求更好的消费体验、更高的生活质量，"消费者权益"的话题逐渐成为社会热点，民间、政府的打假和消费者维权行动频发，消费市场向着更加规范、健康的方向发展。中国居民的消费选择增多，消费意识开始超前，消费品差异化让消费者的品牌观念日益强烈。

1998年中国进入了住房分配货币化阶段，购买商品房成为城镇居民消费生活中的一大领域。在整体消费需求中，住房消费成为一大支柱，并对建筑装潢、家电器材等消费项目有显著拉动效应。汽车消费成为与住房消费同样重要的两大消费支柱之一。同时，汽车消费的发展有力带动了闲暇产业的发展，推动了遍布城乡的文化娱乐体育等闲暇消费设施的建设。城镇居民对健康、医疗、教育、旅游、娱乐、通信的消费拉动了服务业的快速发展。

第三阶段是转型期，2008年至2018年，中国消费市场从舒适型向富裕型转变。

这一阶段中国政府坚持将中国经济发展模式由出口导向型转向国内消费型。2008年西方发达国家先后经历了金融危机和经济衰退，中国却在这一年开启了新一轮的"黄金十年"，在欧美消费市场萎缩的同时，中国消费市场出现了飞速发展。这10年中国中产阶层的人群数量、财富总量和消费能力，都超过了美国和日本的中产阶层。中国消费需求开始令世界震惊。

这个阶段的10年间，中国消费者购买了全球70%的奢侈品。中国汽车市场超过美国，稳居全球汽车销售量榜首。中国的电子商务和移动支付都处于全球领先水平。2018年，中国的移动支付总额达到了24万亿美元，是美国的160倍。当年中国出境旅游人次突破了1.5亿。

居民消费层次较上个阶段显著提升，发展型、享受型消费比重也不断上升。珠宝首饰、新潮家具、智能家电和各种新式的生活用品开始被越来越多的人青睐，人们的消费更加多样化、个性化、品质化。消费重点，由80年代的衣食，到90年代的住行，到21世纪以来的通讯与养生，包括智能手机、旅游、体育、休闲、康养等领域的产品需求量增长迅猛。

该时期最大的消费特征是网购与电商的兴起。线上线下融合，移动智能终端支付，居民消费方式发生根本性变化。2007年第一代苹果手机诞生，智能手机开始真正进入中国市场。2009年以来，以网络购物、网上支付、旅行预订为代表的商务类应用持续快速增长，并引领其他互联网应用发展。在线支付形式便捷多样，与网民网络购物普及加深，使消费者正在改变购物习惯、购物方式和购物观念。

虽然，中国1994年就出现了互联网，1998年就出现了第一笔网上交易，但网上购物与电子商务的普及和兴盛还是在2008年之后。2008年，中国网络人口2.53亿，首次超过美国，成为网民人数最多的国家。2009年中国电子商务公司阿里巴巴创设了"双11购物节"。2013年中国超越美国，成为全球最大的在线零售市场。2016年"双11"阿里巴巴旗下的天猫和淘宝的营业额（182亿美元）首次超过美欧"黑五网一"的总收入。2018年"双11"创造的全网零售额（451亿美元）更是迅速提升到美国"黑色星期五"购物节的7倍。

第四阶段是调整期，2018年至今，中国消费市场从富裕型向健康型、数字型转变。

2018年美国特朗普政府转变对华政策，突然对中国发起了贸易、科技、教育、企业以及金融等方面压制，中美贸易摩擦对中国的出口与消费都造成影响。2019年底又开始爆发新冠肺炎疫情，严重制约了居民线下消费。企业停工裁员，员工降薪失业，都制约消费增长。

与此同时，大量的商品消费和服务消费加快向线上迁移，线上消费占整个消费市场的比重持续提升。线上消费还在不断地进行场景创新和业态创新，如社交电商、直播带货、抖音的短视频、兴趣电商的发展，均非常迅速。集贸市场、农贸市场、农产品批发市场、社区小店等线下传统业态都在加快线上化，成为线上和线下平台互动的重要通道。

疫情常态化之后，线上消费在保障居民日常生活需要、推动经济稳步回升等方面发挥重要作用，部分线下消费转移至线上，线上消费黏性增加。中国消费者在线上购物最有兴趣购买的物品依次是衣服、鞋子、家电、饮料和食品。数字文化娱乐服务受到追捧，视频、游戏等用户迅速增加，线上教育、办公等迅速兴起，网络授课、视频会议等成为居家生活新常态。同时，疫情影响下互联网在中老年人群中迅速普及，其线上消费频率与深度均明显提升。

数字经济对消费市场的影响主要表现在消费方式、消费模式、消费群体和消费范围等方面。消费方式从线下扩展到线上形成融合消费。消费模式方面直播电商等新消费模式快速成长。消费群体方面，80后与90后群体是互联网消费的中坚力量，但中老年消费群体规模也在进一步扩大。消费范围方面，城乡消费市场发展差距逐步缩小。

2019年中国数字经济占GDP比重超过三分之一。2021年中国数字经济规模占世界总量的18%以上，仅次于美国。中国大陆网民规模超过10亿，互联网普及率达73%。中国大陆互联网平台服务工业企业数量超过160万家，新技术、新产业、新业态、新模式不断涌现。未来中国将强化数字经济基础设施、促进数字经济与实体经济深度融合、线上线下融合发展、升级消费者服务体验，更好地促进中国消费市场发展。

5.1 经济

经济活动是人类创造和转移价值的过程。经济活动使人类创造出财富，再将其用于交换、分配和使用，维持人类生存和发展。不过，经济学的研究领域却远不止人类的生产和消费活动，而是研究个体与集体的理性选择——几乎是生活中的各种选择。从人类演化过程看，正是在经济发展的推动下，人们的选择越来越广、人类社会复杂程度越来越高。

地球上人类的数量有两次爆炸式的增长：第一次发生在农业革命之后，根据马西莫·利维巴奇（Massimo Livi-Bacci）的《简明世界人口史》，农耕方式出现使地球能养活的人口比原先增加约100倍。第二次发生在工业革命之后，人类数量又增长10倍，由此前的约7亿到目前的超过70亿。

人类已经在反思和评估地球资源可以养活的人口数量，估算的极限值多在80亿到100亿之间。根据保罗·埃利希（Paul Ehrlich）的《自然界机械论》，人类目前消耗了地球上光合作用的产品与能量的1/4。人类在与地球上其他物种争夺资源的过程中取得巨大成功，大量物种迅速灭绝，而人类数量能够持续膨胀，支撑这一现象的基础是人类有效的经济活动。

人类经济活动出现的重大变革，其实质是整合后的系统通过功能涌现，使生产可能性边界大幅外移，从而为人口大量增加提供物质基础。农业革命打破了人与自然的边界，实现了人类与动植物的共生。工业革命打破了人与人的边界，实现了劳资双方的共生。方兴未艾的信息革命打破了人与机器的边界，实现了人与人工智能的共生。

农业革命的意义是人类经济活动出现了外延式变革。人类驯化动植物改变了人类生存方式。与以往人类直接向自然索取生活用品不同，农业出现后人类开始为养殖动物和种植庄稼付出劳动，第一次有了真正意义上的生产活动。农业生产带来人口数量大幅增加，最早出现农业的西亚、东亚与中亚地区也成为人口数量增长最快的地区。

农业使人与动植物出现共生演化。动植物被驯化后，不仅为人类创造出更可靠的食物来源，自身也越来越依赖人类的养殖和种植而生存。驯化绵羊行走缓慢笨拙，野生环境下已经无法存活。大部分家禽家畜都是如此。现代的玉米、香蕉等植物也完全依赖人类才能繁殖。依赖是相互的，如果没有种植业和养殖业的动植物，人类数量将锐减到石器时代。与此同时，人类从事经济活动的方式由单纯收获转换为先生产后收获。

农业生产方式出现之后，人类创造财富的手段和途径大幅增加。人类可以利用畜力进行劳作和生活，利用园艺提升食物的质量和数量，增强营养、生活精致化和养活更多人口，可以刺激人类集体知识积累，产生更多技术发明，激发人类进一步开发自然资源的能力，人类演化速度加快。

农业生产方式虽然提升了产出，为人类创造出远多于从前的财富，却也代价高昂。农业革命为了获取可耕地，砍伐和毁损了全球陆地上 1/10 的树木和草地，彻头彻尾地改变了地球的表面。如果持续这种经济活动方式，只是依靠不断开发土地等自然资源，生产极限会很快到来，人类数量不可能出现第二次暴增，这时出现了工业革命。

工业革命的意义是人类经济活动出现了内涵式变革。人类从事经济活动的方式由直接生产收获，演化为先生产机器，再用机器生产所需产品。人们也因此对工业革命的印象往往是以机器代替人力和畜力，但这只是工业革命的表面现象。其背后的突破在于人类普遍采用竞争和分工的生产方式。这种方式是由资本驱动的，资本提供者与劳动提供者之间存在选择性，劳资双方内部存在竞争性，从而刺激专业技能与分工的产生，产品的产业链越来越长，附加价值越来越多，这意味着将更多的人口从消费者变成生产者，在自然资源有限的情形下更多发挥劳动的价值。由此人与人之间出现新形态的共生演化，并释放出强大的生产力。当然，按照马克思的解释，生产力与生产关系是互动的，新的生产方式也是适应生产力发展的结果。

工业革命之后，人类经济活动实现了专业化分工。以前人类社会也有劳动分工，但还不算是专业化分工。工业革命让产品的工序、技术、管理、研发等各方面都进入专业化分工。分工带来效率，效率促进创新，创新加速演进。专业化分工的结果是每个人从事经济活动的能量突破了原有的边界值，人类经济活动的集体效能呈现几何式增长。

生活于工业革命之初的经济学鼻祖亚当·斯密（Adam Smith）在《国富论》中提出，竞争的力量引导人们把其资源投向生产率最高的经济领域，分工则导致劳动者技能的提高、时间的节约和技术进步。分工源自交换，交换需要市场。18世纪英国迅速扩大的国内外市场为始于棉纺织业的工业革命创造了交换与分工的条件。

全球范围内的交换与分工对参与各方都是有利的。斯密认为国际交换应该出口具有绝对生产优势的产品，或以有易无。后来另一位重要的古典经济学家大卫·李嘉图（David Ricardo）发现，即使出口在国际上不具有绝对生产优势的产品，只要该产品在国内有相对生产优势，对交换双方就都是有利可图的。这就是"比较优势理论（比较成本学说）"。基于该理论的国际贸易拉开了经济全球化的序幕。

工业革命后，市场经济大范围地取代命令经济。前者建立在平等权力基础上，后者基于不平等权力的联结。但前者比后者更优越吗？如果前者具有绝对的优越性，为什么迄今没有完全取代后者呢？所有的企业里面不都是采取命令经济吗？新制度经济学的鼻祖、1991年诺贝尔经济学奖得主科斯（Ronald H. Coase）注意到了这个问题，并从交易成本的角度给出了合理解释：在一定规模的条件下，命令经济的交易成本小于市场经济。

从人类的组织方式看，无论是市场模式还是命令模式，评判标准都是能否兼顾效率与公平，为人类集体与个人带来效用最大化，同时力求成本最小化。工业革命以来的人类经济活动体现了对这一目标的追求，但在养活了空前数量的人口的同时，也产生诸多前所未有的问题，包括：自然界出现生态环境严重恶化，人出现过度忙碌与竞争下的工具化倾向，等等。

随着人类对经济活动的反思，刚刚兴起的信息革命为人类增添更多想象：人工智能会不会成为人体的延伸，大数据处理能否将人从繁多的选择中解脱出来，人类制造出的这些智能衍生物是否会成为人类离不开的共生演化物种，人类经济活动的内容是否会因此发生根本性改变（此后人类从事经济活动的方式可能将由"人—机器—产品"转化为"人—机器人—机器—产品"），等等。

空间不平衡发展

事物发展总是呈现不平衡特点，经济也是如此。世界经济发展无论在空间上还是时间上都是不平衡的。每次生产方式的革命会带来时间上的加速发展。不同的制度与文化，又带来空间上的经济提速或停滞。

人类文明之初，世界经济中心在西亚，后来转移到北非，接下来南欧和中东也曾成为人类经济文化繁荣的代表，但在最近2000多年的大部分时间里，东亚一直是世界经济的中心，中国在人口和经济规模方面均在全球遥遥领先。这种状态随着经济全球化的出现逐渐发生了显著变化。

第一次经济全球化发生在陆上。13世纪蒙古人建立了人类历史上疆域最大的国家，将亚欧大陆的大部分地区置于蒙古人政权的控制下，商品与生产要素在版图内实现了无障碍流通，东方大量的技术发明传播到西方，西方人才和特产也来到中国（麦迪森计算当时中国占世界经济的比重约1/4）。

第二次经济全球化发生在海上。15世纪奥斯曼帝国崛起，消灭拜占廷帝国后控制了连接欧亚的交通要道，后来海军控制了地中海，欧洲被迫向大西洋寻找新航线，由此不但带来地理大发现，也带动了环大西洋的贸易发展。英国建立"日不落帝国"更是将这次全球性经济扩张推向高潮。

第三次经济全球化使人类经济活动真正打破了国界。20世纪爆发了两次世界大战，之后人类成立了联合国作为协调各国政治关系的平台，又成立了世界贸易组织（WTO，前身关贸总协定GATT）作为协调各国经济关系的平台。在最近不到100年的时间里，商品、资金、人才、技术已经在世界各国广泛流动。跨国企业整合了世界各地的资源，让生产要素和商品服务彻底走出国界。人类经济活动日益融于一体。

这次经济全球化的领头国家是美国。美国自1894年以来经济规模开始位居世界第一，二战后国际经济影响达到顶峰，经济规模占世界经济比重近1/3—1/2（计算口径不同），与19世纪之初居世界各国经济之冠的中国相仿（麦迪森计算当时中国占世界经济的比重约1/3）。19—20世纪，中国经济一度非常衰落，占世界GDP比重有段时间不足5%。改革开放之后，中国经济的世界地位迅速回升。2010年起中国经济开始稳居世界第二，世界上有舆论称全球经济是"中美共治（G2）"。

最近10年，世界经济格局发生剧烈变动，除领先的美中经济与世界其他国家经济的规模差距不断拉大外，中美之间经济规模差距持续缩小，美国面临被中国超越的挑战。在产业结构方面，中国是全世界唯一拥有联合国产业分类中全部工业门类（39个工业大类、191个中类、525个小类）的国家，中国制造业产值超过美日总和，且增长势头不减，有望几年内超过G7总和。美国《财富》杂志统计，22大类制造业产值，其中有21大类中国位居全球第一或第二。这种发展势头引起了美国的高度重视，并自2018年开始爆发了中美贸易战。中美之间的经济关系会直接影响到人类经济的未来。

宏观与微观经济

当今世界的经济运行机制已经非常复杂。总体来说，人类经济活动既可以从集体（国家）角度理解，也可以从个体（消费者与企业）角度理解，我们分别称之为宏观经济和微观经济，二者的目标和运行原理不同。

宏观经济目标总体上是在资源约束下实现社会福利最大化。具体目标一般包括四个：经济增长、充分就业、物价稳定和国际收支平衡。经济增长是为扩大产出，把蛋糕做大，让国民普遍有获得感。充分就业和物价稳定是维持社会稳定的重要条件，通常政府更看重前者，因为民众往往不患寡而患不均，通货膨胀让几乎所有人受损，反而不如部分人失业对社会冲击更大。国际收支是本国与外国的所有经济交易的记录，过大的顺差和逆差均有弊端，平衡是各国追求的健康状况。

政府为了实现上述四个宏观经济目标，通常运用的政策手段包括：财政政策（政府开支和税收增减）、货币政策（存款准备金率、贴现率、公开市场业务、道德劝说）、收入政策（最低工资标准、物价指导）、贸易政策（关税、补贴及配额）、汇率政策（外汇市场干预和管制）。

微观经济目标是以最小成本获得最大收益。对消费者而言就是在预算约束线内实现效用最大化；对生产者而言就是在既定成本前提下实现利润最大化。微观经济学之所以也被称为"价格理论"，是因为其研究的中心问题是价格问题——这里指的是相对价格（商品之间价格对比关系），不是绝对价格（商品与货币之间价格对比关系，即物价水平）。

微观经济运行的原理是：价格由供给和需求决定。譬如：工资是劳动的价格，市场上劳动力需求越大，工资越高；利息是资本的价格，市场上资金供给越多，利率越低。某种商品的供给和需求相等会实现均衡价格；单个市场实现供求相等是局部均衡；所有产品市场和要素市场的总供求相等是一般均衡。当完全竞争市场达到长期均衡时，就实现了微观经济运行的理想目标——帕累托最优状态。

"帕累托最优"是由意大利经济学家帕累托（Vilfredo Pareto）提出来的一种经济状态，在这种资源配置状态下，任何形式的资源重新配置，都不可能使至少有一人受益而又不使其他任何人受到损害。能使至少一人的境况变好而没有人的境况变坏的资源重新配置称为"帕累托改进"。帕累托最优状态也就是不再存在帕累托改进的资源配置状态。一般认为，市场机制可以自动趋向帕累托最优的稳定状态（复杂经济学理论奠基人布莱恩·阿瑟等经济学家对此持不同意见）。

经济学理论是逻辑严密的精致体系，但建立在严格的假设前提之上，这些假设，例如完全竞争市场，如同物理学中的真空或无摩擦假设一样，在现实生活中并不真实存在。而且，无论是社会福利还是个人效用，这些经济活动目标都具有强烈的主观色彩，难以真实衡量。尽管如此，经济学思维方式和研究方法仍具有强大的应用功能，也因此，近几十年经济学的研究领域不断扩大，社会学、政治学、心理学、法学、历史学等社会科学的研究都可以看到以经济学视角、用经济学工具进行分析的范式，以致有"经济学帝国主义"的说法。

钱颖一等学者认为，受过现代经济学系统训练的特点是分析经济问题有系统性和一致性，不会就事论事地发表碎片化观点，具有挖掘问题深度的潜力。现代经济学作为一种理论分析框架，主要由视角（perspective）、参照系（reference）或基准点（benchmark）、分析工具（analytical tools）三部分组成。所有的分析都基于三项基本假设：经济人偏好（追求利益最大化）、生产技术和制度约束（假设不变）、可供使用的资源禀赋。这样做出的理论分析虽然并非直接解释现实，却可以把握问题的实质与主线。

人类经济活动的根本目标，是在资源有限的条件下，创造出更多财富、实现更公平分配，让更多人可以生存，让天下人可以生活得更好。现代社会每个人都有追求财富、追求生存与生活、追求实现自身价值的权力。

财富创造与增值

什么是财富？财是货币，富是实物，财富是一切有价值（包括使用价值和交换价值）的东西。人们常常以货币作为衡量财富的标准，但财富实际包括所有对人类有用的事物（物质财富和精神财富），人们用这些财富生存发展。

如何创造和获取财富？当今世界没有任何企业和个人可以独自生产出所有产品，在人类社会复杂而绵密的分工制度下，财富的获取原则上都是来自交换——用自己创造或拥有的资源去换取财富。个体拥有的可交换资源包括产品、品牌、市场、信息、体力、脑力、技术、资金、权力、声望、知识、人脉等等。无论是企业还是个人，都先要清楚自己所拥有的可交换资源。

市场经济遵循双方自愿的等价交换原则。等价交换如何带来财富的增值与积累？同一件商品，即使是等价交换，由于价格随供需变化而不同，因此可以等价换来的财富是不同的。关键是要把握供需的周期与交易的时机。

商品供需变化的周期有不同的决定因素。例如：粮食的周期主要取决于气候变化，电器的周期主要取决于科技发展与流行偏好，股票的周期主要取决于实体经济与政策调节。物以稀为贵。根据周期各阶段的不同供需，选择适宜的交易时机。《史记·货殖列传》中"贵上极则反贱，贱下极则反贵""人弃我取，人取我与"，说的就是这个道理。当然，交易时机也可以人为创造，某些商品的供给可以被垄断，需求也可以通过饥饿营销等手段进行操控。

将"供需决定价格"的经济学原理运用到实践中去，可以得出两个创造财富的推论：1. 企业需要选对产业方向。主营产业方向正确，意味着该产品有庞大需求，占取市场先机可以赚取超额利润。2. 个人需要做好资源匹配。在适当的时机交换适当的资源，是致富的不二法门。司马迁所谓的"无财作力，少有斗智，既饶争时"，也就是指，早期靠交换体力和智力，成了企业家、进入富豪榜之后，主要就是看谁时机把握得好了。

这个过程中要注意：1. 自己的资源越是罕见，供给越少，价格越高。通常罕见的精品都需要付出时间和努力，特别是知识、技术含量高的产品。只有凭借专一不懈的工匠精神才能将其做到极致。这是绝对优势论的启示。2. 企业可以多元化经营，个人可以全方位发展，但都不宜平均用力。将自己最擅长而有特色的资源用于交换，即使不是市场上最好的商品，也是对自己最有利的交易。这是遵循比较优势论。3. 有些交换看似价格很高，获利不菲，但背后隐含的风险也大，在做成本收益的比较分析时要考虑。资本运作时尤其需要注意这点。这符合交易成本理论。

财富的创造与积累以外，还有些问题经常被人们忽略：财富该如何使用？财富不断增值是不是毕生追求的目标？人生中是否有比财富更重要的事情？如何把握财富积累与使用的平衡点、让财富更有益于推动生命的演进？

5.2 社会

社会学主要理论

如同经济学有宏观经济学和微观经济学，社会学也有宏观社会学和微观社会学。三种社会学主要理论中，冲突论与功能论属宏观，互动论属微观。社会学不像经济学有主导性的研究范式，但这三种研究范式和理论观点令社会学的多元化研究范围宽广，诸如经济、政治、心理、教育、文化、宗教、生态等学科领域都被纳入研究对象。社会学各理论对社会的认识和解释，并无对错之分，如同古印度瞎子摸象的故事，各自摸到了事实的一部分。

马克思认为阶级斗争是社会演化的根本动力。这种看待社会本质的观点，是社会学中的冲突论。毛泽东说，"革命不是请客吃饭"，"革命是暴动，是一个阶级推翻一个阶级的暴烈的行动"。该理论强调社会不断变化的流动性质，社会秩序是强制的产物。形象点说，就是认为社会本质上是人们聚在一起在与天斗、与地斗、与人斗，斗争是社会的常态。斗争的核心是争夺稀缺的资源，例如公共权力。

也有人不同意冲突论的观点，认为社会的本质是合作的。人们在一起分工合作，各司其职，就像一个人体，有的人扮演大脑，有的人充当手脚，有的人形同耳目，有的人视为心腹。这种论点是社会学中的功能论。该理论将社会看作活的有机体，认为不同的个人和社会组织以系统的方式结合在一起，发挥各自的功能。

在功能论的观点中，社会存在不同的职业和角色，人们通过从事不同的职业、扮演不同的角色，充当社会的一个零件，比如螺丝钉。所谓"屁股指挥脑袋"，是指屁股下的座位（职业与职位）决定了人的社会角色和发言观点。社会存在分层，以及按地位高低形成的"向上流动"与"向下流动"，社会学家多关注前者，这种社会现象更为常见。请客吃饭也往往看中的是角色背后的社会资源，通过交换资源实现社会流动。"炙手可热"与"门前冷落"只是社会资源的多寡体现，因给人感受不同而成为不少人的奋斗动力。当然，手中资源越多越可以通过自己来帮助他人或社会。

还有一种社会学理论，认为社会既不是冲突的，也不是合作的，而是互动的，因此该理论被称为互动论。互动论者探索人们的动机、目标和理解社会的方式，认为社会的表现取决于人们的认识。当人们都以冲突视角去看待社会，社会就是冲突动荡的；以合作视角去对待社会，社会就是和谐稳定的。不过，社会里人各不同，有坦诚，有虚浮，需要较长时间接触和互动，才能透过表面把握真实，由此互动出来的社会关系也千差万别。

社会演化与动力

"社会学之父"法国哲学家孔德（Auguste Comte）认为所有社会都是像人类一样从低级阶段向高级阶段进化的，并将人类社会分为神学、哲学、科学三个阶段。这种划分方法较为笼统，目前已不受青睐。现代社会学较流行的社会阶段划分方法是以社会成员的生存方式为基础的分类。伦斯基（Gerhard Lenski）提出的分析框架使用最普遍，他将人类社会分为六个阶段：狩猎采集（hunting and gathering）、园艺（horticultural）、游牧（pastoral）、农业（agrarian）、工业（industry）、后工业（postindustrial）社会。其依据标准就是人类获取、生产和交换资源的方式。

现实中社会变迁并非直线发展，而是多线演化。有些学者认为社会变迁的总趋势是进化，变得越来越复杂。但也有不少学者反对社会进化论，认为社会变迁并未朝一个特定的方向前进，而是经历着无方向、连续成长和衰落的变化模式，被称为循环论。汤因比（Arnold Joseph Toynbee）在《历史研究》中也认为社会是循环发展且可以重复多次的。功能论认为社会在均衡与失衡之间运动。冲突论认为社会权力变迁或快或慢，无休无止。

社会演化的动力是什么？社会学家和人类学家提出的观点归纳起来有7类：非物质文化（如思想、习惯）、物质环境（如自然灾害、环境污染）、人口（如人口膨胀、老龄化）、技术（如太阳能、手机）、文化进程（如宗教、创新）、经济发展（如工业化、城市化）、有目的促进变迁（如妇女运动、非暴力不合作运动）。

绝大多数社会学家都承认，除了组成社会的人以外，社会还有其自身的存在。家庭、社区、学校、政府等组成单位，是社会学研究主题中的核心要素。社会组织形成社会结构。社会结构随着时间而变化，但具有相对的稳定性。这种稳定性既使人类活动提高效率成为可能，同时也在限制个人自由。追求自由度，而不是资源的丰裕，也常常是个人的终极人生目标（当然，追求社会地位同样是很多人的人生目标，庄子的神龟可以选择庙堂的高贵，也可以选择泥涂中的自由）。

社会结构与人互相塑造。社会结构孕育不同人格，人与人的互动又创造了社会规则。多数情况下，社会变迁来自众多个体，但有时一个特殊个体可以改变社会，例如毛泽东。具有创造性的人必须具有高度的自信进入新的工作，也必须能够忍受与之相随的孤独与寂寞。一个不遵从社会惯性的行为也许是一种偏离行为，但这种行为反复出现就可能成为一种社会革命。

不同的人产生不同的思想。不同的思想影响不同范围的社会组织。先进思想是重要的社会资源。先进思想会带来接受该思想的社会组织的迅速成长，从而打破原有的社会结构。这种社会变迁可能缓慢发生，例如美国环境主义的逐渐流行；也可能突然爆发，比如苏联社会主义革命。

思想作为社会变迁的重要动力，不仅表现在意识观念方面的影响，还有创新发明的作用。譬如智能手机、电子支付、远程医疗、无人驾驶等技术手段带来的社会生活变迁。思想的产生源自学习与求索，思想的传播通过语言与文字。饭局也可以成为思想交换与传播的场合。思想制造了人类的冲突，也塑造了社会的融合。

两种社会化方式

饮食原本是人类生存的基本活动，但随着社会发展，饮食不仅越来越成为人们追求的一种生活享受，食不厌精，脍不厌细，而且成为社会交往的重要场合和媒介，西方流行"餐会"，中国盛行"饭局"。吃饭何以成"局"？

满足口腹之欲的情境下与人交谈，美食带来的愉快感受会对饭局参与者产生心情上的外溢效应，这是会议室交谈所不具备的效果。如果是以办事为目的，这种社交方式也可以向被邀请者表达轻松和亲近。要办的事先不说，先吃，避免势利感，事不成就喝酒，也不伤面子。

人类社会离不开分工协作，分工需要交换，交换依赖规则。规则有好有坏，有明有潜，有白有灰，有时会成为交换与合作的障碍。饭局的功能是通过吃饭的方式，将交易转化为交情，让交换发生于无形。重金送礼是收买行贿，请客吃饭却是友情结交。

规则由人制定，由人执行。有些事情，办不办与主管者本身没有多大利害关系，但他们视之为手中的资源，也不会随随便便给人，要视友情而定。友情有时就是饭桌上的表现。即使事情合法合规，酒桌上应酬到不到位，气氛到不到家，也是事情能否办成的关键。

饭局从邀请开始就在体现社交文化。宴请领导多以"讨教"为由，宴请下属常以"庆祝"为题。宴请熟人首选年节之假，宴请客户先论朋友之谊。饭局的做局者通常表现出足够的"周到"，就是让所有的参与者感受到邀请的诚意和热情，不仅主宾，包括对宴请的搭桥者和陪同者也会给予足够的尊重。

宴请地点体现饭局主旨。重要饭局的环境和档次一定会很好，豪华气派或曲径通幽，安静私密不受外界干扰，这是为体现对受邀者的重视。餐厅的服务质量甚至比菜品味道还重要，令人舒适是饭局的第一要务。主陪座位、菜品搭配、话题选择，都会精心准备。通常重要的受邀者往往精通各种场合的饭局，任何环节的疏忽都可能令其不快而影响饭局的成功。

饭局对谈是社交的关键。受邀者不是为吃饭而来。成功人士往往大度而有见识，很多事情只要对大局有利，他们常常会主动让利或帮助别人。有些事情受邀者迟疑不办，不是拒绝之意，而是心存疑虑或确有难处。饭局目的如果是为化解敌意，则避实就虚，不谈分歧话题。欢聚之宴也不宜率性而谈，否则有些社会性强的赴宴者会因此产生轻视或恶意。

有些饭局不是为了具体的办事，而是创造机会与更多的人交流，拓宽关系网。这样的饭局实质也是为交换，只是往往不会立刻发生。上级邀请下级，是为凝聚人心；下级邀请上级，是为表达心情。同事聚餐、同乡聚餐、同学聚餐，甚至与陌生人聚餐，本质上大多是通过联络感情为日后的资源交换或事业合作夯实基础。所谓"合情合理"，通常情在理先。交情是事情的通行证。沉稳建立交情，急于恭维和攀附会事与愿违。

美欧通过餐会募捐筹款时，对话往往比较直接；中国饭局沟通谈事时，表达通常有些含蓄。希望对方协助的事情先讲如何有利于对方；无法协助对方时也常常以"看看吧"代替直接拒绝。有时明明有足够的知识、技术、人脉等资源可以帮助对方，也不一定立即答应，因为这样做的结果是对方会看轻自己的资源，甚至轻视本人。坚持将客人送出餐厅也不见得是出于礼貌客气，而是要通过观察客人的座驾判断和验证其背后的财力与地位。

饭局结束并不是交换的结束。人际互动有长期性。帮人成事之后一般不会提及。受惠者不会因为没人提及而忘记，只是归还人情要看时机。有人甚至帮了忙后不承认，承不承认别人也清楚，甚至更加感激。经常夸功的做法会迫使人设法尽快还完人情后开始疏远。饭局建立的交情一般不会滥用，后面的事情超过交情的分量会遭婉拒，透支人情则破坏关系。

交情是长期的，因此吃饭也不是一次性的。平时通过吃饭培养的交情，关键时候会派上用场。人受感情和道德因素的影响，潜意识里会对经常邀请自己的人有亏欠感，当邀请人求助时，受邀者会伸出援手。但如果不是通过平时吃饭的感情积累，突然给对方很大好处，对方会出于疑惧而拒绝，对贸然提出的求助也会回避。饭局在这里起到建立和巩固信任的作用。

饭局是人与社会直接互动的典型案例,其特点是参与者面对面互动,在观察别人的同时展示自己,通过接触不同的参与者加深对社会的认识,并提升自己的能力,这个过程叫"社会化"。社会学对"社会化"的定义是:"一个人获得自己的人格和学会参与社会或群体的方法的社会互动过程。"社会互动的形式有交换、合作、冲突、竞争和强制。社会化贯穿人的一生。

社会化还有另一种方式,就是人通过间接方式获得关于社会的信息,与社会没有直接面对面互动。人在童年和青少年时代,可能更多的是通过这种方式实现社会化,掌握了社会生存的语言、技能、价值、规矩、角色。即使成年后,社会化过程仍在继续,不断接收新的信息,适应新的角色。由于人类社会过于庞大,个体对社会的大部分认识来自这种间接互动。间接互动的来源主要是从书籍、网络、电视、电影、广播等途径。

间接互动方式对人的影响是巨大的,信息的广度和深度塑造人的不同认知。很多美国人从来没接触过中国人,对中国人却有根深蒂固的观点。有些中国人从来没去过美国,对美国的情况却如数家珍。这些观点和情况绝大部分来自媒体,哪些信息是真实可靠的?全面的知识体系可以让人形成开阔的视野,进而具有较好的鉴别力,对海量信息的真假优劣做出合理判断。知识结构基础较弱,接触信息不全面,没有反思习惯,则易于导致缺乏判断力,偏听偏信,行事盲目偏激或因循守旧。"博学之,审问之,慎思之,明辨之,笃行之。"(《礼记·中庸》)

科尔伯格(Lawrence Kohlberg)提出道德观念发展的三个阶段:前习惯阶段(小学期间)、习惯阶段(青春期)、后习惯阶段(成年)。在前两个阶段,人被塑造出对错的概念和好人坏人的形象,但不会质疑规则背后的逻辑,因为"妈妈说那不能做""老师说好孩子应该这样"。后习惯阶段人们开始思考对错的理由。但不是所有人都会思考背后的理由,不少人出于惯性停滞在了前两个阶段(有人称之"巨婴现象"),于是后面人生中接触到的社会现象成为在缺乏鉴别力情况下的一种符号化的认识。

人对社会的简单化理解并不都是缘于知识匮乏。复杂的社会、繁多的产品、参差的观点，也令人难以认真鉴别真假优劣，于是主动选择符号化的理解方式。产品太多，不知道质量好坏，就看价格和包装，通常以为越贵越精美就越优质。观点太多，不知道深浅对错，就看是谁说的，通常以为级别越高越有名就越正确。人物太多，不知道本事大小，就看名片头衔，通常以为头衔越多越高级就越厉害（李嘉诚名片没有头衔、特朗普不用名片）。事实上，符号化的理解可靠吗？同一个人同一个观点，掌权时说出来大家都鼓掌，下台时说出来连自己当年的部下都批评。

人们将自己理解的社会当作真实的社会。人对社会的认识永远处于程度不同的片面理解之中。绝对的完整准确在现实中并不存在。有大数据和CIA（Central Intelligence Agency，美国中央情报局）也不够。人们只能尽量多获取和分辨真实信息。对社会个体而言，大量的社会现象可能只是一堆概念化的符号。缺乏分辨和筛选能力，每天的垃圾信息只是带来新鲜的谈资。人云亦云的习惯性思维给舆论煽动提供了肥沃土壤，也为社会资源的转移提供了人为操纵的可乘之机。

总之，直接方式与间接方式共同促成了人的社会化。人类获取与交换资源的方式，内容上与其他生物没有什么不同，但在人的社会化之后，就可以通过更符合人类社会习惯的方式进行这些获取和交换活动。

5.3 政治

当我们思考一个人该如何理性选择时，我们进入了经济学的研究领域。当我们分析一个人的行为是由什么社会因素影响导致的，我们进入了社会学领域。当我们观察人与人之间如何互动和分配权力时，我们进入了政治学领域。

政治比人类古老

广义的政治是关于权力的行为和制度。权力是支配的力量。政治并非像很多人以为的那样，是人类发展到某一阶段的产物。事实上，人类在演化成为人类之前就有了政治行为。

从历史源头看，权力的产生源自两点：共同利益的形成、自然禀赋的不均匀分布。为了共同利益，每个集体成员让渡部分个人权力形成集体权力。又由于人与人之间智力、体力、品格、资源、处境不会完全相同，优势者往往成为集体权力的最初行使者，并常常成为权力结构的规则制定者。

权力可能是平等的（例如轮流决策），也可能是不平等的（例如下级服从上级）。权力的产生可能是自愿的（例如协商推举），也可能是强制的（例如暴力胁迫）。自愿产生的权力往往是自下而上的方式（例如民主制），强制产生的权力往往是自上而下的方式（例如君主制）。

人类社会早期，集体权力形成后，权力行使者发现：从同类那里索取资源比向大自然索取资源更加容易。如同黑猩猩社会一样，权力行使者可能会利用手中权力去做一些维护和扩大既有权力的事情，例如创造出新的权力交给自己的同盟者。权力的不断扩大会加剧集体内部阶级分化，剥削现象出现并日趋严重。

不过，被剥削者很少被全部消灭。权力的发力方与受力方会形成共生演化。在自然界中，致病细菌经常演化得不具有太多毒性，避免杀死入侵对象而失去自身的生存环境。食物链中的捕食活动也较少出现灭绝性杀戮。权力的共生演化最终也会找到剥削的平衡点，发力方会找到保护受力方生存并长期行使权力的办法。

另外，禀赋差异并非一成不变，因此权力结构也非固定不变，平衡会被打破，并走向新的平衡。禀赋的内容和权重也在不断变化。托夫勒在其《权力的转移》一书中，将权力来源分为暴力、财富、知识三类，分别对应低质、中等质量、高质三种不同的权力形式。人类社会权力也由早期的暴力军队为主，向现代财团与媒体、政府、教会等对大众有实质影响力的集团扩展。

为什么政治比人类更古老？因为权力是联结群体的力量。人类演化成为人类之前，这种力量已经在生物群体中发挥作用。

5. 人类社会

人类与黑猩猩的共同祖先至少在 600 万年前出现分支，走上各自独立的演化道路。大约 300 万年前，黑猩猩这一支演化出黑猩猩和倭黑猩猩，然后继续各自演化。人类这一支由南方古猿中演化出能人，后来再通过各自演化直到现代智人出现。目前人类通过观察自己的近亲——黑猩猩和倭黑猩猩的充满政治行为的社会生活，可以了解和推断：人类早期乃至早于人类出现之前，这个物种的政治行为就非常丰富了。（灵长类研究者有人曾质疑那些政治行为会不会只是人类视角的解读，但越来越多的观点都认为灵长类的社会联系与权力操作客观存在。）

黑猩猩社会（community）很少聚集成大的群体（group），而是通过"分裂—融合"社会机制形成诸多小团体（party）在森林中穿行生存。这些团体内部有界限分明的等级秩序。尽管如此，冲突仍不可避免。根据一个对黑猩猩团体的观察记录，雄黑猩猩之间的冲突频率是 5 小时一次，雄雌之间是 13 小时一次，雌黑猩猩之间平均是 100 小时一次。既有的权力结构是平息冲突、维持秩序的平衡力量。

可是，权力的分配过程伴随着结盟和战争。黑猩猩需要通过残酷的暴力斗争获得和维持首领地位，然后拥有指挥成员和调配资源的权力。黑猩猩团体的首领在分发食物时，可以看到存在以权谋私的举动——有选择地对自己的结盟伙伴分发肉食，这些伙伴将帮助它反对潜在的权力挑战者。结盟伙伴有时会充当告密者，通过大喊大叫让首领知道一些竞争者与首领亲近的雌黑猩猩正在有性行为。对于可能挑战自己权力的下属，黑猩猩常常做出威胁举动或没事找碴儿，试图打消对方夺权的念头。黑猩猩虽然不会像人类政治家那样故意掩饰自己对权力的渴望，但仍显示出谋划权力的智力。威胁制造恐惧，恐惧带来服从。人类也常常如此。

人类不是唯一会杀害同类的灵长类动物，黑猩猩同样会为权力斗争爆发生死之战，甚至会通过私下串联合谋，突袭围攻打死现任首领夺权。通过暴力获取权力的雄黑猩猩既可以有性优先权，还可以通过权力地位支持自己的后代存活。在黑猩猩社会中，首领有时会对雌性施暴，甚至会杀死雌猩猩与前任首领的婴儿，促使雌性再次发情。每只雌猩猩产子之前，平均会和 13 只不同的雄性交配 138 次,其客观作用是,让雄性无法确定婴儿的父亲是谁,预防婴儿被杀,这是权力面前的被动防范举措。

相较于黑猩猩以权力解决性问题,倭黑猩猩却是以性解决权力问题。黑猩猩是父系社会,倭黑猩猩是母系社会。在倭黑猩猩社会中,找到食物一定是雌性先吃、雄性后吃。由于雌性掌握社会权力,倭黑猩猩从来不会发生杀婴事件。两个倭黑猩猩团体相遇也不开打,而是开始性交。性在这里是一项社交工具,新入群雌性会借此打入社群核心。

权力与性也是人类社会中常见的追求目标。从人的角度看,权力与性既可能是追求风光荣耀、斗争乐趣或生理快感的直接动因,也可能是追求崇高理想或真挚爱情的副产品。从自然角度看,人类争夺权力与性的过程都是指向基因传播的本能行为。权力使人获得更多资源维护生命自身,性使人有更多繁殖机会,增加自身基因遗传和扩散的概率。有了权力也就有了性。只是人类与其他动物不同之处在于会反思这些本能,从而有人会做出不同的人生目标选择。

黑猩猩和倭黑猩猩的政治行为客观上是具有建设性的。它所形成的等级秩序给内部的冲突和竞争带来限制性的凝聚因素。在相对稳定的社会秩序下,群体内部的权力结构也会不断演化,每天都在接受测试,一旦权力结构平衡性太弱,就会受到挑战,被新的平衡所替代。这种建立在竞争与暴力基础上的政治规则不仅存在于灵长类动物中,狼群等哺乳动物群体也是如此。

另一种权力分配方式是基于自觉与民主。社群成员自觉接受分工,王者的权力不受挑战,日常决策多采民主方式,例如蜜蜂的社群。蜜蜂社会由蜂王(即蜂后)、工蜂、雄蜂组成,有绝对严格的分工,职业由遗传基因决定(人类历史上也有过类似的、出生即固定职业和等级的社会结构,例如古代中国的"四民分业"制度和古代印度的"种姓等级制度")。

蜜蜂社群中唯一的蜂王只负责产卵,工蜂负责劳动,雄蜂负责与蜂王交配。雄蜂交配后就死亡,却义无反顾地自觉履行义务。工蜂之间有意见分歧(例如选址)会通过跳舞沟通方式民主决定。自然状态下,蜜蜂社群一般不接受外来蜂王。受到社群拥戴和保护的蜂王会产下并培育出新蜂王，然后在新王要出房的前两天左右，老蜂王会带着一半的蜜蜂飞走。这样数次之后，老蜂王会在蜂房或外面选择自然死亡，队伍交给它生育出的最后一任新蜂王。

蚂蚁与蜜蜂的政治结构相似（两个物种各自都有很多种类，并不完全相同），但"宫斗戏"要多一些。蚂蚁社群是等级森严的社会，由蚁后、工蚁、雄蚁组成。蚁后是名副其实的社群统治者，拥有至高权力。蚁后与蜂王一样负责生殖，雄蚁类似雄蜂负责交配，且交配后死亡。但蚁后获取权力的过程比蜂王难一些。蜜蜂社群中如果同时孵化出多只新蜂王，长子会咬死其他尚未长成的潜在竞争者。蚁后却要靠艰苦的政治斗争取得最终权力。

开始蚁后并不唯一，每只蚁后都聚拢着工蚁小团体，并会与其他蚁后结成联盟，消灭共同对手后，联盟瓦解，盟友变仇敌开打，直至最后产生获得最多拥护者的蚁后。在这个过程中，为了自己效忠的蚁后，工蚁会不择手段最大限度地破坏对手的卵，吃掉它们或者拖出去扔掉。托马斯在《作为有机体的社会》中写道：蚂蚁们"做各种各样（和人类相似）的事情，只是不看电视罢了"。

上述动物在地球上出现的时间都早于人类。其政治行为比人类更加悠久。如果从生理结构上认为哺乳动物比卵生动物更复杂，似乎可以推论：越复杂的群体结构对权力核心的能力要求越高，因此越需要通过竞争方式产生最适首领，相对简单的群体则不需要太复杂的权力斗争，通过各司其职即可维持社会运转。不过也可以从群体数量的角度做出不一样的推论：成员数量较少的群体，竞争择优的成本较低，可以通过竞争方式产生权力中心；成员数量太多的群体，竞争择优的成本过高，因此不宜选择竞争方式，而是直接"天择"。

人类的政治制度

早期人类社会存在规模大小不一的社群。从10人以内的家庭，到100

人左右的家族，到500人左右的村落，到数千人的乡镇，到数万人的州县，到数十万、数百万、数千万人的城市和国家，再到70亿人的现代全球化体系。不同层级的系统均由权力联结以维持秩序。霍布斯（Thomas Hobbes）认为，没有国家权力维系，人类社会将陷入"万人对万人的战争"。

人类社会中权力无处不在。权力由作用力与反作用力共同构成。权力斗争可能构建社会秩序，也可能破坏社会秩序。人类社会秩序是在权力斗争中由不平衡走向再平衡。

宇宙中同时存在构建秩序与破坏秩序的两种力量（熵减与熵增）。人类社会也同时存在构建秩序与破坏秩序的两种权力，一般将前者称之为合法性权力，后者则为不合法权力。

韦伯（Max Weber）将合法性权力（或权威）分为三种：传统型是有约定俗成的习惯，例如父权制；魅力型是有个人的超凡魅力，受人拥戴；合理型是经由权力规则产生，如选举制。

在现实中，人类社会存在过的合法性权力按决定方式有"天意"和"民意"之分：君主制决定者是天，是"权力神授"，认为上天（神）决定谁做君王，权力中心是"替天行道"。民主制决定者是人，是"权力在民"，认为社会领袖应由人民决定，替人民行使权力，"为民服务"。

不合法权力主要有（不止两种）：腐败与非法暴力。腐败就是滥用权力，以权谋私，在集体赋予的合法性权力掩护下，从事损公肥私的行为。腐败现象产生原因有二：人性有自私本能、制度有权力垄断。人类社会发明德治与法治两个办法，旨在通过内心道德与外部约束来清除腐败。但只要存在腐败的种子和适宜的土壤，腐败总是屡禁不绝。

非法暴力是未经公认的不合理的暴力行为，例如霸凌、犯罪、群体暴力（有时也可能转换成合法）。现代社会已经不那么崇尚暴力，大多数现代国家解除了国民武装，垄断了暴力使用权。这种变化使人际关系的暴力性下降。例如在英国，现代谋杀率仅为800年前的十分之一，300年前的二分之一。人们在处理人际关系时更倾向于使用合法权力解决。

不合法权力会破坏人类社会的秩序。这种情形在撒哈拉以南的非洲地区比较显著，例如索马里、塞拉利昂、利比里亚、刚果等国家。这些地区的合法性权力较弱，国家元首可能只是个部落酋长，或地方性军事帮派，国家不能垄断暴力，政府内部腐败盛行，导致军阀统治、犯罪普遍、社会混乱。

人类社会大体存在过两种政治结构：集权结构，是权力核心依照自己的思想和意志实施统治，权力结构配置总体呈现自上而下的特征。分权结构，是权力核心被多个机构或集团所把持，权力获取有自下而上的特点。集权结构多出现在近代之前，分权结构较盛行于近代之后。分权结构的产生逻辑是：权力在行使的过程中没有明确界限，有滥用的倾向，且受力方缺乏反制的合理方式。只有权力本身可以制约权力的滥用，因此权力应该分散。

人类社会当今世界的政治制度主要有五种政体类型：一是多头制（polyarchy），意为"多人统治"，也称"自由民主制"。主要分布在北美、西欧、澳洲。二是新民主制（new democracies），或半民主制（semi-democracies），指民主过程没有完成或民主和威权稳定共存的政体。主要分布在中东欧和拉美。三是威权制（authoritarianism），强调集体和权威。主要分布在东亚。四是神权制（theocracy），宗教权威凌驾于政治权威。主要分布在中东、北非、东南亚的伊斯兰世界。五是军委制（junta），也称"军事威权制"，由军事委员会或军事强人主政。主要分布在拉美、中东、非洲、东南亚。

同类政体内容和形式也不一致，各有特点。例如多头制中，有的倾向集权，如英国；有的倾向分权，如美国。有学者将民主制分为"多数民主"和"共识民主"。前者特点包括：两党制、多数选举制、一党政府、中央集权；后者特点包括：多党制、比例代表制、联合政府、联邦分权。前者如澳大利亚、新西兰、加拿大、以色列、印度；后者如奥地利、比利时、瑞士。

除了国家内部的政治制度外，国际政治制度的建构也是人类社会的重大课题。

人类历史上的国家与国家关系大体有三种秩序模式：一是霸道模式，强权国家与弱小国家的政治经济关系不平等不平衡，例如欧洲近代的殖民地体系；二是王道模式，强权国家与弱小国家的政治关系不平等，但经济关系是平衡的，例如中国古代的朝贡体系；三是公道模式，强权国家与弱小国家的政治经济关系基本平等平衡，原则上没有服从与被服从的义务，例如二战后的国际政治体系。

与其他物种不同，人类发明出全球性政治架构，将这个物种在地球上的几乎所有成员联结起来。1945年世界主要国家通过签订生效的《联合国宪章》组建起联合国，在促进国际法、国际安全、经济发展、社会进步、人权及实现世界和平方面的国际合作中发挥着重要作用。

政治全球化的进程迄今还在继续。联合国、欧盟、世界贸易组织、国际货币基金组织这些国际性机构削弱了国家作为自治政治单位运转的能力。欧盟是构建政治共同体最为深入的组织，各成员国让渡自己的部分主权给欧盟，诸如货币政策、农渔业政策、防卫和对外事务等。欧盟所汇集的主权，比各个成员国主权的总和还要大。

当前国际秩序融入了正义、独立、自由、人权等精神元素，更加符合现代社会人们的伦理观念。事实上，人类对权力制度的构建一直没有离开过伦理观念。东方儒家伦理要求"己所不欲勿施于人"，西方犹太教和基督教伦理要求"爱汝邻人""当他愿意不受干扰时就不要去干扰他"。正是这些理念的共性构筑了现代社会自由平等的制度理念，让人类社会的权力行使更能符合公认的道德规则。

未来人类理想的政治制度是什么样子？布坎南在《同意的计算——立宪民主的逻辑基础》中提出，建构"好的政治社会"，需要"对社会组织方面的政治问题与经济问题之整合的回归"。人类对"好的政治社会"能否形成共识性标准？民主制是不是好的政治制度？谁是人民？政治权力应在多大范围内分配？应该交给全民还是政党？是否以及何时能够实现马克思所预言的没有国家的人类政治社会？都是值得思考和探讨的问题。

为什么选择独裁

如果民主制度优于集权制度，为什么古罗马会从共和走向独裁？独裁者获得民众拥护、国家选择帝制的过程是怎样的？

古罗马政治制度有三个关键要素：元老院、行政官、公民。权力重心变化左右古罗马政治制度的变化：权力在元老院，是寡头政治；权力在行政官，是君主政治；权力在公民，是民主政治。

元老院是名义上或实际上的最高权力机关。这些元老有的来自罗马刚刚建国时的氏族首领，有的来自官僚、贵族或骑士阶级。身份是终身制，但如有犯罪或不道德行为，可能会被开除。

行政官基本上由选举产生，任期制。执政官、保民官、元老院之间形成权力制衡，理论上不会出现独裁，但实际中，执政官可以通过元老院授权而独断专行。

公民资格最早是所有出生于或被收养于罗马三个缘起部落的人，后来涵括所有15岁以上的男性国民，但不包括奴隶和外国人。不过，符合条件的外国人可以申请获得罗马公民身份。

三大政治要素在理论上有循环制约的关系。行政官作为国家代表，运用政府力量管理公民，但如果赋税劳役过重，公民可以通过代言人立法机构来制约行政部门。

然而罗马的立法机构元老院贵族色彩浓厚。最晚从公元前4世纪开始，元老院成员就开始宣称自己拥有特洛伊血统。而在公元前1世纪，这种宣称变得特别重要。恺撒也这样宣称其家族。

恺撒出身官宦世家，家族多人出任过执政官。这使得恺撒自幼作风强悍。22岁那年他被海盗绑架，他斥责海盗索要赎金太低，是对自己的蔑视，自愿提高赎金让仆人去筹钱，自己则写诗念给海盗听，海盗听不懂他就骂其野蛮。海盗得到赎金释放恺撒后，恺撒招募部队捕捉海盗，要回赎金后将其一一处死。

强势的恺撒任罗马共和国执政官期间获得巨大政治声望。卸任后任职总督，征服整个高卢，并两次入侵不列颠，期间获得大量财富，并练就一支规模庞大且忠于个人的精锐之师。雄厚的政治、经济、军事实力助长了他的政治野心。

恺撒向西扩张之前，庞培向东扩张也取得成功，为罗马带来堆积如山的贡品和财物，自己也成为手握重兵的政治强人。当恺撒违反罗马法律，指挥军队进入意大利本土之后，庞培宣称支持元老院，反对恺撒的不合法举动。

不过，庞培与恺撒只是个人独裁之争，二人其实都认为"共和时代已经死亡"，庞培支持元老院只是意图通过合法的途径获取独裁地位。他的确比恺撒更有资历。

庞培出生骑士家庭，35岁就是沙场老将，名扬天下。当海盗猖獗严重威胁罗马贸易时，罗马议会通过一个议案，批准将罗马海军交给庞培支配。庞培只用三个月时间就肃清海盗，处死匪首，俨然有独裁者的势头，这也给恺撒以启示。

因此，恺撒手握重兵后回师罗马，意图建立贤明独裁政体。元老院努力维持原有的贵族寡头政体，庞培则企图在元老院的加持下实现有限独裁政体。内战的爆发成为政治体制选择的较量。

客观看，当时罗马共和国的原有政体的确岌岌可危。贫富差距与阶级差距日益严重并趋于固化。百姓饿死在贫民窟里，元老院议员躺在床上睡懒觉，很少有人愿意去开会。

立法机构与民众脱节。人情关系浓厚，贿选成为常态，贪污腐败盛行，判决、官职、领地，都可走关系花钱买。吃喝玩乐是贵族名流的喜好，现在看到的当时的菜单，有来自帝国各地的山珍海味。连一个演员请客的一份菜单里，单单孔雀、松鸡、仙鹤等鸣禽就被吃掉合5000美元。

剥削情况也很严重。一直被恺撒器重并在后来参与了刺杀恺撒的布鲁图，曾经放高利贷给被罗马兼并的塞浦路斯岛某城市，对方还不上，他就从元老院获得支持他的法令，让罗马骑兵将该城议员围困在市政厅，饿死其中五位,以收回钱财。

罗马军队只保护这些权贵的利益,却无视民众的生活秩序。当时的罗马,城里犯罪肆虐,乡村盗匪横行,缺乏警察力量,四处权钱交易。投票受到操控,投错票会惨遭毒打,或被人放火烧毁房屋。元老院内部明争暗斗,各自雇佣无赖打手,政治腐化。

恺撒针对这种社会紊乱形势和民众不满心理,向士兵们说:"腐败懒散的贵族政治无法带给罗马和平、正义和繁荣……有谁要跟随我呢?"军队全体拥护,恺撒迅速进军,沿路城市欢迎。

虽然庞培当时军力远比恺撒雄厚,但他还是从首都撤军,并拒绝一切和平建议。想当年,庞培娶了恺撒的独生女,恺撒私通了庞培的前任太太,两人还曾结成政治联盟,然而最终还是兵戎相见。恺撒以少胜多,击败了庞培,但予以礼葬。

恺撒占领罗马城后,没有了竞争对手,于是通过独裁统治,整顿罗马秩序,恢复国家活力。恺撒身兼执政官、保民官、督察官,并获得元老院的各种头衔和赞美,任期制变为终身制,元老院几乎成为顾问性质的隶属机构,权力重心从元老院移到行政官。

这种政治体制的演变,与罗马扩张过程中受到亚非等外国独裁政体的影响不无关系。例如埃及的王政模式。埃及女王克利奥帕特拉借恺撒之手稳固执政权,并主动将自己嫁给恺撒,生下男孩,取名"小恺撒"。还利用埃及的巨大财富支持了恺撒的统治。

独裁者依靠军队取得权力,而士兵大多来自庶民,因此在当时的阶级对立与贫富对立中,恺撒非常重视保护平民的利益。他重建社会秩序,拨款大搞基础建设,增加国内就业,遏制乡村奴隶制度,扭转土地集中趋势,规定新土地20年内不得出售。

还有一些笼络军队与市民的举措。例如,战后他给每个士兵发放相当于3000美元的货币,远高于他对士兵们的承诺。在罗马城摆了2.2万桌的酒席,以飨市民。缓和贫穷,提供赈济,发放福利,这些举措总体上取得广大庶民的拥护。

恺撒的改革是猛烈的，但也是不彻底和不讨好的。他打击了贵族地主势力，大幅降低贷款利息，令保守派心存不满。而同时，他没有废除所有债务、重新分配土地，令激进的改革派失望。

各项措施中，最遭人怨的是把意大利自由人的地位提高到跟罗马市民一样，并将罗马公民的权利赐给殖民地居民，这样元老院的规模和成分也就发生变化了。元老院的贵族们眼见既有权利不断被削弱，决心除掉恺撒。

恺撒遇刺当天早晨，太太请求他不要去元老院，因为她梦见恺撒满身是血。恺撒征求密友布鲁图的意见，布鲁图坚持要恺撒去一趟，纵使礼貌性拜访也好。在元老院遇刺时，58岁的恺撒试图挣扎逃脱，却在众多持刀谋杀者中看到有布鲁图，用希腊语说了句"你也来杀我"，之后就放弃抵抗，倒在庞培的雕像脚下。

罗马的制度转型并未因恺撒的死亡而停止。

部将安东尼认为自己是恺撒的合法继任者。他宣读了恺撒的遗嘱，其中包括用其个人财富给每个罗马公民发一笔钱。元老院为避免安东尼成为第二个恺撒，将恺撒养子屋大维召回罗马，作为制衡。年仅18岁的屋大维回来就拜访安东尼，催他落实恺撒遗嘱，将恺撒钱财发给罗马公民。

安东尼对此恼怒，屋大维于是率领他的两个军团向安东尼宣战。新的独裁者之争正式打响。

两个政治强人时战时和。合作的时候共同诛杀了谋害恺撒的所有参与者，包括布鲁图。

作为元老院的代表，布鲁图在恺撒死后被委任为总督，管理希腊地区。布鲁图在当地以武力强征租税，甚至预收10年租税。市民不从，他就率兵围城，迫使守城者集体自杀。

屋大维在讨伐他时被击退，但安东尼攻打布鲁图却令其兵败自杀。安东尼为他的尸体盖上紫袍，因为二人也曾是好朋友。

如同当年恺撒与庞培的势力划分，屋大维占有帝国西部，安东尼盘踞帝国东部。鉴于安东尼势大，此时29岁的埃及女王克利奥帕特拉转嫁安东尼，屋大维也将妹妹嫁给安东尼。

安东尼向元老院建议，他和屋大维同时退隐，让罗马恢复共和体制。屋大维则巧妙地利用安东尼的遗嘱，当众在元老院宣读，认为遗嘱中说安东尼的继位人是埃及女王克利奥帕特拉的儿子，无疑让罗马的主权被埃及侵蚀。于是，屋大维向克利奥帕特拉宣战，声称是维护罗马的国家利益。

克利奥帕特拉与安东尼战败请降。屋大维提出要她杀死安东尼作为条件。她不肯，准备与珠宝共焚。安东尼写信给屋大维，请求以自杀换取克利奥帕特拉性命，屋大维不予理睬。安东尼听到克利奥帕特拉被杀的谣传，拔剑自杀。克利奥帕特拉埋葬了安东尼后，身穿皇袍，以毒蛇噬身而自杀。小恺撒也被杀死。

屋大维彻底战胜了安东尼，新的独裁者在罗马出现。

与恺撒精力旺盛、智勇双全的特点不同，屋大维体弱多病、谨慎有余。屋大维神经紧张，容易疲倦，饮食清淡。遇有宴会，常常预先吃饱，或宴后单独再吃，而不动席上的食品。他演讲总是照稿宣读，避免失言。然而正是因为他的敏感多病，使他的寿命比很多人都长；正是由于他的谨慎圆滑，很多矛盾没有破裂。

此时，地中海地区民众因连年战乱而厌恶暴力与混乱，渴望安全与秩序，不再恋慕自由与民主。民主议会的腐败无能已经成为共识，民众开始期待贤明政治能维护公民利益。

屋大维利用民众的这种普遍性心理，通过军事与政治手段取得最高权力，恢复并巩固了恺撒的独裁统治。他不但实际上成为终身的行政官，还在元老院被任命为常任的"首席元老"，即"元首"，开创了"元首政治"。

"元首政治"通过个人魅力、声望与权威，平衡各方利益，让罗马稳定局面，恢复秩序，重现活力。

君主政治以军队为本，寡头政治以贵族为本，民主政治以财团为本。作为独裁统治的"元首政治"力图兼顾各方利益。

对战后的军队，屋大维利用征战中掳取的巨额财富，支付士兵的欠薪。保留了20万现役军队，每个人宣誓效忠于他，其余30万人都获得巨额遣散费，并获得土地。

对元老院的贵族，屋大维极尽礼貌，使之成为高级傀儡。事实上，他可以决定元老院的人事构成。元老院会议的一切方案必须经他同意才能提出。外交和军事权力完全在屋大维手中。

对各地财团，屋大维予以重视，任用若干商人担任高职，甚至委以总督重任。他避免了恺撒改革的急躁，加强政府公共建设，逐步改善公民生活，开展贸易，增加投资，保护产权，取得成效。

这位 31 岁统治地中海地区、治理罗马达半世纪之久的罗马帝国缔造者，被元老院尊为神，与诸神同列，受人崇拜，其诞辰被定为宗教节日与休假日。屋大维在 76 岁病逝前，已经厌倦了特权与奉承，他凄然地对病榻边的朋友说："我的戏已演完了。"

罗马由共和国转为帝国后的 200 年，基本保持了稳定繁荣，期间，虽然有人几次企图恢复共和政体的尝试，均未成功。帝制被民众接受。

贤明君主的优点是有利于政治清明、社会稳定、经济繁荣，是由乱而治的良药；缺点是稳定性差，君主本人及继任者能否保持贤明，并无可靠的制度保证，随时可能由治而乱。

古罗马的政治制度，在元老院、行政官、公民中，如果元老院力量强大，就会压制其他要素，形成寡头政治；如果行政官英明勇武，则会控制其他要素，形成君主政治；如果元老院与行政官都不能强势到一家独大，就会出现民主政治。农业时代的罗马工商业势力有限，贵族势力日益腐败，公民权利在原有政治体制下得不到保障，只能寄希望于独裁者圣明贤能。控制军队的政治强人也顺应了罗马对外扩张的需求，最终使政体由共和转向独裁。

5.4　国家

从现有的考古发掘来看，苏美尔城邦是目前人类所知的全世界最早的国家，其开端可以追溯至公元前 4000 年或公元前 5300 年（通过放射性碳十四的断代测定不同的古城遗址)。

普遍认为,苏美尔文明是奠定人类文明的基石,西方文明的源头希腊文明也是在苏美尔文明的影响下发展起来的。从现有资料的研究成果看,包括国家、神话、天文、历法、语言、文字等至少39项人类最早出现的社会现象均来自苏美尔人。

美索不达米亚是古希腊语,意思是"两河之间的地方",这也是《圣经》中称为"伊甸园"的地方。这个平原大约40万平方公里,和中国的云南省差不多大。由于土地肥沃,物产丰富,吸引了来自不同地区的人类定居。一些黑头发的种族,以远高于周边部落的发展程度,发展出了人类历史上的第一个文明,他们被后来的征服者阿卡德人称为"苏美尔"。

在当时的两河流域,苏美尔人既不是最早居民,也不是唯一居民,但他们在历史记录中最先建立城市。从这些城市的遗址看,已经有相当规模。要知道,上千年后的世界很多地区,例如古希腊,不少城市也不过是一些村户的集合。

苏美尔城市每城一王,不相统属,各自为政。城市以神庙为中心,也有王宫建筑,周围建城墙。互相接壤的地方以运河及界石为界。两河平原缺乏石矿和树,因此苏美尔的建筑多是泥砖建造,砖与砖之间没有灰浆或水泥连接。很多房屋用泥砖作墙壁,用芦苇作屋顶。泥砖是泥土和稻草加水混合晒干而成。

有了固定的住宅后,苏美尔人兴修水利,用纵横交错的沟渠对农田和菜地进行灌溉。根据泥简记载,苏美尔人庙里敬神的食品,有牛、羊、鸡、鸭、鸽、鱼、枣、饼、南瓜、无花果、奶油等食品,可见农业发达。

他们用牛犁田,用管状工具播种,收割后用一种木制带齿的打谷机分开穗茎,穗做粮食,茎做饲料。工具除了石器,还有象牙、兽骨、青铜器。运输工具有马车和船。使用金银做货币。这些现象出现在公元前4000年至公元前3000年,早于中国黄帝时代。

与中国三皇五帝时期没有留下任何考古物品不同,同时期的苏美尔人留下了大量文物让后人了解当时的情况。其中包括精美的工艺品,如黄金器物、武器、金头盔、乐器等。苏美尔人的雕刻和绘画也很发达，作品留传至今。

根据雕刻和绘画作品，人们可以看到苏美尔人有装备复杂的军队：苏美尔轻步兵的武器是战斧、短剑和长矛，远兵器包括投石索和弓箭。正规步兵还配有铜盔、毡披风和皮革裙。战车有四个轮，上面有两名士兵，由四头野驴拉车。

先进的军队标志着国家的出现。国家需要固定的地域。人类发明农业后有条件大规模世代定居。两河流域是人类最早的农业发源地之一，也因聚集和繁衍人口的迅速增加而最早产生国家。

国家的出现，意味着秩序的形成，生产生活风险的降低，财富积累速度的提高，对内维持稳定和对外防御扩张的力量增强。这是人类社会组织形式演化的新形式与新阶段。

国家与部落的区别，在于固定的辖区内具有常设的政府、军队、法律。国家是战争机器，目的是保护或掠夺资源。渔猎时代人类为争夺资源丰富的地区也会爆发部落战争，但为战争协调起来的组织会随战争结束而解散，没有固定的政府、军队和法律。

国家刚刚出现时，所辖地域有限，基本一城一国，城市也较简单。苏美尔人的早期城邦，一般由中心城市连同周围的农村组成，领土面积不大，居民两三万。后来规模不断发展，多达十几万人。苏美尔的乌尔城遗址面积相当于9个故宫大小，已有宽厚的城墙和处处可见的拱门，里面还有大型庙宇建筑。

城邦的出现，意味着城邦内各阶层民众开始形成命运共同体，共同抵御天灾及入侵。城邦建有高大的城墙，最初是出于防御需求，因为自身拥有的人口和技术使得财富增长较快，需要对付周边相对落后的蛮族劫掠。但当城邦财富与军队力量增长到较高水平时，也会使统治者有能力和意愿对外征服，夺取奴隶和土地。

苏美尔的国家之间战争动机非常简单，而且坦白，常常直接宣称："我要你那片土地""我要你那批粮食""我要你的银矿""我要你的绿玉"等。

抢到想要的资源后，将敌人杀戮献俘活祭，或作为奴隶使用。国家内部依法律按实物课税。与后来的国家相比，苏美尔人的法律简单而宽大。

根据泥简记载，公元前4000年的两河流域下游，随着各城邦人口的增加和资源的稀缺，苏美尔城邦逐渐进入"战国时代"，有些强大的城邦征服了附近的城市，建立了多城市的国家。随着个别国家的版图扩大，城邦数量在减少。霸主地位也在几个中心城邦之间转换。这与中国春秋时代向战国时代过渡的情形很相似。

大约公元前2500年左右，与中国的黄帝部落称霸黄河流域同时，一个叫作拉格什的强大的苏美尔城邦开始称霸两河流域。考古学家在拉格什发现了王室的铭文，记录了公元前2500年到公元前2350年之间约150年间的完整的拉格什国王列表以及相关史事，也使拉格什成为苏美尔各城邦中后人了解的唯一比较完整的城邦。

经过几代国王的经营，拉格什击败北方强国基什，并征服周边乌尔、乌鲁克和拉尔萨等城邦，成为苏美尔诸邦的霸主，建立起"拉格什帝国"。不过帝国很快出现内讧，几次政变之后，一个平民利益代言人登上王位。这个人（乌鲁卡基那，Urukagina，约BC2378—BC2371在位）成为"拉格什国王"之后，开始了人类文明史上已知最早的政治改革。

在关于这场改革的泥版文书中，可以看到当时拉格什贪官污吏横行霸道，王室侵占平民的良田，买卖不公，苛捐杂税严重，穷人得不到任何保障。新国王试图改变这些，轰轰烈烈地开展了政治改革运动，制定一系列新的法律及政策，保护平民利益。

改革是为了更好的国家内部统治，如同治病调理，恢复国家有机体的机能与活力。然而此次改革似乎没有成功，反而严重削弱了自身的国力。6年后，世仇的邻国（温马）率军灭亡了拉格什（第一王朝），并血屠全城，杀了这位改革之王。

在苏美尔城邦争霸的同时，有一个闪族人的城邦异军突起，逐渐灭掉了苏美尔人的早期城邦，建立了两河流域的统一国家——阿卡德（Akkadia），并延续了141年。这个国家被历史学家视为人类第一个帝国，其出现甚至早于中国的尧舜禹时代。

阿卡德人最初定居在苏美尔人以北的平原上，几百年间持续学习和吸收苏美尔人的种种知识，还学会了使用车轮，并开始组建自己的战车方队。利用苏美尔各国的内战，阿卡德人乘势南下，席卷苏美尔各城邦，建立了类似中国秦朝的君主制集权国家。

阿卡德虽然不是苏美尔人的国家，但却是完全的苏美尔文化，对苏美尔文化几乎全盘接受了下来，包括苏美尔的文字、宗教和经商热情，因此仍是苏美尔文明的一部分。100多年后，来自伊朗高原的新入侵者毁灭了阿卡德，使其从历史上消失。

此后，苏美尔人的城市国家又一个个重新出现，并享有一定程度的独立，直到乌尔城邦崛起，建立起一个纯粹的苏美尔人的帝国，国王自称"苏美尔和阿卡德之王"。这一帝国维持了一个世纪后被闪族人的巴比伦帝国灭掉。苏美尔文明自此结束。此时中国进入了夏朝，正式开启了国家时代。

国家也是有机体

尤瓦尔·赫拉利（Yuval Noah Harari）在他的《人类简史》（*Sapiens: A Brief History of Humankind*）与《未来简史》（*Homo Deus: A Brief History of Tomorrow*）两本书中提出"国家是虚构的故事"。理由是真实与虚构的区别在于，该事物能否感受到痛苦——人受伤时，人有痛苦，因此是真实的，而国家受伤时，国家并不能感觉痛苦，因此是虚构的。

他认为，真实实体一定"会感觉痛苦"，例如受伤的士兵和饥饿的农民。而国家与货币都是人类虚构的现象，如同宗教信仰一样，通过虚构的故事让人们相信它是真实存在的。只是任何独立的个体都无力撼动这些人们共同的想象。

国家只是虚构的故事吗？什么是国家的痛苦？国家受伤或灭亡时，给很多身体并没有受伤的人带来的痛苦感受，算不算国家的痛苦？国家有没有神经系统、国家意志和痛苦感受？

感知痛苦是真实与虚构的判断标准吗？人们剪掉头发指甲却并未感知痛苦，头发指甲是虚构的存在吗？如果人因为神经系统坏死、无法感知痛苦、就可以否认人是真实的存在吗？

如果痛感并不是判断真实的标准，如果国家受伤感知痛苦的方式与个人受伤并不相同，如果组成国家的每个人能感知到国家的存在，那有什么理由可以否定国家的真实？

将国家视为虚构的观点，本质上是以个人为中心（主体）的思维方式，因此会形成其书中"主观、客观、主体间"的三维思维框架，也必然会以"人的感受"作为事物判断的标准。

个人与国家，是宇宙多级系统中的不同层级系统。看待不同层级的系统，要有不同的思维视角。

当大量细胞细菌病毒通过共生演化组成人体的时候，就不能只从细胞细菌病毒的视角，认为人体是虚构的故事。当大量个人通过共生演化组成国家的时候，就不能只从个人的视角，认为国家是虚构的故事。

如果将思维视角转换一下，就会得出完全不一样的结论，看到完全不一样的风景。

德国历史学家斯宾格勒（Spengler，1880—1936，一个拒绝一切社会职务的隐居学者）等人认为，每个文明都是一个有机体，成长与死亡有独立的生活过程与轨迹。

这派理论认为个人的联合与细胞的组合没什么本质不同。人体内有促进生存的力量，也有导致死亡的力量。这是自然现象。一个社会也有进化的力量和退化的力量，同样是自然现象。

国家是由个人和利益集团组成的真实的系统。国家系统一旦形成，就具有了自身的内部结构与外部功能。国家兴衰不是靠人的虚构和想象发生变化的。国家演化，包括统一和分裂，均有其内在规律。从系统特征来看，国家与人有很多相似之处。

系统具有多层次性。很多分子组成细胞。很多细胞组成人体。很多个人组成国家。国家是真实的系统。国家系统一旦形成，就具有了自身的内部结构与外部功能。

国家系统有生有灭，有兴有衰，不是靠人的虚构和想象发生变化。虽然离不开人类的群体意识，但却是真实的存在。

国家系统像人体系统一样，也有生命。古代中国将国家的寿命称为"气数"，气数已尽则亡国不可避免。国家寿命的终结与人一样，或亡于内，或亡于外。内有疾病，祸起萧墙，则政权更迭。外有敌患，飞来横祸，则国家易手。中国历史上，汉唐亡于内，两宋亡于外。世界历史上，希腊、安息亡于内，波斯、罗马亡于外。当然，内外指的是主要原因，系统往往是灭亡于共同作用。

说到气数，富裕的国家要让周边国家或部落也能共同富裕才是长久之道，哪怕是边贸、和亲或岁币的方式，否则，周围的贫困地区也会将富裕的文明淹没。女真人灭亡北宋，蒙古人灭亡南宋，希克索人灭亡埃及，赫梯人、喀西特人、波斯人灭亡巴比伦，马其顿人灭亡希腊，匈奴人和汪达尔人灭亡罗马，都是平衡规律下的国家演化产物。

国家寿命长短与体型大小无关。体型胖瘦的人都有可能长寿，也可能夭折；版图大小的国家也都有可能长久，有可能短暂。大版图国家如亚历山大帝国和秦帝国，寿命都很短，而汉帝国和罗马帝国的寿命却很长。

国家规模有成长的极限。人类历史上最早的阿卡德帝国约60万平方公里。世界历史上的传统帝国疆域大多数不超过1000万平方公里。规模成长过快过大往往迅速发生分裂，例如蒙古帝国、亚历山大帝国、大英帝国。

这有点类似细胞分裂的功能：细胞必须有足够的表面积才能正常进行代谢作用，但细胞体积逐渐生长增大时，表面积与体积的比例就会变得越来越小，物质交换适应不了细胞的需要，于是发生细胞分裂以恢复适宜的比例。国家过大造成代谢运转不畅时，会自动分裂以降低内部交易成本。

国家越大，发挥集体力量的能力也越强，世界四大文明古国先后在大河流域出现并进行复杂建设工程是人类合作效率提高的例证。国家规模扩张虽受追求效率的驱动，但国家规模越大，内部交易成本越高。尤其在古代社会，领土越大的国家内部传递命令和信息、人事选拔与考核、调动军队和后勤供应越是不便，就越有可能出现"天高皇帝远"的脱序现象，国家规模就会出现成长的极限。

现代社会，国家规模仍然没有随技术突破而出现急剧扩大的现象，除了民族与文化的阻隔外——虽然世界历史上也出现过不少多民族多文化的国家——更重要的原因是制约国家规模的关键力量已经由古代的物质力量转变为现代的观念力量。

1648年欧洲各国达成《威斯特伐里亚公约》标志着现代民族国家，即以民族主义原则确立其合法性的国家开始出现。现代国家体系更强调主权和民族的特点，不同于此前分别以封建（feudal）原则和宗主权（suzerainty）原则构成的西方国家体系与东方国家体系。即使一个国家政权具备足够强大的军事实力，如果运用武力吞并另一个主权国家也是不被国际社会认可的政治举动。这里关键是主权观念。

以前国家之间的互动规则主要靠实力说话，因此秦国可以灭六国一统天下，罗马可以征服地中海沿岸各国使地中海成为内海，普鲁士可以通过普丹、普奥、普法等一系列战争建立起排除奥地利的独立统一的德意志帝国。然而从现代民族国家主权平等的视角，人们就会质疑：谁赋予秦始皇、恺撒、俾斯麦的权力？法律上和道德上有没有合理性和依据？

这并不是说现代社会解决国家统一问题已经排斥武力。二战后朝鲜、越南、也门在追求国家统一的过程中都尝试使用武力解决，越南还获得成功。即使是2014年克里米亚通过公投脱离乌克兰独立，并重新加入俄罗斯，也是在俄罗斯军队的进驻下完成的。现实中人类社会解决国家内部或国家之间争端还不能彻底排除武力方式。当前世界上虽有20几个国家不设军队，但基本上都是内部有警察武装，外部有其他国家军队保护。

霍布斯（Thomas Hobbes）、洛克（John Locke）等17世纪社会理论家对国家有过深刻论述。

后来关于国家本质的认识主要有三种思路：

马克思（Karl Heinrich Marx）以"统治阶级"为权力主体的研究思路认为，国家反映的是阶级和社会利益，阶级和社会斗争驱动国家权力向力量最强大最先进的阶级和阶层转移。

韦伯（Max Weber）以"官僚体系"为权力主体的研究思路认为，国家反映的是行使国家权力的官僚体系的利益，官僚体系在自我利益的驱动下会扩张自身权益与加强国家干预。

第三种思路以"国家自主性"强调其独立的行政资源、信息渠道和治理国家的专业知识，主张国家并不总是代表主导阶级的直接利益，而是要维持普遍的政治秩序。新多元主义（neopluralism）理论很大程度上沿着这种思路，将研究重点放在由不同阶级、精英和利益群体组成的政权如何自我运作上面，更强调国家和政权的公共服务功能。相较于马克思主义和韦伯主义，新多元主义更强调组成国家的利益集团的自发性、自由性和自愿性。

比较以上三种主要思路，无论将国家视为阶级斗争的统治工具、具有权威的官僚体系，还是利益集团的协调平台，均是从系统功能的角度来理解国家的本质和特点，都认为国家具有集中和分配集体权力与利益的功能，差异主要是利益集团间的矛盾关系和博弈方式。

国家系统内部各方力量总是处于此消彼长的变化之中，从而导致系统整体的演化，在此过程中国家系统内部会自发产生熵，即无序性。无序指系统中要素的存在或变化有很多种可能性。有序则是系统内部要素之间及系统之间的联系具有规则性，其存在或变化的可能性较少。

国家系统由多种利益集团子系统组成。从每个层级系统的角度，无论个人还是利益集团，为了存在都有趋利避害的本性，如果没有任何相互制约，逻辑结果必然是每个人或每个利益集团的权益追求趋于无穷大，整个社会将处于无序状态。

对人类社会而言，无序意味着不稳定和脆弱，但有利于释放创造力；有序意味着稳定和强大，但创新性约束较大。因此无序和有序各有利弊，没有哪种状态是绝对的好或坏。但有序是生命的特征。

每个层级的个人与利益集团都需要与外界进行物质、能量与信息交换，不断追求自由度的本能会产生熵增。而现实中任何系统的外部资源都存在有限性，任何个体与利益集团在获取资源时都要受到其他个体与利益集团的制约，这些外力产生熵减。

系统在内力与外力的共同作用下保持有序和无序的平衡。

现实中人类社会系统没有绝对无序和绝对有序的状态，但在无序和有序之间的宽广区间内，可以根据形势需要出现多种不同程度与不同组合的系统组织形式，例如战争时期常见集权制而和平时期流行民主制等社会组织方式。

国家系统内的个人或利益集团有从外部获取权益的需要和扩张本能，这些权益包括政治、经济及意识形态等多个领域的自由支配权、选择权和发展权，但每个子系统都只能享有一定规则下的配额，即有限权益。

这些规则可能有利于某些利益集团，而对另一些利益集团不利，受损的利益集团会反对并采取游说请愿、罢工游行、阶级斗争、民族冲突等和平或暴力的多种方式进行抗争。

如果这些权益配额可以根据形势需要进行调整和修改，抗争得以在原有国家框架内解决，国家就将呈现统一状态。假如在原有框架内已无法平息矛盾，配额争夺呈现对立相峙局面，国家趋向分裂。

理论上讲，没有任何具体的差异和对立必然导致国家分裂，决定国家统一或分裂的最根本因素不是政治对立、经济差异、语言文化、民族宗教，而是权益弹性。

国家的权益弹性是指国家系统内部要素发生不平衡变化时，权益安排的规则可以化解矛盾与对立的程度，它体现了国家制度的权益包容性和可变性。权益弹性越强，国家越不容易分裂。

在一个权益弹性强的国家，当某一利益集团发展壮大后提出宗教信仰、民族待遇、政治权力、经济利益等领域更高的权益要求时，可以通过有效途径得到满足，例如合理协商或个人可以自由流动。一个权益弹性弱的国家则呈现协商和流动性等方面的僵化。

国家统一与分裂

从国家最高权力的角度可将国家分为统一、分裂和分治三种状态。

国家最高权力包括对内的最高权力和对外的独立地位,前者指可以行使和分配颁布法律、司法、任命公职人员、征收捐税、发行货币、组织和调动军队等权力的权力,后者是被国际上绝大多数国家承认并具有行使对外战争与和平、缔结国际条约等权力的权力。

一个国家如果对内最高权力和对外独立地位都是唯一的,国家是统一状态;如果二者都不唯一,国家是分裂状态;如果对外独立地位是唯一的,国际上只承认一个代表该国的政权,但同时对内最高权力不唯一,存在两个或更多互不隶属的政权,则国家处于分治状态。

统一或分裂状态如果得到各方的认可,均是稳定状态,但分治状态意味着一国内部不同政权间对国家演化方向存在根本分歧,很难有持续的稳定性。不稳定系统一定要向稳定系统的目的点演化。这当然也只是系统演化中的一个阶段。

国家在统一、分治和分裂三种状态间转化是系统的相变。国家内部如果出现了互不隶属且互不承认的两个最高权力中心,国家系统会向消除根本政治分歧的稳定结构演化。

在两个政权之间的博弈中,消除根本政治分歧有三种途径:一方改变意志;双方改变意志;在均不改变意志的情况下一方消灭另一方。

三种途径的演化方式最终由政权的向心力决定,向心力强的一方将获得优势,占据主导地位,迫使另一方改变意志。

政权的向心力受历史传承、文化传统、经济社会发展水平等因素制约,具体体现为政治影响力、经济推动力、文化凝聚力、社会控制力、信仰包容力、军事战斗力、外交亲和力与统一意志力的合力。这些力量有自愿和非自愿之分。

自愿力量和非自愿力量都是重要的序参量,在不同时期各自扮演主导力量的角色。序参量是决定演化进程与系统最终结构的变量,支配子系统行为。协同学认为,系统形成新的整体结构的演化规律是序参量之间的协同竞争。

"势""力""策"理论(3S 模型,《国家统一的系统演化动力——复杂性思维视角下的中国国家统一战略》)认为,在国家系统的演化过程中,"势"决定了哪种力量会成为系统演化的主导序参量,"力"的对比决定了该序参量向哪个方向运动,"策"决定了国家系统由一种结构向另一种结构演化的方式和途径,或者说系统如何优化。

政权追求国家统一或权力最大化目标时有三个约束条件:国际形势、自身能力和国内民意,因此政权进行权力扩张的着力点也在于上述的"势""力""策"三方面。

外部形势(简称"势",Situation)是政权运作和发展过程中的外部国际环境,上一层系统对下一层系统有重要作用和影响,政权需要处理好国家系统与国际母系统的关系。

内部力量(简称"力",Strength)是政权自身具备的实力和能量,政权力量增长率是国家系统演化的重要序参量,对国家系统的各个子系统都会产生重要影响。

政权策略(简称"策",Strategy)是政权采取的施政策略,系统一旦具有自我意识就会主动影响系统演化,客观上可以加速或改变系统演化进程。

在国家系统与国际系统的相互作用中,国际形势对国家演化的主导序参量有关键性影响。当国际形势处于和平发展的时代主题时,政权更倾向运用自愿力量对双方控制下的民众产生影响,改变民意对比。民意主要是由历史惯性、时代潮流、舆论引导等因素决定。在时代主题是战争与冲突的国际形势下,政权会优先考虑非自愿力量如军事手段。军力取决于资源禀赋、发展阶段、组织士气、科技水平等因素。

在美苏冷战的国际大背景下,北越借助中苏抗衡美国,打了 20 年的统一战争,最终迫使美国撤出越南并放弃对南越政权的军事支持,北越在 1976 年凭借军事力量实现了国家统一。

德国实现国家统一的 1990 年，正值苏联解体、冷战终结的前夜，苏联当时已无力与美国和西方阵营对抗，在德国统一问题上的立场节节后退，主导德国国家系统演化的非自愿力量迅速让位于自愿力量，西德推动国家统一顺应了两德人民的主流民意。

相对而言，"力"是慢变量，但也是最根本的序参量，因此长期而言国家建设主要是"力"的建设，即自身全面发展进步。政权的"硬实力"和"软实力"，通过使民众产生畏惧与热爱的不同情感，形成推力和引力，从而共同构成民众对其的向心力。

政权可以通过权益弹性的提升改善自身的软硬实力。在政治、经济、文化、社会、信仰等方面让民众有更大的自由度与选择权，意味着国内权益弹性的增大，政权的军事、法制和外交力量的增强，同样是扩展权益弹性的表现，有助于解决内外权益的纷争。

英国在宗教信仰和经济文化方面的权益弹性较高，北爱尔兰和苏格兰虽然有分离倾向但迄今都没有独立出去。

加拿大也在不断提升语言文化和政治经济的权益弹性，得以将魁北克留在国内。

俄罗斯拥有强大的军事实力和外交实力，不但可以粉碎车臣的分裂行动，还可以让克里米亚从乌克兰重新回归俄罗斯，这也是较高权益弹性背景下软硬实力的体现。

二战后印度独立初期，国家在宗教信仰方面权益弹性低，导致印度和巴基斯坦的分裂；独立后的巴基斯坦在政治经济方面缺乏权益弹性，终于酿成东巴与西巴分裂，孟加拉国独立。

战后独立的埃塞俄比亚在政治权力方面明显缺乏权益弹性，迫使厄立特里亚人由和平请愿争取权益、最终转为武力方式实现从埃塞俄比亚分裂出去。

"策"是政权旨在对国家结构进行系统优化而针对民意及其他政权采取的政策方案选择。在自愿力量处于主导序参量的地位时，"策"的核心是通过向国民提供更有吸引力的公共产品赢取国民的信任进而实现自身权力的最大化。

"策"的运用好坏直接关系到国家系统演化的结果。

汉武帝时期曾在朝鲜半岛设置汉四郡进行有效管辖，唐高宗时期灭亡高句丽，在平壤设安东都护府，可以视为某种形式的国家统一。后来唐朝对新罗胜而退兵，册封新罗国王，并没有维持统一结构。

汉武帝时期曾在越南北部设置汉三郡统治，越南在中国版图内历经1000多年的国家统一状态，后独立建国。明成祖时期越南内乱明军应邀平叛，因原来的陈朝宗室后继无人而取消册封，将越南重新纳入版图，设为交趾布政使司，但不久以"交趾荒远"为由重新许其独立。

二战后的国家统一成功案例中，坦桑尼亚与也门均采取了联合式统一方式，德国和越南则均采用吸收式统一的方式。德国更多发挥软实力，越南更多依靠硬实力。策略方案的正确运用对国家系统演化预期目标的达成有重要作用。

拜占庭统一战争

罗马帝国分裂成拉丁语的西罗马和希腊语的东罗马后，东罗马帝国以巴尔干半岛为中心，将首都设在古希腊城市拜占庭的旧址，故称"拜占庭帝国"。

拜占庭帝国在西罗马帝国灭亡后继续存在了近千年，也曾努力恢复统一罗马，将沦陷于诸"蛮族"的领土夺回来。拜占庭帝国的"汉武帝"查士丁尼尤其热衷于此。他将继位时充盈的国库花费到空虚，也的确将原罗马帝国的版图大多并入拜占庭。

这位享年83岁的皇帝在位38年。他继位时已经45岁，是个有高度信仰的人。他像一名隐士，在王宫里过着僧侣般的生活。他节制饮食，经常禁食，却保持早起的习惯。处理完国事，他会埋首书房，熟读神学书籍，与学者们辩论教义。

帝制时代，国家目标往往受皇帝个性左右。查士丁尼精神活跃，兴趣广泛，对神学、哲学、法律、诗词、音乐、建筑都很在行。这让他对文治武功均充满热情。《查士丁尼法典》是最为世人铭记的文治，恢复统一罗马的对外战争则是其生平的武功。

查士丁尼继位后策划恢复古罗马的荣光，准备从汪达尔人手中收回非洲，从东哥特人手中收回意大利，从西哥特人手中收回西班牙，从法兰克人手中夺回高卢，从撒克逊人手中取回不列颠。

为了实施这些统一战争，查士丁尼对原本不属于罗马领土的征服战争放慢了脚步。当拜占庭与波斯的战争有望取胜之时，查士丁尼突然决定以支付波斯5000公斤黄金为代价议和。然后将拜占庭军队调往非洲，去夺取罗马故地。

他的考虑是，征服东方波斯的土地，当地百姓可能采取敌对态度，统治难以巩固。如果是西方罗马故地，百姓几百年来一直习惯罗马统治，与目前的蛮族统治相比，肯定更易接受罗马皇帝。

查士丁尼理所当然地认为自己是罗马帝国唯一的继承人，并把恢复原罗马帝国当作己任，将帝国统一的重点放在西罗马故地。

查士丁尼为了增加收入筹备军费，实行专卖制度，大量商品的经营权被国家垄断，利用垄断价格来获取暴利，其中丝绸的获利最为丰富。事实上，贸易获利可能大于统一罗马故地的收益。

查士丁尼时代，养蚕和丝织技术经由古代丝绸之路传到拜占庭，最初的携带者应该是一些中亚细亚的景教僧侣。当时罗马人已经知道东方有个国家叫Serica（产丝国），即中国。这些僧侣将蚕卵和桑树苗带到巴尔干半岛，丝织业发展成为一个主要工业，伯罗奔尼撒半岛因此有了新的名字——桑树之地。

有了财富的支撑，查士丁尼立即着手统一战争。他中等身材，既不强壮，也不勇敢，屡次征战，从未身先士卒。但他雄才大略，野心勃勃，善于用人。他实行中央集权统治，拥有庞大的官僚机构和大量的雇佣军。手下名将众多，最著名的是贝利撒留。

贝利撒留指挥五六千名骑兵在非洲登陆，数月即告击败汪达尔势力。当他刚刚返回君士坦丁堡庆功,摩尔人就偷袭了守卫部队,于是贝利撒留急忙赶回,平定叛乱,将非洲的迦太基地区牢牢控制在拜占庭帝国手中,直到阿拉伯帝国的崛起。

贝利撒留攻占非洲时,拜占庭与东哥特人治下的意大利结盟。拿下北非后,拜占庭改与法兰克人联合,转而与东哥特人开战。不过,东哥特人将阿尔卑斯山西北方的领土都割让给了法兰克王国,换取了法兰克人的退兵。

贝利撒留只能孤军奋战。他从突尼斯出发,轻松攻取西西里岛,而后跨海登陆意大利,以破竹之势进入罗马城。犹如100多年前中国东晋名将刘裕光复旧都洛阳、长安,当地民众箪食壶浆兴高采烈欢迎王师。

战败的东哥特人旋即推举出新王,召集15万大军围攻罗马城。贝利撒留此时仍然只有几千名士兵,在限粮限水的艰苦条件下坚守一年,对方退兵。贝利撒留立即反守为攻。

东哥特人被困后提出,只要贝利撒留愿意当他们的国王,维持他们的国家,他们就立即投降。贝利撒留答应后,占领了东哥特人的城池,却拒不称王,并将投降的首领献给查士丁尼。

查士丁尼对这份礼物既兴奋又怀疑,于是召贝利撒留回京述职。贝利撒留在首都街道行走时,前后有汪达尔人、摩尔人、哥特人护卫,这些侍从衣着华丽,犹如庆典游行,令君士坦丁堡的居民赞叹,却让查士丁尼不快。

贝利撒留离开意大利后,当地又生叛乱。叛军选举勇敢仁慈的哥特人托利拉(意为小阿提拉)当国王,攻城略地,围困罗马城。拜占庭军队无人能挡,查士丁尼只好让贝利撒留再赴意大利。

贝利撒留回到意大利后发现形势已变:民心向背已经不利于拜占庭。托利拉作战勇猛,诚信守诺,善待俘虏,宽厚仁德。他治军严整,手下一名士兵强暴了一名罗马少女,被他处以死刑。

而拜占庭的军队却士气低落、军纪松弛,军官互相争吵,由于得不到及时的薪给,就开始横征暴敛,侵掠百姓。当地人开始怀疑:究竟谁是野蛮人,谁是文明之师?

在这种情况下,有人主动打开城门,托利拉的士兵拥入罗马城,贝利撒留被迫撤退。但他用围魏救赵的计策诱出托利拉，再杀回马枪占领罗马城。托利拉重新包围罗马城，双方僵持不下。

后来因东线战事，查士丁尼将贝利撒留从意大利召回。托利拉再度攻下罗马城，并占领整个意大利半岛，一度势大。最后被拜占庭的另一名将军击败，才结束这场20多年的拉锯战。

贝利撒留回到首都后，又临危受命，指挥极少的军队，出色地击退了来犯之敌。但由于被查士丁尼怀疑而遭到短暂拘禁，后被释放，不久去世。这位战神为拜占庭的统一之战贡献良多。

8个月后，查士丁尼也去世了。他在位期间东罗马帝国的疆域扩大了一倍。非洲、意大利、西班牙的部分领土都重归罗马帝国版图。查士丁尼开创了一个拜占庭帝国的辉煌时代。查士丁尼与贝利撒留被后世历史学家称为"最后的罗马人"。

但在恢复古罗马荣耀的同时，拜占庭军队的人数却由曾经的70多万减少到15万人。战争与瘟疫让帝国付出巨大代价。

收复的罗马城也失去往日的风采，曾经百万人口的罗马城只剩40万人，半数以上是靠教会赈济过活的穷人，完全无法与人口超过百万的国际贸易中心、拜占庭首都君士坦丁堡相比。罗马城周边平原没有了阡陌炊烟，重新成为瘴气笼罩的大沼泽。

也许，查士丁尼追求的统一，不仅是疆域的统一和财政收入的扩大，也是文化与秩序的统一，以及国家威望的提升。他崇尚开拓好战的罗马精神，制定并推广法律史上最优秀明晰的法典，在"黑暗时代"的欧洲大陆追求罗马曾经的辉煌。

然而国家统一需要有长远的战略眼光，不仅仅要在失去控制的地区恢复统治权，还要让这些地区的民众感受到统一的好处，内心认可统一，否则战功卓著的统一事业恐怕终究会付之东流。

查士丁尼的军队每征服一地，不论当地具体情况，立即颁行他制定的苛刻法令，税吏横征暴敛，往往激起民怨。政府对民变往往以军队镇压，伤亡巨大，而军队待遇又不佳，雇佣军战斗力递减，保持统一成果的能力有限。

最终,查士丁尼死后百年,拜占庭帝国丧失的土地,超过其生前恢复的土地面积总和。战争是解决纷争的激烈手段,却未必能实现理想结果。统治力的边界,存在于综合实力与民心向背。

5.5 战争

明代学者杨慎在《游点苍山记》中写道:"山则苍龙叠翠,海则半月拖蓝,城郭奠山海之间,楼阁出烟云之上。"点苍山即云南大理苍山,又称灵鹫山。此地曾爆发南诏与唐朝的战争,唐军累计阵亡 10 余万。唐代诗人杜甫目睹唐军为此战征兵,写下了"车辚辚,马萧萧,行人弓箭各在腰"的《兵车行》。战后南诏王阁罗凤以全胜之军,将唐军阵亡将士的遗骸建成一座"大唐天宝战士冢","祭而葬之,以存恩旧",并令人撰文,勒石刻碑。以汉字叙述事件始末,表示南诏叛唐出于不得已。

笔者从大理古城出发,乘车向南约 20 分钟,即来到太和城遗址,看到被誉为"云南第一大碑"的"南诏德化碑",即为当年南诏王阁罗凤战后所立石碑。石碑看起来损蚀严重,已经很矮,多处字迹模糊。这个石碑的碑文原本约 3800 字,目前仅存 800 余字。阁罗凤对臣属说:南诏后世可能又归唐,当指碑给唐使者看,明白我的本心。树碑 28 年后,南诏重归于唐。太和城遗址游客稀少,风云苍洱,孤碑茕茕。

战争为什么发生

战争为什么会发生?最常见的理解有两种:一是资源争夺;二是人类本能。

地理学用世界地图说明争夺自然资源是战争的根源。如果画一条线,把北半球 4 大植被区(混合林、阔叶林、灌木林、热带旱林)以及它们之间的陆海通道圈起来,可以看到,人类历史上几乎所有的战争都是在这个圈子内发生的。

人类有组织的密集战斗一直在地球上一条不规则的狭长地带内进行。这条军事地带位于北纬10度到55度、西经90度到东经135度之间。可以看出，地球上非军事区的面积比这块狭长地带的军事区面积大得多。军事区内的自然资源丰富性往往成为战争的引爆点。

也因此，人类战争通常都是贫瘠地区向富庶地区发起的单向战争，反向情况很少，多是预防性打击。一方面资源匮乏地区不值得争夺，另一方面在那里作战十分困难。地球温带地区，耕地和非耕地之间的界线常常是耗费巨大人力物力修建起来的壁垒，包括中国长城、苏格兰长城、德意志堡垒、叙利亚要塞、非洲工事、俄罗斯碉堡线等。

军事学重视战争的政治功能。克劳塞维茨（Carl Von Clausewitz）认为"战争是政治的延伸"，战争"既不属于艺术，也不属于科学"，它是唯一的"需要靠流血来解决的冲突"。"政治可视为大规模的商业活动"，"政治孕育着战争"。"战争就是大规模地对决"，"是迫使敌人服从我方意志的武力行为"。"政治目的——战争的最初动机——决定着要达到的军事目标和需要付出的努力"。"因此，战争是一种政治行为。"

经济学从成本收益角度分析战争决策。什么是战争？战争是不顾对方反抗、以强制手段迫使其屈服或消失以消弥纷争的行为。战争双方可能强弱悬殊，但任何一方都会有受到攻击的风险。既然战争一定有风险和损失，选择战争肯定要收益大于成本才行。博弈论可以解释战争双方为什么不选择避免战争实现共赢。

军事理论家们也常常从经济学角度看待战争。克劳塞维茨认为和平取代战争只有两种情况：战争无法取胜或取胜成本过高。"战争也许不会源于情感，但情感会在某种程度上影响战争，其程度不是取决于文明水平，而是取决于双方利益冲突有多重要。"

战争诱发因素往往是复杂的。战争虽然是集体行为，但战争的决策却不见得一定是出于集体利益的考虑。即便是，在对利益进行成本与收益评估时，也掺杂人性的因素。不同学科对发动战争的人性因素进行了多角度的研究。

心理学认为侵略性是人的本能。弗洛伊德（Sigmund Freud）写给爱因斯坦的题为《为什么要打仗》的信中认为，"人的内心深处有对仇恨和破坏的渴望"，打消这种渴望的唯一希望就是培养起"对未来战争理由充足的恐惧"（"死亡本能理论"）。

行为学认为侵略是一种自然的驱动力。诺贝尔奖获得者洛伦茨（Konrad Zacharias Lorenz）通过对动物的观察，提出侵略性的能量来自有机体本身。合作狩猎的历史使人类由个人侵略演化出群体侵略。

生物学认为侵略性来自大脑的"边缘系统"。血清素和睾丸素两种化学物质都会影响人的侵略性行为。同时，神经学家也强调，无论动物还是人，对风险的计算会比本能反应更影响决策。有侵略性本能是正常的，难以想象完全没有侵略性的生物如何适应环境。

人类学认为早期人类普遍存在使用神话和仪式作为避免暴力的手段，不过人类文化的演化路径不同，有的地区形成克制文化，有的地区形成彪悍民风。"文化决定论"中，《萨摩亚人的成年》报告了南太平洋中的一个宽容社会，那些人不知暴力为何物，战争又似乎并非人的本性。

战争比人类存在的时间更早，灵长目动物不但会爆发战争，还会使用树枝、石头等工具攻击敌方。人类战争的形态大体经历了徒手、石器、金属、火器等时代。即使到了核武时代，人类战争中仍保持有拳击、摔跤、棍棒、石块等最原始的格斗形态。

石器时代

墨西哥中部的阿兹特克人在13世纪建立了强大的部落帝国，一直维持到16世纪的西班牙殖民者入侵。西班牙目击者的描述可以反映石器时代的战争文化：

战争双方先派出同等数量的战士近身格斗，如果武艺不足以吓退对方，就会有更多的人投入战斗，直到彻底击败对方。由于没有铜铁，最受欢迎的武器是镶有石片的木剑。手持圆形盾牌，靠近敌人后猛击对方腿部，把他打倒，并将其作为俘虏抓回去。

抓到的俘虏还有"花之战"。先是俘获者对俘虏好吃好喝养起来，奉为贵宾，称其为"亲爱的儿子"，俘虏称俘获者为"亲爱的父亲"。献祭那天要经历"花一样的战斗"。俘虏站在一块大石头上，有一把镶有羽毛的武士剑和4个可投掷棍子，然后接受石头下面4个武士的围攻。这4个武士并不急于打倒俘虏，而是要在观众面前展示武艺，用带石刃的棍子一直折磨到俘虏倒地不起，最后劈开胸膛，扯出仍在跳动的心脏。

"花之战"的俘虏被挖心砍头后，头盖骨会被陈列在阿兹特克人的金字塔神庙中，血会被俘获他的人喝掉，并将尸体带回家，四肢砍下来按祭祀要求分给别人，再剥掉躯干的皮，将肉摆放在餐桌上，全家人吃着玉米糊做成的祭餐，气氛悲凉，犹如自己的儿子过世。

铁器时代

人类战争工具进入金属时代最早是青铜武器，但因过于昂贵无法大量使用。由于安纳托利亚地区铁矿石极为丰富，且就在地表，公元前1400年左右铁制武器在那里率先普及使用，赫梯人正是依靠这种先进武器对河谷地区发动战争，统治两河流域。

石器时代向金属时代过渡的时期，人类发明了战车。最初用野驴拉车，后来改用马。古代战车犹如现代坦克一样让使用者迅速拥有战场上的绝对优势。战车速度比步兵提高10倍，追击作战中无往不胜。每辆战车上如果配备一个驾驭手和一个弓箭手，每分钟可射死6个人，10辆战车10分钟能造成500人以上的伤亡。但战车是复杂系统，受制于制造、驾驭、修理、马匹、道路、配套等条件，后来逐渐被更简易便捷的骑兵所取代。

原始战争有一些特点，诸如作战时与敌人保持距离、依靠投射性武器保证己方安全等。拥有铁制武器的希腊人抛弃了这种小心谨慎的战法，创造出正面对决的战争形态。

在希腊方阵中，通常是纵深8排战士并肩站立。左手持圆形盾牌，右手用长矛和短剑攻击敌人。听到攻击指令后，身负30公斤铠甲和武器的战士就拼命向前跑。两军相接时,将长矛从盾牌缝隙刺出,攻击敌人没有铠甲遮挡的地方,如咽喉、腋下、腹部。

冲锋对撞会使方阵骤然压缩,后面7排人的重量压到一线正在作战的战士身上,会因有人摔倒或被踩倒而出现缺口,后方战士通过长矛乱刺和盾牌推进来扩大缺口,空隙扩大后拔出短剑砍削敌人腿部,迫使敌方后排的人离阵撤退。

方阵一破,失败即成定局。败阵士兵会遭到追杀,重装战士没有时间脱掉铠甲,一般会被敌方紧紧追赶的轻装士兵追上杀掉或俘虏。只有训练有素的队伍才会在溃逃时能够做到且战且退。公元前424年,在一次战斗中雅典人战败,哲学家苏格拉底参加了这次作战,并成功担任了且战且退的战斗角色。

马拉松战役是希腊方阵与波斯军队的第一次直接较量。根据希罗多德的记述,当人数处于劣势的希腊方阵的重装步兵以必死的决心冲入波斯队列时,波斯士兵以为希腊人疯了。然而战果却是雅典人消灭了1/7的波斯军队,自己几乎未损一兵一卒。不过,这种正面对决的战法在战争武器进入火器时代后发生改变。

火器时代

虽然拜占庭人在7世纪就使用"希腊火",但那是一种液体武器,并未像火药那样带来革命性变化。中国人在10世纪前后发明火药,并传到西亚与欧洲。早期火炮经常会受不住火药的冲击而爆炸,因此即使是点燃长长的火捻也需要克服恐惧和怀疑。火枪则比弓箭更容易造成误伤。但到16世纪中期,火器已经站稳脚跟。

火器时代的来临迅速改变战场上军事实力对比。最先普及火器的欧洲人征服了世界上大部分地区,到19世纪,全球只有中国、日本、土耳其等极少数国家没有被西方统治。这些地区并非凭借先进武器抵御住西方侵略,恰恰相反,中国、日本都曾有几百年主动控制和排斥火器使用,使国家军队的武器装备绝对退化,土耳其各级政府也一度对火器严格管理或禁止。

这恐怕是东方国家更重视国家内部治理和社会稳定，影响了整体战争武器的升级速度。

16世纪日本的佩刀阶级遇到火器挑战，采取将火器逐出日本的做法。1542年织田信长见到葡萄牙火器的威力后欣喜过望，马上给他的军队配备了火器，并废除传统作战的开战仪式（勇将报名叫阵），上千名火枪手列队开枪，迅速击败群雄，在日本诸侯中脱颖而出。继任者丰臣秀吉解除了民间武装，德川家康开始对火器集中管理，使日本退出了火药时代，直到明治维新才彻底改变对火器的态度。

16世纪奥斯曼土耳其帝国日趋鼎盛之时遭遇火器的挑战。1571年欧洲军队在伯罗奔尼撒附近的勒班陀大胜奥斯曼土耳其军队，主要依靠火枪。奥斯曼人仍在使用传统的复合弓，结果此战死亡3万精锐弓箭手，射箭技术培养不比开枪，这种损失短期内无法弥补。奥斯曼人并非没有火器，此前他们还曾凭借火器击败埃及的马穆鲁克。

马穆鲁克军团因击败过旭烈兀属下的蒙古骑兵而名声大噪。然而16世纪早期的两场战役中，马穆鲁克仍然排成传统的新月队形发动冲锋，却被奥斯曼军队的枪炮打得落花流水，一次战斗就有7000名马穆鲁克勇士战死。马穆鲁克制度被推翻，埃及成了奥斯曼帝国的一个省。

西班牙塞万提斯借小说人物堂吉诃德之口，称火器是"一种让卑鄙怯懦的手夺走勇敢骑士生命的发明"。马穆鲁克的历史学家扎布勒更是借虚构的马穆鲁克首领之口谴责火器的发明："你们这里有各族人组成的20万大军，就在原地列起阵来吧，我们只派三个人出来作战……你们将亲眼看到这三个人的勇猛……我诅咒你们！你们竟敢对穆斯林使用火器！"

火器的优势也促进了技术的改进。早期火枪手每分钟最多发射3发子弹。1914年的步枪每分钟发射15发子弹。机关枪每分钟可发射600发子弹。大炮每分钟能射出20发装满钢珠的炮弹。飞机出现在战场成为"飞行的大炮"。在1943年7月盟军对德国的夜间空袭中，汉堡80%的建筑被炸毁，3万市民被炸死。1945年夏，美军飞机用燃烧弹将日本60个大城市的60%城区炸为废墟。当然，这些常规武器都无法与一颗原子弹会造成数以10万计死亡人数这样的核武器相比。

东西方战争理念

选取孙武和克劳塞维茨两位代表性人物的言论对比东西方战争理论与思想。他们不仅是享誉古今中外的军事理论家,同时也是参与过著名战争的军事指挥官。

孙武(约公元前 545 年—约公元前 470 年)是中国春秋末期著名的军事家和政治家,被后世尊称为"兵圣""东方兵学的鼻祖"。所著《孙子兵法》被誉为"兵学圣典",18 世纪传入欧洲,受到法皇拿破仑、德皇威廉二世、美国尼克松总统、布什总统等历代西方重要首脑推崇。美英主要军事院校均将此书列为必读书之首。

孙武是齐国人,为避齐国内乱,至吴国隐居山林,研究军事理论,写成《孙子兵法》。经伍子胥多次推荐,吴王任命孙武为将,练精卒 3 万,准备向楚国的 30 万大军开战。孙武根据形势,避免与楚军决战,而是先分成三支部队,轮番袭扰楚国。楚军疲于奔命,人力物力大量损耗,而吴国在轮番进攻中抢掠不少物资,在与楚国的对峙中占据上风,战略主动。

公元前 506 年,借楚国伐蔡之机,孙武率吴军救援。楚军调集主力阻击吴军。孙武却发动战略奇袭,突然改变进军路线,改水路为陆路,以迂为直,避免逆水行舟的迟缓,在友军配合导引下,直插楚国纵深,出其不意挺进到汉水东岸。楚军被动仓猝应对,两军隔汉水对峙。

楚军统帅未按原先内部商定的作战计划等待楚军完成对吴军的迂回包抄,贪功冒进,率部渡过汉水向吴军进攻。孙武采取后退疲敌、寻机决战的方针,诱使楚军在不利形势下连续与吴军交战失利,造成士气低落。而后孙武选择在柏举同楚军进行战略决战。楚军主力被击溃后,吴军尾随不舍。长驱直入,势如破竹,五战五胜,一举攻陷郢都。

楚为大国,国都被破,国力犹在,孙武建议吴王尽早回师。吴王未听,受到秦国、越国等军队攻击,后悔而返。孙武请求功成身退,吴王令伍子胥挽留，孙武以"天道兴衰、四时无常"解释去意，坚持归隐。吴王请其留下兵法，孙武欣然同意。有史载孙武隐居后重新整理兵法，分上中下三卷，现存为上卷13篇，中下卷遗失。

克劳塞维茨（1780—1831）是德国军事理论家和军事历史学家，近代军事战略学的奠基人，被称作"西方兵圣""西方近代军事理论的鼻祖"。其著作《战争论》是西方军事思想的代表，西方军事院校必读的"兵学圣经"。

克劳塞维茨出生在普鲁士的一个贵族家庭，父亲是军官。他12岁时就参加了普鲁士军队，13岁走上战场。1806年，拿破仑的法国军队迅速击溃普鲁士军队，克劳塞维茨成为战俘被抓到法国，获释后回国仍做军官。在"实际爱国主义"思想下，他违背国王命令，拒不跟随法国军队入侵俄国，反而加入沙俄军队与拿破仑军队作战。他蔑视法国人，认为法国人狡诈油滑，普鲁士人却高尚诚实。

1813年，克劳塞维茨身穿俄国军服回到普鲁士，两年后参与了对法国的滑铁卢战役。1818年出任柏林军官学校校长并晋升为将军后，他开始着手为普鲁士建立一套可以制胜的战争理论。与他同时代的马克思主张革命，他却坚信维护现有体制更有利于国家。1831年欧洲最后一次霍乱大流行夺去克劳塞维茨的生命，他的妻子在他去世后将其《战争论》整理出版。

该书40年后才开始流传。用兵如神的普鲁士军总参谋长毛奇说，除了《圣经》和《荷马史诗》外，对他影响最深的是《战争论》。希特勒是《战争论》的坚定追随者。他在1934年的慕尼黑大会上对听众大喊："你们没有一个人读过克劳塞维茨！即使有人读过,也没有学会联系当今的现实。"1945年4月希特勒临终前在柏林地堡里撰写政治声明的时候，只提到一个名字来为他曾企图达到的目标辩解，那就是"伟大的克劳塞维茨"。

以孙武和克劳塞维茨为例，中国和西方的战争思想差异包括以下特点：

中国哲学充满辩证，中国文化追求中庸，表现在对战争的认识上就是谨慎和克制，因此会有效进行军备控制。西方哲学推崇逻辑，西方文化追求极致，表现在战争方面则是无所不用其极，发展军备不遗余力，军事冲突必分胜负。

孙武讲兵法首先谈战争的危害:"不尽知用兵之害者,则不能尽知用兵之利也。""夫兵久而国利者,未之有也。"并且认为,武力的使用不是战争的全部,甚至不是最重要的因素:"是故百战百胜,非善之善也;不战而屈人之兵,善之善者也。故上兵伐谋,其次伐交,其次伐兵,其下攻城。攻城之法,为不得已。"

克劳塞维茨对战争的态度是"最大限度地使用武力"。"战争是武力行动,对使用武力没有逻辑上的限制。""如果一方毫无愧疚地使用武力,在流血牺牲前毫不退缩,而另一方却一味退让,那么前者定会占上风。""道德力量除了在国家和法律中得以体现之外,没有存在余地,所以武力,即物质力量就是战争的手段,逼敌人服从我方意志就是战争的目的。"

中国人崇尚适度,战争不以杀戮为能事,优先考虑不流血的战争方式,倾向用道德和法律控制武力。通过对战争的自我设限,实现有利于江山社稷的目标。面对侵略,习惯用文化控制入侵者的破坏倾向。这些早于任何西方社会的战争理念后来传入西方,影响了欧洲人的战争理论。但西方人总体上仍然倾向于极限施压、正面碰撞的战争方式。

孙子的战争理念是争取"保全":"夫用兵之法,全国为上,破国次之;全军为上,破军次之;全旅为上,破旅次之;全卒为上,破卒次之;全伍为上,破伍次之。"孙子深知战争对己方的破坏作用,并不以大规模消灭敌人为目标。"故善用兵者,屈人之兵而非战也,拔人之城而非攻也,毁人之国而非久也,必以全争于天下,故兵不顿而利可全,此谋攻之法也。"

克劳塞维茨坚信"争斗是战争唯一有效的活动",目的是"摧毁敌人军队"。"消灭敌人军队始终是较好的、更有效的手段,其他手段无法与之相提并论。""战斗是唯一可能的手段,一切事务都受制于武力对决的最高法则。""如果要让敌人受到胁迫,你就应该把他放在更恶劣的环境里,比你要求他做出的牺牲还要糟糕"。"唯一能够限制行动的因素只有战争固有的平衡力。"

中国文化理性务实,看待战争虽然也强调精神力量,但更重视物质力量的调动与运用,不打圣战,极少宗教战争。西方文化强调信仰,重视精神力量，并体现在战争理论中。中国历代军事家都会从天时、地利、人和等多角度判断和寻求战争胜利的因素，无论进攻还是防御，都讲究顺势而为，化不利为有利。通常人们认为中国人长于"以谋取胜"、西方人长于"以力取胜"，其实中国人"谋"的是战争形势转化与物质力量运用，西方人的"力"也包括精神力。

孙子认为开战前占据胜势的一方会赢得战争。"胜兵先胜而后求战，败兵先战而后求胜。""善用兵者，修道而保法，故能为胜败之政。"孙子审视战争胜负也不是从武力着眼，而是放在更为宏观的五事（道、天、地、将、法）、七计（君主、统帅、环境、法令、实力、训练、体制）、五形（度/土地面积、量/资源总量、数/兵员总量、称/军事实力、胜/胜负判断）。

克劳塞维茨认为，战略是如何使用战斗来实现战争目标，战术是如何使用军队赢得战斗。战略包括精神、物质、数学、地理、统计五大要素，其中"精神要素在战争中是最重要的"。"物质因素只不过是一把刀的刀柄，精神因素才是那部分珍贵的金属、真正的武器、打磨锃亮的刀刃。""主要的精神要素有指挥官的技巧、军队的经验和勇气、军队的爱国精神。"当然，这并不意味着"精神决定论"，他同样提到，"力量对比严重失衡的两国之间的战争是荒唐的……双方物质力量的差异至多不能超过精神力量可以弥补的那部分。"

古希腊战争反思

希波战争是世界历史上第一次欧亚两洲大规模战争，数以百计的国家参与了此次战争，堪称人类史上最早的世界大战。战争双方，一方是民主联盟的希腊，一方是中央集权的波斯。

雅典是在此次世界大战中崛起的超级大国。为了对波斯的战争，雅典建立了当时最强大的海军，拥有由 300 艘三列桨战舰组成的庞大舰队，让其他任何一个希腊国家都无法望其项背。

希腊人当时认知的世界就是爱琴海周边的欧亚非地区。此次世界大战的结果是希腊获胜，并诞生出由雅典牵头、众多国家组成的国际组织——提洛同盟（阿提卡同盟/雅典海上同盟）。

提洛同盟后来发展到 200 多个成员国，原则上一律平等，但雅典对该同盟有实际控制力。最初提洛同盟的同盟会议和金库都设在提洛岛，后来金库被移至雅典，定期召开的同盟会议被解散，同盟重大事务的表决权由雅典公民大会垄断，实际上雅典国内法高于国际法。

提洛同盟很快变质成雅典帝国。原本提洛同盟的会费是有钱出钱、有船出船，自愿缴纳，后来雅典将其变成定期缴纳。拒绝缴纳会费的国家会受到雅典讨伐。名义上这些强制性会费是用于建造和维护联合舰队，但金库管理和同盟国舰队指挥权都必须由雅典人担任。

雅典声称对波斯战争的胜利，是自由民主的胜利，大肆建设海外军事基地，"保护"民主国家利益，并鼓励或要求爱琴海相关国家加入自由民主阵营，但提出各城邦将每年粮食收成的 1/10 上缴给雅典。有不愿服从的城邦，雅典立即派兵镇压，没收其船只，并课巨额罚金。

公元前 5 世纪，至少有 248 个城邦曾经向雅典纳贡。这些贡赋被用于雅典的国内建设。每年各盟邦所缴纳贡物的 1/60 要献给雅典娜女神。从公元前 454 年起，雅典人开始定期在石碑上刻写财政记录，这为后人了解当时的经济政治状况留下了细致而清晰的文字证据。

超级大国雅典以保护贸易自由与航行自由为名，称霸海上，对不服从或威胁到自己的国家进行制裁。雅典军事力量与财富积累相互促进，贸易和金融势力覆盖爱琴海。雅典国内城市化率超过 30%，城市公民有 3/4 拥有农村地产，贸易和租房收入成为多数公民谋生手段。

雅典经济繁荣，民主政治也高度发展。伯里克利改革扩大了草根平民的权利，从而得到更多政治拥护。他提出要修建超过 6 公里的边境长墙（Long Walls），以保护雅典的国家利益，得到议会通过并拨款，但这项工事引发被隔离在境外的国家的不满，如斯巴达。

希波战争中曾经并肩作战的反波斯同盟国家存在两个强权：雅典是海上强国，民主政治；斯巴达是陆上强国，寡头政治。双方各有优势，都具有称霸希腊半岛的实力。

如果从希波战争结束后的时间截面看，雅典的影响力无疑是超级强国。雅典帝国的扩张使得公元前5世纪爱琴海成为帝国内海。在希波战争结束没几年，雅典和斯巴达就交过手，战争以暂时缔结合约而结束。

雅典崇尚个人主义，斯巴达实行集体主义。斯巴达强调纪律，对国人的生存生活实行严格管理，出生、结婚、训练、学习、工作等，都要按国家规定执行。30岁至60岁都要集中吃公共食堂。斯巴达人非经政府许可，不得出国。

斯巴达是传统军事强国，其陆军令希腊各国胆寒。斯巴达实施全民皆兵，每个公民都要有作战训练，20岁至60岁都要服兵役，不畏牺牲、战死沙场、马革裹尸才是最高荣誉。虽然双方的综合国力竞争一直未曾停歇，但双方对直接冲突均保持了谨慎克制。

雅典组建的提洛同盟覆盖面广，辐射范围从黑海到西地中海，斯巴达没有加入。斯巴达领导的伯罗奔尼撒半岛同盟，影响范围基本只在半岛周边，雅典也没有加入。提洛同盟要求成员国定期缴纳贡金，伯罗奔尼撒半岛同盟则是只在战争发生时成员国缴纳贡金。

雅典利用提洛同盟在希腊世界搞霸权，损害了不少城邦的利益，于是一些城邦请求斯巴达牵头反对雅典霸权，遏止雅典势力蔓延。雅典试图利用优势削弱斯巴达的举动也令斯巴达不安。

为了稳住斯巴达，雅典采取了两面策略：一面声称对斯巴达没有敌意，建议召开和平会议，提出双方应通过开诚布公和坦率对话，增进对彼此意图的了解，确保两国竞争不会演变成为冲突；一面果断打击斯巴达的同盟势力，胁迫中立国选边站，积极备战。

斯巴达拒绝参加雅典倡议的旨在共商和平的希腊会议，认为如果接受邀请，无疑等于承认了雅典在整个希腊世界的领导地位。不仅如此，斯巴达还秘密联络其他国家拒绝与会，致使雅典该计划胎死腹中。两个强权互相拆台，也都在笼络和巩固盟友，两大集团势力日益敌对。

斯巴达有个重要的盟友国家，叫科林斯。在雅典的鼓动下，科林斯的一个部分搞独立，宣布脱离科林斯，并且寻求雅典庇护，参加雅典领导的联盟。

科林斯为维护国家统一和自身安全，出兵镇压。独立势力则请求雅典派出舰队援助。雅典进行军事支援的同时，还发动贸易战，禁止敌国产品进入雅典及同盟国市场。科林斯在经济制裁下国力不支，向斯巴达求援。

斯巴达建议雅典取消制裁，雅典提出的交换条件是斯巴达开放市场，准许外国与斯巴达人通商。斯巴达又提出先决条件，即雅典应该承认所有希腊国家完全独立。雅典拒绝，因为这意味着雅典帝国解体。战争于是终于爆发。

几乎所有的希腊国家都参与了这场伯罗奔尼撒战争，纷纷选边站队。战争双方发挥各自优势打击对手，雅典海军将对方沿岸城市夷为废墟，斯巴达将雅典乡镇夷为平地。

雅典在陆地战场不是斯巴达的对手，就将乡镇人口聚集在雅典城内，却因此引爆瘟疫。疫情未能得到很好控制，蔓延3年，1/4的军队及大量平民死于疫情。

雅典执政官伯里克利也染病而死，继任者放弃了原来的坚壁清野、防御反击政策，转为海上陆地同时出击，主动求战。雅典海军军官修昔底德在此次战役中因作战不利，被撤职并驱逐出境，从而转型成为著名历史学家，写下历史名著《伯罗奔尼撒战争史》。

修昔底德在《伯罗奔尼撒战争史》中写道："在这些年中，雅典人使他们的帝国日益强大，因而也大大地增加了他们自己国家的权势。斯巴达人虽然知道雅典势力的扩大，但是很少，或者根本没有制止它。在大部分的时间内，他们仍然保持冷静的态度，因为在传统上，他们如果不是被迫作战的时候，他们总是迟迟作战的。同时也因为他们自己国内的战争，他们不能采取军事行动。所以最后，雅典的势力达到顶点，人人都能够清楚地看见了。同时，雅典人开始侵略斯巴达的盟国了。在这时候，斯巴达人感觉到这种形势不能再容忍下去了，所以决定发动现在这次战争，企图以全力进攻，如果可能的话，他们想消灭雅典的势力。"

伯罗奔尼撒战争持续了近 30 年，最终以雅典投降而告终。雅典承认斯巴达的霸主地位，加入斯巴达领导的伯罗奔尼撒同盟，废除国内民主政治，拆毁一切防御工事，全部舰队移交斯巴达，取消提洛同盟。

美国哈佛大学肯尼迪学院教授、美国政府顾问艾利森，在 2012 年提出"修昔底德陷阱"的概念：新兴大国在挑战守成大国时，战争不可避免。伯罗奔尼撒战争的结局并不重要，关键是这场战争真的不可避免吗？战争是解决纷争的激烈手段，却未必能实现理想结果。战争是政治斗争的延续，也是人类社会演化过程中的震荡，震荡过后恢复暂时平衡。古希腊战争对当今国际政治格局的演化与危机管控具有借鉴意义。

6. 人类生活

笔者某次外出调研，适逢腰痛。当地朋友推荐一位颇有名气的针灸大师给我治疗。这位针灸大师有众多传奇成功案例，热情认真地问我发病过程。我推测腰痛起因是长时间伏案读书写作加上受凉。自己采取了中西医治疗方法，时间尚短，未见成效。

大师听后讲了他的判断，并提出治疗方案。主要意见是病在肌肉，可通过多次针刺治疗根除。原理同样是疏通经络，运行气血。他将其比喻为一个建筑，通过针刺让一些砖倒下，从而改变建筑结构，恢复正常稳定。

我同意了该治疗方案，大师开始进行针刺。手法熟练快捷，很快施针完毕。当时感觉腰痛缓解，回到宾馆似又反复。隔日又去治疗。当地调研期间只做了这两次针灸治疗，离开后自己坚持康复练习，腰痛渐愈，未曾复发。

针灸分针法和灸法，均为中医治疗方法，可用于多种疾病，但基本都需要若干疗程。像我那样只做两次针法就走向痊愈，算是相当明显的效果，印象深刻。

相较针法，灸法简单易行，可用艾柱或艾条对准穴位或患处灸治。有艾灸盒与艾灸贴，直接绑在患处或贴在脚底即可。

此前我曾多次看不同朋友做针灸治疗，但他们常常不是为治病，而是调理身体。某次与一位朋友利用周末去山东某市拜访一位台湾医师。据说该医师精通道医，准确奇妙曾令这位朋友信服不已。西医比中医更重视形体治疗，道医比中医更重视神志治疗。形治、神治均有多种方法。

那次见面这位朋友只是请台湾医师做一下简单的针灸调理，我目睹了其操作拔罐与刺血的过程，包括火罐、走罐、血罐等手法。朋友背部刺过梅花针的地方吸出大量稠血，颜色暗黑。结束后朋友身体疲乏，但面色红润，持续数天。这位朋友以前还做过另一种针灸放血疗法，放血的部位是舌下青筋，据说舌下静脉血放出后等于人工排毒，保护肝脏。

还有一次陪另一位朋友在北京进行较为奇特的针灸调理。主治医师是一位在福建东林寺出家20余年的和尚，目光炯然而讷于谈吐，不过据说长期专心修炼针灸，精通穴位，技法纯熟。与我后来做针灸时大师主要采用震颤针法不同，和尚针刺手法多使用捻针，而且在朋友后背密集插针，多达几十枚，还能让朋友平躺下去，个把小时后起身拔针。据朋友讲，调理效果不错。

北京还有一家民营中医馆，据传院长颇为神准。某位朋友经人引荐专程请该院长诊治，邀我同去。院长初次见面，拉着朋友的手，逐个按摩手指，询问朋友感受，然后准确说出朋友曾经患病的部位，以及目前的主要病症，朋友叹服。院长建议朋友采取小针刀。这是结合了中医针刺疗法与西医手术疗法的治疗方法，有时需要局部麻醉。朋友颈背疼痛，但不严重，治疗时没有麻醉，直接针对五个痛点针刺治疗，迅速缓解疼痛。

6.1　身体

女儿问父亲："一个人要维持生存，每天需要多少热量？"

"人体每天需要的热量，取决于环境、活动量、体重、年龄。如果简单讲维持生存，应该1000千卡就行。不过按你正常的情况，每天需要1800千卡。"

"1800千卡是什么概念？"

"8碗米饭或8个馒头的热量。不过，从营养的角度，如果你一日三餐，每餐有1碗米饭或面食、1碟蔬菜、1盘肉或蛋、1份水果、1盘坚果、1杯水、半杯奶，热量和营养就都够了。"

"这么多！营养和热量有什么区别？"

"营养帮你长肉长骨头长牙齿，热量为你的身体和大脑运转提供能量。如果人体是一台运转的机器，营养制造机器零件，热量提供能源动力。没有热量，身体就会断电，变冷，死掉。"

"什么食物最有营养？"

"蛋和奶。你看卵生动物，从蛋里面孵化出来之前，只靠蛋清蛋黄的营养就能长出骨头、肌肉、羽毛。再看哺乳动物，在能够吃其他食物之前，只靠母乳就可以完全满足身体发育。所以蛋和奶的营养成分是很全的。你在学校经常吃薯条、薯片，喝可乐、汽水，这些食品一般只含糖类和脂肪，有热量却没有其他营养，没法给你提供维生素、矿物质、纤维素和蛋白质。"

"哪些营养是人体必需的？"

"人体需要六大基本营养成分。为了便于记忆，你可以想象成一份炒鸡蛋需要的六种材料：蛋、糖、油、水、盐、素。蛋、糖、油，也就是蛋白质、糖类、脂类，提供热量。水、无机盐、维生素，不提供热量，但却是人体必需的营养，缺了就容易生病。"

"水肯定重要。野外求生的人，第一件事就是寻找可饮用水。有了水，即使没食物，有人也可以支撑3周。"

"对，如果没有水，人最多只能活三天，脱水会导致肾衰竭或休克。水是细胞和体液的主要成分，人体的60%—70%都是水。正常情况下一个人每天需要2升水，如果食物中水分够，每天1瓶矿泉水的饮水量就行了。"

"无机盐补充什么？"

"无机盐，也就是矿物质，长牙齿长骨头都需要它。人体很多功能，比如调节神经传导和体液平衡、维持酸碱平衡，也离不开它。人体可以自行合成部分蛋白质、糖类、脂类，也可以制造极少数的维生素，但任何矿物质，都无法体内生成，全部要靠饮食摄取。多数矿物质进入体内被小肠吸收后，由肾脏过滤后通过尿液排出，但有些矿物质进入体内就不易排出，堆积造成毒性，因此不能摄取太多。"

"矿物质就是平时经常说的微量元素？"

"不，矿物质有微量和巨量之分，一般每日摄取需求量在100毫克以上的是巨量矿物质，100毫克以下的才是微量元素。骨骼和牙齿主要成分是钙和磷，钙和磷就是巨量矿物质，每天需要1克左右，牛奶、豆类、鱼类里面含钙量高。盐里面的钠，每天需要500毫克，也是巨量。铁是微量，每天只需要10几毫克。古代有用铁锅煮水补充铁元素的做法。不过，肉类和内脏中的铁其实更容易被人体吸收，肝脏还可以很好地补充铜。"

"维生素也是重要营养成分。"

"六大营养中，维生素是唯一不参与构建人体细胞的成分，也不提供能量，但它参与新陈代谢。维生素缺乏会导致很多病，比如夜盲症、脚气病、牙齿病、佝偻病。晒太阳可以让人体自动生成维生素D，防治佝偻病。不过，维生素D和K算是特例，绝大多数维生素人体无法自行制造，必须通过食物摄取。维生素有两种：脂溶性维生素会储存在体内不易排出，摄入过量容易中毒；水溶性维生素摄入过量会由尿液排出体外，不容易中毒。"

"对于荒野求生的人，应该热量更重要吧？"

"有热量就有体力逃出荒野困境。人体每天活动需要的热量有50%—60%来自糖类，20%—30%来自脂类，10%—20%来自蛋白质。它们是按照糖类、脂类、蛋白质的顺序供能的。蛋白质是在消耗完糖与脂肪后，才开始分解，提供热量。它们之间也可以转化：糖可以转化成蛋白质和脂肪，蛋白质也可以转化成糖和脂肪，但脂肪不能直接转化成蛋白质。"

"看来蛋白质是最不容易被转化过来的，荒野求生的那些人应该想方设法补充蛋白质。"

"其实正常状态下人体很少用蛋白质当能源。从提供能量的效率来说，蛋白质和糖类相同，但脂肪比它们高出一倍还多，所以野外生存时食用脂肪更有效。脂肪和糖类都能在体内储存，蛋白质却不能。而且蛋白质是人体抗体的重要组成部分，蛋白质不足影响人体的免疫能力，荒野求生的人会因此容易生病。"

"蛋白质构成人体细胞？"

"对,皮肤、肌肉、骨骼、毛发、指甲,所有细胞都由蛋白质组成。蛋白质既能合成抗体,也能提供能量,既是构成细胞的基本物质,也能调节人体生理机能。蛋白质摄入和吸收都好,皮肤就光泽有弹性,蛋白质缺乏,就会生长迟缓,得消瘦症、皮肤病。"

"看来要多摄入蛋白质——我们有同学在吃蛋白粉。"

"蛋白质也不是摄入越多越好。如果摄入过多,代谢产生的含氮废物增加,会加重肝和肾的负担,还可能导致心血管疾病。"

"氮?"

"对,糖类和脂肪都是由碳、氢、氧三种元素构成,蛋白质除了这三种元素,还有氮。所以糖类和脂肪的代谢物都是二氧化碳和水,蛋白质的代谢物除了二氧化碳和水,还有尿素。不要小看氮,氮如果入不敷出,人体机能会失衡。忧愁、愤怒等负面情绪也会加速人体氮流失。"

"平时应该摄入多少蛋白质比较合适?"

"每天你需要摄取 60 克的蛋白质。生病、受伤时需要更多。蛋白质主要来源有肉、蛋、奶、豆。植物蛋白中,大豆最好。动物蛋白有更高品质。蛋在所有食品中利用效率最高。鸡蛋富含蛋白质,10 个鸡蛋就可以满足 60 克蛋白质的需要。当然,也不能只吃鸡蛋,鸡蛋里不含糖类,也没有维生素 C,营养不全面。"

"补充糖类是不是应该多吃甜食?"

"不用。植物通过光合作用,合成碳水化合物,也就是糖类。因此人们的主食,粮谷类和薯类食物,就是很好的糖类来源。如果不吃主食,可能会缺糖。糖类是人体最重要的供能物质,也是构成细胞的成分,可以调节脂肪代谢、节约蛋白质。"

"这里说的糖类不是 sugar?"

"嗯,咱们说的糖类是 saccharide,准确说应该翻译成糖化物,来自拉丁文的 saccharum,意思是糖。糖类范围更广,包括单糖、双糖、多糖。sugar 通常指蔗糖。蔗糖是双糖,需要水解变成单糖后,才能被身体吸收。蔗糖主要来自甘蔗和甜菜。以蔗糖为主要成分的食用糖,纯度依次是冰糖、砂糖、绵糖、红糖或黑糖。"

"单糖是最简单的糖类？"

"对，单糖摄取后不需要消化过程，可以直接吸收到人体血液中。所有单糖中，葡萄糖最重要，在自然界中也分布最广。橙子、葡萄、萝卜等水果蔬菜中都含有葡萄糖。"

"蜂蜜里不是葡萄糖？"

"蜂蜜中有果糖，也是单糖。果糖是甜度最高的天然糖，但吸收率大约只有葡萄糖的一半。"

"牛奶也是甜的。"

"牛奶中的是乳糖，双糖的一种，甜度是蔗糖的1/5，不如蔗糖易溶解。乳糖是唯一在植物中找不到的糖类，只存在于动物乳汁中。摄入后在肠内停留时间比其他糖类长，抗饿，所以我在悉尼居住时，有个当地朋友说他们把牛奶看作 food，而不是 drink。"

"我们班有个同学喝牛奶会腹泻是怎么回事？"

"不适应。肠道分泌的乳糖酶可以将牛奶中的乳糖分解成单糖。但是几乎所有哺乳动物，包括人类在内，小时候喝奶没问题，长大后身体都会自动降低乳糖酶的活性，如果没有经常喝奶，可能会出现不耐乳糖的症状，对奶不消化。大自然的这种设计也是合理的，避免哺乳动物永远依赖母乳。不过人类驯化动物、饮用动物奶后，找到了适应的办法。所以你那个同学，喝奶时可以少量、多次，逐渐递增，提升肠道内乳糖酶的数量，刺激活性。"

"喝不了牛奶也可以多吃主食补充糖分，在野外更抗饿。"

"嗯，马铃薯、小麦、大米、玉米、木薯这些主食中含有大量淀粉，淀粉是多糖，比单糖和双糖更复杂，所以在消化时分解更慢，供能时间也更长。多糖中还有一种肝糖，存在于动物肝脏和肌肉中，也被称作动物性淀粉。所以糖类既可以来自植物，也可以来自动物。植物性来源包括五谷、根茎、蔬菜、水果、坚果、豆类，动物性来源包括乳类、乳制品、水产品比如牡蛎等。"

"糖类摄入过多容易造成肥胖。"

"热量摄入超出身体需要,都可能造成肥胖。肥胖容易引发多种疾病,应尽量避免。不过,从糖类的角度看,乳糖与膳食纤维除了提供热量,还能促进肠胃蠕动,防治便秘。"

"膳食纤维?"

"膳食纤维是多糖,不能被人体消化道的酵素分解,但可以吸附肠道中的有害物质,随粪便排出。你最好每天摄取30克的纤维量。30克的纤维量就是200克燕麦片。其实橙子、香蕉、苹果、花椰菜、胡萝卜都富含膳食纤维。"

"摄入脂肪主要靠吃肉?"

"脂肪既可以来自动物,也可以来自植物。植物种子在能够吸收水中的养分之前,只能靠种子壳里面的油脂生长。就像动物幼崽在破壳或断奶之前、只能靠蛋清蛋黄或母乳成长一样。因此植物种子有高脂肪。"

"脂肪是很好的热量来源。"

"脂肪不仅是很好的储存能量的能源物质,同时也参与细胞膜构建,还可以保持体温,调节内分泌平衡。除大豆和坚果外,动物一般比植物含有更多的油脂。动物性油脂包括猪油、牛油、奶油、鱼油。植物性油脂包括大豆油、玉米油、花生油、葵花油、橄榄油、棕榈油、椰子油、麻油等。"

"动物油和植物油区别是什么?"

"动物油常温下是固体,因为含饱和脂肪酸多,属于饱和油脂。植物油通常是液体,含不饱和脂肪酸多,属于不饱和油脂。不过,植物性的棕榈油和椰子油属于饱和油脂。"

"哪种油脂好?"

"医学界的主流意见是说,应该优先选择不饱和脂肪酸含量高的食物,尽量减少饱和脂肪的摄入,也就是植物油好。不过,任何营养都有两面性,因此关键是摄入比例是否均衡。"

"糖类和脂肪摄入太多会不会诱发糖尿病和心脏病?"

"糖尿病只是以高血糖为特征,它属于人体代谢紊乱,病因有多种可能。糖类摄入量关系到血糖值,血糖值太低会导致疲乏、头晕、心悸。血糖值高了，人体会将体内葡萄糖转化成肝糖储存在肝脏和肌肉里。高血脂同样有多种病因，表现是胆固醇和三酸甘油酯过高。脂肪组织大部分由三酸甘油酯组成，一部分是内脏脂肪，脂肪肝就是这里，另一部分是皮下脂肪，可以保温。脂肪摄入过多，的确可能出问题，也会影响心脑血管发病率。因此，虽然糖类和脂肪的摄入都是人体必需，不是诱发疾病的直接原因，但应节制，营养过剩也属于营养不良。高血压、高血糖、高血脂被称作三高，都是慢性疾病的前期特征。所以说，平时控制好血压、血糖、血脂、体重，才能避免身体的亚健康状态，远离疾病。"

人体与现代医学

细胞是人体结构的基本单位。细胞组成组织。组织构成器官。器官形成系统。人体包括十大系统：消化系统、呼吸系统、循环系统、泌尿系统、运动系统、表感系统、神经系统、内分泌系统、免疫系统和生殖系统。

没有消化系统就无法获取食物、提供能量。消化系统通过摄取、转运、消化、吸收、排泄完成能量获取与转化。

食物里面六大类营养物质中，维生素、水和无机盐可以被直接吸收利用，蛋白质、脂肪和糖类等物质均不能被直接吸收利用，需在消化管内被分解为结构简单的小分子物质（糖类分解为单糖，蛋白质分解为氨基酸，脂类分解为甘油及脂肪酸），才能被吸收利用。

这种小分子物质进入血液和淋巴液。未被吸收的残渣部分通过大肠以粪便形式排出体外。泌尿系统是负责排泄代谢废物的重要系统。

没有呼吸系统就无法获取氧气。将食物转化成能量是由各种细胞共同完成的，构成人体的所有细胞需要氧气才能存活，氧气本身也可以转化为人体所需能量。氧气从肺泡进入毛细血管的血液，通过血液流动供人体组织细胞利用。

没有循环系统就无法将氧气通过血液输送给人体的所有细胞。循环系统包括心血管系统和淋巴系统。心血管系统内循环流动的是血液。淋巴系统内流动的是淋巴液。淋巴液是透明无色液体，能够运送营养物质并具有免疫功能。淋巴液沿着一系列的淋巴管道向心流动，最终汇入静脉。

没有运动系统人体就很难逃避外界侵害以及寻找氧气、水和食物。运动系统由骨骼、关节和肌肉组成，主要起到对人体的保护、支撑和移动的功能。

在运动系统的外侧还有一层保护，可以称为表感系统，主要是表面皮肤、毛发、指甲等覆盖体表的器官和眼睛、耳朵等感觉器官组成，可以使人体躲避外来的伤害，即使皮肤受伤破损也能很快自愈。

没有神经系统的控制，运动系统无法对外界刺激做出及时有效的应对。神经系统的功能是传递、储存和加工信息，做出反应，支配与控制人体的全部行为。

内分泌系统通过自身分泌的激素影响神经系统的功能活动，不但可以提高神经系统兴奋程度，还能使神经系统更加精确有效地发挥功能，同时神经系统对内分泌系统也有调节控制作用。

神经系统可以感受外部对躯体的刺激，免疫系统可以感受肿瘤、病毒、毒素的内部刺激，两大系统的调节功能使机体在生理和病理条件下保持稳定。

没有生殖系统，人类就无法实现物种繁衍。人体各大系统虽然互相支持和补充，且具有自愈功能，但总有使用年限，一旦过了使用年限，所有系统都会先后失效，需要有新的人体替代。生殖系统使人类系统得以繁衍和更迭。

生理学、病理学、人体解剖学的建立标志着现代医学的诞生。现代医学通过研究发病机制和致病因子来探索病因，根据病理基础寻找治疗办法，并卓有成效，显示出强大的生命力。

现代医学的飞速发展能否为人体清除各种生存障碍，甚至拒绝衰老和死亡？如果各种外部传染病和内部慢性病都可以被防治，人体的终点是不是只有自然衰老？导致人体自然衰老和死亡的直接原因是正常细胞分裂次数用完。那么，如果细胞没有增殖次数限制，生命是否可以拒绝老化和死亡？

人们已经发现了可以让细胞增殖次数不受限制的办法——激活端粒酶。2009 年的诺贝尔生理学或医学奖授予了"发现端粒和端粒酶是如何保护染色体的"这一成果的三位研究者。端粒酶能够延长端粒。端粒延长可以增加细胞增殖次数。

端粒是位于细胞里染色体末端的一小段 DNA-蛋白质复合体。像一顶帽子覆盖在染色体末端。端粒的长度决定了细胞分裂的次数,控制着细胞衰老和死亡的过程,进而决定人的寿命长短。

端粒的存在非常合理。在染色体进行复制时,每次丢失一小段这种末端 DNA,就不会对染色体所携带的遗传信息造成丢失,解决了复制过程中丢失遗传信息的问题。

端粒随细胞分裂而缩短。当端粒无法再缩短时,细胞就会因为无法分裂而死亡,端粒也因此被科学家们称为"生命时钟"。

如果没有端粒酶,细胞在分裂 50 到 60 次就会死亡。在正常人体细胞中,端粒酶的活性被抑制。这种抑制也非常合理,否则癌细胞会变得非常活跃。

人们想到的办法是:如果取消这种抑制,细胞可以通过端粒酶的活性实现几乎是无限次数的分裂,不是可以使人体永生吗?

不过自然界让细胞演化出增殖次数限制,是预防癌症的关键所在。人们发现重新激活端粒酶的活性同时也激活了癌细胞。

于是人类又发明了针对癌细胞的端粒酶抑制剂。这种抑制剂虽然杀死了癌细胞,却又对正常的干细胞、生殖细胞、造血干细胞等产生毒性。如何消除这些毒性成了新课题。

还有一种办法是利用干细胞替代衰老细胞。该技术已经开始被人类广泛应用。

干细胞可分成两大类:一类是从胎儿脐带血中获得的干细胞,称为"胚胎干细胞"(Em-bryonic Stem Cells),另一类是存在于人体各类组织中的"成人干细胞"(Adult Stem Cells)。

简化理解,人体各种器官的细胞通常只能是那个器官的细胞,不可改变,但干细胞是未分化的细胞,可以分化成多种功能的细胞,任何组织器官的损伤或衰竭,可以用干细胞来补充新鲜细胞。通过对自体干细胞提取、培养和回注,人类正在向拒绝衰老迈进。

不过,人类需要拒绝衰老吗?人体老化有两个功能,一是可以给新的型号腾出空间,二是通过消灭病魔缠身的个体来保护整个群体,通过交配繁殖物种可以不断地改良和升级。无论是激活端粒酶,还是补充干细胞,现代科技在将人体推向永生的过程中必然会不断遇到自然界提出的新问题。

正视衰老和死亡并不意味着忽视健康。人体健康是生命质量的保证。我们需要对人类知识的有限性保持清醒,治疗和养生都要敬畏自然。当年以北京协和医院的知名、梁启超的博学,尚未避免对梁做了无谓的肾切除。即使现代医学已经有了长足进展,医患双方依然要高度谨慎,警惕盲目自信或过度依赖。

医学的道术之分

医学也有道术之分。非专业人士看医书,学的是医道,而不是医术。医道可以养生。学养生不见得需要会治病。

道是形而上,是原理规律,术是形而下,是具体运用。虽然不能截然分开,但各有侧重,且常常思考方式不同。

医道是保护生命自愈能力的哲学,医术是具体治病消除症状的知识。医道讲究"不治已病治未病",医术重在治病而非防病。

医道重视人体运行机理、规律,强调系统观、整体观,诊病先找源头;医术重视人体症状出现的直接原因,强调消除人体不正常症状。

医术更多单向思维,偏重考虑病人;医道强调双向思维,包括医生与病人的互动。医生看病诊断需要接触大量病人,整天与各种各样的负能量以及细菌病毒接触,如果不是自身有极强的正能量,不能治人,反受其害。

医术很细很复杂,但医道很宽很简单。张仲景《伤寒杂病论》将各种疾病根据发热与否分成两类:以发热为特征的,属于"伤寒"。不发热的,归属"杂病"。

对于身体的异常现象，医术更注重改变，人为修复；医道更注重调理，自我修复。视角不同，对问题的判断和结论也会不同。例如心血管疾病：

医术的角度看，高血压是因为血管变窄，需要软化血管，增加管道直径。粥状动脉硬化需要消除血栓和血管壁斑。静脉曲张需要手术或药物消除静脉回流血液。心肌梗塞需要心脏放支架避免冠状动脉闭塞。

医道的角度看，血压升高是人体保证机能运行的举措。粥状动脉硬化的血管壁斑是人体的自我保护，如果药物消除血管壁斑，这些人体自己打补丁的地方反而容易出现血管漏洞。静脉曲张是人体为抵御寒气的自动血管收缩。寒气淤积导致气血凝滞出现血栓，因此治疗方法是消除寒气。

看待病症要有辩证思维。"病"是人体的不健康情况。人体出现不健康情况也可能是人体自身为了适应环境所做的调整，例如发烧，很多时候是人体借提高温度杀死病菌。"症"是人体的非正常表现。这种非正常不一定是坏事，只能说明身体情况在发生明显变化，可能是情况恶化，但也可能是情况好转。

1. 某些症状是人体的调整性反应。

当人体高强度工作时，血液会自动分配到最需要的器官中去。如果血液总量不足，次要器官将处于能量供应不足的状态，但暂时不会影响人体的整体功能。

高强度工作结束后，人体经过调养，血液供给上升，原来减少供血的器官开始增加供血，人体反而会有许多症状。新增血液进入久已缺血的肌肉组织，会使人产生全身酸痛的感觉。新增血液进入受寒的呼吸系统，会产生感冒的症状。新增血液进入肝脏，会出现小便发黄等类似肝病症状，血液中血脂也会提高。新增血液进入肾脏，会出现小便浑浊并产生蛋白尿的症状。

2. 某些疾病是人体的适应性反应，由人体基因记录并遗传下来。

糖尿病可能导致心脏病、中风和血管疾病。人体出现糖尿病，是早期人类为了抵抗冰期寒冷的温度，降低胰岛素代谢葡萄糖的过程，导致血液中的糖分含量异常升高，这些葡萄糖可以为大脑提供能量，为身体制造蛋白质，产生热能。

高血压可能导致肾功能衰竭。过多食用含盐量高的食物易引发高血压。人体出现高血压，是由于经历过缺盐时期的人类，体内能保存较多盐分的人，存活概率更大。

贫血会使人乏力，气短，心力衰竭。人体有贫血现象，是早期人类是为了抵抗瘟疫，让入侵体内的细菌，因缺乏铁元素而死。因为贫血会导致缺铁。

胆固醇过高易患心脏病和中风。可是在人们缺少足够日照的情况下，高胆固醇可以保证人体最大限度合成维生素D。缺乏维生素D，易导致骨骼发育不良。

骨质增生会导致颈背腰膝等处疼痛，严重时可致畸或致瘫。由于人体长期处于某种姿势，对相关骨骼造成压迫，骨刺的生长是为了适应这种姿势，却会对软组织产生刺激而疼痛。骨质增生长好了反而有利于稳定关节、消除疼痛。

3. 某些症状是病菌与病毒的意志。

感冒初期打喷嚏是人体自动排除异物，但严重时打喷嚏，实际上是受感冒病毒控制的一种传播行为。蛲虫产生的瘙痒是为了通过人的手指甲将虫卵四处传播。霍乱造成的严重腹泻是为了通过进入水源来传播霍乱病菌。疱疹病毒通过提升性快感刺激更频繁的性行为而加强病毒传播。病毒越容易传播，毒性越低。越不容易找到宿主，则会以毒性越强的方式进行传播。

养生关键是平衡

无论现代医学还是传统医学，均是建立在对人体和自然的认识基础上发展出的治疗和调理方法。养生应该博采众长，从系统演化的角度看待问题、解决问题、预防问题。

人体由多系统组成。健康是指各系统结构完整且功能协调。功能协调就是要平衡，因此养生的关键是保持生命系统的各种平衡。

其一，内外平衡。

人体与环境要保持平衡。环境中有对人不利的细菌病毒有害物质，中医统称邪气。平衡就是与之接触、受到侵袭的程度没有超出自身的免疫能力。

一方面要控制与邪气接触的频率，在疫情严重时要减少接触。另一方面要增强自身的正气，巩固和强化免疫系统。正气充盈乃可邪气不侵，心中无我自见大道光明。正气就是自身的免疫能力。孟子说要善养浩然之气，有益身心。

当然，孟子也承认这种浩然之气很难说清楚，但具有浩大刚强的特征："难言也。其为气也，至大至刚。"养气的方法，孟子说不能揠苗助长，需要除草耘苗，也就是应该培养内心道德，而不是做给人看。这是"以心养身"的中国传统养生之法。

天地之间，阴阳互生，正气与邪气并存。浩然之气是正气，但正气需要有意识地去养护，才能不被邪气侵扰和同化。恶劣的生态环境，细菌多，是邪气。粗俗的视频、文字、音乐，是邪气。有些人很不好，是邪气。有些事很肮脏，是邪气。

养护正气需要尽量远离邪气。少去恶劣环境，少看粗俗的视频、文字，少听靡靡之音，少接触不好的人，不做肮脏的事。有些事不是你说的不对、做的不好，而是那些事你根本不该做，那种地方你根本不该去，那些人你根本就不该接触。

不过，生活中很多遭遇身不由己。难免会遇到邪气。首先要自己有正气，然后看自己的正气能否压制或同化邪气。如果邪气过于强大，无法将其转化成正气，就要尽量回避。

没有真空的环境与生活。苗与草同时生长，正与邪本就并存。但要尽量保护苗，培养内心的正气。心有正气，自然坦坦荡荡，沛然莫之能御，与耍心机、装样子、造人设绝不相同。

多与正气接触，如清新的空气、美味的食物、优雅的环境、悠扬的旋律、舒心的画面、真挚的情感、深刻的文字、正直的行为、高尚渊博的人。

以自律修行强化内在的正气。

以无我之心养护正气，从无我视角获取体验。看到钓鱼的老者，体会平静；看到玩耍的孩童，体会单纯；看到骑车的快递员，体会辛勤；看到演出的舞者，体会艺术。看到重要的新闻，体会治国；看到科技的突破，体会未来；看到体育的比赛，体会紧张；看到娱乐的创意，体会快乐。听到树林里虫鸣，体会生存；触到叶子上雨露，体会短暂；闻到割草后的清香，体会生态；尝到新鲜的食物，体会感恩。

善于在生活中发现快乐，善于在挫折中寻找坚韧。善于感受别人的感受，善于创造和传递美好。在快乐中培养善良，在美好中塑造道德。正气发乎于内，浩然形之于外。

关于环境，《黄帝内经》还强调要注意四季阴阳调和。解释一下："冬伤于寒，春必温病。"冬天要防寒，冻着了春天就会发烧咳嗽（温病不怕冷，怕冷是伤寒）。"春伤于风，夏生飧泄。"春天是防风，吹伤了夏天会腹泻（繁体字风中是虫，表示风中有致病的细菌）。"夏伤于暑，秋必痎疟。"夏天要防暑，中暑了秋天就容易患打摆子（身体忽冷忽热，头痛出汗）。"秋伤于湿，冬生咳嗽。"秋天要防湿，湿气重冬天就会咳嗽（湿气主要来自脾弱和淋雨，宜清淡和温热饮食）。

治愈邪气可以用药。流感是外邪，特点是外寒内热，中医的办法是用菊花、金银花、板蓝根来清热预防。当然，适当锻炼、充足睡眠、心态平和是提升免疫力的根本。

其二，系统平衡。

身体各器官系统互相关联，每个系统的功能紊乱或缺失，都会影响其他系统。各系统之间的平衡也可称为阴阳平衡。

简单解释一下阴阳（其实阴阳是非常相对的概念，阴中有阳，阳中有阴，时阴时阳，要具体而论）：五脏六腑是人体主要的阴阳。《黄帝内经》说："人身之阴阳，则背为阳，腹为阴。肝心脾肺肾五脏皆为阴，胆胃大肠小肠膀胱六腑皆为阳。"

为什么五脏为阴、六腑为阳？因为五脏在人体的前面，六腑在人体的背面。人类能够直立行走之前，像动物一样爬行的时候，后背朝上朝阳，腹部朝下背阳。属阳的六腑都是空的器官，属阴的五脏都是实的器官。

"阴盛则阳病，阳胜则阴病，阳胜则热，阴胜则寒。"五脏六腑相对应，要平衡。五脏负担过重会产生寒症。六腑负担过重会产生热症。

热症是阳大于阴（怕热）。表现：身热汗出，口渴喜冷饮，大便干结，小便短赤，舌红苔黄，脉洪大。热症，就用"寒凉"型中药（比如薄荷），让人体恢复正常值。

寒症是阴大于阳（怕冷）。寒症表现：畏寒肢冷、腹泻便溏、小便清长、喜热饮、舌淡苔白，脉迟。寒症，就用"温热"型中药（比如生姜），让人体恢复正常值。

中医里面除热症与寒症外，还有实症（人体中有了不该有的东西）和虚症（人体中该有的东西没有了）。这四种基本症状又可细分并排列组合出更多情况，应有针对性治疗。

李时珍认为："百病必先治其本，后治其标。""阳为标，阴为本。故六腑属阳为标，五脏属阴为本。""脏腑、阴阳、气血、经络，又各有标本。"

其三，身心平衡。

心性与生命同样重要，互相影响（所以道家讲"性命双修"，养心即是养生）。心性提升会有益健康。同时，避免不良生活习惯对身体的破坏，从小事做起，从习惯修炼。勿以恶小而为之，勿以善小而不为。

身心都要适当放松。心理压力过大会导致身体各系统出现反应。反映在皮肤上，可能是湿疹；反映在呼吸系统上，可能是哮喘；反映在循环系统上，可能是高血压、冠心病；反映在免疫系统上，可能是甲亢、类风湿性关节炎；反映在消化系统上，可能是胃溃疡、神经性厌食。

中医和道家讲"精气神"，认为这是人体生命的根本。精是物质，是营养，是粒子；气是能量，是波，是场；神是精神，是意识，是信息。《黄帝内经》说："得神者昌，失神者亡。"

养心之法大体有按摩、静坐、呼吸、心理暗示四种主要方法。《黄帝内经》的目标是："志闲而少欲，心安而不惧。"要善于随遇而安。"美其食，任其服，乐其俗。"

其四，劳逸平衡。

过劳过逸都有违人体本性。生命系统有自调理特性。结构变化可以改变功能，功能变化也可以改变结构。

过于劳作加重人体系统负担，"代偿"机制会改变人体机能甚至结构。过于安逸同样会影响人体，"用进退废"机制会使某些人体功能退化或丧失。

《黄帝内经》开篇就讲了养生的三要诀："食饮有节，起居有常，不妄作劳。"劳逸平衡，才能"形劳而不倦"。

其五，饮食平衡。

《黄帝内经》说："酸入肝，辛入肺，苦入心，咸入肾，甘入脾，是为五入。"意思是酸味食物补肝、苦味食物补心、甘味食物补脾、辛味食物补肺、咸味食物补肾，这是饮食养生的原则。

人体节律有的认为 10 年一个周期，有的主张"女七男八"——女性以 7 年为周期，男性以 8 年为周期，但基本都认为人体在 50 岁前后开始自然进入衰老阶段。内脏衰老顺序是肝、心、脾、肺、肾，饮食也可以针对性搭配调理。

做到各种平衡并不容易，需要敬畏和谨慎。药王孙思邈年少时就精通百家学说，知识广博，擅长老庄，隐居不仕。70 多岁见唐太宗时容貌气色、身形步态皆如少年一般，令太宗称奇。"初唐四杰"卢照邻患了"风疾"（可能是麻痹症），求医尊师于孙，并问养生之要，答曰："天有盈虚，人有屯危，不自慎，不能济也。故养生必先知自慎也。慎以畏为本。"人必先有敬畏之心才会谨慎，做事谨慎才能调节好自己。能够按天道规律调节身心，才能防病治病长寿。孙思邈遵循这种生命哲学活到了 142 岁。

6.2　心理

心理健康与生理健康同等重要。二者互相影响。美国大多数关于健康的教材或指南都同时包括生理和心理内容。

心理障碍与人格

美国数学家纳什（John Nash）年轻时展现出非凡的数学才能，21岁博士毕业论文首先用严密的数学语言和简明的文字定义了"纳什均衡"的概念，对博弈论发展做出里程碑式的贡献，也奠定了数十年后他获得诺贝尔经济学奖的基础。2001年的美国影片《美丽心灵》（*A Beautiful Mind*）即是以他为故事原型。

在电影中，纳什毕业前后与大学室友一直保持密切交往。后来在高校从事研究教学工作时，被一名神秘特工引导进行密码破译工作，据称这是美国对苏联的绝密谍战工作。纳什全身心投入这项独来独往、有时还会自残受伤的事业，为此他失去了很多自己的正常生活，付出巨大代价。

其实纳什患有精神分裂症，所谓密码破译等工作都是他的幻想。精神分裂症（schizophrenic disorder）是严重的心理疾病，意识出现歪曲或幻觉，人们俗称"精神失常"或"疯子"。在患者的世界里，思维没有逻辑性，视觉、听觉、嗅觉都会产生想象，而患者无法辨别真假。听觉幻觉最为常见，能听到一个或几个不存在的声音在说话。出现妄想（delusions），即面对清晰证据却仍然坚持错误信念。但这些症状往往是间歇的，也可能恢复正常。

这种心理障碍即使被告知真相，患者也未必接受。在《美丽心灵》中，纳什被告知患有精神分裂症后，他无法相信自己这些经历都只是幻觉。直到有一天，他自己突然意识到：经常和他保持联系的大学室友、神秘特工等人，几十年从未变老！并且当年的大学管理记录也显示：他是单人宿舍，从未有过室友！他才确信这些人并非真实的存在。即便如此，此后这些幻觉人物还是继续在他的生活中出现。

统计显示200万美国人在人生中的某个时间患有精神分裂症。精神分裂症有5种常见类型：紊乱型、紧张型、偏执型、未定型、残留型。其中，偏执型的妄想往往复杂而有系统性，发病时间通常晚于其他类型。患者觉得自己被侦察、被别人阴谋算计，怀疑别人如自己的伴侣不忠实，或相信自己正在从事某种神圣事业，这些症状在《美丽心灵》中都有体现。精神分裂症的产生原因包括基因、脑变态、特殊经历。大部分案例是由于继承了基因物质从而提高了患病风险，例如现实中纳什的儿子和纳什一样患有精神分裂症。冷漠的家庭互动模式也是致病原因之一。

精神分裂症只是心理障碍（mental disorder）的一种。传统上对精神疾病有两种划分：神经症性障碍（neurotic disorders，俗称"神经病"）和精神症性障碍（psychotic disorders，俗称"精神病"）。后者偏离正常的程度远高于前者。医学和心理学都在不断发展，上述划分标准已经不再流行。新的主流划分方式是将心理障碍大体分为焦虑、抑郁、精神分裂症等。

焦虑障碍分5类：广泛性焦虑（比如杞人忧天）、惊恐障碍（比如恐高症）、恐怖症（比如社交恐怖症）、强迫症（比如不停洗手）、创伤后应激障碍（比如井绳之惧）。抑郁（depressive disorder）被称作"心理障碍中的普通感冒"，发作频繁，比焦虑严重。社会上很多人存在不同程度的抑郁症，只是没有去做诊断，以为只是情绪波动。

抑郁症的主要表现包括：1.心境低落。轻者闷闷不乐，出现自我评价降低，产生无用感和无望感，常伴有自责自罪，重者出现妄想或幻觉。2.思维迟缓。发散联想速度缓慢，反应迟钝，语速减慢，重者交流无法顺利进行。3.意志活动减退。行为疏懒，不想做事，蓬头垢面，重者不语、不动、不食，常伴有消极自杀的观念或行为。4.认知功能损害。注意力障碍，抽象思维能力差，眼手协调能力及头脑灵活性减退。5.躯体症状。失眠、乏力、食欲减退、体重下降、恶心、呕吐、心慌、胸闷、出汗等。

人们从多学科角度研究抑郁现象的产生。生物学认为，基因和环境会导致抑郁，例如北欧国家漫长冬季的极夜环境会引发大量抑郁。心理动力学认为，童年亲子关系中如果长期存在个人期望和要求不能被满足，成人期遇到损失会激活敌意情绪，陷入严重自责。行为学派认为，一个人经历重大挫折或过多惩罚会陷入抑郁。认知学派认为，人的消极认知导致自我否定和绝望。研究者做了一个实验：让狗无论做什么都会被电击，最后在痛苦的绝望中，狗也会抑郁。

焦虑、抑郁、精神分裂是严重程度不同的心理障碍。心理障碍（也称"心理病理"）指不健康或不正常的心理功能。这种现象在古代常被视为鬼魂附体或道德败坏，18世纪以后人们才开始认为心理问题是一种疾病。目前认为病因有两个方面：生物因素和心理因素。前者认为病因是患者脑结构异常、脑损伤或感染、基因遗传等。后者认为病因是潜意识冲突、自我挫败行为模式、对现实的歪曲感知、文化约束等。人的生理构造通常牵一发而动全身，手术后遗症多。心理的病因往往也是解铃还须系铃人。

电影《穆赫兰道》（*Mulholland Drive*）2001年在美国上映。穆赫兰道是好莱坞一条历史悠久的大道。漂亮自信的金发女郎从加拿大来到好莱坞"寻梦"，凭借她亲戚在电影界的广泛人缘和自身才华，迅速成了好莱坞影视圈出类拔萃的明日之星。

在自己的公寓里，她收留了遭遇车祸后失忆的黑发女郎。二人发展成亲密的同性恋关系。金发女决定帮助失忆的黑发女找回记忆。根据一系列线索，她们找到了一所穆赫兰道街区的低档公寓，从窗户进入后，吃惊地发现床上有一具腐烂的女尸——金发女不知道：那才是现实中的自己！前面的故事只是她临终前的幻想。

在真实的世界中，金发女像很多其他来好莱坞寻梦的女孩子一样，租了这间简陋的房子，等待有朝一日被哪位导演选中，成为明星。然而残酷的现实却让其屡遭挫败。后来她结识了好莱坞炙手可热的黑发女，在其照顾下演了一些小角色。当金发女发现黑发女移情别恋时，起了雇凶谋杀的念头，最后在失败、绝望与自责的矛盾心态中选择在自己的房间里饮弹自尽，尸体腐烂后才被人发现。

影片塑造了一个有心理障碍的角色——金发女。她的心理是自卑的，经历是失败的，但在她的头脑中，却把自己幻想成是自信和成功的，并能关照现实中她所依附的人。这在心理学中叫作分离性身份识别障碍（dissociative identity disorder, DID），俗称"分裂人格"，以前也称"多重人格障碍"。DID患者的人格与本我有显著反差，例如本我越害羞，人格越外向，本我越软弱，人格越刚强。多重人格其实是患者发展出对环境的适应性功能，通过制造比本我强大的人格来应付眼前困境。

分离障碍（dissociative disorder）与人格障碍（personality disorder）不同。前者是对记忆、身份混乱而形成不同人格，实质是人通过放弃人格的连续性来逃避冲突。后者是不正常的人格对社交或职业造成严重损害，但人格没有分裂，这些不正常的人格特质包括偏执型、表演型、反社会等多种类型。心理学家多认为这些障碍的产生原因是基因和环境的交互作用，童年经历尤其重要。

分离障碍有多种表现。不少电影运用艺术手法生动讲述了各种人格分裂的故事，往往看到故事结尾才知道事情的真相，制造恍然大悟的戏剧效果，也让观众能了解心理障碍的案例。例如《致命ID》（*Identity*）描写了一个雨夜旅馆的连环杀人案，所有的遇害者尸体都不翼而飞，最后才知道11个遇害者与凶手都只是一个病人的分裂人格。《搏击俱乐部》（*Fight Club*）讲述了一个与自己的分裂人格从相识、相交、共同奋斗、决裂到认清二者是同一个人的故事。《黑天鹅》（*Black Swan*）塑造了一个芭蕾舞演员为了能演出白天鹅的纯洁与优雅和黑天鹅的诡诈与淫荡，使自己发展出双重人格的故事。《禁闭岛》（*Shutter Island*）让观众本以为是主人公执法官去调查政府利用精神病犯人进行人体实验的罪行，最后发现唯一能解释各种谜团和线索的答案，就是主人公执法官才是具有双重人格的精神分裂症患者。

《禁闭岛》中的主人公执法官其实是接受治疗的病人，他的如影随形的助手却是他现实中的治疗师。治疗师采取的治疗方法是满足患者的想象需求，通过让患者自己认清真相、走出幻觉，达到治疗目的。但影片的结尾也提出一个重要的问题：这种治疗方法是成功的吗？

心理病患的治疗

对于严重程度不同的心理障碍患者，人类目前治疗方式有两种：医学取向或心理学取向。医学取向包括精神外科手术、电休克治疗、药物治疗。

心理治疗有四个主要派别：

心理动力学治疗。以弗洛伊德的精神分析理论为依据。原理是针对致病的潜意识冲突，寻求对这些冲突的调和。具体方法包括：自由联想和宣泄（让患者舒服状态下倾诉发泄）、消除阻抗（让患者敢于面对痛苦的记忆）、梦的解析（寻找潜在动机和象征背后的愿望）、移情和反移情（处理好患者与治疗师之间的情感转移）。新弗洛伊德治疗更强调患者当前的社会环境、人际关系、自我概念。

行为治疗。心理动力学治疗强调人的内部原因，行为治疗关注人的外部行为。原理是有机体无法有效应付环境时，应运用学习和强化的原则修正或消除问题行为。具体方法包括：反条件作用（逐渐接触致病事物）、系统脱敏法等暴露疗法（例如通过接触灰尘治疗洗手强迫症）、意外事件管理（对改善举动立刻奖励）、社会学习疗法（例如通过影视剧为患者提供榜样）。

认知治疗。该方法对治疗抑郁症有明显效果。原理是针对患者认知过程造成认知内容与事实偏离，治疗重点放在改变认知过程上。具体方法包括：认知行为矫正法（改变错误信念得到正反馈）、理性情绪疗法（具体问题具体分析地正面评价自己）、认知重建法（针对患者当前情况而非记忆生活重新建构期望）。

存在主义和人本主义治疗。原理是认为心理障碍是对现实的逃避，因此要让患者体验到现实生活的乐趣。具体方法包括：患者中心疗法（不对患者进行任何价值判断发挥其潜力）、小组治疗（集体治疗增加沟通理解）、婚姻和家庭治疗（共同参与以改变家庭成员间心理空间）。

这些治疗方法都是根据自身的理论观点来推导治疗办法。不同的心理学流派对病因的认识不同，导致治疗方法迥异。概括来看，现代心理学的主要理论观点有以下 7 类：

（1）生物学观点。研究行为与大脑机制的关系。认为人的行为是由大脑和躯体结构以及遗传过程决定的。可以通过改变内部的生物结构和过程来改变行为。例如 1949 年获诺贝尔奖的莫尼兹（Egas Moniz）发展出的"前额叶切断术"就是这种理论的产物。切断术效果明显，往往可以消除患者的心理障碍，但也会让病人永久失去人格的独特性，这也是为什么后来一个女病人出于对后遗症的怨恨枪击莫尼兹使其瘫痪。

（2）心理动力学观点。认为生物本能力量、心理内在冲突、无意识动机等因素共同驱动人的行为。当机体的需要得到满足，这些驱动燃料和力量就会降低。因此通过满足患者的某些需求，可以减弱其不正常行为的驱动力量。这套理论由弗洛伊德最早完整提出，后来的理论家将其扩展，由强调儿童时期转为人生整个过程的社会互动造成的影响。

（3）行为主义观点。认为外部刺激条件决定人的行为。该流派重视严格的实验与准确的变量，通过对动物的实验和研究归纳适用于不同物种的一般规律。例如他们会提出超速驾驶的罚单金额多少才会有效抑制这样的行为同时避免民众抱怨。

（4）认知主义观点。认知主义是对行为主义的挑战。该理论强调：行为主义所认为的由环境与过去行为结果决定的行为只是一部分行为，还有一些更重要的行为是从全新的思维方式中产生的，这是人类的特点。该理论重点研究人的心理过程，比如知觉、记忆等，目前在心理学流派中占优势。

（5）人本主义观点。强调个体内在能力可以做出理性抉择，人与动物不同，人性大于兽性。该理论认为，人的行为既不是心理动力学假设的由内在本能驱使，也不是行为主义假设的由外在环境决定，人是有选择能力的能动性动物。反对把人的行为简化成元素、成分以及实验变量的方法，主张发展自身潜能是人的主要任务。

（6）演化观点。认为行为是为生存而适应环境的一种演化。与其他理论的最基本的不同在于，该理论以漫长的人类演化过程作为解释现象的背景与原因，而忽略当代社会压力的因素。

（7）文化观点。强调行为受文化影响。该理论认为其他理论忽视文化差异性和丰富性。例如，很多研究者都发现，心理动力学的很多方面都不能应用到与弗洛伊德时代的维也纳非常不同的文化人群中去。

现代心理学是综合了多领域知识的学科。心理学研究的主题是哲学领域的传统议题，因此心理学也被视为哲学的分支。有人认为古希腊哲学家亚里士多德《论灵魂》是西方最早的论述心理学思想的著作。德国哲学家康德对心理现象有过深入研究，提出感性—知性—理性的认识路径，至今仍是心理学的重要内容。心理学虽然有古老的起源，但人们一般将德国实验心理学之父冯特（Wilhelm Wundt）1879年建立第一个心理实验室作为心理学的开端，研究重点也从古代的灵魂转为心灵。

为了研究人的心理和行为如何产生，心理学从生物学和生理学领域，对人脑结构和神经系统进行具体研究。并结合物理学领域发展出心理物理学，通过分析人的视觉、听觉等感官系统运作模式，摸清人的感觉—知觉—意识的传导机制，从而进一步研究人是如何学习、记忆和认知的。语言学、社会学等多种与人类文化相关的学科也被运用到心理学分析中。

现代心理学的目标是描述、解释、预测及帮助控制行为，改进人的幸福感的质量。主要包括5个子领域：神经科学（Neuroscience）通过观察人脑的反应来研究心理；发展心理学（Developmental psychology）研究人类如何成长和发育；认知心理学（Cognitive psychology）观察人类如何像电脑一样辨别语言和物体等认知规律；社会心理学（Society psychology）研究人类的群体行为和交流方式；临床心理学（Clinical psychology）主要研究心理健康和心理疾病。

基本上，关于人类的心理和行为现象都是心理学研究的内容，包括正常与不正常的心理与行为。严格来说，人们的心理与行为并没有正常与变态的清晰界限，这种区分是相当模糊且随时间变化的。例如以前同性恋被认定心理变态，现在被视为正常心理。以前对家人状况的持续过度担忧被认为是正常心理，现在看则很有可能是患有广泛性焦虑症。

自己如何判断是否存在心理疾病？美国诊断分类统计手册对此有7项判断标准。这些标准主要强调症状的反复性和持续性，而不依据症状的严重性。由于美国的标准较宽泛，因此据统计美国有将近50%的人遭受过心理疾病困扰。

调节心理与情绪

　　心理疾病现象本身就是某些问题引发的人体自动反应。不需要纠结于自己的心理是否正常。每个人都是独特的，不同的基因与环境塑造了不同的心理与行为模式。大部分心理波动是正常现象，不是所有的心理异常现象都是心理障碍。可以将心理学的成果作为增强自己幸福感的知识手段，进行有针对性的自我调控。

　　感情是人与人之间情绪的互动。情绪是人与外界之间本能反应。本能是生物在演化过程中形成的有利于生存的行为方式。情绪也是本能。

　　人类为什么存在情绪？情绪是人类应付外界刺激的一种功能，是存在于人类基因中的有用力量。情绪的激发不需要经过意识分析，可以迅速调动人体本能反应。诸如恐惧和愤怒等强烈情绪会激活人体的紧急反应系统，为人体应付潜在危险做好准备。交感神经系统引导肾上腺释放荷尔蒙，呼吸加快，心率提升，血管收缩，血压升高，消化暂停，汗液分泌增加（"吓出一身冷汗"是情绪对人体需要迅速进入应急状态的一种支持）。

　　达尔文1872年写的《人与动物的感情表达》中提出，情绪帮助动物们适应环境。例如，狗在地盘被侵略的时候愤怒狂吠，让敌人认为它比实际上更具有攻击性。情绪出现初期，大多有目的性，成为本能后，目的性模糊了，但却是自然选择的产物。

　　人的基本情绪有喜、怒、哀、惧。

　　早期人类在遇到有利于生存的事情时，会产生喜的情绪。此时大脑分泌多巴胺，促进记忆和运动。例如发现食物源，高兴的情绪可以加强让人记住该地并迅速行动的能力。

　　人在受到伤害或遇到意外障碍和困难时，欲望得不到实现，会产生怒的情绪。此时人体血液循环加速，心跳加快，血压升高，迅速进入临战状态。例如受到动物攻击后人会本能愤怒。

　　人在遭遇挫折或损伤时，会产生哀的情绪。此时大脑分泌安多芬，这种天然镇痛剂对人有缓解疼痛、调节呼吸、体温和血压等作用，有利于补偿人在受到身体或心理创伤后的脆弱。

　　人在遇到外部威胁时会产生惧的情绪。此时人体分泌大量肾上腺素，使人的体能迅速高于平常，可以迅速逃生。恐惧情绪中人或动物的"毛发竖立"，是使自己在敌人眼中显得体型更大。

　　人不仅在面对自然的时候会有情绪反应，与其他人打交道同样会有情绪，双方的情绪互动，就形成了感情，例如由喜到爱，由怒生恨。

　　心理学研究成果也显示，不同的情绪会有不同的自主激活模式。快乐使心率降低，悲伤使心率升高（因此快乐减轻人体负担，悲伤增强工作负荷）。恐惧和气愤都会使心率加速，但恐惧降低皮肤温度，气愤则会升高皮肤温度（与人争吵"面红耳赤"是皮肤温度升高的表现）。恐惧情绪使人体为逃跑模式做准备，气愤情绪让人体为进攻模式做准备。这些都是生物演化的结果，存在于人类的基因中，即使受不同文化的影响，也是大同小异。

　　心理学的一些跨文化研究也证实：情绪不仅可以调动人体的生理功能，还可以影响人的行为动机和认知效率。例如人在爱的情绪下，可以为所爱的对象做出自我牺牲；人在良好的情绪下，学习、记忆等认知效率明显提升。短期的情绪波动对人体自身而言有益无害，即使是负面情绪也会被生活中的积极体验给平衡掉，相反，出于社交需要考虑而过多地控制情绪，反而容易造成心理压抑，如果不能宣泄，直接有损健康。

　　心理学将情绪促使生理应激反应的现象分为急性应激和慢性应激。后者是对事件可能反复发生的情绪反应，副作用很大，例如对癌症慢性焦虑损害健康的速度远快于疾病本身（这就是为什么人们常说癌症病人很多是被吓死的）。

　　如何应对慢性压力？心理学有问题指向和情绪指向两种思路。前者面对问题，要么解决，要么躲避；后者面对内心，"改变不了世界就改变自己"。这两种思路的核心是资源与需求相匹配。解决问题的能力、调控心理的方法、亲友医生与社会的支持都是有效资源。人对自身的定位和要求则属于个人的心理需求。匹配才能平衡，平衡达到和谐，和谐即是健康。

6.3 饮食

女儿问父亲:"什么食物做主食最好?"

"人们选择什么食物做主食,主要取决于生存环境和文化习俗。农耕地区主食以植物类为主,渔牧地区以动物类为主。传统上的主食,温带地区多面食,亚热带地区多稻米,热带地区多香蕉。有的地区主食是玉米、马铃薯、豆类、椰枣、面包果。各种主食都能给人提供热量与营养。"

"哪种主食最有营养?"

"全球超过 4/5 的人口以谷物做主食,可见谷物的营养是人们公认的。所有谷物包含两种成分:淀粉和面筋。淀粉是多糖,为人体提供热量;面筋也叫麸质,就是谷蛋白,形成人体细胞组织。当然,这样讲只是给你一个差不多的印象,如果是科学研讨,就需要更严格的表述,精确的数字,还要告诉你不同的研究观点。"

"大米也含有面筋吗?"

"大米是所有谷物中面筋含量最少的。如果你用纱布包着面粉,放在水里揉搓,水会变白变浑,因为淀粉溶到水里了,最后纱布中留下一团粘乎乎的东西,那就是面筋,富含蛋白质,长骨头长肌肉的。可是,如果纱布包着米粉在水里揉搓,最后纱布中几乎什么都剩不下。"

"哪种谷物中的面筋最多?"

"常见的谷物中,藜麦、小麦、燕麦面筋含量比较高,荞麦、大麦、黑麦含量少一些,小米、玉米、稻米的含量更少。大体是这样,具体情况根据品种、产地、加工程度而异。面筋主要在谷物外壳下面,所以精加工会使面筋含量减少。而且,食物营养不能只看蛋白质,面筋少的食物可能其他营养含量高,比如矿物质。"

"香蕉里有面筋吗?"

"有,但比所有谷物都低。不过,香蕉中的淀粉含量较高,可以提供不少热量,因此中美洲和其他热带地区的人将香蕉做主食。香蕉树可能是世界上最高产的植物,其他各种植物性主食,比如小麦、马铃薯,单位产量都远远赶不上香蕉。"

"所以水果也可以做主食。"

"对,水果在寒冷地区可能是奢侈食品,在炎热地区可以做主食。比如椰枣被称作沙漠面包,以前是北非和中东人的主食。面包果烤过后,味道像面包,产量很大,也可以做主食。"

"猴面包树?"

"不是,猴面包树是非洲的,面包树是太平洋群岛的。猴面包果不能烤着吃,面包果可以。面包果长得很像波罗蜜,但里面都可以吃,淀粉含量高。以前西印度群岛出现饥荒,英国人从南太平洋岛屿采集面包树苗,运去种植,解决了食物来源。"

"种树解决主食!"

"对呀,种树。太平洋西南地区,比如马来群岛的人,还用西米做主食。西米其实不是水果,是一种椰子树的树干木髓,高淀粉,你吃的西米露就是用它做的甜点。"

"蔬菜也可以做主食吗?"

"当然,烘干水分后,蔬菜里的主要成分也是淀粉和面筋。比如马铃薯,它的淀粉含量很高,可以做成粉条,就像面条、米线一样,酸辣粉,肥肠粉。历史上欧洲部分地区的人将马铃薯做主食,就如同中国人和印度人用稻米做主食、非洲黑人用香蕉做主食一样。不过,马铃薯的面筋含量比稻米、香蕉都低。"

"都是植物的根,为什么萝卜不能做主食?"

"萝卜是根,马铃薯不是。虽然马铃薯也是从地里挖出来的,但它是植物的块茎,不是根,所以在中国有些地方也称作土豆,法国也称它为地下苹果。萝卜的水分含量比马铃薯高很多,淀粉与面筋含量少,不适合做主食。甚至不如洋葱,洋葱烘干水分后,还有比较高的面筋成分。"

"绿豆糕和豌豆黄也可以做主食。"

"对了,豆子是很好的食物,里面有很多面筋类的东西,叫作豆蛋白。豆类可以做成糕点,营养丰富,但不像面包那样轻柔吸水有弹性。大豆、豌豆、扁豆、蚕豆、四季豆，都可以做主食。"

"淞沪抗战时坚守上海四行仓库的八百壮士吃的就是大豆。"

"没错。大豆原产地就是中国，五谷之一，人们自古就把它当主食。上次从新疆给你带回来的零食是鹰嘴豆，在中亚西亚等地区也可以做主食。因为鹰嘴豆很轻，还不占地方，便于携带，营养又丰富，所以是人们穿越沙漠时的食物首选。热带地区还有一种含油量很高的羽扇豆，是当地人和动物的主食。"

"没听过羽扇豆。"

"这个名字你不熟悉，它的另一个名字你肯定知道：鲁冰花。鲁冰其实是羽扇豆英语的音译，lupin，开的花五颜六色很好看。"

"哦。这种含油量很高的植物做主食应该和肉差不多了吧？"

"肉也不等于脂肪。肉里面3/4都是水分。红色是因为有血，在清水中反复洗，肉就变白了，纤维和脂肪都是白色的。再将肉放在酒精中，脂肪就溶解了，只剩下纤维组织，这就是肉中的面筋。学名叫肌球蛋白，相当于植物中的谷蛋白或豆蛋白。因为肉里面没有淀粉，所以瘦肉中的面筋含量是面包中的3倍。"

"什么肉更适合做主食？"

"基本上各种肉都可以。猪肉可以做成腌肉、熏肉、腊肉，牛肉可以做成牛肉干，羊肉只能吃鲜肉。古代草原战争往往是赶着牛羊充当军粮。现代冷冻技术发达，冻肉方便运输。鱼类生活在水里，所以鱼肉中的水分含量更高。不管哪种肉，脂肪含量基本都高于植物性主食。"

"西方人平均肉食比重更高，是他们更重视营养吗？"

"有饮食习惯，也有地理条件。不过，我在国外生活时，老外看到中国食物，比如我吃萨其马，他们会问我这东西营养高不高；而我在和国内朋友讨论食物时，他们大多会问我这东西味道好不好——所以，可能多数西方人的确更重视食物的营养。"

"中国人吃主食要配菜，或加调料，也是更重视味道。"

"中国人自古也研究食物营养，只是与西方科学方法不同。中国人更重视食物的功效。比如孙思邈对几种主食的记载是：稻米益气止泄暖脾胃，小麦养心养肝利小便，羊肉益肾止痛利产妇，牛肉补益腰脚止消渴。张仲景和李时珍的著作里也有类似的说法。不管它们的各种药用价值，这些植物或动物能作为人类主食，应该还是它们提供的热量和营养相对较高。还有我刚才说的地理条件，当地某种植物或动物更容易获得，也就更容易成为当地的主食。另外，某种主食包含的热量与营养高低，与当地气候密切相关，当地人的身体特征与活动方式都同主食及气候环境相适应。"

中国的八大菜系

饮食习俗在历史中演化和轮回。中国唐代以前分餐制流行了几千年，唐代因为桌椅变高才开始盛行共餐制，现今受西餐方式影响又重新开始分餐制。中国宋代以前烹调方式一直以蒸煮为主，榨油的发展使宋朝以后爆炒成为中国烹饪的主流方式，如今提倡低油食品又开始重视蒸煮食法。

中国地理气候复杂多样，食物原料差异较大，形成不同地区的饮食特色。清初中国形成鲁、苏、粤、川四大菜系，清末闽、浙、湘、徽四大地方菜兴盛，合称"八大菜系"。

鲁菜是中国历史最悠久的菜系，也是古代宫廷最大菜系，由齐鲁（济南，如糖醋鲤鱼）、胶东（烟台，如软炸里脊）、孔府（曲阜，如一品豆腐）、鲁南（菏泽，如单县羊汤）四种风味组成。鲁菜特点：爆炒烧炸，调味纯正，咸鲜适度，清爽脆嫩。精于制汤，擅用高汤调制菜品。清汤急火煮沸，色清而鲜；奶汤慢火煎熬，色白而醇。善于以葱香调味。

苏菜风格源于宋代开封，是古代宫廷第二大菜系，也是当今国宴主要菜系。由金陵（南京，如鸭血粉丝）、徐海（徐州，如羊方藏鱼）、淮扬（淮安，如大煮干丝）和苏南（苏州，如松鼠鳜鱼）四种风味组成。苏菜特点：炖焖煨燻，追求本味，清鲜平和，口味偏甜。用料广泛，水鲜为主，造型雅丽，注重火候。

粤菜起步较晚，但博采众长，常被认为海外中国的代表菜系。由广府菜

（广州，如烧鹅）、潮汕菜（潮州，如白果芋泥）、客家菜（东江，如猪肚包鸡）三种地方风味组成。粤菜特点：炒烩烤炖，清而不淡，油而不腻。选材丰富精细，调味品种类繁多，但只用少量姜葱、蒜头做"料头"，而少用辣椒等辛辣性佐料。食材广，重滋补。

　　川菜是中国民间最大菜系，素有"一菜一格，百菜百味"声誉。明末清初辣椒传入中国一段时间后，川菜发生大转型，麻辣口味较重。由上河帮（成都，如开水白菜）、小河帮（盐帮菜/自贡，如水煮肉片）、下河帮（重庆，如毛血旺）三大地方风味组成。川菜特点：煎炒爆熘，麻辣香怪，厚实醇浓，用料广博、味道多样。辣椒、胡椒、花椒、豆瓣酱等是主要调味品。

　　闽菜经历了衣冠南渡之后中原文化和当地文化的混合逐渐形成。主要由闽东（福州，如佛跳墙）、闽南（泉州，如海蛎煎）和闽西（长汀，如油焖石鳞）等不同风味的地方菜组合而成。闽菜特点：醉扣糟焖，鲜嫩淡雅，偏于酸甜。汤菜众多，调味奇特。强调汤菜要清，味道要淡，炒食要脆。以烹制山珍海味而著称。

　　浙菜在南宋建都杭州后奠定基础。以杭帮菜（杭州，如东坡肉）、甬帮菜（宁波，如腐皮包黄鱼）、瓯菜（温州，如三丝敲鱼）和绍兴菜（如醉蟹）四种风味为代表。浙菜特点：煨蒸烩炖，滑嫩脆软，精巧细腻。重视原料的本色真味，但处理过程还是用葱、姜、蒜、酒、醋等调味品去腥膻，增鲜香。喜用香糟调味。

　　湘菜历史悠久，制法多样，热烹、冷制、甜调三大类烹调技法全覆盖，是中国主要民间菜系。以湘江流域（如腊味合蒸）、洞庭湖区（如洞庭金龟）和湘西山区（如湘西酸肉）三种地方风味为主。湘菜特点：腊熏煨蒸，油重色浓，重视原料搭配，滋味互相渗透。多用酸泡菜、熏腊作调料，佐以辣椒烹制。

　　徽菜起源于徽州府城歙县（古徽州），明清徽商崛起，徽菜一度成为时尚。主要以沿江菜（芜湖，如毛峰熏鲥鱼）、沿淮菜（淮北，如麒麟鳜鱼）、皖南菜（歙县，如清蒸石鸡）为代表。徽菜特点：腌熏卤焖，汁味浓郁、酥嫩香鲜。烹饪技法以滑烧、清炖和生熏法为代表。

除了以八大菜系为代表的汉族美食外，中国还有其他民族风味食品，也很有特色。代表性的包括：蒙古族的手抓肉、满族的打糕、回族的白水羊肉、维吾尔族的烤羊肉串、朝鲜族的砂锅狗肉、藏族的虫草炖雪鸡、壮族的五色饭、苗族的五香鱼、傣族的竹筒饭等。清代满汉全席包括红白烧烤、冷热菜肴、点心瓜果等百余道菜品，烹制方法兼取满汉。

中国还有清真菜。早先烹调以烤涮为主，后来吸收汉族菜系技法，用爆炒快熟制成多种名菜。肉类食材以牛羊鸡鸭为主，烹制羊肉最为擅长，有"全羊席"。大体可分三种风味特色：西北清真菜保留较多阿拉伯人的饮食特点；华北清真菜受鲁菜影响较多，烹调较精细；华南西南清真菜口味清淡，水鲜禽类食材较多。

素食一般指植物类食品。中国素食源远流长，清代形成宫廷素食、寺院素食、民间素食三个支系，风格不同。宫廷素食质量高、品种多，清宫素食菜谱中有200多种菜肴。寺院素食以菜果菇豆为原料，用植物油烹制，还能仿制形态、口味逼真的荤菜，如素东坡肉。

世界的特色饮食

世界范围内食材和烹调技法更加广泛多样，美食品种不胜枚举，以代表性特色饮食为例：

欧洲

意大利的面条、披萨。意面外形就有300多种，密度和筋度都很高，久煮不散。意面酱汁有4种：红酱（番茄）、白酱（奶油）、青酱（香料）、黑酱（墨鱼）。意面不算是主食。意餐一般是先上一道开胃汤（First Starter），第二道是意面（Second Starter），第三道是肉类（First Main Course），第四道是蔬菜或者披萨(Second MainCourse)，最后再上一道点心（Dessert）。披萨馅料数百种，中国馅饼馅在里面，披萨则是馅在外面，可以指着点餐。意大利没有必胜客、棒约翰、多米诺这些披萨店。意大利菜是"西餐之祖"。

法国的鹅肝、蜗牛、松露。法国人把古罗马人的鹅肝发扬光大,作为开胃菜搭配红酒。快餐厅将其做成鹅肝酱成为大众食品。焗蜗牛往往搭配蒜茸面包。松露的传统食用方法是切成薄片生食,或洒在面包或通心粉上。法国菜忌辣,喜嫩。调味汁百种以上。法国菜通常被认为是西餐的代表。

德国的啤酒、香肠。德国人喜喝啤酒,德国啤酒口味纯正。德国1906年的《纯啤酒法》沿用至今,应该是世界上唯一为啤酒立法的国家。德国香肠用猪肉、牛肉、内脏、蔬菜加上各种调料制成。德国国菜就是在酸卷心菜上铺满各式香肠和火腿。面包是主食。"黑森林"蛋糕是德国著名甜点,源于南部黑森林地区,蛋糕的奶油里有大量樱桃汁。

英国的牛肉、羊杂。烤牛肉(Roast Beef)是罗马时代流传下来具有浓郁英国乡土特色的主餐,一般用牛腰肉烤熟切片浇汁,加土豆胡萝卜花椰菜等蔬菜而成。"烤牛肉加约克郡布丁"被称为英国的国菜。苏格兰羊杂肚(Haggis)被称为苏格兰国菜,传统佐餐是土豆泥、大头菜和威士忌。

葡萄牙的蛋挞、鳕鱼。葡式蛋挞是19世纪中期修道院的修女发明的,后来成了澳门著名的小吃。与澳门蛋挞相比,葡萄牙蛋挞馅儿更甜,皮儿更脆,上面还有肉桂粉和糖霜粉。鳕鱼是葡萄牙人的国菜。最常见也最受欢迎的有四种:鳕鱼配烤土豆和橄榄油、布拉斯式鳕鱼、鳕鱼球、奶油焗鳕鱼。鳕鱼均从北欧进口。

西班牙的海鲜焗饭、火腿。西班牙菜特点是用橄榄油调味。海鲜焗饭(paella)是把米饭先在菜里煮,再用肉汁和各种海鲜烤。西班牙制作火腿已经有一千多年历史,整根连蹄带骨的生火腿是西班牙最具代表性的美食之一。其中的伊比利亚火腿是切薄片生吃,现切现吃,配红酒或面包、饼干。好的厨师能把火腿切得像纸一样薄。

比利时的海鲜炖菜、巧克力。海鲜炖菜(Waterzooi)是比利时的国菜,几乎在各家饭店里都是菜单上的首选菜之一。内容包括1份奶油、2份鱼肉、3份蔬菜、4份主食(土豆),用最简单的炖菜方式做成,保持食物的原汁原味和营养。比利时的巧克力在世界上最著名,有2000余家巧克力制造商,口味400多种。

瑞士的奶酪。奶酪火锅（Cheese Fondue）是瑞士的国菜，传统的吃法就是用大蒜涂抹锅底，瑞士奶酪加葡萄酒与樱桃酒煮开，然后用掰成小块的面包土豆沾着奶酪吃，现在多了肉类、蔬菜、蘑菇。通常与红酒搭配。

希腊的羊肉饼、橄榄油。穆萨卡(Mousaka)就是羊肉派，是希腊的国菜。将碎羊肉，茄子，番茄和土豆层层叠上，加上面和奶油烘烤而成。很流行的皮塔饼(Pita)是一种圆形开口馅饼。希腊的橄榄油世界闻名，质量非常好。海鲜蔬菜沙拉撒上孜然和橄榄油，不油不腻。

俄罗斯的伏特加、鱼子酱、罗宋汤。伏特加是俄罗斯的国酒。黑鱼子酱是俄罗斯特有的珍品和最负盛名的美食。经典的辅料是配上生奶油和烘烤的白面包，或用来做鱼子酱寿司。红鱼子酱也常做成沙拉。罗宋汤是俄国最具代表性的传统汤品，可搭配酸奶油。俄罗斯菜用油多，口味重，喜食大蒜、葱头。

芬兰的驯鹿肉、北极鲑。驯鹿肉（Poronkristys）在芬兰是最出名的野味，也是极具营养的滋补品。烹调方法多样，风干、冷熏、慢炖等，最经典的做法是爆炒。烟熏北极红点鲑鱼（Salvelinus alpinus）成为芬兰美食餐厅的特色菜，熏后比刺身口感好，在挪威、瑞典也吃得到。

亚洲

日本的刺身、寿司、大酱汤。日本人通常不称日本菜是"日本料理"，而是"日本食"或"和食"。其特色是精味时鲜，细腻考究。刺身（赤身）是生食，生鱼片和生牛肉为主，随着冰鲜技术发展由原本的贵族食品普及为大众饮食。寿司制作用手还是用竹帘分为"握寿司"和"卷寿司"。日本有谚语："每天大酱汤，不用开药方"。大酱汤也从早先武士专用食品变成百姓食品。

韩国的烤肉、泡菜、石锅拌饭。烧烧可以用各种肉。吃烤肉的时候，一般会用生菜或紫苏叶包上肉、酱料、泡菜或是桌上的小菜来吃。韩国泡菜其实是辣酸菜。明末辣椒的传入改变了朝鲜半岛因袭中国的用盐腌菜的做法。石锅保温时间长，适合寒冷天气用餐。韩国传统的皇家口味称为"汉食（Hansik）"，专门提供各种品类小菜，在传统餐厅里是坐在地板上吃。

新加坡的肉骨茶。肉骨茶就是排骨药膳汤。制作方法为华人所创。肉骨茶分为新加坡的潮州派（胡椒味较重）及马来西亚的福建派（药材味较重）。

马来西亚的椰浆饭。椰浆饭(Nasi Lemak)是马来西亚的国菜。在印度尼西亚也有类似这样的美食，称作"乌督饭"。椰浆饭颜色奶白，散发椰子清香，但传统上大多数佐料是热辣性质的。

越南的河粉。河粉就是米粉、米线，19世纪源自广州沙河，也称沙河粉。后传入越南，越南话发音是"佛(Pho)"。粤闽地区的粉，汤底常用鱼制，味道偏咸不甜，但越南粉的汤底主要用洋葱和牛骨，或加入冰糖调味，汤底带甜。配以生牛肉在客人面前以热汤焖熟是其特色。

菲律宾的烤乳猪。烤乳猪（Lechon）是菲律宾国菜，在菲律宾人心目中的地位就相当于中国的满汉全席，是接待贵宾最隆重的礼遇，还为此制定了烤乳猪节。

泰国的冬阴功汤。冬阴功汤(Tom yum)的意思是酸辣虾汤。需要用泰国特有的几种原料：泰国柠檬、泰国朝天椒(世界上最辣的辣椒之一)、鱼露(鱼酱油，原产自中国闽粤地区)。其他调料还有咖喱酱、柠檬草、虾酱、鱼酱等。

印度的咖喱茄子。咖喱和茄子均起源于印度。印度套餐有3—5种菜色或咖喱酱料，搭配白饭和配菜。印度菜大量使用综合香料（Masala），包含小豆蔻、肉桂、孜然、黑胡椒、白胡椒、肉桂、丁香等。

伊朗的骆驼肉烤串。骆驼肉烤串可卷饼吃，也可搭配伊朗藏红花米饭。波斯烤羊排、里海鱼子酱、伊朗切糕都是可同时享用的伊朗美食。

美洲

美国的烤火鸡。火鸡是美洲特产。火鸡在烤制前用香料腌制，整只烘烤，肚子里还要塞上许多拌好的食物，如碎面包等。烤出的火鸡色泽金黄，鸡皮油润不开裂，鸡肉嫩滑。用刀切成薄片，浇卤汁、撒盐食用。可搭配素菜、沙拉、单宁较少的红酒食用。

加拿大的枫糖、冰酒。加拿大是枫树之国。大约 40 升的枫树液才能提炼出 1 升枫糖浆。冰酒是加拿大的国酒，是用 -8℃以下自然冰冻的葡萄酿造的葡萄酒。多余的水分因结成冰晶而被除去，只流出少量浓缩葡萄汁，慢慢发酵并在 7 个月后装瓶，风险高、产量少。

墨西哥的玉米肉汤。墨西哥是玉米和辣椒的原产地。玉米肉汤（pozole）是墨西哥极具特色的传统美食，将煮软的玉米粒和调制的辣椒酱加入锅内与肉类混煮，直至肉类完全酥烂。可搭配墨西哥卷饼或馅儿饼。

阿根廷的仙草茶。马黛茶（"仙草茶"）是阿根廷的"国茶"，以前生长在南美的丛林中，南美人发现它后进行烹制，制茶手法其实和中国茶叶类似。这是阿根廷极其普及的饮料。

巴西的豆饭。豆饭（Feijoada）是巴西的国菜，被称为"灵魂食物"，主要食材有豆子和烟熏肉干、猪尾巴、猪耳朵、香肠等，以小火炖煮而成。配有米饭、甘蓝、奶油树薯粉和切片的柳橙。传统的说法是该菜起源于以前奴隶将其奴隶主厨余的剩菜豆和肉的碎片拼凑起来，制成炖菜。这就类似重庆火锅最早起源于贩夫走卒将码头宰杀禽畜抛弃的内脏涮食一样。

洪都拉斯的蜥蜴肉。洪都拉斯的蜥蜴肉是普通百姓餐桌上的滋补佳肴。当地人喜欢将蜥蜴肉切块，与洋葱、土豆、西红柿一同熬制，乳白色的肥美肉汤混合丰富的蔬菜。

厄瓜多尔的烤豚鼠。厄瓜多尔和秘鲁的豚鼠（Guinea Pig，荷兰猪）体型接近小狗，在那里吃烤豚鼠已经有近百年的传统。烤的时候就已经刷上了酱汁，表皮酥脆，味道介于鸡肉和猪肉之间，可搭配米饭和菜。

澳洲

澳大利亚的袋鼠肉。吃袋鼠肉在澳大利亚历史悠久，过去土著就经常食用袋鼠肉，尤其喜欢烤袋鼠尾巴。当今袋鼠数量泛滥，生态学家鼓励多吃袋鼠肉。澳大利亚的烤袋鼠肉常用的佐料一般是盐、胡椒和柠檬，因为袋鼠肉微酸，蘸点辣椒可以压住酸味。

新西兰的黑鲍鱼。黑金鲍是鲍鱼界的极品。新西兰黑金鲍采食有严格限制。必须直径超过12.5厘米才可捕捞，任何人每天采集的鲍鱼不能超过10个，出国携带数量不能超过20个或2.5公斤鲍鱼肉。新西兰盛产海鲜，绿唇贻贝、布拉夫牡蛎、银鱼、三文鱼等均质量上乘。

非洲

埃塞俄比亚的野生咖啡。公元6世纪，咖啡被发现于埃塞俄比亚的咖发（Kaffa）地区，这种果实最早称"咖发（Kaffa）"，18世纪称为"咖啡（Coffee）"。在自然野生环境下生长的埃塞俄比亚咖啡被称作"旷野的咖啡"，保留着咖啡豆最原始、最自然的味道。

埃及的大饼。大饼（Aish）也音译为"埃食"，是埃及人的主食，相当于"馕"。白面制成，明火烘烤，状似披萨。大饼中空，可以塞进菜或者肉来吃。在正规餐厅吃到的大饼比街边的口感细腻。可配食烤乳鸽。埃及的烤鸽子比欧洲的小，通常将香料和米饭塞入乳鸽腹中。

尼日利亚的串串香烤肉。作为西非著名美食的苏亚（Suya），是把牛肉、鸡胗等切成薄片，穿上竹签，用花生酱和各种香料腌制后，用炭火烤制。有干湿两种。

摩洛哥的塔吉锅炖菜。作为摩洛哥的国菜，塔吉锅（tajine）早在9世纪的《一千零一夜》故事中就有记载。塔吉锅是红色的圆形陶土锅，锅盖如同一顶锥形帽子。塔吉锅有蔬菜类（豇豆、土豆、胡萝卜、南瓜等）或肉类（肉在菜下面），有点像中国东北乱炖。

合理的饮食观念

顺其自然是最常见的饮食观念。这种观念认为饮食应跟着感觉走，相信人体的自然反应。可顺其自然不等于随心所欲地乱吃，不是完全顺应身体的感觉，而要顺应"饮食的法则"，这个知识也是需要学习的。早期人类在采集阶段并不是凭着感觉胡乱采食的，会由有经验的人进行传授。引进外来物种作为食物时（如历史上传入中国的黄瓜、丝瓜、茄子、西红柿、马铃薯、胡萝卜、四季豆、南瓜、菠菜、香菜、洋葱、大蒜、辣椒等常见蔬菜），也要有学习适应过程，饮食内容不是自然而然的。

随着历史发展，关于食物的知识也在不断积累，并以书籍形式扩散（如中国的《本草纲目》《齐民要术》《食疗本草》《食医心鉴》《食鉴本草》《饮膳正要》等）。

中国《黄帝内经》将食物分为谷、果、畜、菜四大类，认为人的饮食中，五谷应为主食，水果、肉类和蔬菜作为补充。大量西方营养文献却反对谷物作主食，认为太多的碳水化合物不利健康，并认定麸质（gluten，也称面筋，存在于谷物中的蛋白质）会引起免疫反应，损害人的消化系统与神经系统。强调摄入脂肪的重要性，认为农业革命之前的历史阶段人类依靠大量肉食（70%热量来源）进化出动物界中最聪明的大脑，称绝大多数人肠道并不适合代谢大量的谷物，因此提倡高脂肪、低碳水化合物的饮食结构。这些饮食习惯与身体反应是农耕文化传统与游牧文化传统的遗存。

世界各地饮食结构不同，即使因袭祖辈的饮食习惯，风险也比以前增大了。虽然几千年来人类还是同一物种，但饮食的对象已经异于从前了。由于饲料抗生素、农药、化肥、杀虫剂、杀菌剂、杀草剂的广泛应用，以及转基因技术和食品添加剂的出现，现代食物的成分与品质已经与早先不同。同样的食物摄入量，可能毒素要比从前多不少。

于是近些年科学饮食的观念大行其道。科学饮食告诉我们要吃什么、不吃什么、多吃什么、少吃什么。问题是，即使是某些权威国际组织或科研机构、科学家发布的信息，也往往朝令夕改，今是昨非。

例如，鸡蛋先是被认为有益于健康。后来实验又证明有害健康，因为鸡蛋含有饱和脂肪酸，增加人体内的胆固醇，破坏动脉血管，吓得一些人不敢吃蛋黄。现在又证明没问题，蛋黄里的卵磷脂有利于心血管健康，还被视为大脑必需的完美食品。其他诸如脂肪、牛奶、黄油、全谷食品、植物油、豆制品等食物都在肯定与否定之间变来变去。

科学观点只是观点，不代表真理。一是因为科学实验都有限定条件，并不等于真实环境，条件一变结论就变。二是科学总在不断发展，人类认知始终有限。三是科学结论有时会成为利益工具，有意在引导舆论。四是科学推论有时并不严谨。例如，某地区或某些人有某些饮食特点，于是根据统计数据直接得出结论"这些饮食特点是这些人长寿或发病率高的原因"。运用局部数据把相关关系等同于因果关系，这种逻辑上的错误是明显的。

合理的饮食观念包括以下四个原则：

一是养生。饮食目的决定饮食内容。治病用药膳，调养要滋补，美体多排毒，美食重味道。饮食首先应该是养生。不求吃饱吃好，但求防病健体，而且要防患未然，不治已病治未病，以保障生命正常运行为首要目的。

二是节制。万物利弊相生，没有绝对好坏。不能只看到食物的营养，食物也有对人体不利的成分，但只要积累的毒害不大，人体系统都能自行排解。通过节制饮食保护人体机能。如果无法鉴别各种附有大量数据的营养建议的可靠性，就坚守节制原则。

三是均衡。通过多样化饮食获取人体必需物质。人体必备的6大基本营养成分就像一份炒鸡蛋：蛋（蛋白质）、糖（碳水化合物）、油（脂肪）、盐（无机盐）、素（维生素）、水。避免过多摄入单一种类食物。食物单一导致营养成分不全面，且未分散负面的风险。

四是精美。在允许的条件下，食不厌精。饮食在营养的基础上还可以赋予色香味形的美感。精美的食物调动人的胃口，促进营养吸收，推动人类进化，展现不同饮食文化特色。追求和欣赏精美的同时，务必要坚决避免浪费，任何浪费都是恶行。

6.4 服装

服装如同饮食、建筑、绘画、书法、音乐一样，既有实用性，也有艺术性。从实用角度是"衣物"，可以保暖防御，称职业为"裁缝"；从艺术角度是"服装"，可以遮羞美化，职业称"服装设计师"。与其他艺术之美不同的是，服装之美不能脱离人体而单独存在，且是动态之美。

服装通过款式（外形）、颜色、材质（面料）等艺术元素表现美感。这些元素的运用要考虑与不同气质的人的匹配，正如雕塑和建筑要考虑与周围环境的搭配，才能更好地展示美。

款式通过运用对称、均衡、比例、对比等法则创造服装美感。款式首先要有称身合体的造型。宽松的服装穿起来不应该有收紧感，紧身的衣服也不应该有肥大感。早期服装都是平面结构，后来人们发现了人体外形的构成方式，发明按照人体外部曲线设计服装结构的方法，转为立体构造。1900年巴黎国际博览会上开始出现"高级定制服装"，更强调结合每个人的特点，使服装做工精致，款式独特，避免雷同。

颜色具有象征和联想的表现力。但在不同文化环境中，有着不同含义。例如，红色，中国人的联想常常是喜庆、革命、热烈、激情，欧洲人的联想则多为紧张、刺激、色情、情绪化。白色，中国人多联想到恐怖、忧伤、苦难、悲痛，欧洲人的联想则为公正、纯洁、无生命、女性化。因此，中国传统服装多以红色为新娘礼服，白色则为丧服。欧洲和日本的新娘礼服则多为通体纯白，帽子与鞋也为白色，新郎则黑衣白花，在中国人眼里宛如葬礼。

材质通过本身的厚薄、轻重、软硬、粗细、光泽、透气等特质表达视觉与触觉的美感。总体上，材料质感肌理有平滑、粗糙、凹凸、毛绒四种。例如，平滑透明的纱质材料制作服装，面料自身会产生虚实空间，视觉上会减轻穿衣人的重量，使其显得轻盈、朦胧、空灵、梦幻。厚实的牛仔布制作的服装会有结实耐磨的感觉，视觉上产生休闲、随意、劳动、拓荒、探险的效果。粗纺呢服装会有纯朴、粗犷的乡土气息和田园风格。深色毛皮服装有浑厚、质朴、凝重、苍凉的感觉。

中国的服装演化

每一个时代都有多种样式的服装，也都有主流风格，并反映当时的时代背景。

中国古代服装种类繁多，对服装的款式和颜色、图案等大多有严格规定，以区分社会等级。

商周时期服装上衣下裳，不分男女都做成两截，上身的叫"衣"，下身的称"裳"（裙子），也可裁剪后再缝接在一起。裳里面穿裤，裤是只有两条裤管、不加连裆的套裤（胫衣）。在军服中，小腿用行藤（相当于现代绑腿）缠护，直到秦兵马俑还有。秦俑裤子有长短两种。

中原民族习于车战，北方民族惯用骑兵，战国时期"胡服骑射"是为了发展骑兵进行山地作战的服装改革。将传统的套裤改为合裆裤。这样骑马时不用穿裳，且保护身体受摩擦部分。但这一服装改革当时并未普及，宽衣大裳仍是社会主流服式，尤其在社会上层。

秦汉时期，无裆裤逐渐被有裆裤取代。但开始裤裆极浅，穿上会露出肚脐，没有裤腰，而且肥大。后来裤腰加长，提到腰部，用带子系住，但裤裆不缝合（开裆裤），裤外穿裳。汉代裤子分长裤和短裤。女装（襦裙装）类似当今朝鲜族的民族服装。

魏晋南北朝时期，玄学盛行，个性解放。主流服式一改秦汉端庄稳重之风，形成追求仙风道骨的褒衣博带风格。男服袒胸露臂，宽松随意。女服长裙曳地，大袖翩翩。秦汉时期的宽袍要收袖口，此时均宽衣敞袖。由于轻薄服装御寒较差，开始流行披肩。

在这个民族大融合时期，胡服式样也与汉服混杂。与汉服宽衣大袖不同，胡服短衣窄袖，下装是合裆裤。虽适合骑马，但入主中原后被认为两条细裤管立在朝堂不合体统，于是折中将裤管加肥，成了"立如裳、行为裤"的裙裤款式。

隋唐时期，服饰雍容大度、富丽华美。男服圆领窄袖袍衫，因形制简单，开始用服色区分等级。女服窄袖长裙，领口造型多样，但越开越大，出现一字敞开领，肩胸外露。外穿透明薄纱（明衣）。除上述襦裙装外，男服与胡服也是唐代女性的流行穿着。

两宋时期，服饰崇尚俭朴、高雅清淡。男服圆领大袖，腰间束以革带。但平民衣服短不及膝。宋初规定，低职吏人、商人、艺人、庶人一律只许穿黑白两色衣服。女服裙长拖地，衣多对襟。唐宋以前，裤子多穿在袍、裙以内，宋代开始裤子穿在内外皆可，穿在里面的用开裆裤，穿在外面的用合裆裤。花纹装饰也自此开始讲究。

明代服饰端庄传统、繁丽威仪。男服多采用唐宋圆领袍衫发展而来的盘领衣（高圆领），衣袖宽大。庶民以棉布短衫为主。女服基本样式依唐宋旧制。衣裳比裤子重要，可以无裤，不可无衣。

清代以满服同化汉人。繁缛华丽为历代王朝之最。男服多为圆领宽袍瘦衣马蹄袖。女服可沿用明代汉装。清初，汉族女性穿裙，满族女性不穿裙，晚清时期都穿。长袍又称旗袍，为男女老幼一年四季的全国统一服饰。

民国时期，旗袍简化，袍身收窄，领子由高变低，最后无领，袖子也趋于取消，长度由拖地缩短为及膝。民国女服还流行短袄套裙（袄裙）。男服则流行中山装。

新中国成立后，中山装成为国服。60年代流行草绿色军装。70年代流行劳动衫和红卫服。改革开放之初流行牛仔裤、喇叭裤（中国古代也有）。1984年上海出现西装热。80年代中后期流行运动服和羽绒衫。90年代流行夹克衫、文化衫。进入新世纪服装款式益发丰富。

西方的服装变迁

后世通过历史遗留的壁画、雕塑、陪葬品、文字记载，可以了解曾经存在过的服饰。

古埃及特点——古朴。古王朝时期埃及人大多赤身露体，只在腰间系一条围巾。后来这种缠腰布演变成围裙或长袍。新王朝时期流行遮住胸部的筒裙。

古西亚特点——单纯。苏美尔时期男女服装同形同质，样式单纯，多为卷衣（用长方形布缠裹，长边是宽边1.5倍）。波斯人原为紧身衣裤，征服两河流域后多了宽松礼服。

古希腊特点——简洁。用长方形布料系扎或缠裹，用别针固定，非常宽松。披风可包裹全身或披挂在双肩。

古罗马特点——繁缛。由缠腰布和长短袍组成，形成很多道褶皱群。女服与男服差别不大。

拜占庭特点——遮蔽。该时期服装由绕体式变缝制式。女性全身包裹得严严实实，不露肌肤，不显体形。衣服有袖，外穿无袖套头披风。

哥特式特点——奇异。男装由短上衣和紧身裤组成T型轮廓。女装上衣紧身、下裙宽大，形成A型轮廓。

意大利风特点——古典。文艺复兴时期欧洲先后流行意大利风、德意志风、西班牙风的服饰。意大利风男装是紧身衣加细腿裤。女装有紧身筒袖或莲藕袖。

德意志风特点——浪漫。男装类似哥特式，强调肩部，上宽下窄，但无领，内衣领子很高，衣身袖子较宽松。女装领口扩大，保持重心在下身的造型。

西班牙风特点——夸张。男装使用大量填充物，使肩、胸、腹膨起，人体呈现椭圆形。衣领为轮形褶皱。下衣被分成两截：半截裤和长筒袜。女装采用无袖紧身胸衣和裙撑。

巴洛克特点——华丽。装饰繁多，大量使用纽扣丝带。荷兰风时代男装从紧缚走向宽松，由僵硬变为柔软。流行大量蕾丝花边。女装不再用紧身裙撑，袖子一节节箍起来。法国风时代男装流行裙裤或裙子，女装流行紧身胸衣和臀垫（"巴黎臀"）。

洛可可特点——奢靡。男子典型套装为长外衣、背心和紧身裤。女装重新流行巴洛克时期消失的裙撑。

近代特点——理性。男装注重功能性，基本形制为衬衫、马甲、西服、礼服、下裤组合。衬衣接近现代衬衣的原型。早期流行翻领、袖褶、燕尾、白长袜。女装按顺序周期性重现过去的样式（"样式模仿的世纪"）。

现代特点——时尚。长裤外穿。虽然中国在一千多年前的宋代就开始有大量女性单独着长裤，但欧洲女性却始终没有摆脱裙子。直到20世纪初期，有欧洲女性开始将长裤单独外穿，起初被视为个性张扬的激进行为。一战让大量欧洲女性外出工作，长裤因活动方便才普及。

20世纪20年代之后，服装样式趋于简洁轻柔，没有花边等累赘。裙子越来越短，直到完全露出膝盖。当时男装曾流行裤型宽大的牛津裤。自那时起，设计师香奈尔（Gabrielle Chanel）"尽可能简洁"的理念影响了服装界半个多世纪。

二战后，男装以套装、制服为主，外形方正挺拔。女装由战争期间的男性化特点转向多种造型——8型、H型、A型、Y型等先后登场。60年代西方各国风靡牛仔裤、喇叭裤、迷你裙、工作服。70年代流行黑夹克上各种装饰闪闪发光的"朋克时装"。80年代女装流行T型化。90年代流行休闲装和便装，特别是网状、透明、半透明的透薄织物。新世纪时装变化更快。

服装选择的观念

人的审美观往往不一致，因此并没有绝对美观的服装。所谓时尚，基本是创新与潮流的跟风。选择服装可以不够时尚，但应得体，这是出于对其他人的尊重。

得体服装一般优先考虑普通简洁的基本款。不擅长选择的人往往会被有明显特征设计（例如华丽的造型、纽扣或图案）的服装吸引，实际上这种设计并不符合成年人的时尚穿搭风格。基本款服装应该是无图案、无文字、无刺绣蕾丝等冗余装饰的纯色服装。这种服装貌似普通，实则便于搭配，而且不会过时。

选择基本款服装要特别重视尺码。很昂贵的服装如果尺码不合适也会显得廉价而邋遢。男装往往有选择偏大尺码的错误倾向。肩缝垂到肩部以下，或袖口长到虎口位置，都是明显偏大。因为服装版型不同，合适的尺码并不总是一致的。总的原则是宁小勿大，保持轮廓。

成年人的时尚穿搭不能呈现出过度休闲化的状态。设计简洁的深色立式折领大衣是男士大衣的经典基本款。女士大衣的基本款是浅驼色翻领风衣（不带毛领），长度在臀部和膝盖之间。不是大衣的外套，男女装长度均以盖住部分臀部为宜。

衬衫不选择有装饰性设计的样式，例如袖口或纽扣有花纹或颜色反差有衣领扣的衬衫比正装衬衫更显休闲。花格衬衫优先选择小格子图案。女式衬衫优先选择小衣领，比较容易立起来。里面搭配 U 领 T 恤打底。衬衫可以扎进裤子，也可以放在外面。商务衬衫的长度要能盖住臀部，休闲衬衫以盖住臀部一半为佳，过长会破坏平衡感。

T 恤的选择主要看衣领。圆领是适合任何人的基本款。V 领完全展现颈部，男士 V 领要避免过深。U 领比 V 领柔和，更适合女士。T 恤长度以在腰臀之间为宜，宽度不要紧贴身体，要略有富余。相较而言，只穿一件衣服时，成年人应选择有领的 POLO 衫，外面搭配衬衫或外套时，更适合选择无领的 T 恤。

长裤的款式近年来呈现版型越来越瘦、裤腰越来越低的趋势。裤腰应在骨盆处最为合适。男士裤长应是裤脚稍稍触碰鞋面。长裤的款式现在比较流行小脚裤，就是向裤脚处逐渐收拢。虽然也是直筒裤，与普通休闲裤相比，显得小腿更细。

女士长裤通常比男士略短，更显女性化。八分裤刚刚露出脚踝，有轻快感，穿着场合更多。女士的七分裤尺码应尽量紧身，有轻盈感。短裙优先选择设计简洁的紧身裙和褶裙。长度在膝盖或略高。圆领纯色的裙子更容易搭配。

衣食住行在人们的日常生活中，既是主要支出项目，又是基本生活内容。只关注其实用性与物质性，被称为"俗"；能欣赏其艺术性与精神性，被称为"雅"。服式的变化可以雅俗共赏。

6.5 旅行

旅行可以是旅游，也可能是出于谋生、商务、探亲、避难等动因的出行或迁移；可能是主动的，也可能是被动的；可能是欢快的，也可能是沉重的；可能是舒适的，也可能是危险的；可能是一种挑战，也可能是一种生活方式。

欧洲向来有"大旅行（Grand Tour）"的传统。古希腊古罗马时期很多哲学家有大旅行经历。文艺复兴后这种热潮重新兴盛，成为一种教育方式（现代游学的前身）和习俗，甚至变成一个人受过良好教育的唯一证明。

后来19世纪这种风潮迷失了方向，旅行失去了求知的本义。很多旅行者的知识储备匮乏，不足以领悟多数他们所见到的事物的意义，他们仅有的一点兴趣便是前去观看不太了解且无法欣赏的建筑和绘画。现代中国越来越多的旅行者也同样在失去求知的兴趣，尤其出境旅行，成了消费购物的代名词。

旅游资源的种类

以游览为目标的旅行是旅游。旅游对旅游者和当地都是有益的。对旅游者可以获得身心健康。对旅游地可以通过旅游收入维护旅游区的环境质量和历史遗迹保护。旅游可以促进历史遗迹和古建筑纪念馆的修复，如武汉重修黄鹤楼，南昌重修滕王阁。旅游能促进一些旧的建筑改造为新的旅游设施，有些福建客家土楼改造成高级宾馆，有些傣族竹楼和苗族吊脚楼改造成民宿。旅游对自然环境的保护提供了推动力，使当地采取行政规划的控制成为可能，最终保持环境质量和向旅游者提供满意的体验。

旅游者在旅游过程中会与当地社会互动，相互产生积极影响。旅游者与移民不同，他们不是为了追求生存才到旅游地，更多情况下是旅游者为当地带来更为先进的生活方式和经营理念。

例如，旅游者以其自身的意识形态和生活方式进入旅游地，引起旅游地居民的思想变化。对于落后地区来讲，这种示范效应对提高人的素质有积极作用。云南石林的彝族、西双版纳的傣族、大理古城的白族居民，随着旅游业的发展，不仅摆脱了贫困，而且文化修养也得到提升，一些人能用外语同国际游客做生意，有些人学习先进的生产生活方式，升级卫生标准，提高服务质量，这些措施有利于旅游者和当地居民的健康生活。

旅游资源分自然资源和人文资源两大类。自然类可以概括为：天、地、水、生四个方面。人文类可以概括为：虚、实、古、今四个方面。旅游的内容基本就是看这八个方面。

天是天文景观与风景，包括气候气象资源。空气流动为风，日光照射为景。风景多为四时变化中的自然现象，特别是云雾雨雪的景致。

地是地质地貌。地质可以看土石沙岩。地貌可以看峰谷洞原，如丘陵、峡谷、溶洞、高原、盆地、海岸、沙漠、戈壁、火山、岛屿。

水是水文资源，包括泉河湖海。水是旅游和构图的基本要素，泉溪、瀑布、潭涧、湖泊、海滨、峡湾、冰川等水文景观形成旅游特色。

生是生物资源。主要是植物动物。生物与环境构成整体生态，旅游时可以在森林、郊野、保护区、动物园、植物园时观赏具体生物。

虚是艺术文化，精神层面的人文景观。包括：美术、音乐、体育、娱乐、戏剧、影视、民俗、制度、宗教、语言、家庭、价值观等。

实是器具建筑，物质层面的人文景观。包括：购物中心、传统集市、博物馆、美术馆、体育馆、图书馆、游乐场、文化宫、公园等。

古是历史古迹。考古遗址及各种历史建筑或遗迹，包括：宫殿、神庙、寺塔、教堂、城镇、古街、园林、洞窟、故居、文物、石刻等。

今是当今世界。各种当前现象，涵盖科技、政治、军事、宗教、社会、经济、教育、医疗、居住、娱乐、职业、时尚等领域。

无论是自然景观，还是人文景观，分类其实都是为了便于梳理，现实中往往交叉重叠。比如植物园和动物园，既是自然，也是人文；博物馆和美术馆，既是实，也是虚，既是建筑实体，也是文化载体。

世界范围内旅游资源，可从自然风景和人文景观两方面来列举一些具有旅游价值的代表性景点。

自然风景

天：德国巴伐利亚（雪山红叶）、南非开普敦（日落景观）、印度乞拉朋齐（世界雨极）、英国苏格兰天空岛（天气变化莫测的世外桃源景色）、美国阿拉斯加的费尔班克斯（北极光全球最佳观景地）、大本德国家公园（美国光污染度最低的地方）、死亡谷（美国最大的黑暗天空保护区、地球上最干燥的地区之一）、澳大利亚巴罗岛（世界强风）、北欧拉普兰（极昼极夜，圣诞老人的故乡，冰与火的芬兰浴）。

地：撒哈拉沙漠（世界最大沙漠）、澳大利亚大堡礁（世界最大最长的珊瑚礁群）、科罗拉多大峡谷（世界最大的红河峡谷，活的地质史教科书）、珠穆朗玛峰（世界最高峰）、盖朗厄尔峡湾（世界上最长、最深的峡湾）、帕米尔高原（平均海拔仅次于青藏高原）、巴西高原（世界最大高原）、格陵兰岛（世界最大岛）、澳大利亚大盆地（世界最大自流盆地）、夏威夷火山国家公园（海底山脉露出水面的山峰与火山）、墨西哥水晶洞（世界上最大的天然水晶洞）、北爱尔兰贝尔法斯特巨人之路海岸（4万多根岩石柱海岸）、埃及法拉法拉绿洲（风蚀地貌）、土耳其格雷梅国家公园（月表地貌）。

水：美国黄石公园（泉水最多最原始最古老国家公园）、尼罗河（世界最长河）、死海（世界海拔最低湖）、里海（世界最大湖）、贝加尔湖（世界最深湖）、白令海（世界最深海）、马尔马拉海（世界最小海，亚欧分界线）、波罗的海（世界盐度最低海）、维多利亚瀑布（非洲最大瀑布）、尼亚加拉瀑布（北美洲最大瀑布）、伊瓜苏瀑布（南美洲最大、世界最宽瀑布）、莫雷诺冰川（阿根廷年轻冰川）、马尾藻海（大洋上的草原）、亚速海（世界最浅海）、德雷克海峡（世界最深海峡）、芬迪湾（世界潮位最高、潮差最大海湾）。

生：美国加州圣地亚哥动物园（世界最大的动物园）、坦桑尼亚塞伦盖蒂国家公园（野生动物最集中、面积最大的天然动物园）、肯尼亚马赛马拉自然保护区（世界最大最好的野生动物禁猎区之一）、厄瓜多尔的加拉帕戈斯群岛（活的生物进化博物馆）、北美索诺拉沙漠（世界最大最完整生物品种最多的旱地生态系统）、肯尼亚纳库鲁湖（东非大裂谷观鸟天堂）、美国阿拉斯加州卡特迈国家公园（世界最大棕熊保护区）、刚果维龙加国家公园（大猩猩栖息地）、伯利兹堡礁保护区（北半球最大堡礁、风景绝佳的自然生态系统）、亚马逊雨林（世界最大热带雨林）、西伯利亚森林（世界最大最冷林区）、美国大沼泽国家公园（美国最大亚热带野生动物保护区）、黑森林（德国天然野生动物园）。

6. 人类生活

人文风景

虚：布雷根茨音乐节（奥地利维也纳）、伊斯洛莫音乐节（俄罗斯莫斯科）、红石公园大剧场（美国丹佛）、大舞台公园（美国田纳西州曼彻斯特）、露天剧场（英国伦敦摄政公园）、音乐公园礼堂（意大利罗马）、达哈拉剧场（瑞典赖特维克）、偶戏节（日本长野县饭田市）、国际艺术节（澳大利亚珀斯）、国际艺术节（英国苏格兰爱丁堡）、国家艺术节（南非格雷厄姆斯敦）、戏剧节（瑞士苏黎世）、戏剧节（法国阿维尼翁）、国际戏剧节（委内瑞拉加拉加斯）、音乐戏剧节（美国纽约）、莎士比亚戏剧节（加拿大斯特拉特福）。

实：梵蒂冈圣彼得大教堂（世界最大教堂、最大圆顶建筑）、圣索菲亚大教堂（土耳其伊斯坦布尔的宗教建筑）、麦加大清真寺（沙特阿拉伯麦加城伊斯兰教第一大圣寺）、德国科隆大教堂（欧洲北部最大教堂、哥特式教堂建筑的完美典范）、圣瓦西里教堂（完全由石头建造的俄罗斯莫斯科童话般建筑）、帝国大厦（美国纽约地标之一、保持世界最高建筑地位最久的摩天大楼）、吉隆坡石油双塔（世界最高的双塔楼、连接双峰塔的空中走廊是世界最高过街天桥）、比萨斜塔（意大利比萨大教堂的独立式钟楼）、古罗马竞技场（古罗马建筑的代表作之一）、雅典帕特农神庙（最杰出的古希腊建筑）、白金汉宫（英国王宫）、凡尔赛宫（法国王宫）、克里姆林宫（俄国皇宫）、大皇宫（泰国王宫）、京都御所（日本故宫）。

古：埃及金字塔（沙漠中的神秘宏伟陵墓）、约旦佩特拉古城（岩石上雕刻而成的玫瑰红城市）、印度泰姬陵（美观精致的古代创意建筑）、秘鲁马丘比丘（崇山峻岭中的印加神秘古城）、柬埔寨吴哥窟（丛林中发现的世界最大庙宇）、印尼婆罗浮屠塔（山丘佛塔石头画卷）、克里特岛（地中海文明发祥地）、埃及卢克索（古埃及最大最多神庙）、智利复活节岛（巨人石雕的南太孤岛）、英国巨石阵（史前文明奇迹）、希腊雅典卫城（欧洲文明发源地）、墨西哥奇琴伊察（神秘玛雅文明）、尼泊尔兰毗尼（释迦牟尼诞生地）。

今：京都（日本古都唐式建筑）、加德满都（尼泊尔山地千庙之都）、巴厘岛（印尼宗教艺术旅游胜地）、伊斯坦布尔（横跨欧亚的多元文明城市）、梵蒂冈（世界最小国家天主教中心）、迪拜（最奢侈人工城市）、伦敦（雾都）、柏林（森林与湖泊之都）、巴黎（欧洲最大城市）、罗马（欧洲历史名城）、威尼斯（水上历史名城）、维也纳（音乐之都）、伯尔尼（瑞士古城钟表之都）、索菲亚（保加利亚花都）、拉斯维加斯（美国沙漠的不夜城）、马尔代夫（赤道海上风情）、雷克雅未克（冰岛火山温泉）、巴拿马城（运河之城）、里约热内卢（狂欢之城）、布宜诺斯艾利斯（探戈之城）。

还有一些虚实结合、古今交错的旅游资源，诸如：巴黎圣母院（全部石材建筑的文学艺术双重圣地）、新天鹅石城堡（德国巴伐利亚"白雪公主城堡"）、温莎堡（英国伦敦石头建筑、收藏众多艺术品的世界最大最古老城堡）、卢浮宫（世界最大最古老博物馆）、冬宫（俄罗斯皇宫及世界著名博物馆）、大都会艺术博物馆（美国最大的艺术博物馆）、大英博物馆（英国国家博物馆，世界规模最大最著名博物馆）、乌菲齐美术馆（意大利佛罗伦萨文艺复兴艺术宝库）、埃及开罗博物馆（古埃及文明展示馆）、西班牙普拉多美术馆（有众多大师画作的美术馆）、维也纳音乐厅（最古老又最具现代感的音乐厅）、阿姆斯特丹音乐厅（世界一流乐队演出）、波士顿交响音乐厅（最早运用声学原理设计）、悉尼歌剧院（白色贝壳或风帆形状的海岸建筑）。

中国旅游资源丰富，自然风景和人文景观旅游资源遍布各地。主要有地貌、历史和民族三大独特优势。

一是地貌复杂，风景多样。中国地处亚欧大陆东端，西高东低，南北跨度大，地质地貌复杂多样。从热带到亚寒带，从海洋到内陆，从沙漠到雪山，有各种不同气候和不同生物群落。有世界之巅的珠穆朗玛峰，有长度位居世界第三和第五的长江与黄河。有长江三峡、黄河瀑布、桂林山水、昆明石林、九寨湖泊、婺源油菜、黄山云海等。

二是历史悠久，文化灿烂。中国自黄帝以来的近5000年历史中拥有众多文物古迹，例如，北京故宫被誉为世界五大宫之首，是世界现存最大、最完整的古建筑群。承德避暑山庄原名热河行宫，是世界现存最大、保存最完整的皇家古典园林。西安秦陵兵马俑，以其工程之浩大、气魄之宏伟、造型之高超，被称为"世界第八大奇迹"。

三是民族众多，民俗多彩。中国有 56 个民族，各民族由于历史渊源，宗教信仰，地理环境和生活方式的不同，形成了各具异彩的风俗习惯和民族特色。各少数民族聚居区的民族构成、风土人情、生活习俗、节日喜庆、服饰装束、传统特产、风味佳肴、民族歌舞、精神信仰，都对旅游者有巨大吸引力。

安全与见闻游记

在旅行的过程中，旅行者通过行走与观察思考，会提高身体与精神的健康水平。但另一方面，旅行者在四处行走时，也会有染上疾病的风险。在国际旅游市场中，发达国家或成熟地区游客数量较多，也是因为卫生条件和公共健康设施较为完备的原因。较不发达地区的景区，可能卫生条件相对较差。对于热门的旅游景点，影响会更为复杂。每到旅游旺季，很多风景区的基础设施不能满足游人的需要，超负荷的经营造成混乱和污染，使旅游者及当地服务人员健康受损。

除卫生健康外，最重要的风险是人身安全。要让身心免受旅途中不确定的意外伤害。伤害来源有自然和人为。预先准备和应急处理是保障人身安全的两大工作。但意外总是难免。

笔者对旅行只是业余爱好，不断在积累经验教训。例如每次单车自驾出行，会在出发前进行汽车检修和保养，并在车里备有多种应急用品，包括：充气泵、补胎剂、拖车绳、工具箱、睡袋、帐篷、食品药品、取暖设备、充电设备、通信设备等。通常还要多设计几条路线，根据未来数天的天气预报判断各地雨水和路况，确定和调整路线。

除上述为降低自然伤害风险的准备外，笔者在长途自驾的时候通常会在车里放有电棒、刀剑、镁棒等野外用品，既可防范遇到歹徒的人为伤害，也可应对荒野中的动植物伤害。如果是乘飞机旅行，防身用品就无法携带。

还要有报警电话、朋友号码、手机和电池。

2014年笔者和同事去四川甘孜州的稻城亚丁。一天时间在平均海拔4000米以上的地带徒步7小时，中午只吃随身携带食品，体力消耗较大。返程时我们队伍中一个女生出现明显的困倦嗜睡等症状，说话无力，多次提出想找个地方躺下来休息一下。

这是高原反应，而且有点严重，一旦让她躺下，可能就再也起不来了。于是笔者指定一个男生负责拉着她走，不行就背，不许停，一定要在她出现意识模糊之前赶到下山的摆渡车停车场。

缺氧状态下，人可能出现幻听幻视幻觉，任何头脑中的念头对当事人来说都无比真实，因此历史上中外登山者遇难后发现的日记中，常常会有各种匪夷所思、离奇诡异的记录。

并非高海拔地区灵异事件众多，也不是遇难者在日记中说谎，仅仅是缺氧导致的意识模糊，无法做出正确判断，进而影响生存能力。事后该女生称有"救命之恩"，笔者其实相当后怕。当时什么药品都没带，也没有氧气筒，且徒步全程没有医疗站。

2007年笔者独自在海拔3600米以上的云南玉龙雪山牦牛坪行走，淡季加雨天，眼前辽阔的山野空无一人，只有数十头无人看管的牦牛在身边。抵近拍摄时，牦牛开始烦躁，突然逼近。笔者只好放下相机，张开双臂，试图吓阻。对峙一会儿，牦牛再次向前，随身虽携带藏刀，危险不到万不得已肯定不能使用，只好快速穿插向牦牛身后跑。但长距离奔跑肯定跑不过牦牛，情急之下，幸好附近有灌木丛，才摆脱纠缠。好在当时只是轻微的高原反应，不影响判断和行动。

2013年笔者和朋友两家人去西藏，朋友一家三口均在笔者的叮嘱下提前服用一星期的红景天，基本没有出现高原反应。从拉萨到然乌，要走川藏公路，远比青藏公路艰险。因此我们采取包车包司机的方案，而非自驾。不过尽管那位老司机已经在川藏公路上跑了20多年，后来仍然险象环生。山路实在太窄，转弯时经常一个车轮悬空。笔者坐在副驾驶的位置上，可以看见下面万丈深渊的滔滔江水。

更糟糕的是,还要会车和过桥。本来只有一车宽的路段,会车时只能车蹭车慢慢挤过去,一个失误就可能让外侧的车掉下悬崖。车的左前部反复这样挤蹭,已经明显凹陷,司机毫不在意,说每次都会这样。而汽车要过的吊桥,不但只能单行,还是年久失修的木桥!我们那次是过去了,几个月后看到新闻报道这里就出现了桥断车毁人亡的事故。此后几年更是多次桥断。最好的做法应该是规划线路时避开危险地段。

2018年笔者在巴西亚马逊河中游的玛瑙斯也经历一次自然风险。当时几个因素碰在一起,导致笔者不得不独自在夜间穿行一片野地回到宾馆。当地夜行动物众多,有鳄鱼、蟒蛇、蜥蜴、蝙蝠、猫头鹰等。寂静的黑暗中,身边不断有各种莫名其妙的声响。笔者借着手机的微光,用手中的长伞拨草寻路,步行一个多小时才脱离野外险境。当笔者可以看到远处的灯光时,长出一口气,感觉重回人类文明,发觉由于一路高度紧张,衣衫已经汗透。

冒险不是旅行的目的。一定要让自己尽可能避免置身险境。用不上医疗知识和急救技能才是最好的准备。

在确保安全的前提下,旅行增加见闻令人愉快。人是旅途中的风景。笔者在少数民族地区旅行途中遇到过不少可爱的当地人士,接触到他们的善良之举。

2013年我在西藏途经林芝的路上休息,可以远望南迦巴瓦峰。当时同行的10岁女儿在写生时不慎将画笔掉落几十米下的山腰,急得大哭。我说没关系,可以先拍照,回去对着照片画。

令人大感意外的是,半小时后,一个面色黝黑的藏族小伙子跑了过来,手里拿着捡上来的画笔——一定是女儿着急时被他看到了。

当他归还画笔时,我问他是做什么的。他用非常生疏的汉语说是附近摆摊卖货的。我提出要去他那里买些东西,他看出了我想报答他的意思,脸一红,说句"不用"就跑掉了。

2016年我在新疆哈密租车去五堡魔鬼城。司机是当地维吾尔族小伙子,热情活泼,每次驾驶时都要听歌曲,时不时会跟唱,唱到高兴还会手舞足蹈，让我对他开车的安全性不太放心。

最麻烦的是他的汉语非常不好，几乎听不懂说不出。但相遇时我能感觉到他很想接这单生意，而我也没有太多其他选择，两个人比比划划谈妥价钱，他开车将我直接送入魔鬼城雅丹地貌区。

在里面花了很长时间才出来，我觉得让小伙子等这么久过意不去，就多给了他一些租车费，他推辞半天，也讲不清楚，就开车把我拉到他家里，从院子里摘了很多大枣，撩起衣服兜着，给我放到车上。

与人沟通并不总是这样顺利，也可能有误解。

2007年我在云南丽江骑马过拉什海原始森林，当地一位纳西族马夫牵马陪我。没有其他人，绝大部分行程没有遇到其他游客和其他当地人。

一路上风光旖旎，看到一些其他地方没见过的景色，包括地上大片大片的红蘑菇。但几乎没有路，总在林间上坡下坡，树木枝叶又很茂密，虽然穿了面料结实的外衣，仍难免多处被划破。

大约走了两个小时，马夫突然用纳西话向远处大喊。这让我颇为疑惑。问他怎么了，他用汉语说"迷路了"——我陡然警惕起来——作为50多岁的当地人，以马夫向导为业，在自己生活已久的地方怎么会迷路呢？会不会是喊来更多人在这荒无人烟的原始森林里面实施抢劫？然而糟糕的情况并未出现。马夫不停地吆喝，后来真的有了回音。在森林中的一大片湿地对面，出现一男一女，陪同我们，最后一起走出森林——前后花了三个半小时。由于语言沟通存在障碍，我始终没弄清楚马夫怎么会迷路，但结果说明我多虑了。

2017年我在云南大理租车走访当地。司机是穆斯林，蒙古族人，宋末蒙军征服大理时驻留士兵的后裔。汉语很好，非常健谈，对当地穆斯林与白族争斗的细节描述得绘声绘色。

他主动邀请我去他家。我参观了他家的建筑风格与室内装修，当时正赶上他的家人在做礼拜。他说本来应该每天5次，工作太忙，实际每天只做3次。包车司机只是临时职业，他在花时间学习争取考阿訇。几天的行程中，他为我额外增加了很多非必要的服务和招待，却并没有多收费。他应该是觉得这样做事符合他内心中善的标准。

人生就是一场旅行。旅行也是一种人生。让短暂的人生接触和沉浸在浩瀚的人类文明中，是一种内心充实的幸福生活。

好的旅行常常有好的游记。好的游记可以为人类的生活方式、科学研究和哲学思考提供经验资料。内容丰富的游记可以扩大一个国家或地区的集体视野，促进思想、制度、文化的传播和扩散。

当代众多的旅行游记大体可分三类：实用类是提供旅行实用知识，诸如签证、路线、旅店、景点、美食、风土人情等各种情况的介绍和解决办法。见闻类除了涉及上述旅行情况外，着重描写景点和旅行者的经历过程。感悟类重点是阐述心得、抒发情感。

感悟类游记的视角是作者，实用类游记的视角是读者，见闻类介于二者之间，多数偏重作者感受。见闻类游记作品最多，良莠不齐，常常写成日记体，如同旅行过程的流水账，景点描述往往也大同小异，能有精彩和新奇文字的游记比较难得。

好的旅行游记是知识与情感的碰撞、旅行与读书的结合。知识点多，信息量大，感情真挚，思想深刻，而且，废话少，不是流水账，不会无病呻吟。对景点的描述，有广博的历史知识和优美的文学语言，而不是网络百科的泛泛介绍。对事物的感想，有独到的思考视角和特别的情绪观点，而不只是大事小情的见闻罗列和人云亦云的鸡汤口号。

好的旅行游记对作者的要求是多方面的。足迹要广，见闻要多，但不是邮差；知识要全，掌故要丰，但不是导游。作者应该清楚旅行的主题，而不是热衷于跟风和猎奇。旅行期待未知的故事，但游记要有清晰的主线。这要求作者不但要有旅行的规划和执行能力，还要有写作的思考和文字能力。

三毛（陈懋平）曾经写出《万水千山走遍》，以及《撒哈拉的故事》《哭泣的骆驼》《梦里花落知多少》等旅行生活相关著作。

后来就有人重走三毛的旅行路线，写出《三毛真相》，批评三毛的故事里虚假内容很多，包括那些匪夷所思、骇人听闻的民俗。

再后来又有更多人评论《三毛真相》，并走访三毛书中所提到的许多地方，肯定了三毛记述的真实性，证明存在那些民情风俗。

如果三毛未曾自诩写作内容的完全真实性，也许就没有后来这些关于其生活经历与见闻真实性的争议。

文学作品并不要求一定真实。三毛的文学作品并不是游记。而后来那些人包括《三毛真相》的作者很多都是游记作家。

人们读三毛作品可能是为了获取内心感受，例如纯粹的美感、爱情的伤感、率性的快感。也可能是想了解作者生活及异地风情。

游记作品在一定程度上替代了人们身临其境的旅行。人们通过文字了解到有那样一些地方、那样一些居民、那样一些生活。

一般来说，人们亲自去旅行的目的，有人为放松，有人为猎奇，有人为购物，有人为摄影，有人为生活，有人为求知。

求知旅行不仅可以是留学培训或访问交流，也可以是自由旅行。人类文明有太多内容可以通过自由旅行观察与思考。

游记作品很大程度上通过真实的描述来满足读者求知的需求。然而所谓真实往往有多个层面。作品不能完全替代旅行。

空间差异性对思维方式产生外部刺激。很多是文字等抽象媒介所无法替代的体验。通常刺激愈多，视野愈广，思路愈宽，理解愈强。

对于空间差异性，旅行者往往会重视哪些内容？

物理视角包括：地形地貌、气候、动植物、城市景观、特产等。

人文视角包括：社会风气、价值观、宗教信仰、语言、习俗、建筑、音乐、艺术、技术、性别地位、体育运动、人口、种族、经济、财富、政治等。

元朝的《真腊风土记》对当时的柬埔寨社会进行了观察记录。有社会结构、语言、经济、政治、军事、风俗等各种描写。按文中所述，早年当地人对中国人的态度几乎如同印加人刚见到欧洲人一样膜拜，"见唐人颇加敬畏，呼之为佛，见则伏地顶礼。"后来中国人去的人数多了，当地人也不再崇拜唐人，甚至开始诈骗和欺负唐人。

唐朝的《大唐西域记》内容涵括玄奘亲身经历和传闻得知的138个国家

和地区、城邦，同样既有地理、交通、气候、物产，也有民族、语言、历史、政治、经济、宗教、文化、风俗习惯等人文叙述。由于文明发展程度不同，按其记载，很多地区居民"人性犷暴"，"形貌鄙陋，眼多碧绿"，"俗无礼义"，"不知善恶"。

明朝的《徐霞客游记》不仅准确描述了中国 21 个省市区的地理、水文、地质、植物等自然现象，还对当时宗教文化、产业经济、交通商贸、城镇聚落、少数民族、民情风俗等人文地理内容做了详细记录。

在《游太和山日记》一篇中，提到太和山（武当山）独有的产量极少的皇家贡品榔梅。徐霞客硬是靠行贿让管理者冒着杀头风险给了他几枚属于禁品的榔梅，他用来作为生日礼物去给老母祝寿。"暮返宫，贿其小徒，复得榔梅六枚。明日再索之，不可得矣。"道观主人一再叮嘱他不能说出去，"一泄于人，罪立至矣"。但他还是在游记中写了出来，这是游记作者忠实于游记真实性的本能表现。

徒步三千丈，清江古河床。
天坑绝壁险，地缝断石荒。
电光探幽穴，伏流传深响。
倏忽见洞口，豁然青葱岗。

人类的环球旅行

人类第一次环球旅行是一次冒险的财富之旅。葡萄牙航海探险家麦哲伦（Ferdinand Magellan）受西班牙政府委派，1519 年出发进行殖民和贸易的环球探索。途中麦哲伦在菲律宾死于与当地部落的冲突中。船队其他人继续向西航行，1522 年 9 月回到欧洲完成环球航行。

首次活着完成环球旅行的是英国航海探险家德雷克（Francis Drake）。1577 年德雷克循着麦哲伦的航线出发，抵达了南美洲东海岸。次年发现了合恩角和德雷克海峡。1579 年沿着南美洲西岸往北航行，一直到北纬 48 度的加拿大西海岸，发现无法通过北冰洋，只好改为横越太平洋，经菲律宾群岛，穿过马六甲海峡，横越印度洋，绕好望角9月回到英国。

1831年英国生物学家达尔文（Charles Robert Darwin）进行了一次著名的环球科考之旅。他搭乘英国海军小猎犬号从英国启航，历经5年，1836年10月返回英国，完成环绕世界的科学考察航行。这次旅行为达尔文积累了大量研究素材，使其成为演化论的奠基人。

环球旅行的丰富故事刺激了法国作家凡尔纳（Jules Gabriel Verne）在1872年发表小说《八十天环游地球》。后来英国知名喜剧演员帕林（Micheal Palin）在1989年展开了一次绚丽的80天旅行，与名著《八十天环游地球》相同旅程，完全按照作者凡尔纳的路线展开。

当代完全不搭乘飞机完成环球旅行的吉尼斯世界纪录创造者是英国人休斯(Graham Hughes)。2009年从英国出发，耗时近4年，行程约27万公里，到访201个国家和地区。休斯在此次旅行中平均每周仅花费100美元。除步行外，他搭乘过火车、巴士、便车、船和出租车等交通工具，但是没有飞机。

另一个被载入吉尼斯世界纪录（2016年）的全球最年轻的环游世界的旅行者是英国人阿斯奎思(James Asquith)。他用5年时间周游196个主权国家，2014年完成环球旅行时仅24岁。

1989年出生的美国人凯瑟（Cassie）2015年从美国出发，用了18个月26天的时间，飞行200余次，用光了四五本护照，最终集满了全球196个国家的签证，成为吉尼斯世界纪录里最快走遍全球所有主权国家的女性。

英国30岁女探险家奥坦（Sarah Outen）创造了仅靠人力的环球之旅。2011年从伦敦塔桥启程，凭借皮划艇、自行车等人力工具穿越欧亚。2013年，她独自在海上划船150天，从日本到达美国的阿拉斯加。经过4年艰苦跋涉，仅靠人力再次回到伦敦塔桥，完成了约4万公里的环球旅行。

在奥坦之前，中国人潘德明则是历史上徒步环游地球的先驱。他于1930年夏出国，1937年7月返回上海。或骑自行车，或徒步，耗时8年。先后到达40多个国家，会见20多个国家的元首、名人。这是一次体现意志的长途旅行。

6. 人类生活

环球旅行也可以是生活之旅。德国的甘瑟·霍尔托夫和妻子克里斯汀1990年开始历时24年、遍及200余个国家或地区的驾车环球生活之旅。2010年妻子因癌逝世，但甘瑟依旧带着妻子的照片继续两人一起开始的旅程。2014年，他因为中风停止了旅行。

中国人也有环球生活之旅的例子。张昕宇、梁红夫妇2017年5月驾驶运–12飞机由哈尔滨出发，穿越23个国家，经停40余站，总航程超过6万公里，完成驾驶中国造飞机首次环球飞行。他们多次环球旅行，制作了很多电视节目，赚钱与旅行良性循环。

环球旅行最适合知识之旅。英国著名历史学家汤因比(Arnold Joseph Toynbee)退休后得到一笔资助，1956年携夫人进行了为期17个月、横跨三大洲、近20个国家和地区的环球旅行，写下随感游记《从东方到西方——汤因比环球游记》。

自助深度环球旅行是各种旅行中难度最大、准备最多的旅行。

一是目标准备。要明确旅行目标。主题是自然还是人文，是古代还是现代、是科技还是艺术、是探索还是体验。环球之旅路途远、时间久、风险多、困难大，绝不是轻松舒适的选择。通常目标是探险、挑战自己、创造纪录、科学考察、生活方式。

二是技术准备。要掌握突发情况的应急处理。如：自然灾害（火灾、水灾、地震）、身体不适（食物中毒、晕车晕船、突发疾病、皮肤受伤）、丢失物品（护照、钱包、行李）、户外迷路（没有导航、语言不通、不懂标志）、交通事故（车辆、船舶、飞机）、矛盾冲突（不公对待、上当受骗、发生争执）、盗抢绑架（遇到战乱、劫匪、恐怖分子）。

三是体能准备。长时间的长途旅行非常耗费体力，要对自身的身体状况有准确全面把握。出发前要进行全面体检，最好有针对性的适应训练。关注身体健康的十大易测量指标：饮食（成人每天500克左右的安全食物）、体重（1个月内有5KG的变化须留意问题）、体温（超过37℃为发烧）、脉搏（成人标准脉搏为每分钟60~100次）、呼吸（每分钟16~18次平稳有规律呼吸）、排便（每天或隔天一次）、排尿（成人每天1~2升淡黄色透明尿液）、血压（成人不超过130/80毫米汞柱）、睡眠（6～8小时无疲劳感）、血液（失血量不超过总血量的10%身体即可自我恢复）。

四是财务准备。要有基本的货币知识，并对旅行花费有概念，有旅行资金准备。大部分国家不能完全手机支付，不少地区无法刷卡，也不能直接用美钞，因此要了解当地货币、汇率及兑换流程。全球可自由兑换的主要货币包括：美元、欧元、日元、英镑、瑞士法郎、瑞典克朗、挪威克朗、加拿大元、澳大利亚元、新西兰元、新加坡元、港元等，人民币目前还不是。

五是语言准备。最好掌握几门主要语言的最基本对话，特别是六种联合国官方语言，使用人数较多。这六种语言是：汉语、英语、法语、西语、俄语和阿拉伯语。

英语作为第一语言的国家包括：英国、美国、加拿大、澳大利亚、巴哈马、爱尔兰、牙买加、新西兰等。是通用语言（非母语）的国家包括：利比里亚、南非等。是官方语言的国家（非通用语言）包括：印度、巴基斯坦、菲律宾、斐济、肯尼亚、坦桑尼亚、赞比亚等。

法语作为第一语言的国家包括：法国、加拿大、比利时、瑞士、摩纳哥、海地。是第二语言的国家包括：阿尔及利亚、黎巴嫩、摩洛哥、突尼斯等。在刚果、马里等国家是官方语言，也是学校唯一使用的语言。在喀麦隆、中非等国家是官方语言，但是没有当地语那么常用。在安道尔和卢森堡也是一种普遍的语言。

西班牙语是下列国家的官方语言：西班牙、阿根廷、玻利维亚、智利、哥伦比亚、哥斯达黎加、古巴、厄瓜多尔、萨尔瓦多、赤道几内亚、危地马拉、洪都拉斯、墨西哥、尼加拉瓜、巴拿马、巴拉圭、秘鲁、乌拉圭和委内瑞拉。西班牙语也在美国、菲律宾等国被使用。

俄语主要在俄罗斯和前苏联其他地区使用，是俄罗斯唯一官方语言，哈萨克斯坦、白俄罗斯、吉尔吉斯斯坦的官方语言之一。乌克兰也广泛使用俄语，但官方语言是乌克兰语。

阿拉伯语使用者占世界人口的6%，文字从右至左书写，主要通行于西亚和北非，现为18个阿拉伯国家及4个国际组织的官方语言。阿拉伯语方言多且差异大。

此外，葡萄牙语居世界流行语种的第6位，为葡萄牙、巴西、安哥拉、莫桑比克、中国澳门等国家或地区的官方语言或者通用语言。德语是德国、奥地利、比利时、列支敦士登、卢森堡和瑞士的官方语言。意大利语是意大利、梵蒂冈和圣马力诺的官方语言。对中国旅行者而言，日语和韩语也值得学几句。

六是知识准备。要了解所到之处的法律规定、气候地理、风土民俗、历史文化。不少国家禁忌较多，言谈举止、姿势动作的不小心，都可能会被人视为侮辱和冒犯。例如中国人给朋友送酒是正常的礼仪，在科威特、埃及、阿联酋、阿富汗、黎巴嫩等伊斯兰国家则是冒犯，伊斯兰教禁酒，在餐馆里不许喝酒。

出入境规定要留意。例如，白加黑、止咳水、甘草片、康泰克、泰诺等中国常用药都是含有麻黄素的药物，以及燕窝、地龙、虎骨、冬虫夏草、保济丸、鲍片等中药材，在澳大利亚等西方国家禁止携带入境。阿司匹林、扑热息痛等非处方药无须申报，但携带量不得超过常人三个月用量。抗生素等处方类药物需要准备处方和医生证明信，不允许给别人带药物。

在南美为应对高原反应可能会买一些古柯叶，这在当地是合法的，但因是毒品可卡因的原料，到美国就会被扣留，因此环球旅行要注意各国不同规定。澳大利亚等很多国家规定，机场、海关和边境控制区内禁止使用手机、照相机、摄像机或其他摄录设备。新加坡禁止带口香糖入境，地铁禁止饮食和带榴莲。

每到一个新的国家或地区，都是体验不同民风和文化的好机会。可以观察当地的风光、古迹、政治、经济、信仰、心理、艺术、体育、娱乐等方方面面，以及某些当地特有的非物质文化遗产。所有这些观察和体验都需要提前有必要的知识储备。

未来会有越来越多以求知为目标的环球旅行。在长途行走过程中更容易有新的发现。将思考的结果写成游记与人分享，或流传后世，让其他人以间接视角观察世界，也是有益自身成长和贡献社会的方式。

7. 人类艺术

7.1 美学

美学（aesthetic）是对美的研究。美学探索美的原理，研究内容包括美感产生的主客观条件。艺术是创造美的技能。其产品称为艺术品。艺术的源泉是情绪和想象力。

根据美学理论，美的本质主要有这样几种观点：

1. 美是真实。认为美是生活的再现，表现出生活中应该的样子就表现出了美。惟妙惟肖的作品就是美。车尔尼雪夫斯基认为"美是使我们想起人以及人类生活的那种生活""美是按照我们的理解应该如此的生活"。

2. 美是完善。认为事物发展到顶峰才是完善，完善才是美。不完善就是残缺或畸形，就是丑。德国"美学始祖"鲍姆嘉通在《美学》中提出"美学的对象就是感性认识的完善，这本身就是美"。

3. 美是形式。如果事物具有平衡、和谐、秩序、整齐的特点，就是美。例如音量和谐的音乐才会有美感。康德《美的分析》是形式主义美学的最完整的理论。

4. 美是快感。认为美感是心理现象，只要能引起内心愉悦的事物，就是美的。英国学者罗斯金的名言："我从来没有见过一座希腊女神雕像有一位血色鲜丽的英国姑娘的一半美。"

5. 美是理性。认为美是客观的，是感性与理性的统一。只有运用理性符合先天存在的道，才能获得美感。黑格尔在《美学》中提出"美是理念的感性显现"。

美的本质是能让人有好的感受，是情绪的共振与回响。不过，美既有共性（客观性），又有特性（主观性）。

共性，是指有些美是绝大多数人的共识，是客观存在，不以个人意志为转移。例如李杜诗、苏柳词，古今世人皆以为美。

特性，是指有些美因人而异，是主观感受，没有普遍标准。有人更喜欢李白的浪漫飘逸，有人更喜欢杜甫的沉郁顿挫，有人更喜苏轼的豪放旷达，有人更喜柳永的婉约清丽。

无论共性还是特性，观察者要有审美的视角。如果只从实用的角度看待事物，就没有美的感受。美感虽然是天赋，却人各不同。

宗白华认为，审美意识来自"静照"。静照的起点在于空诸一切，心无挂碍，与世隔绝，静观万象。美感的养成在于心中能空，不粘不滞。精神的淡泊，是艺术空灵化的基本条件。能空能舍，而后能深能实。

李泽厚则认为"审美意识和艺术创作并不是观照或静观"，最初的原始的审美"是一种狂烈的活动过程"，"不像后世美学家论美之本性所认为的那样"。诗、歌、舞、乐等艺术均来自人类早期的图腾歌舞。

审美意识与艺术创作是相辅相成、互相促进的。美的事物客观存在，美的欣赏是主观行为。美并不是事物在人头脑中的简单反映，而是人对事物的理想化和情绪化。没有审美的知识和经验积淀，难以具备审美的心态和视角，也就无法创作出好的艺术品。

艺术是人类文明的重要内容。它介于科学与神话之间，知识与信仰之间，理想与现实之间。像语言文字一样，可以传达情绪与信息。虽然亚里士多德说艺术是模仿自然，但艺术肯定要超乎自然。仅仅还原自然的行为，不能称为美，不能称为艺术。

艺术可分三类：

1. 视觉艺术。在空间中表现的造型艺术，如建筑、雕塑、绘画、书法和摄影。

2. 听觉艺术。在时间中表现的音调艺术，如音乐、评书和诗歌。

3. 视听艺术。在空间时间中同时表现的视觉和听觉的混合艺术，如舞蹈、戏剧、影视。

艺术创作的动机

一般认为，艺术和审美没有目的性，是"无所为而为"的行为。相较而言，追名逐利是"有所为而为"的行为。不过，人类早期艺术创作的动机是出于实际用途还是来自审美的自发行为？由于那些史前艺术品早于人类文字出现，即使偶尔有传说或神话又残缺变形，技术分析范围也有限，因此更多真实情况要靠后人的想象和推理去分析。

猜测1：情感抒发。早期人类在食物充足的时候，可能会有闲情逸致进行艺术创作，表达喜庆与娱乐情绪，尤其是偶然发现某些岩石的形状或凹凸与某些动物相像，于是因势造型加工出浮雕效果。或者食物缺乏时，期盼和怀念有大量猎物，又或出于哀伤，也可能驱动原始人类进行艺术创作。

奇怪的是，洞窟艺术不是处处作画，同一洞窟内，有的难以触及的壁面重复涂画，有的平坦广阔的壁面却空无一物。器具艺术也是一样，有些鹅卵石上画了八匹马，而且一画再画，乱成一团，旁边大量相仿的鹅卵石却弃而不用。

这个现象说明，古代艺术作品应该不是为了欣赏，而是别有用途。选择特定的地方作画，可能有特定意涵，比如认为那里有法力。

猜测2：居住装饰。某些洞穴可能会被一个聚落居住几百年，而且漫长的冬季会有很长时间需要待在洞里，壁画和雕塑是否可以增加趣味。

不过，原始人类生活一般在靠近洞口的区域，通风明亮。为什么多数壁画会分布在洞的深处？而且，在一些肯定无人居住的深层洞穴也发现了壁画，装饰住所的猜测似乎也可排除。

猜测3：传授知识。通过形象的绘画或雕刻，在洞穴里向即将参加狩猎的经验欠缺者讲授各种动物特性，以及集体围猎的组织形式。

世界各地发现的人类早期在岩壁或洞穴里的壁画或雕刻，内容多以各种动物为主，物种大多可以清晰辨认。有意思的是，其中还包括很多当时已经灭绝的动物，如猛犸象。这似乎可以排除传授捕猎经验的可能。

猜测4：记录事件。类似文字的功能。猎物信息、狩猎活动、居住场所、悼念亡灵等需要记载的事情，通过绘画和雕刻来记录。有美国考古学家研究发现，3万多年前旧石器时代的某些骨器上的雕刻，其实是当时人类用来记录季节变换和月亮盈亏的。

猜测5：宗教仪式。原始宗教与巫术关系密切。利用造型艺术特有的形象性，将其作为神灵、亡灵的化身，用来祭祀或供奉。巫术礼仪（礼）和原始歌舞（乐）在人类社会早期是普遍的行为，后来逐渐分化。前者是实用的医教政典之源，后者是审美的艺术文学之源。

这样来看，人类早期艺术品的产生应该主要还是来自记录事件和宗教仪式的实用动机，而不是为了追求纯粹的美感。当然，兼具实用性与艺术性的器物作品也可以激发人的美感，使艺术品可以逐渐脱离实用性而存在。

艺术一直在进化

科学技术是随着人类发展而不断积累进步的，艺术是不是遵循同样规律一直在进化？

否定论者认为艺术与物理不同，不具有进化的性质。主张艺术总是一定社会生活条件下的人的思想情感的反映，本质上不具有积累性。

20世纪初意大利美学家克罗齐就认为"只有作品和作者史"，没有艺术史。每一件艺术品都是一种独特的直觉表现。艺术是"心灵的东西，它是完全内在的"。

肯定论者认为艺术像生物一样，在不断发展进化。赫伯特·斯宾塞在达尔文之前就发表过一篇《发展的假设》（1852），后来又出版了《进步：它的规律和原因》（1857），主张艺术史是从同质到异质的发展过程。

他对各门艺术有深有研究，提出一个规律：语言文字、绘画、雕塑在古代社会最初都是建筑的附属物，后来浮雕成了一种过渡物，才使绘画与雕塑分开。绘画后来也因题材不同发生分离。

探讨这个问题大概需要首先区分艺术与美感。美感与艺术是两回事。

万物有阴阳，世间有美丑。美感是人与动物的天性。孔雀的长尾巴、狮子的长鬃毛都是雄性动物为迎合雌性动物的美感要求而演化出的身体特征。早期人类与现代人类同样具有美感，只是标准不同。

人类的美感没有积累和进化的特性。不能说"以瘦为美"就比"以胖为美"进步了。也不能因为现代人有比较成熟的美学理论就认为人类的美感提高了。美感是主观的。但无论古今，都有美感丰富和美感缺乏的人。

朱光潜说："人可以分为两种：一种是情趣丰富的，对于许多事物都觉得有趣味；一种是情趣枯竭的，对于许多事物都觉得没有趣味，也不去寻求趣味，只终日拼命和蝇蛆在一块争温饱。后者是俗人，前者就是艺术家。"（《谈美》）

其实，同样的艺术作品，有人能看出美，有人看不出美，很多时候是视角不同。实用求善，科学求真，美学求美。一个器皿，实用者关心性能与价格，科学家关心材质与成分，美学家关心造型与图案。

同时应该看到，人类进行艺术创作表达美感的手段的确是在不断积累和进步。现代人有更加丰富的艺术创作方式，例如摄影和影视剧。即使在建筑、雕塑、绘画等传统领域，现代人的艺术创作工具、技能和材料也远非古人可比。

人类文明早期，艺术（art）与技术（technology）或技艺（craftsmanship）区别不大。画家、雕塑家、建筑师与陶工、木匠、铁匠都可以有名作（masterpiece）。后来人们对艺术品的美感要求逐渐超过了实用性。纯粹追求美感的艺术作品越来越多。艺术的专业性越来越强，地位越来越高。人类表达美的方式与创造美的途径越来越丰富。因此，总的说来人类艺术还是在不断进化。

7. 人类艺术

人类的早期艺术

在人类的演化过程中，自能人（Homo habilis）阶段起就有工具制造。智人（Homo sapiens）阶段开始留下艺术遗迹。从考古发现看，人类最早艺术约出现在旧石器时代末期，以欧洲中西部与亚洲东部居多。

可考证的人类最早的艺术形式有两类：洞窟艺术（岩画雕刻）和器具艺术（"活动艺术"，各种雕塑）。迄今所知最早的艺术品是距今3万年—2.5万年的欧洲克罗马农人的洞穴壁画和小型雕塑。

第一件史前绘画在西班牙阿尔塔米拉（Altamira）被发现时，大多数的考古学家都认为是洞穴主人的艺术家朋友恶作剧，难以相信原始人类可以有这么生动的动物描绘，20多年后（20世纪初）才被普遍认定属于旧石器时代（约公元前14000年）。

1940年，法国几个郊游的孩子途中发现了"史前卢浮宫"——拉斯科洞（约公元前16000年—公元前14000年）。其绘画和雕刻数量及题材种类均超过阿尔塔米拉洞。壁画制作技法丰富，似乎是精心构图、一次性完成的壁画巨作。

1994年，法国的一个2.5万年前的洞穴（阿德什山谷雪维洞穴 Chauvet cave）壁画被发现，画中有200种动物形象，有些是刻上去，大部分是画上去的，运用了透视法等技巧，展现出对图像表现基本技巧的全盘了解，并不弱于现代艺术家。

目前世界上约70多个国家发现了岩画。中国是世界上岩画最丰富的国家之一，全国18个省/区约70多个县/旗发现岩画。中国也是世界上最早发现并记录岩画的国家。

北魏地理学家郦道元在《水经注》中记载岩画20多处。《河水注》描述始于石器时代的贺兰山岩画与阴山岩画："山石之上，自然有文，尽若虎马之状，粲然成著，类似图焉，故亦谓之画石山也。"

中国原始雕塑以陶塑为主，也有玉、石、牙、骨、木等质料。雕塑题材以动物为主。1971年，内蒙古赤峰市翁牛特旗三星他拉村村民植树的时候在一个石洞里发现被称为"中华第一龙"的红山玉龙。这件艺术品使象征中华民族的龙图腾上溯到石器时代。

金沙江岩画最早发现于1988年，现已有七十余处岩画点被发现，是世界上同类遗存中数量最丰富的地区之一。金沙江岩画多用描绘的技法、写实主义的风格，表现野牛、鹿、岩羊、野猪、熊、虎等动物图像，及人物、弓箭、抽象图案等，刻画准确，用笔熟练，形态生动，是不同于中国其他地区岩画的一个独特类群。通过首次采用高精度铀系测年技术，岩画可以精确测定出三个绘制阶段：距今13000至13580年、距今10540至10830年和距今8370至8700年，显示出这些岩画由该地区旧石器时代的狩猎—采集人群创作。

对于人类早期艺术，我们只能依据幸存或挖掘的器物来判断，其实我们不知道这些器物是那个时代的典型还是例外。年代久远的石雕也很难精确推断创作时间。用木头或生黏土制成的物品更是早就消失了。

7.2 绘画

人接收外部信息高达80%以上通过视觉。在19世纪30年代摄影技术出现之前，绘画是最直观准确传递信息的艺术表达方式，较之文字更加形象和感性。绘画是通过人为分隔出来的图像表现世界的艺术之窗，通向真实的或想象的世界。

绘画作品通过技法（线条、色彩、布局）与内容（题材、背景）传递信息，这些信息包括物象、意境、情感、观点、事件、思绪等作者想要表达的内容。上述基本元素的变化组合成不同的绘画风格。风格差异可能来自民俗文化、创作目的、时代背景、作者习性等方面的不同。

线条的长短曲直、刚柔虚实、粗细繁简、断续方圆可以实现绘画的描述、寓意、摄情、畅神等功能。线条形成各种轮廓，可以浓缩为点，可以延伸为面，还可以制造立体效果。线条运用的好坏关乎画作生动与否，或能否有效引导观众想象。

中国绘画尤其讲究线条意识，唐宋以降，书法技巧成为中国画的重要法门和练习前提，因其共性是以线条表达志向、胸怀、哲理与禅趣。"曹衣出水"和"吴带当风"均是用线条表现质感和动感。事实上，世界范围内早期艺术家绘画往往会先用线条标明轮廓再设色。

不过 15 世纪晚期，由于油画的发展，欧洲艺术家开始放弃线条，直接设色构形。因此后来西方绘画中物象分界一般不描线，而是用色彩明暗表现。故而西画多有背景，国画多无背景。1600 年来到北京的意大利人利玛窦给万历皇帝献上几幅西方油画，中国画工看到画中人物没有描线却生动逼真，很是不解。利玛窦答："中国画但画阳不画阴，故看之人面躯平正，无凹凸相；吾国画兼阴与阳写之，故面有高下。"

色彩的深浅明暗、枯润浓淡可以产生最直接的视觉效果。色彩的本质是光线。西方传统绘画中将色彩区分为固有色、光源色和环境色。15 世纪到 19 世纪中叶，西方画家利用色彩变化追求仿真（verisimilitude），无论是宗教画、风景画、肖像画、风俗画，都要和真实的视觉感受相同。后来印象派画家改变了色彩的描述性功能。

中国画崇尚简练概括。青绿山水画色彩简明，无浮艳之弊，水墨画的色彩更是仅有一种，淡墨色调"惜墨如金"同样可以创造有感染力的情景交融。传统上，西方绘画强调光影、质感、透视等技法追求逼真的写实效果（形似），中国绘画更多地依靠虚实、线条、空间来追求气韵生动的写意效果（神似），因此西画更重色彩的再现，要与眼中的色彩一致，而国画不强调色彩的真实性，只要与脑中的形象一致。

一幅画一般有三层：支撑物、打底、颜料色层。支撑物可能是墙、木、纸、布等。传统的国画颜料，有矿物颜料（如朱砂、石黄）和植物颜料（如松烟、花青、胭脂）。西画早期也是用植物或石头、贝壳制颜料，但现今多用颜色极其丰富的化工颜料代替，颜料种类和绘画工具也比国画多。文艺复兴时期发明油画，透明的油彩颜料层层相叠，能达到极为光灿耀眼的色彩效果。直到今日，西方艺术家都仍在运用和发展油画。事实上，除了油画颜料外，没有其他媒介更能令人满意地应用在可运送的大型画作上。20世纪60年代被开发出的丙烯颜料使用方法与油彩颜料相同，有一定替代性。

布局（即构图、章法）包括结构、空间、层次、透视等绘画技法。西方绘画极其注重透视法，通过透视技巧在平面上展现三维空间的物体或景象。早期绘画中存在"歪曲的透视"，即作者根据自己的记忆与理解把物体局部最富有特征的剪影轮廓拼接起来。古代希腊罗马流行轴向透视，画面以中央轴心为基准，对称地辐射铺陈。中世纪欧洲画家常常采用中心透视。文艺复兴后开始普及焦点透视方法，所有平行线均集中到一个消失点上。

中国绘画多采用一种逻辑性的透视技巧——散点透视（移动视角），因为卷轴画水平展开，没必要以单一视点描画全景。山水远近，有开有合。"近视有千里之远，远望不离座外"。有藏有露，虚实相生。"马一角"的空间留白可以增加意味和联想。疏可跑马，密不通风。通过疏密对比和变化在画面中产生运动感、节奏感和韵律感。结构对称，表现稳定的秩序，打破对称，表达强烈的情绪。

内容是画作技法以外的东西，包括创作背景和画作题材。背景与画家人生经历及时代特征密切相关。了解创作背景有助理解作者凝聚在画作中的情绪与意图。题材是画作的主题。东西方传统绘画都有强烈的描述功能，通过描绘故事具体情节来颂扬某种精神，或表达某种寓意或象征。例如中国古画里很多以历史故事、民间传说为题材，西方古画中很多以神话人物、宗教故事为题材。西画自希腊时代起，一直以人物为主要题材。直到19世纪，始有独立的风景画。国画在汉代以前，也以人物为主要题材。但到了7世纪唐代，山水画即已独立，宋代更超过了人物画。题材决定了作者通过画作主要想传递的是印象、思想、情绪、意境还是故事。

国画的风格演化

实用功能是较早时期人类艺术品普遍存在的现象。由于多数绘画介质往往不能保存很久，人们对早期绘画只能通过残留的岩画壁画、出土器皿上的绘画进行有限的研究。壁画的优点是颜料可以渗透到厚厚的灰泥层里，保证了作品的耐久性。特别是早期墓室宫殿壁画为后人提供了研究素材。除装饰作用外，通过作画可以标记建筑或器皿的所有权或主人的独特性，同时可以通过绘画记录历史事件或发挥教化功能。

中国自古重视绘画的宣教功能。周天子会见诸侯修建明堂，明堂内有尧舜桀纣、文武周公等历史人物的壁画。孔子在周朝国都洛阳参观明堂壁画后对国家政权兴衰感慨不已。楚国君王庙堂的壁画题材内容更为广泛，屈原观看后有感而作著名长诗《天问》，其中天文30问，地理42问，历史95问，全面反思人与自然。

西汉在未央宫麒麟阁绘画苏武等11位功臣肖像，东汉在洛阳绘制"云台28将"，是汉代两次重大宫廷壁画创作，意在使功臣名将彪炳千秋。唐太宗命著名画家阎立本绘制的"凌烟阁24功臣"壁画，激发了唐代俊杰从军报国功成名就的梦想。李贺诗云：男儿何不带吴钩，收取关山五十州。请君暂上凌烟阁，若个书生万户侯。

唐代前后，绘画主流益发追求艺术特质。两晋南北朝时期涌现出中国第一批绘画艺术大师——"六朝三杰"（顾恺之、陆探微、张僧繇）。顾恺之以形写实，线条悠缓。陆探微笔迹劲利，线条绵密。张僧繇（画龙点睛的故事主角）简练多变，线条准确。以上三人与唐代吴道子合称中国古代"画家四祖"。吴道子有"百代画圣"之称，是中国山水画祖师。他突破了当时工细密描、重彩积染的主流画风，创造了水墨淡彩及白描的新形式。其线条遒劲雄壮，飞扬流动，人谓"吴带"；其色彩焦墨微染，淡彩自然，世称"吴装"。

南朝梁朝谢赫所著《画品》是保存至今的最早一部绘画理论著述，序中提出的"六法"作为欣赏品评绘画的标准："一气韵生动（气质鲜明），二骨法用笔（笔法有力），三应物象形（准确形象），四随类赋彩（因材设色），五经营位置（布局合理），六传移模写（肖像逼真）。"

五代十国的书画在唐代和宋代之间承前启后，画风为之一变，趋于重墨和精致，涌现"五代四大家"。其特色：荆浩之画深厚、峻拔、坚凝；关同之画坚定、峭壁、茂密；董源之画雄伟、崭绝、峥嵘；巨然之画庄重、朴实、沉静。

宋代是中国历史上宫廷绘画最为兴盛的时期。宋徽宗画技水平世代公认，尤擅花鸟。《清明上河图》作者张择端在宋徽宗时供职翰林图画院。苏轼明确提出了"士人画"（后称"文人画"，指官僚贵族和文人的绘画，上溯顾恺之）的概念，认为士人画在气韵意境等艺术水平上高于以实用为主的画工画。

"北宋三大家"完善了中国山水画面貌，其特点：董源之画大多趋于平淡天真、朴茂静穆；范宽之画坚凝厚重、雄峻茂墨；李成之画挺拔雄奇、富有变化。"南宋四大家"成为南宋画院的主流，其风格：李唐之画刚劲犀利、气魄雄伟；刘松年之画工整严谨、妍丽典雅；马远之画皴法硬朗、喜作边角小景；夏圭之画老苍雄放、喜用秃笔浓墨。后二人合称"马夏"，有"马一角""夏半边"之谓。

元代取消了五代、宋代的画院制度，仅少数画工和身居高位的士大夫画家服务于宫廷。元朝"文人画"盛行，绘画对文学性和艺术性的追求超过了以前所有朝代。"元四家"同处于一个时代，年龄相近，其特征：黄公望山川深厚、草木华滋；王蒙千岩万壑、茂树繁密；吴镇水墨苍莽、淋漓雄厚；倪瓒荒凉空寂、疏简消沉。

明清沿宋元传统继续发展，在追求艺术性的路上演化出多种流派。"明四家/吴门四家"（沈周、文徵明、唐寅/唐伯虎、仇英）对山水人物各有所长。"浙派三大家"（戴进、吴伟、蓝瑛）工于山水。明末清初四个出家的画家在中国画史上称"四僧"：原济（石涛）、朱耷（八大山人）、髡残（石溪）和渐江（弘仁），均力倡创新，反对摹古。在其影响下，清代涌现画风另辟蹊径、不落俗套的"扬州八怪"（郑燮/郑板桥、金农、黄慎、李鱓、李方膺、汪士慎、罗聘、高翔）。清代正统画派也发展出"清四王"（王时敏、王鉴、王原祁、王翚）和"金陵八家"（龚贤、樊圻、吴宏、邹喆、谢荪、叶欣、高岑、胡慥）。

明清绘画在追求艺术创新的同时，实用性又开始回归，民间壁画、版画与年画流行。天津杨柳青自明代万历年间开始出现年画作坊，到乾隆年间达到鼎盛，成为北方年画重镇，延续至今。在官方，清政府高度重视绘画的辅教功能，集全国优秀画工而用，宫中绘画活跃，收藏丰富。其时中西艺术交流增多，意大利人郎世宁作为清朝宫廷画家遗留大量"新体画"，艺术风格亦中亦西，却又不中不西。参见乾隆的英国马戛尔尼使团成员巴洛曾对圆明园中郎世宁的山水画批评道："听从皇帝之指挥，所作画纯为华风，与欧洲画不复相似，阴阳远近，俱不可见。"

西画的艺术风格

在欧洲，根据古希腊时期的雕塑、建筑与少量留存绘画等艺术作品以及文字记录，可知当时绘画盛行宣扬美善和装饰建筑等实用功能。（现已挖掘出的更早的爱琴海地区的锡拉岛壁画，大多以出海、经商、祭祀、竞技等日常生活为题材，极其生动，有趣的是，很多壁画如舟行图、渔家少年、蓝色猴群等，其造型、线条、画风仿佛与中国绘画相似。该岛大约在公元前1500年相当于中国商朝初期被火山爆发掩埋，文明消失。）同样从发掘的被火山灰掩埋1700多年的庞贝古城壁画中可以看出，古罗马绘画继承古希腊传统，更倾向于实用主义。基督教时代的中世纪，绘画不注重客观世界的真实描绘，而强调精神世界的表现，仍然是重视宣扬神圣精神的实用功能。

14世纪至16世纪的欧洲文艺复兴时期，绘画流行写实主义方法，体现人文主义思想。虽然当时宗教性绘画仍是主流，世俗性绘画在历史记录中不足十分之一，但绘画风格已经明显开始由实用性向艺术性追求的转变。这一时期诞生了"美术三杰"（达芬奇、米开朗基罗和拉斐尔）。达芬奇（Leonardo da Vinci）兴趣广泛，不但是画家，还是雕塑家、数学家、音乐家、发明家、解剖学家、物理学家、建筑师和机械工程师。他的画作《最后的晚餐》是世界上最著名的宗教画，《蒙娜丽莎》是世界上最著名的肖像画。

17世纪强调华丽绚烂的巴洛克（Baroque，奇特古怪之意）风格绘画发源于意大利罗马，后风靡全欧。特点是具有丰富宗教情感、充满繁缛装饰。同一时期还流行现实主义。荷兰作为历史上第一个资产阶级共和国，也是当时欧洲最富强、最先进的国家，产生了现实主义荷兰画派，特点是把现实生活作为艺术创作的源泉，题材和表现形式多样，出现了专事某一种题材的画家，诸如肖像画家哈尔斯（Frans Hals）、伦勃朗（Rembrandt Harmenszoon vanRijn），风俗画家维米尔（Johannes Vermeer），静物画家赫达（Willem Claesz Heda），风景画家霍贝玛（Meindert Hobbema）等。

18世纪追求纤巧精致的洛可可（Rococo，一种小甜食，喻上流社会的喜好）风格绘画在法国兴起，随后波及欧洲其他国家。洛可可绘画经常以上层社会的聚会嬉戏等活动为题材，渲染舒适浪漫情调，打破了古典主义的含蓄深沉的表达方式，喜欢情感外露。浪漫主义绘画色彩强烈，用笔奔放，充满强烈激情。古典主义重视素描、抽象与理性，浪漫主义强调色彩、具体与个性，这种差别在音乐、雕塑、建筑、文学等众多西方艺术领域都普遍存在。

法国大革命、欧洲民主运动催生了反对古典主义官方学院派的浪漫主义。浪漫主义提出的"为艺术而艺术"的概念彻底排斥绘画的实用功能，这种观念占据了19世纪艺术思想的中心，并演化出当时盛行的唯美主义。现实主义绘画风格与此相反，提倡客观地观察现实生活，再现生活，揭示社会矛盾，从而推动历史前进。

19世纪后期在法国产生了印象主义绘画。该画派在现代光学和色彩学的启发下，注重在绘画中表现光的效果。一般将法国画家马奈（Édouard Manet）视为印象主义奠基人，法国画家莫奈（Claude Monet）是印象主义创始人。1874年，一批反传统的画家首次举行独立画展，与一再拒绝展出他们大部分作品的法国美术学院的官方沙龙相抗衡，其中莫奈创作的题为《印象·日出》的油画遭到学院派的攻击，评论家们戏称这些画家们是"印象派"，印象派由此得名。

印象派之后还出现了后印象派。实际上后印象派与印象派在艺术主张并不相同，甚至完全相反。他们不满足于刻板片面追求光和色，开始尝试色彩及形体对情感的表现性。其代表人物的特点：荷兰画家梵高（Vincent Willem van Gogh）的绘画着力表现自己强烈的情感，色彩明亮，线条奔放。法国画家高更（Paul Gauguin）的绘画多具有象征性的寓意和装饰性的用笔。有"现代艺术之父"之称的法国画家塞尚（Paul Cézanne）的绘画则追求几何性的形体结构。塞尚等人第一次质疑人类一直遵从的美术定理：作品就是模仿一个可见对象。摆脱模仿、追求"自由制造形象"开启了西方现代艺术的新阶段。

20世纪以来，西方绘画在追求艺术性上越走越远，有些尝试引来巨大争议或者昙花一现。先锋美术运动野兽主义绘画强调形的单纯化和平面化，追求画面的装饰性。他们明确提出画家不应承担摄影的记录形象的功能，而应制作眼睛看不到的形象。"野兽派"的得名是某评论家对这些色彩狂野的画展作品用了"仿佛置身于野兽的包围"的评语。

立体主义绘画将自然物象分解成几何块面，挣脱传统绘画的视觉规律和空间概念。创始人西班牙画家毕加索（Pablo Picasso）是当代西方最有创造性和影响最深远的艺术家，他于1907年创作的《亚威农少女》是第一张被认为有立体主义倾向的作品，是一幅具有里程碑意义的著名杰作。"立体派"得名于某评论家看到画展中的这些作品时惊呼"这不过是一些立方体啊！"毕加索正是通过拆散形体、破坏结构的方法，推动了绘画史上的一次脱离模仿的造型革命。

达达主义反对传统，否定艺术，否定一切。一战期间一些反战的虚无主义艺术家聚集在瑞士苏黎世的一间酒吧，他们用餐刀随机指向一本德法辞典，落在"达达"一词上，于是以此为名。德语中"达达"是幼儿学语时呼叫爸爸的发音，喻意从零开始。

超现实主义绘画在两次世界大战之间盛行于欧洲，在视觉艺术领域中影响最为深远。特点是打破理性与意识的樊篱，追求原始冲动和意念的自由释放，将文艺创作视为纯个人的自发心理过程。往往把具体的细节描写与虚构的意境结合在一起，表现梦境和幻觉的景象。1924年创始人法国评论家布勒东（André Breton）发表了第一篇超现实主义宣言。超现实主义运动以其充满幻想色彩和异国情调的奇特风格，对20世纪美学产生了重要影响。

表现主义注重表现画家的主观精神和内在情感，运用夸张变形的绘画语言，使作品成为精神和情感的符号。挪威画家蒙克（Edvard Munch）的画展推动了表现主义兴起，其画作《呐喊》极具代表性，通过对现实的扭曲和抽象化，用来表达恐惧的情感。主题欢快的表现主义作品很少见。

抽象主义（抽象表现主义）大胆粗犷，尺幅巨大，画作色彩强烈，并经常出现偶然效果，例如让油彩自然流淌而不加以限制，所画内容多为与自然物像几乎毫无瓜葛的三度空间的形体结构。抽象主义是第一个由美国兴起的艺术运动。二战后大量艺术人才移居美国，西方现代艺术的中心从巴黎转移到了纽约。抽象派的画作往往具有反叛和无秩序的特点，与欧洲表现主义有所呼应。

波普艺术利用废弃物、商品招贴、电影广告和各种报刊图片作拼贴组合。1956年英国的艺术评论家提出"波普艺术"的概念，其特征是试图推翻抽象艺术并转向符号、商标等具象的大众文化主题。波普艺术在英美流行一时。英国画家汉密尔顿（Richard Hamilton）把波普艺术的特点归纳为：普及的（为大众设计的）、短暂的（短期方案）、易忘的、低廉的、大量生产的、年轻的（对象是青年）、浮华的、性感的、有魅力和大企业式的骗人玩意儿。

照相写实主义（超级写实主义）利用摄影成果进行客观的复制和逼真的描绘。20世纪70年代兴起于美国纽约，其独特之处在于绘画与摄影结合，先制作平面的照片形象，再将其移植到画布上。照相写实主义题材广泛，形象逼真，并且无一例外地摒弃一切主观因素。作品严峻、冷漠，有自然主义风格。放大寻常事物的尺寸，所造成的美学和心理效果异乎寻常，这也是对绘画艺术写实风格的回归。

总之，各种不同的艺术现象和风格是地理环境、政治背景、经济条件、人文状态及个体天赋等多重因素汇合而成，互有异同，互相渗透。随着艺术的发展，绘画的实用性传统功能弱化，无法像过去一样充分承担事件记录、政治教化、宗教宣传、审美熏陶等实用性作用，艺术性功能发展却使得欣赏画作越来越难。对缺乏现代艺术常识的人来说几乎必然会对现代艺术作品发出"这是什么意思"的疑问。

对绘画实用性功能造成冲击的很大一部分原因是摄影技术的发明与发展。通常绘画无论是逼真程度还是制作速度都无法与摄影相比。也因此，在摄影技术普及后的19世纪后期，人们开始空前反思绘画的功能定位和发展方向，才产生了印象主义等众多现代艺术流派。摄影艺术出现对西方绘画的冲击远大于中国绘画。传统上，西方绘画强调写实和再现，中国绘画重视写意和神韵。西画是基于科学的再现艺术，国画是基于哲理的表现艺术。

不过，任何艺术品都是人工结晶，都蕴含了创作者的主观意象。欣赏艺术品虽然可以从观众的角度发散性地理解，却也离不开创作者赋予艺术品的内涵。通过对线条、色彩、布局、题材与背景等基本要素的观赏和了解，仍然可以把握和体会绘画作者的创作情感和思想，更好地接收作品传达的信息，甚至引发共鸣，获得艺术享受。

顾恺之《女史箴图》

东晋画家顾恺之是中国绘画史上最早以绘画为职业的文人画家，有"画祖"之称。长于诗赋书画，传世的画作与画论为中国传统绘画发展奠定了基础。他在画论《魏晋胜流画赞》中提出：人物画最难，其次山水画，再次动物，又次静物。他的传世画作《女史箴图》《洛神赋图》《列女仁智图》均为人物画珍品。

以《女史箴图》为例，这是目前见到的最早的卷轴画，也是当今存世最早的中国绢画。原作已佚，现存唐代摹本，原有12段，仅剩9段（宋代摹本11段，藏于故宫博物院），绢本，设色，纵24.8厘米，横348.2厘米。虽是摹本，但依旧被公认画中上品，风格古朴，色泽鲜艳，末署"顾恺之画",是顾恺之传世名画的代表作,为历代皇宫贵族珍藏。乾隆在卷尾留下亲笔题字,珍藏在圆明园中。英军洗劫圆明园后,《女史箴图》被盗,现收藏于大英博物馆,据说视同镇馆之宝,极少允许参观。

从基本技法看,该画笔法细劲连绵,线条婉转均匀,如春蚕吐丝,传达女性裙带飘舞的特色。游丝描法使得人物衣带飘洒,衣服褶纹清晰,突显宽袍大袖的丝绸质感。设色典丽秀润,不追求华丽藻饰,虽也用朱砂等浓重色彩,但面积不大,只是以浓色微加点缀。人物造型严格按照人体正常比例刻画,但空间处理没有依照透视原则,基本上是按主要和尊贵人物大、次要和卑微人物小的原则,体现了早期人物画的布局风格。

从画作题材看,作品取材西晋宰相(中书令、司空)兼文学家张华《女史箴》一文,原文十二节,所画亦为十二段,塑造了不同身份的宫廷妇女形象,有强烈的道德意识和思想倾向,劝诫和警示意图明显。"女史"是女官名,后来成为对知识妇女的尊称,"箴"是规劝之意。意在通过历史故事树立宫廷妇女的榜样,以供后人效仿。

现存《女史箴图》第一段画的是:汉元帝率宫人在虎圈看斗兽,有一黑熊突然跃出围栏,直逼汉元帝,冯婕妤(宫中嫔妃等级,仅次于皇后和昭仪)挺身护主。画卷中的冯婕妤长带宽衣,虽娉婷苗条,但面对跑过来的黑熊毫无惧色,昂首挺立。两个武士面露惊惶之色,一个张口大喊,一个力刺黑熊。作者运用神态对比表现人物的不同形象和性格。

从画作背景看,《女史箴图》是为《女史箴》文配画。文章作者西晋张华受皇后贾南风重用,并助贾夺权。但贾南风野心勃勃,把持朝政,铲除异己,大开杀戒。司空张华忧虑事态前景,为劝谏贾南风而作此文。贾南风并未理会,依旧我行我素,在与皇亲国戚的宫廷斗争中遭政变被杀,张华也同时遇害。东晋顾恺之根据《女史箴》内容设计故事瞬间,定格成生动形象的画面,强化了故事的劝谏宣传。不过,作品超脱于原文说教,画面传达了理性的感官享受,优雅飘逸,华而不俗。

欣赏画作既可聚焦内容背景,也可偏重艺术风格。就绘画作品本身的功能而言,既可能是意在实用,例如出于宗教、政治、社会等目的进行教化、装饰之用，也可能是强调艺术，例如出于表现技法、表达感受等目的而进行的写实、抽象等行为。人类的绘画与其他艺术一样，在实用性与艺术性之间摆动。

7.3 书法

书法不同于写字。书法与写字的关系，类似音乐与语言的关系。音乐的主要目的是制造悦耳声音，思想情感传递是否准确不太重要；语言主要目的是准确传递信息，声音是否悦耳不那么重要。书法的主要目的是创作漂亮文字，文字内容并不重要；写字的主要目的是准确传递信息，字迹是否美观不那么重要。写字只是技术，书法却是艺术。当然，二者可以并存兼得。

书法之美各有所见，或形象美，或抽象美，或意象美。古人品评书法方式各异，品类繁多，主观性强，好用辞藻，有些描述晦涩难懂。较有代表性的是将书家分为"神、妙、能、逸、佳"五品。

能够给受众带来各种体验和感受是所有艺术品的共同特征。欣赏书法艺术像欣赏音乐、绘画、雕塑等艺术一样，需要美感，更需要联觉（通感）、联想、想象等发散性思维和心理活动。

如朱光潜所说，看颜真卿的字，感觉面对巍峨高峰，不禁全身筋肉紧张，耸肩聚眉，神态严肃；看赵孟頫的字，仿佛面对春风杨柳，不禁全身筋肉松懈，展颐摆腰，神情舒展。其实听音乐也是一样。《十面埋伏》让人惊心动魄，难以入眠；《阳关三叠》使人心静如水，怅然而卧。

书法欣赏从基本角度来看，可以感受作品的力量、速度、质感、章法。

书法中的力量是看线条是否有"笔力"，类似音乐中的节奏强弱。"入木三分""力透纸背"是指笔力刚劲。"笔实则墨沉，笔飘则墨浮。"字的线条沉着有力，给人筋骨凝练之美。

书法中的速度是看线条的动感，类似音乐中的节奏快慢。字忌呆板，需动静结合。如"龙跃天门，虎卧凤阙"，若"飞鸟出林，惊蛇入草"。书法线条动中寓静，给人流动飘逸之美。

书法中的质感是看线条的质地，类似音乐中的音质音色。含蓄厚重的线条（藏锋）如同美声唱法的音质，枯笔露白的线条（飞白）如同气声唱法的音色。线条本身的形态体现钢铁、玉石、丝绸、花瓣等不同的质感，给人万物变化之美。

书法中的章法是看全幅布局的方法，又称"分间布白"，类似音乐中的曲调旋律。章法不同则风格不同。茂密如合奏，疏朗如独奏。杂乱无章感觉局促神散，过于工整而无变化则缺乏气韵。章法给人空间造型之美。

各种书体蕴含的美感也各有特点：

篆书典雅华美，浑厚庄重，因此后世碑额一般沿用篆书。大篆特点是笔画圆转，线条流畅（"篆尚婉而通"——唐《书谱》）。金文书法为中国书法艺术奠定基础。书风质朴凝重，显现博大气派，整齐雄浑，雍容典雅。小篆是中国书法史上实现古今之变的最重要阶段。小篆与大篆相比，强化了结构的对称美，这一特点在各种书体中最为明显。

隶书居汉代书法主导地位，尽显古朴沉雄。先秦书写崇尚实用，不以字画工拙为能事。汉朝对书法的重视远超绘画，不少官吏文人以书法闻名当世。汉代艺术雄健激荡，神采飞扬。汉隶特点是蚕头雁尾，字形扁平，平和简静，却能用古朴线条表现出穿金刻玉的力量。

草书笔势流畅，纵任奔逸，时快时慢，时断时续，连绵缭绕，狂放不羁，疾速诡奇，变化多端。魏晋以降，善书为美，书法成为品评人物标准之一，刺激书法艺术的发展。二王将章草演为今草，使草书演变成脱离实用功能的艺术创作，充满超逸之气和流动之美。

楷书在南北朝光芒璀璨，至隋唐而至鼎盛。楷书平直方正，严谨沉实，简单清晰，法度森严。透露出中国传统文化中庄严气派、含蓄内敛的性格。当然不同时代与作者的作品表现不同美感。初唐楷书遒丽劲练，盛唐楷书堂皇壮美，晚唐楷书清朗挺秀。

行书在宋朝的发展超过草书、楷书，至元朝达到顶峰。行书是楷书的快写，特点是大小相兼、收放结合、疏密得体、浓淡相融。历代行书之美不同：晋人尚韵，唐人尚法，宋人尚意。东晋行书气韵生动，唐朝行书法度严整，宋朝行书意趣盎然。元朝赵孟頫崇尚复古，宗法晋唐，其行书楷书独步天下，典雅秀丽，稳健中和，影响后世。

国外的书法艺术

书法艺术是中国的国粹，这是汉字的象形文字特点决定的。象形文字属于表形文字发展出的表意文字，由图画演化而来，由于书画同源，使用者对书写的艺术格外重视。拼音文字最早也是表形文字，后来演化为表音文字，使用者对声音的艺术更加关注。也因此，中国的书法与欧洲的音乐各领风骚。

古埃及也使用象形文字，有没有书法艺术？有的。但古埃及文字曾经失传，直到19世纪古埃及象形文字被破译，人们才得以重新认识。这些文字有不同书体，见诸神殿、纪念碑等古建筑上，有的写在各种莎草纸上。

古埃及人很早就发明了莎草纸（比中国蔡侯纸早出现约3000年），"纸"的英文拼写paper就是来源于莎草纸的拉丁文拼写papyrus。不过莎草纸不是真正的纸，只是对纸莎草这种植物像编凉席一样处理过的书写介质，比竹简的制作过程复杂，样子与纸非常像，去埃及到处可以买得到。埃及莎草纸在干燥环境下千年不腐，不少博物馆里可以看到古代写在莎草纸上的手稿。

古埃及文字的书写顺序不固定，可以向上、向下、向右、向左写。在每行开端都有一个人头或者是动物头，面部的方向就是释读的方向。碑铭体（圣书体）常出现于金字塔石碑和神庙墙壁上，有时为使文字具有对称美，往往将字由两边写向中央。僧侣体很像中国书法的草书，书写快捷，起初为僧侣使用，后来专用于书写宗教经典，外形与碑铭体很不相同，但内部结构完全一致。大众体（世俗体／书信体），是僧侣体的进一步简化，但内部结构没有改变。

古埃及人书写多用草木灰制作的墨水，以及纸莎草细茎或芦苇做成的笔。没有发现用毛笔。美洲的玛雅人使用毛笔。玛雅人用毛发制成的笔将文字书写在陶器、树皮和鹿皮上。也有刀刻书法。纪年碑和建筑物上的象形文字符号书写最美、刻制最精、字数最多。

玛雅象形文字非常奇妙，是一种兼有表意和表音功能的文字。据说该文字每个字都是立体结构，远近表达意思也有不同，因此有人称其为三维文字。不过，这里面有很大猜测成分，玛雅文字是少数尚未被全部破译的古代文字之一，至今能译解的不足三分之一。因此人们对其书法形态也知之有限。

由于文化具有可扩散性，后来书法艺术也不限于象形文字，拼音文字也发展出书法艺术。在世界上与中国书法齐名的是阿拉伯书法（Arabian calligraphy）。阿拉伯书法具有悠久历史，而且字体繁多，在伊斯兰文化史和世界文化艺术领域中占有重要地位。

早期诗人们将自己用艺术手法书写的诗歌带到集市，推动了书法艺术的发展。阿拉伯书法以库菲体（库法体）出现最早，早于伊斯兰教的诞生。其书法笔画纵向，线条直而棱角分明，后来演化出几十种字体。阿拉伯书法非常重视文字本身的形式美，因此其书法讲究节奏感和装饰性。早期是用硬笔在羊皮纸上自右而左横向书写，所以笔画简洁流畅，具有一种曲线的效果。

由于伊斯兰教义禁止绘画动物和偶像，而为了美化和装饰环境，为信仰所鼓舞的书法艺术受到历代哈里发的重视。"好的书法，会使真理更明晰"。伊本·穆格莱（Ibn Muqlah）素有"书圣"之称，因书法出众出任宫廷大臣，将书法原则予以规范、定型。

奥斯曼帝国对阿拉伯书法艺术的重视，使书法在土耳其得到很大改进和升华，并出现几位"书坛泰斗"，其书体至今被效仿。埃及的法蒂玛王朝和马穆鲁克王朝时期，大力提倡发展阿拉伯书法艺术，并开设了许多专书法学校，培养出大量书法人才。

虽然日文属于拼音文字，但因其吸纳了大量汉字，因此日本书法与中国书法非常接近，很多日本书法家的作品看起来与中国书法家的作品无异。日本人早先称书法"入木道"或"笔道"，江户时代（17世纪）始称"书道"。《日本书纪》记载，朝鲜百济国进献《论语》十卷是汉字传入日本之始。日本与隋朝建立邦交后，留学生和留学僧为日本带去中国书法。当时日本碑文、墓志书法主要模仿中国六朝书体。

唐朝文化兴盛带动日本书法艺术飞跃发展，唐风流行，东晋王羲之书风在日本备受尊敬。水平上看，奈良时期书法以读书卷最优，经文次之，金石文再次之。平安时代，日本书法改变学习中国书法的轨迹，开始日本化，出现自身特色。汉字书法领域，有意识改变了王羲之书风；假名书法领域，呈现连绵流丽书风。江户时代，在吸收中国宋朝和明朝书风的基础上，涌现古典复兴气象，或形体整然，或清淡超脱，影响后世。

朝鲜半岛和中南半岛是深受中国文化影响的地区。朝鲜半岛从大约在三国时期开始使用汉字书写，中国隋唐时期，朝鲜半岛产生了许多著名书法家，其字体基本上追随中国"初唐三大家"（欧阳询、褚遂良、虞世南）。直到中国元朝书法家赵孟頫的字体传入，成为朝鲜半岛盛行的书体，并一直是韩国书法的主流。

韩国20世纪60年代以来的书法新趋势是使用韩国字母书写。中国明朝时期朝鲜王朝创建了自己的文字系统（训民正音/朝鲜谚文），是一种拼音文字。设计者按照天地人的原理来创造的：天·天圆；地—地平；人｜人直。虽然朝鲜王朝创建了自己的文字系统，但是国内仍然偏好使用汉字，训民正音的表音字母系统一直到20世纪才开始大量使用。

越南国语字书法在当地很流行。越南在隶属中国版图的1000多年里使用汉字，独立后也曾经长时间将汉字作为越南国家的正式文字。中国元朝时期才诞生越南文字。它是以汉字为基础创造出的一种新型文字。往往用两个汉字（一个同越南语音，一个同越南语义）拼成一个新字，这就是喃字，用以区别汉字（儒字）。喃字与汉字并用，均曾作为官方文字。

近代欧洲殖民者入侵越南，传教士以拉丁字母为基础给越南人创造出一种拼音文字，称"越南国语字"。1945年越南用"国语字"完全代替汉字后，汉字书法也逐渐被国语字书法所代替。这是世界上唯一用毛笔书写拉丁字母的国家。越南书法像汉字书法一样常写些诗词，或在画里题词，作品完成后盖上印章签上作者的名字。

事实上，中国周边国家或地区都受中国书法影响而发展出其他文字的书法艺术。南亚的梵文书法有点像中国的行书，虽然是手写体，字迹却容易辨认。有人误将梵文当成象形文字，梵文其实是表音功能十分准确的拼音文字。

北亚的蒙古文书法深受汉字书法影响。蒙古文前身是成吉思汗时代创立的回鹘式蒙古文，忽必烈时代改采元朝国师、藏传佛教高僧八思巴设计的"蒙古字"（"八思巴文"）。1945年，蒙古国受苏联人影响，转用以西里尔字母（俄语所用的斯拉夫字母）为基础的拼音文字，俗称"新蒙文"。中国内蒙古自治区则仍采传统蒙古文，均有自己书法艺术。

汉字的书法体系

汉字书法在世界书法艺术中尽显风流。由于汉字几经流变，书体繁多。概要而言，按演变顺序有篆、隶、草、真四大体系。

篆书广义上包括隶书出现之前的所有书体。最早出现的篆书是商朝甲骨文，史书记载的夏朝由于没有发现文字遗迹，因此殷商甲骨文就是中国最早的文字。字体规整美观，尖细古朴，方圆并用，朱墨并见。中国今天使用的汉字与3000多年前的甲骨文一脉相承，从未中断。

篆书分为大篆和小篆。广义上，小篆出现前的所有书体都可称为大篆，包括甲骨文、金文、籀文、石鼓文、六国文字。金文（钟鼎文）是铸刻在铜器上的铭文，出现于商周。殷商金文象形明显，近于图画。西周字形承袭甲骨文，但后期笔画粗圆肥硕，春秋中期笔画变细，字体加长。

小篆在大篆基础上简化而成。秦始皇统一天下推行"书同文"，创设小篆代替此前各地不一致的文字。小篆字形修长匀整，圆转美观。遗留下来的代表作有《泰山刻石》和《琅琊刻石》。与此同时，自战国时期隶书就已经开始形成了。

隶书正式取代篆书是在汉朝。此前多为隶人（低级官吏）所用，故称隶书。隶书笔画变圆转为方折，结构删繁就简，便于书写。具体又分秦隶、汉隶、魏隶、晋隶、草隶、楷隶等。汉隶书法作品中已经不仅有方正庄重或圆润遒丽的不同审美倾向，还有作者的自身情感。

东汉末年，战事频繁，书信传递数量骤增，为了方便书写，比隶书更快捷的草书益发盛行。草书的特点是结构省简，笔画连贯，书写迅速，但不易识别。草书有章草（隶草）、今草（楷草）、狂草（唐草）之分。特点是恣肆连绵，纵横奔放，但有一定规范法度，且自成体系。

与草书的潦草简约相对应的，是楷书的端正清晰（行书介于草书与楷书之间）。草书始于汉初，楷书始于汉末。楷书也称真书、正书、正楷。形体方正，笔画平直，可作楷模，故名楷书。楷书的特点在于规矩整齐，用笔合法，自汉末与隶书分流以来，一直沿用至今。

三国钟繇为楷书定型，东晋王羲之使楷书成熟，楷书逐渐大行其道。魏晋南北朝，书坛名家辈出，南北风格迥异。南柔北刚，南温雅北雄健，南长于书牍，北长于碑版。北魏盛行魏碑，亦属楷书。其特点是刚健有力，内圆外方，点画峻利，疏密自然。魏碑上承隶书传统，下开唐楷新风，为汉字由隶变楷的重要阶段。

王羲之《兰亭集序》

东晋王羲之是中国书法史上最有影响力的人物，被尊称"书圣"。年轻时楷书学于钟繇，草书师从张芝，此二人均为书法千古名家。王羲之博采众长，推陈出新，晚年书法更至妙境，将书法技艺提升到前所未有的高度，丰富拓宽了书法多姿多彩的艺术境界，创建了可供后世效法的楷书、行书、草书的规范模式。

王羲之《兰亭序》晋朝人叫《临河序》，后人又称为《修禊序》《禊序》《禊帖》《兰亭诗序》《兰亭集序》《兰亭宴集序》。这篇书法作品被誉为"天下第一行书"。《兰亭序》的创作背景是：50 岁的王羲之在兰亭请朋友与家人饮酒赋诗，汇诗成集，王羲之为此诗集作序。

这次聚会的主题是修禊。修禊是古代春秋两季在水边举行的消灾祈福活动。王羲之等 42 人（包括他的 6 个儿子）在会稽郡山阴兰亭沿着溪水饮酒，赋诗唱和。东道主是会稽市长（会稽内史）王羲之，东晋显赫的家族差不多都应邀到齐：王家、谢家、袁家、羊家、郗家、庾家、桓家、孙家等，多是政府里面的军政要员。

参加者共创作 37 首诗，合成一本《兰亭集》，公推德高望重的王羲之作一篇序文。王羲之乘着酒兴，用蚕茧纸、鼠须笔，写下了这篇"遒媚劲健，绝代亘古"的序文，里面几处涂改可见其酒酣醉态。这篇即兴的书法作品无意中却成为中国书法史上的巅峰之作。

《兰亭序》本为草稿，妙手偶成。用笔随心所欲，落纸极尽变化。点画凌空蓄势，章法富有韵律。后来王羲之回家又重写了数十遍，总感觉风神不如原稿，所以他自己也特别珍爱原稿，交付子孙传藏。

《兰亭序》传至王羲之七世孙智永。智永虽出家为僧，仍精勤书法。辞世之前，将《兰亭序》真迹交给自己最信任的弟子辩才。辩才也精通书法，深知《兰亭序》珍贵，因此梁上凿暗槛藏之，秘不示人。

唐太宗李世民酷爱王羲之书法，从民间收购大量王羲之真迹，唯独遗憾没有得到巅峰之作《兰亭序》。为获此贴，派人四处打探，获得消息此贴在辩才手中。召见辩才，但辩才矢口否认，称不知下落。

宰相（尚书右仆射）房玄龄向唐太宗推荐梁元帝的曾孙、监察御史萧翼来完成此事。萧翼受太宗接见后，从宫中拿了几件王羲之书法真品，微服接近辩才。两人一见如故，下棋抚琴，谈天论地，探讨书法，相见恨晚。

辩才见萧翼不同常人，心生疑窦，酒后赋诗，以探虚实。萧翼当场和诗释疑，打消疑虑。如此数日，几次三番，辩才放松警惕。萧翼拿出梁元帝书帖与御府二王杂帖共赏，辩才鉴别后认为虽是真迹，却非佳品，忍不住出示《兰亭序》原稿。

萧翼故意说是假的，显示对其不感兴趣，二人争执不下。辩才于是不再将兰亭帖藏在屋梁上。萧翼趁辩才外出做客,来到方丈室,请小和尚开门,谎称自己将书帖遗忘在床上。小和尚见是常客萧翼,就开门任由萧翼将兰亭帖和御府二王杂帖放进衣袋取走。

萧翼得到兰亭帖后至永安驿,亮明监察御史身份,命都督立即派人召辩才来见。萧翼彬彬有礼对辩才讲明,自己奉皇上旨意,前来取兰亭帖。现兰亭帖已到手,特与大师道别。辩才听后,当场昏倒。

萧翼回到长安,献上兰亭帖,太宗宣布:房玄龄荐人有功,赏锦千尺。萧翼加官五品,升员外郎,并赏住宅及金银宝器。辩才犯欺君之罪,本应加刑,因年迈获免,另赐谷物三千石。

辩才将赐物变卖,建造了三层宝塔。但因失去真迹、有负恩师而备受打击,且受吓欺君之罪,一年后去世。唐太宗则常将《兰亭序》原稿带在身边欣赏,还命大臣学士临摹。驾崩后,朝廷将此帖作为陪葬之物埋入昭陵。自此,世间再无《兰亭序》真迹,只有各种摹本。

7.4 雕塑

为了将人物或事件的精彩瞬间凝固成历史的永恒,人类发明了文学、绘画、摄影、雕塑等艺术形式。雕塑的特色在于塑造三维空间中的立体形象,置于人们生活的真实场景中。

雕塑审美与工艺

雕塑作品通过内容(题材和背景)与技法(外形、结构、环境)传递包括美感和象征意义在内的信息。观众在欣赏雕塑作品时,既可以通过理解创作者的意图获得触动和共鸣,也可以完全根据自己的心境和感觉获得震撼与启发。

与绘画作品一样,雕塑作品往往也是通过捕捉和定格人物或事物的精彩瞬间,然后通过外形、结构、环境等要素反映出来,形成某种艺术风格力图给观众传递强烈印象。

外形是雕塑给人的第一印象。在没有欣赏作品细节之前，观众通过外形轮廓感知宏观上的视觉效果。罗丹认为，假如在傍晚，从室内看窗台上的雕塑，首先会见到一个立体的影像。好的影像设计可以迅速将观众带入创作者的情境。外形既可远观，也可近赏。雕塑作为立体作品，不仅有线条轮廓，还有形体神态。形体还经常被赋予象征性来表达主题。线条是表现形体的基础。例如埃及法老的雕塑中，用腰带和手臂的横直线条平衡过于突出的垂直线条，塑造体型的高大匀称。

结构是雕塑作品的具体构造。雕塑作品的结构与比例构成造型，类似音乐中的音调与节奏组成旋律。作品可以是具体的人或事，也可以是抽象的物体或造型。例如，公元前5世纪的古希腊艺术家遵循人体头部与全身的比例是1/7的法则，过了不到一个世纪就有新的雕塑家确立了1/8的比例（8可以分成3/5），脐部为黄金分割点，3/5非常接近文艺复兴时期人们发现的0.618的黄金比例，这种比例塑造的人体具有被普遍接受的美感。

环境在雕塑中的作用相当于绘画中的构图或书法中的章法。不过，绘画和书法是人为分隔出来的图像，布局仅限于作品中；雕塑是与环境融为一体的作品，空间的概念与作品本身所处的环境密不可分。作品与山川、园林、广场、街道、建筑等雕塑环境和谐匹配关乎整体视觉效果。俄罗斯著名雕塑《工人与集体农庄女庄员》在建筑物上展现强烈时代感和高大感。

从外形、结构、环境等方面可以欣赏雕塑作品的艺术效果。不过从创作者的角度，作品设计还需要考虑选择雕塑的类型、制法和材质。

雕塑类型分为圆雕、浮雕和透雕。圆雕为全立体的，从各个角度都可以观看。浮雕为半立体的，附着在墙壁、建筑或器皿上，只能从一个方向观赏。透雕（镂空雕/凹雕）是将浮雕去掉底板，很多窗棂屏风都会做成透雕。

雕塑制法主要是雕与塑。雕是通过减少可雕性材料（如木材、玉石、骨牙、金属、贝壳、玛瑙、冰块等）而成；塑是通过堆增可塑性材料（如石膏、树脂、黏土、面粉等）而成。

雕塑材质各有特色。石雕材料丰富，使用历史悠久，花岗岩、大理石适宜大型雕像；青田石、寿山石的颜色丰富，更宜小型石雕。铜雕具有质感强、规格不限、色彩肌理丰富等特点，《思想者》《青铜时代》《自由女神像》等有影响力的雕塑多为铜雕作品。金属雕塑可以保存较久。秦始皇曾收缴全国兵器熔铸成12个平均重60吨的铜像放在咸阳。后来有10个被董卓毁掉铸币，剩下2个毁于前秦苻坚时期。这些存在近600年的铜像是已知的中国古代最大的金属雕塑作品。

材质影响质感。质感类似触感（tactile values），绘画作品通过绘画的技巧激发观众触觉的想象力和情绪感受。丝绸般的细腻、柔软、有光泽，会有华丽典雅之感，树皮般粗糙、厚重、无光泽，则有原始古朴之效。雕塑作品也可以运用技巧使材料表现质感，表达情绪。汉白玉人物雕塑细腻婉约，大理石人物雕塑姿态优美，花岗岩人物雕塑雄浑豪迈，青铜人物雕塑崇高厚重，根木人物雕塑古韵典雅。罗丹的《吻》用石材表现皮肤质感。

直到20世纪末，雕塑始终采用两种体系：雕刻或铸模。青铜浇铸的雕塑通常取自模型，铁铸塑像原来大多也用此法，最早出现在中国。不过现今铁材更常以锻造与焊接方式处理。柔软的金属如金、银、铜等，既可用于灌模，也可锤打成形，或凿出近似雕刻的效果。

欧洲最重要的雕塑工艺是始自公元前15世纪的古希腊的翻模技术。翻模技术的操作是：雕塑家先用黏土、石膏等易于操作的物质做模，再找来巨石，在上面精确地按照模型雕刻。直到19世纪早期，这种制作过程都未改变。铁的应用让20世纪雕塑革命成为可能。许多雕塑家放弃了雕刻与铸模技术，借助锻造、敲打与焊接等过去用于打造武器与实用器皿的加工技术，作品由材质混杂的组件装配而成。

石雕耐久性为人偏爱，但过重。中空的铜雕比石雕轻得多，又有弹性，因此在世界范围普遍采用。最早在公元前3000年的两河流域发现了脱蜡法（cire perdue/lost wax）的青铜雕塑。其工艺是：先以黏土做模，然后用蜡包裹，再以黏土包裹，通过外层黏土预留的洞注入熔化的青铜，熔解的蜡流出。青铜冷却变硬，剥去外壳、刮擦污点、进行润色、完成作品。如果里面完全用蜡模，则可以制作实心铜雕。

不过公元前 2000 年的中国曾发展出另一种不同的青铜雕塑工艺。中国商朝也会脱蜡法，但只用于小件作品，大件作品则采用耗费人力的块范法（piece-modeling）。其工艺是先用黏土等材料制作铜雕的外范和内范，中间保留设计好的空隙，再直接浇铸铜汁而成，不用蜡。这种结合制陶与冶金的特殊技法可以使作品达到令人惊讶的精致程度。但制作过程中，保持有精美雕刻的印模在高温下不变形是高难度技术，从这个角度看，世界上没有其他地方的青铜铸造技术作品可以比得上中国商朝。

无论是雕塑还是绘画，中国与西方始终表现出不同的审美标准与艺术态度，这本身就说明了艺术所独具的主观性。中国艺术家强调所表达形象的自身的生命力，传统西方艺术家重视所表达形象的逼真感。

唐朝张彦远《历代名画记》中记载传说：张僧繇于金陵安乐寺画四龙于壁，不点睛。每曰："点之即飞去。"人以为妄诞，固请点之。须臾，雷电破壁，二龙乘云上天，未点眼者皆在。

古希腊的类似记载则是：某画家因所画樱桃太过逼真，结果把鸟骗来啄食。当然，中国也有类似的故事。不过总体上，中国艺术家所追求的神韵是不讲求逼真写实的。

西方的雕塑艺术

西方雕塑艺术第一个高峰是古希腊罗马时期，出现了米隆（Myron，《掷铁饼者》作者）、菲狄亚斯（Pheidias，《命运三女神》作者）等雕塑家。第二个高峰是欧洲文艺复兴时期，代表人物有米开朗基罗（Michelangelo Buonarroti，《大卫》作者）。第三个高峰是 19 世纪以来的近现代。代表人物包括罗丹（Auguste Rodin，《思想者》作者）、马约尔（Maillol Aristide，《自然三部曲》作者）、布德尔（Emile Antoine Bourdelle，《维纳斯的诞生》作者）等美术家。

古希腊美学思想是和谐，古罗马美学思想是崇高。人体雕像反映人与神、人与自然的内外和谐。古希腊气候温和，阳光充足，体育比赛和祭祀舞蹈等活动中，男子都是裸体的，女性基本都穿衣服，也有女性艺妓当众脱衣洗浴的文字记录，这种社会风尚导致古希腊人像雕塑多采用裸体形式，人神题材皆然。

古希腊在克里特文明与迈锡尼文明时期（相当于中国的夏商时期），目前只发现一些小型雕塑，题材多为祭祀表现内容。在荷马时期（约相当于中国的西周时期），也只是以神话为题材的小雕像和朴素陶器。在古风时期（相当于中国的东周前期），古希腊雕塑史拉开序幕，虽然还较为幼稚古拙，但为古希腊人体雕塑奠定基础。

古典时期（相当于中国的战国前期）形成了古希腊的美术高峰，以雕塑成就最为突出。《掷铁饼者》是这一时期的作品。虽然原作已失，但仍能从复制品中感受到运动感与稳定感的完美结合。包括《命运三女神》在内的帕特农神庙上的装饰雕刻标志着希腊古典雕塑的高峰。其刻画形象姿态宁静而高贵，表情肃穆而温雅。后期产生女性裸体圆雕和名人肖像雕塑，不断发展古希腊艺术追求人体美的传统。

希腊化时期（相当于中国的战国后期到西汉末年）的雕塑继承了古典时期的传统风格，技巧更加纯熟，题材更为广泛，包括神话、肖像与世俗生活三大类。神话中战神雅典娜让位于美神阿弗洛狄忒，因此诞生最著名的作品《米洛斯的阿弗洛狄忒》（又名《断臂维纳斯》）。这座大理石雕像塑造了一个和谐优雅的美神（古希腊神话中是阿弗洛狄忒，古罗马神话中是维纳斯），人神合一，曲线简练，神圣庄严，尽管双臂残缺（原作右臂下垂，左臂举一苹果），仍能看出人体美的标准比例。

罗马时期的艺术特点是强调实用和写实。从音乐、绘画到雕塑都充分体现这一特点。特别是罗马帝国时期，雕塑成为歌颂君权帝国的重要手段。古希腊雕塑即使在纪念希波战争胜利这样的重大历史事件上，也往往以神话故事为象征，并不直接表现战争双方，而古罗马则绝大多数采用直接表现的手法，对国家及统治者制作纪念性、叙事性雕塑。《奥古斯都自传》中提到罗马城中有80余座元首屋大维的大型银质塑像。

文艺复兴时期特点是求实与个性。虽然中世纪时期也有一些仿古雕塑作品，但文艺复兴时期艺术家们充分学习了古希腊时期写实主义与理想主义完美结合的艺术理念与技法，形成现实主义与人文主义的特征，开创了前所未有的艺术辉煌。艺术家使雕塑成为人们真实生活的写照，即使是神话题材，也成为可感、可触、可知的世俗化事物。文艺复兴晚期出现的样式主义，也是因为过度追求艺术个性与风格，而被后人视为装模作样的雕塑流派。

米开朗基罗的出现标志着文艺复兴时期的雕塑艺术发展到了最高峰。虽然他同时也是画家、诗人、建筑师和工程师，但他声称自己主要是雕塑家。他不到30岁就完成的雕塑作品《大卫》是西方美术史上公认的经典男性雕像。其设计不同以往，没有表现英雄胜利之后，而是选择战斗前的瞬间。大卫肌肉发达，体格匀称，左手拿石块，右手握投石器（后来失落了），身体、脸部及肌肉紧张饱满，具有力度和动感。

米开朗基罗与其他雕塑家不同的观点是，他不认为雕塑家需要寻求"完美的数学度量和比例"，应该凭自己头脑中的观念来自由自在地创作美术作品。在这种美学思想指导下，其后期作品偏离了当时追求完美规范的原则，不再遵循对称、均衡、协调和稳固的形体比例，而发展为另一种富有表现力的复杂奇特的艺术风格，例如人体魁伟如同巨人、局部肢体比例夸张。

现代雕塑时期的特点是感性与主观。早期的雕塑如同音乐、绘画等艺术形式，多具有为宗教、政治和社会需要服务的实用功能，进入19世纪后，实用功能日益被艺术功能取代。现代派的艺术家们远离理性，不再模仿自然，用感觉代替观察，用综合、抽象和象征代替具象，不再表现客观存在，而努力追求发掘内心。

为传统雕塑艺术画上句号的是罗丹。罗丹在西方雕塑史上的地位，如同欧洲文学史上文艺复兴时期承前启后的诗人但丁。罗丹是古典主义时期最后一位雕塑家，也是现代主义时期最早的雕塑家。这位艺术家年轻时报考巴黎美术学院却屡次失败，并被评价为"毫无才能"。一度在修道院修行，还曾应征入伍，其成名作《青铜时代》也是找的士兵模特。

《青铜时代》原名《被征服者》。当罗丹将这尊花了18个月雕塑的男人裸体雕像作品送到了巴黎世博会上展出时，由于太逼真被评论家们认为是用人体浇铸而成，批评罗丹是下流的骗子，作品被勒令搬出展室。罗丹向美术院提出抗议，美术院则派了一个由五名雕塑家组成的评审团来到罗丹的工作室。罗丹在没有参照任何模特的情况下，当众塑造了一个男性裸体雕塑，其精确的解剖知识和卓越的雕塑技巧获得认可，一举成名。

罗丹的古典主义作品始于《青铜时代》，终于《地狱之门》。《地狱之门》是一件庞大的雕塑设计，题材取自但丁《神曲》的《地狱篇》。举世闻名的雕像《思想者》居于《地狱之门》的中心位置。这尊雕塑最初名字并不叫《思想者》，而是《诗人》。后来罗丹将这尊雕塑独立出来参加一次展出，给它命名为《思想者——诗人》，于是《思想者》这个名字很快传开。《思想者》塑造了一个强有力的弯腰屈膝的男子，右手托着下颌，肌肉非常紧张，神态庄严肃穆，不但在全神贯注地思考，而且似乎沉浸在苦恼之中。后来该雕塑按罗丹遗嘱立在其墓前。

开启现代主义风格的《巴尔扎克像》则是罗丹一生中最后一座伟大雕像。巴尔扎克是法国19世纪文坛巨星，当法国文学家协会委托罗丹雕塑巴尔扎克像时，他接受了委托，开始大量阅读、考察和研究巴尔扎克的生前资料，前后按照要求尺寸作了20多件巴尔扎克雕像，但均不满意，一直延期交货。最后一稿定格在披着睡袍的巴尔扎克受灵感的召唤、半夜起床、昂首凝思的瞬间。

据广为流传的记载，作品完成后，罗丹请学生们（罗丹和他的两个学生马约尔和布德尔，被后人誉为欧洲雕刻"三大支柱"）提意见。布德尔认为双手过分逼真生动，罗丹为了强调艺术品的整体性，马上砸掉了雕像的双手，摒弃了古典主义的完美法则，使雕像成了现在的没有手的样子。雕塑一反伟人的尊贵模样，而是不修边幅、蓬头垢面，雕塑手法不加修饰，塑像表面不是常见的光滑圆润，而是坑凹粗陋，凸显人物粗俗旷达之气。

然而作品却遭到委托人的批评和拒绝接受，法国文学家协会决定废除合同，理由是在这个"粗制滥造的草稿"中很难认出巴尔扎克的形象。面对批评指责，罗丹却认为《巴尔扎克像》是其"一生的顶峰、全部生命奋斗的成果、美学理想的集中体现"。作品1898年展出时激起了社会广泛抨击。有评论甚至把这尊雕像说成是"麻袋里装着的癞蛤蟆"。罗丹不堪忍受这种长时间的争执，最后选择退还预付费及利息，将雕像放在巴黎附近自己别墅花园里。罗丹逝世22年后，这座雕像终于获得认可，被铸成铜像矗立在巴黎街头。

现代雕塑的最重要转变发生在20世纪前30年，主要是抽象雕塑的崛起。抽象雕塑与具象雕塑的最根本区别，是以精神内容还是具体物象为主题。抽象雕塑的艺术理念来自两方面：一是由始于毕加索的立体主义演变而来的抽象，另一支是从俄国构成主义、德国表现主义、荷兰新造型主义和瑞士的达达主义而来的抽象。二战后，西方雕塑从内容到技法，从抽象题材到材料介质都在寻求不断创新。

中国的雕塑风格

传统上的西方雕塑绘画重写实，追求形似，是模拟造型；中国雕塑绘画重写意，追求神似，是意象造型。西方造型艺术将几何学与解剖学运用在雕塑中，直到文艺复兴时期才放弃对写实的严格要求。中国古代雕塑在塑造人物与动物时，并不刻意去追求严格的比例和解剖，也不追求外在形象的精确，而是重视观众的感受和体验。这种着眼点不在对象和实体，而在功能和关系的审美意识，是中国哲学思想在造型艺术领域的表现。

当然，这种对比只是概括而言。西方也有写意，中国也有写实。秦兵马俑雕塑就高度写实。7000兵马俑完全模仿当时的送葬军阵，规模宏大，气势雄伟，每个士兵都是真人尺寸，面容各异，五官生动，富有质感，塑造准确。同时细节刻画精致入微，完全模拟真实生活。例如，在人物服饰的雕塑上，头饰、帽子、铠甲、战袍、鞋靴的款式繁多，线条细密，包括发丝的盘卷和鞋底排列的针脚疏密变化都历历分明。

中国古代雕塑的类型有宗教雕塑、建筑装饰性雕塑、工艺性雕塑、陵墓雕刻、墓俑雕塑等五种基本形式；西方雕塑类型中前三类与中国相同，后两类主要是公共性雕塑与纪念性雕塑。但西方宗教雕塑主要体现在教堂建筑的室内外陈设上，中国宗教雕塑主要以石窟石刻、寺庙泥塑为主。

中国夏商周时期的青铜器雕塑多为宗教祭祀之用，审美观有抽象色彩。河南出土的后母戊鼎（原称"司母戊鼎"）是商代青铜文化的典型代表作，鼎上浮雕造型神秘狞厉。四川三星堆文化中的大批青铜雕塑也是制作于这一时期，其造型手法既有具象写实又有抽象夸张，具有浓厚的宗教信仰与图腾崇拜色彩。中国青铜时代的雕塑制作技术和艺术形式在世界上都是独树一帜的。

汉代雕塑写意之风盛行。两汉时期大型墓葬和建筑物前往往雕刻石人石兽，以马为题材的雕塑作品尤其多。霍去病墓前的马踏匈奴像是中国户外纪念碑形式的代表（不过该造型并非中国独有，在世界其他地方也有一些非常相似的设计）。铜奔马（"马超龙雀"／"马踏飞燕"）也是此时期作品。《写意雕塑论》认为中国雕塑有史以来以两种形式最为显著：室内为佛教造像，室外为陵墓道前的石人石兽。前者形象大都合于法度，后者则因置于室外，大多超然豪放，浑然天地。

汉代佛教传播，魏晋南北朝盛行，"设像传道"为佛教传播最基本手段，佛像渐成中国最大雕塑类型。《莫高窟年表》载，南朝佛寺3000座，北魏30000座，唐40000座。中国佛教雕塑集中的莫高窟（甘肃敦煌）、云冈石窟（山西大同）、龙门石窟（河南洛阳）、麦积山石窟（甘肃天水）均建于该时期。佛教造型的特征是理想化，庄严与慈悲是佛像超越现实的造型的精神基础。

中国雕塑艺术鼎盛时期是隋唐，石窟、佛像遍及全国。历时90年完工的乐山大佛雕像（嘉州凌云寺大弥勒石像）通高71米，是迄今世界上最高大的石佛古迹。大佛神情肃穆，双肩壮实，双手抚膝，双脚下垂，不同于印度佛像的"宽肩细腰"和"结跏趺坐"，造型已经充分中国化，神态也符合依山临江、镇水安民的环境与功能。

造型生动的"唐三彩"（唐代三彩釉陶器）是盛行于唐代的陶器雕塑，多以黄、绿、青三色为主。这是唐代厚葬之风和三彩釉装饰工艺诞生的结果。

中国雕塑自宋代开始风格变化明显，佛教雕塑神性几无，融合世俗人情，绘画色彩增强，装饰意味浓厚。川渝地区保存宋代雕塑最多。重庆市的大足石刻以其规模宏大、雕刻精美、题材多样、内涵丰富和保存完整而著称于世，大量石窟凿于南宋时期。

宋代工艺雕塑流行写真风格：题材世俗化、形象生活化、心理人情化、手法逼真化，内容及形式重在表现生活。

元代雕塑除沿用传统汉式外，大量采用"梵相"式样，即喇嘛教的佛像造型。明清宗教衰落，雕塑无复唐宋盛景，大型雕塑不多，青藏甘滇等地区的一些寺庙中还有水平较高的宗教雕塑，皇家建筑群也有很多精美浮雕。民间雕塑迅速发展，糖人、面人、泥人及木雕、玉雕，造型特点是直觉拙朴，率真抒情，想象灵动，题材丰富、手法自由，其中不乏精品和极品。

7.5　音乐

音乐是听觉的艺术。物体振动有"声"，声的有序称为"音"，音的组合成为"乐"。这个观点大体上来自中国最早一部具有完整体系的音乐理论著作《乐记》。（"感于物而动，故形于声。声相应，故生变，变成方，谓之音。比而乐之，及干戚羽旄，谓之乐。"）可以归纳为：音乐是有秩序有组织的声音。

有秩序指声音的变化有规则。什么是有规则？主要指有节奏和有旋律（音乐的两大基本要素）。节奏是声音的长短和强弱（"有板有眼"中的"板"是强拍，"眼"是弱拍），旋律是声音高低起伏形成的曲调。

有组织指声音的变化是人为形成的。自然界的声音再美妙，没有经过人为创造也不是音乐。不少古乐就是模仿自然声音。现代有人把自然界录音，包括摩托车、青蛙、石头、蟋蟀、植物、雨声、易拉罐、风铃等多种声音人为组合在一起，不通过乐器和人声形成音乐。

20世纪作曲家凯奇（John Milton Cage）认为任何声音都可以是音乐，"没有噪音，只有声音"，但这前提也必须是有人为的组织。即使是声音中间出现的寂静无声，也可以算音乐，只要它是人为组织的结果。当然，音乐有悦耳的，有刺耳的。其实声音也是。悦耳有序的声音是乐音，刺耳无序的声音是噪音。

任何方式的音乐都是通过对人听觉的刺激达到某种效果，因此音乐被称为听觉艺术。音乐的方式分"声乐"和"器乐"两大类。前者用人声表达，后者用乐器演奏。声乐分歌曲、说唱、戏曲、歌剧等。器乐分独奏曲、重奏曲和合奏曲等。纯器乐就是纯音乐（也称"无标题音乐"，Absolute music），没有人声，没有歌词，没有标题，作者希望听者自己领悟乐曲内涵。

人类早期诗歌同源。诗不仅可以朗诵，还可以歌唱、演奏和跳舞。中国第一部诗歌总集《诗经》（原名《诗》）收集了西周初年至春秋中叶500年间的诗歌，共311篇（其中6篇只有标题，没有内容）。内容上分三个部分：《风》是民间歌曲（风俗、风气、风尚、风土人情之"风"即来源于此），《雅》是宫廷歌曲，《颂》是祭祀乐舞。《墨子》说："诵诗三百，弦诗三百，歌诗三百，舞诗三百。"不过《诗经》曲调失传，汉唐以降，历代都有为其配乐的尝试。

古希腊音乐也是以诗歌为基础，与文字的韵律不可分割。吟诵诗人往往先背诵史诗，再进行咏唱。音乐理论也是诗歌、音乐、舞蹈三位一体的观念和框架，并长期延续。古希腊时期的代表性论著《诗学》《诗艺》《论词的搭配》《论音乐》都表明：诗体学与格律学在古代都被视为音乐学的一部分，而不属于语言学的范畴。

语言和音乐的区别是什么？语言主要目的是传递信息，运用人的声音变化实现人际沟通，声音好坏不重要；音乐的主要目的是制造悦耳声音，思想情感传递是否准确不重要。语言的人为组织因素主要集中在字、词、句的清晰表达，音乐的人为组织因素主要集中在音高、音色、音调的动听程度。

语言和音乐的共同点：恰当悦耳的表达更容易让听者接受。文艺复兴时期的音乐家仔细观察人们说话，记下自然重音落在哪里，重音的数量及怎样受情绪的影响，然后用在音乐中，力图在旋律中表现喜怒哀乐。

"恰当悦耳"对于民间音乐与艺术音乐的内涵并不相同（也互相渗透），前者追求表达心声，重视易懂易唱，后者强调技巧或思想，追求尽善尽美。东西方的音乐都存在民间音乐与艺术音乐的区别，前者多出现在集市、打谷、划船等民间生活场合，后者多出现在宫廷、剧场、学校等专业人士聚集场合。由于二者追求的目标不同，对音乐好坏的评判标准也就不同。赞赏者数量对前者有意义，对后者则不见得。

《楚辞》记载，楚襄王问宋玉，先生有什么隐藏的德行，为何民众不怎么称誉你啊？宋玉说，有人在楚国都城吟唱没什么艺术性的"下里巴人"时，有数千人跟着唱。当吟唱有点艺术性的"阳阿薤露"时，只有数百人跟唱。当唱到艺术性较高的"阳春白雪"时，响应的不过数十人。当歌曲再增加一些高难度的技巧，即"引商刻羽、杂以流徵"的时候，响应的不过数人而已。"是其曲弥高，其和弥寡。"

音乐是公共事务

除了艺术本质，音乐的政治功能也受到古人重视。人类历史上，无论西方还是东方，都曾将音乐视为公共事务，运用音乐的力量，陶冶公民情操，塑造优秀的品质和人格。

古希腊时期的各城邦基本都将音乐视为公共事务，而不是个人私事。希腊的国家对音乐深怀敬意，极力推崇，制定音乐的观念和原则被认为是国家大事。俊杰高士被尊称为有乐感的人，贩夫走卒被称作没音乐细胞的人。演奏家赫罗多鲁斯曾十次赢得奥林匹克奖。

斯巴达较早规定对公众的教育科目中要有受监督的音乐科目，所有斯巴达人，无论男女老幼和职位高低，一律必须参加音乐训练。演出的歌曲不得触犯公益，而要颂扬祖国，倡导秩序。歌曲的旋律唤起公众的沉着、节制和简朴。

7. 人类艺术

在雅典，只有自由人才能享受音乐教育，奴隶被禁止参与音乐实践，因为音乐是高贵的显著标志。梭伦是雅典的音乐首倡者，他认为音乐是城邦国家的福祉、力量与声誉的基础所在。古希腊人战争中普遍使用音乐。希腊人踏着阿夫洛斯管的音乐节奏走向战场，卡斯托耳之歌（castor-song）则是攻击的信号。

古希腊人相信，声音组合与宇宙现象存在对应关系，诸如兴衰、季节、时辰、男女、生死、康病等现象，都可以转换为音乐表达。人类社会需要秩序，音乐以秩序的形式出现，赋予其公共事务的职能。柏拉图认为音乐绝不仅是娱乐，而是和谐的教养、灵魂的完善、激情的中和。音乐是观念与现象之间的桥梁，是人类观念与情绪的最直接表达。

音乐在柏拉图的哲学体系中占有重要地位。他认为音乐的基本功用是教育，教育主要是人格与道德的建立。每条旋律、每种节奏、每样乐器，对人和国家的道德本质都有独特的影响力。好的音乐推进国家的福祉，坏的音乐摧毁国家。

《理想国》中提出，音乐和体育为教育之本。音乐不应位于体育之后，因为肉体无法令灵魂崇高，相反，灵魂可以使肉体强健。没有音乐的调节，体育会助长粗俗和暴烈。音乐有三种方式对意志产生明显影响：能够激励行为；能够强健心灵；能够中断意志，令人无法清醒地意识自己的行为。

不过，古希腊音乐艺术在罗马时代完全蜕变成感官满足的手段。公共治理功能在丧失，罗马人的音乐目的转变为享受生活。罗马的奴隶制保证其音乐人才的发掘与培养。宗教集会和剧场娱乐等公共场合均有音乐演出，入场不受限制，通俗旋律和歌曲广为流行（罗马剧场可容纳12000名观众）。

古希腊音乐中，崇高理想一度被奉为神明。罗马音乐则逐步摒弃了崇高理想的最后一丝痕迹，单纯庄严的希腊旋律让位给复杂的节奏性曲调。音乐的表现手段更加丰富和粗俗，出现巨型乐器和巨大合奏。这种合奏在罗马极为流行，同样流行的还有音乐虚弱的哑剧。罗马公众对高雅音乐不感兴趣，除非音乐表演是角斗和摔跤的伴奏。

音乐在时空中交替发展。古希腊对音乐的敬意不是出于音乐本身的美感，而是因为音乐的伦理功能与教化价值。罗马时代抛弃了这一观念，但中世纪又出现回归。古希腊人把监管音乐的职责交给国家，中世纪的欧洲则把这个任务交给教会。基督教音乐的目的是增强信徒的信仰，唤起他们的热忱，因此艺术本身价值不大，旋律必须让位于歌词。

与古希腊差不多同一时期，中国的西周在商朝制度基础上建立和改进了完整的礼乐制度。颁布国乐、国舞，设立国家乐舞演奏和教育机构。社会成员从小要受礼乐之教，参与社会事务后，执礼必须同时举乐。

《周礼》记载，周朝音乐教育机构有多达1463人（规模庞大，但比不上《管子》记载的夏朝"昔者桀之时女乐三万人"，后来唐朝音乐机构乐工也数以万计），分行政、教学、表演三部分。课程内容包括音乐思想、演唱和舞蹈。周朝音乐教育的目标是天地君臣的和谐、社会秩序的稳定。

在中国古人眼里，礼乐并重。礼从外部提供社会规范，乐从内在调和精神情感。礼体现人们的社会差异，乐表现人们的共同本性。同则相亲，异则相敬。"礼乐刑政，其极一也，所以同民心而出治道也。"礼仪、音乐、刑法、政令，目的都是一致的，让民众同心而天下大治。

中国古代先贤也曾对音乐是否应为公共事务展开争论。会吹笙的墨子承认音乐能带来快乐和美感，但认为沉迷于此会劳民伤财，因此反对将音乐用作公共事务。荀子不同意墨子观点，认为音乐有助教化，移风易俗，实现"天下皆宁，美善相乐"，因此应该作为公共事务。

荀子的《乐论》是中国古代第一篇完整的音乐论著，继承和发展了儒家音乐美学思想，肯定音乐对公共治理的作用，对《乐记》有重要影响。《乐记》总结了先秦时期诸子百家音乐美学思想，系统论述了音乐的社会政治功能，提出了成熟形态的"天人合一"的音乐美学思想。认为对音乐的理解不断提升，是从禽兽到人类、从庶民到君子的演进过程，完成音乐的基础素养就具备了治理公共事务的能力。

音乐作为公共事务的色彩随着音乐发展变化被淡化，冲击主要来自两个方面：音乐形式多样化和音乐认识多元化。中国春秋战国时期出现礼崩乐坏，郑卫之音与靡靡之音泛滥，庄严音乐的教化功能被极大削弱。

东周时期民歌发展速度超过了宫廷音乐。同时，民歌质量良莠不齐，出现了郑卫之音。郑国和卫国地区保留了一些商朝民歌的特点，每年三月有祭祀聚会的习俗，音乐舞蹈浪漫奔放，有些男女逗趣的歌舞大胆炽热，为艺术音乐熏陶的君子阶层所不屑，因此郑卫之音成为低俗小调的代称。

诸侯、大夫欣赏音乐舞蹈时，形式上不再遵循原有的规格，内容上愈发不讲格调。春秋末年，卫灵公去晋国的路上夜听新曲，不知何来，却非常着迷，就让自己的乐师（涓）循声记谱习奏，乐师习奏后称，此曲乃商纣当年为女色游乐所作，不宜多听。后来卫灵公见晋平公后献上此曲，一曲未终，晋国乐师（旷）制止说：此乐师（延）为纣王所作的靡靡之音，亡国之曲。然而，诸侯们并未摆脱对靡靡之音的沉迷，音乐的陶冶与治理功能随着旧的政治秩序的崩解渐被废弃。

秦汉重新强化音乐政治功能，仿周朝设立国家音乐机构"乐府"制度。汉代哲学家董仲舒在《贤良对策》和《春秋繁露》中强调音乐的公共治理作用，认为音乐是人内心世界的反映，盈于内而发于外，影响民众的社会生活，因此国家应制作好的音乐弥补王道，提高民众素质，达到长治久安。"故王道虽微缺，而管弦之声未衰也。"

魏晋之际，通晓音律的嵇康提出不同观点。他在《声无哀乐论》中用酒打比方，说人喝完酒有喜怒，但不能说酒本身有喜怒。因此推论说：人听音乐有情感，不能说音乐本身有情感。音乐本身没有"导情"的社会功能，但应善加运用——平和的"正声"可移风易俗，惑志的"淫声"不能移风易俗。同时代的阮籍也认为音乐分好坏，对国家社会和个人的影响不同。

唐朝白居易坚持音乐与政治是密切联系的，"音声之道，与政通矣。"音乐反映政治表现，同时影响政治社会。"政失则情失，情失则声失。"如果执政能力和绩效不好，民情不会平和，音乐也必有哀怨。（《复乐古器古曲》）

明朝王守仁认为只要把郑卫之音加以改造，仍可恢复高尚的古乐，发挥音乐的教化功能。"圣人一生实事，俱播在乐中……今要民俗反朴还淳，取今之戏子，将妖淫词调俱去了，只取忠臣孝子故事，使愚俗百姓人人易晓，无意中感激他良知起来，却于风化有益，然后古乐渐次可复矣。"（《传

习录》）

音乐的数学色彩

艺术和政治之外，人类很早就意识到音乐与数字和科学有密切关系，从毕达哥拉斯到培根到爱因斯坦，都视音乐为数学哲学的组成部分，认为和谐的宇宙可以用和谐的数理表达，音乐中最重要的是对应与比例关系，可以用数字表示。毕达哥拉斯（Pythagoras）的音乐数学理论为现代声学奠定了基础。

"音乐学之父"、古希腊音乐理论家亚里士多塞诺斯（Aristoxenus）提出，音乐是和谐而有秩序的一种自在的体系，节奏是从语言、曲调及舞蹈动作中被抽象出来的一种时间关系，可以用数的比值表现出来。但他反对毕达哥拉斯将音乐的本质理解为数的观点，他的学说也战胜当时各学派而成为后世音乐的发展路径。

尽管如此，以圣奥古斯丁（Augustin）为代表的新毕达哥拉斯派仍明确提出：音乐属于科学学科，一个人如果研习音乐却不和其他学问联系，就不能称自己受过教育，缺乏教育和知识会妨碍一个人领悟生活和真理。圣奥古斯丁的《论音乐》只写到第六卷。书中他把音乐看作是受制于数字规律的事物，与其他所有的系统遵循同样的根本法则。

"翻译、校正和发展音乐科学的大师"波伊提乌（Boethius）宣称："所有的音乐都是推理和思辨。"在他《论音乐的体制》中，认为数字比例是所有音乐的理解基础，心智的分析力量高于听觉的感知机能。中世纪"最后一位既是作曲家又是伟大诗人"的法国思想家马肖（Guillaume de Machaut）在《作品集》中宣称："音乐是一门科学，目的是使人笑，使人唱歌跳舞。"

西方古代音乐家们将音乐中的数字与宇宙相关联。"三"是所有音乐的主宰和构成法则，它代表着始、半、终。"四"是代表四季、四大元素、四个方向、四种美德、四类音乐。"七"是一周七天、七大行星、七个音级、七弦琴。这种比附很多，可以反映音乐中的数字思维。

即使是文艺复兴时期，主流观点依然将音乐视为数的关系，音乐家把和声的原则看作美的本质，最关心不同比例、不同空间的关系。巴洛克时期的音乐讲究数的运用和韵律优美。之后从古典主义到浪漫主义，客观理性逐渐被主观情感所替代。18 世纪数学家欧勒（Leonhard Paul Euler）仍然宣称音乐是科学，其任务是联结不同的音，以创造悦耳的和声。

19 世纪，随着科学方法普及，各领域的科学家们加入对音乐的讨论，并形成不同阵营。其中，数学家们从声音的分析中探索音乐美的来源，生理学家们从音响学中寻求美的规律，心理学家们从情绪语言的角度解释音乐。欧洲人始终没有放弃过对音乐作为科学的探索。

中国古人也有大量探索音乐数理的著述和观点。《管子》中的"三分损益法"是史载中最早用数学运算求律的方法。《吕氏春秋》在此基础上推算出 12 律，但只是一种不平均律，不能回归本律，周而复始。

明朝宗室朱载堉的"新法密律"科学地解决了求律难题，在世界文化史上率先提出了 12 平均律的等比数列原则。他用 81 档大算盘，通过两次开平方、一次开立方的律学计算，使 12 律间的音程达到严格的均匀性。他最先将乐律学分为乐学和律学两大门类，著有《乐律全书》47 卷，将音乐的数理研究大幅推进。（朱载堉去世 111 年后，"西方音乐之父"德国作曲家巴赫发表了《十二平均律曲集》或称《谐和音律曲集》。）

音乐领域中运用数学方法进行推理的案例不胜枚举。音乐在兼具艺术与科学特征的基础上，一方面给人们带来美的熏陶和享受，另一方面让人们认识到宇宙的规律性和复杂性。对数学家而言，这个世界是有理数与无理数并存的；对音乐家而言，这个世界是和谐音符与不和谐音程并存的。仅有理性是不完美的，还要有感性的共生。

非物质文化遗产

音乐是重要的非物质文化。也是传递信息的重要方式。一些遗忘的往事或心情会因为音乐的重现而恢复记忆。

世界上有一些精彩户外音乐场地值得观赏，例如：奥地利维也纳的布雷根茨音乐节、意大利罗马的音乐公园礼堂、瑞典赖特维克的达哈拉剧场、俄罗斯莫斯科的伊斯洛莫音乐节、加拿大蒙特利尔市中心、以色列耶路撒冷的苏丹池、美国丹佛的红石公园大剧场和美国田纳西州曼彻斯特的大舞台公园。

挪威首都奥斯陆（Oslo）是挪威国内最大城市，位于约北纬60度的北欧，比中国最北城市漠河还要靠北。夏季白天超长，夜晚只有四五个小时。夏天平均气温20多度，非常适宜室外活动。这样的地理气候条件催生了闻名世界的奥斯陆露天音乐会。

夏日的奥斯陆，是一座音乐的海洋，许多人专程从欧洲各地涌来奥斯陆参加各项音乐节。各类主题音乐节的持续举办，似乎奥斯陆的音乐会永不落幕。现场音乐会是奥斯陆生活的代表。

笔者在8月的夏日感受和欣赏了露天广场的奥斯陆音乐会。音乐会傍晚开始。天色将暗时现场布置已经就绪，演奏人员开始试音。观众熙熙攘攘地涌入露天广场。当音乐会开始的时候，已经拥挤到很难找到空地的程度。连广告牌和音箱架下面都是人。

这场音乐会的演奏曲目没有为人熟知的世界名曲。不同于剧院里欣赏演出，手里没有节目单，无法看着曲目标题来体会单曲的内容，只能根据乐曲本身来欣赏。

露天音乐会后半场的时候开始下雨。绝大部分听众都没有使用雨具，他们就坐在或站在露天的空场中，静静地倾听塑料大棚中的交响乐演奏。只有很少人零零星星离开现场或撑开雨伞。

这样的场面相当感人。音乐像无形的绳索，将现场来自四面八方的每个人连在一起，共同感受乐音中传递的情绪或内容。

听众中，大概有些是痴迷于音乐的发烧友，有些是不反感音乐的爱好者，但应该很少有不接触音乐的人。即使不懂乐谱、没学过音基，人们仍然可以在不同的旋律中发现内心的感受。

这与观看个人演唱会时的感受大不一样。个人演唱会的听众大多是歌星的粉丝，现场可以感受到粉丝们的高昂热情。台上台下通过多种方式情绪互动。并且现在的个人演唱会，往往舞美之华丽几乎可以用"奇幻"来形容。

这种露天音乐会只有最基本的很朴素的舞美。听众则多半是冲着音乐本身的魅力而来。舞台上的演唱和演奏力求展示自身的功底和技巧。主要通过声音与听众单向交流。

小雨持续到音乐会结束，千余名听众有序退场。

整个演奏过程中有热烈的鼓掌与喝彩，但没有喧嚣与混乱。音乐在那一刻带给人们共同的心理感受与生活态度，让短暂的夏夜格外美好。

传统上，民间音乐追求表达心声，重视易懂易唱，多出现在集市、牧场、划船等民间场合。艺术音乐强调技巧或思想，追求尽善尽美，多出现在剧场、宫廷、学校等专业人士聚集场合。奥斯陆露天音乐会让笔者感觉二者似乎有机地结合在了一起，成为北欧民众重要的文化印记。

同时，笔者也更深切地感受到，文化理解对音乐欣赏的重要性。音乐本质上是声音高低快慢的变化，由于世间万物均是阴阳高低快慢的变化，因此音乐会让人的情感产生共振与共鸣。世界不同地区文化风格不同，核心是思维方式、认识程度、表达内涵的不同，如果能理解这些基础的不同，也就能理解音乐风格的不同，并可以深入欣赏各地不同音乐表达的情感与心理。

艺术和科学都是人类认识自然、表述自然的方式。主要区别在于：艺术有好坏但没有对错；科学有对错，且可以自我纠错。艺术是感性的，形象的；科学是理性的，抽象的。艺术通过人的视觉、听觉、触觉等感受传递信息；科学通过语言文字与数学传递信息。

音乐主要是听觉的意象，具有感性和直觉特征，没有对错可言，确定是艺术。但它也具有科学的一些特征，比如音乐的基础是数学的，推理是抽象的。也因此，有人认为音乐是人类通过数学语言和理性思辨认识宇宙的一种科学方法。

艺术和科学常常共生，但音乐却有着更多的特点。德国作曲家、音乐理论家马特松（Johann Mattheson）在其《乐队研究》中称，音乐是凭感官感觉的艺术，属于感情领域，不要求理性。英国学者霍金斯（John Hawkins）在其《音乐科学和实践的简明史》中提出艺术是一种必须以科学思维对待的现象。他严厉谴责把娱乐视为音乐最终目的的"庸俗观点"。

然而娱乐至上是一种始终存在的对音乐的理解，它否定从理性到感性、从科学到艺术的角度去认识音乐效果与目的。19世纪奥地利的著名音乐评论家汉斯立克（Eduard Hanslick）在其《论音乐的美》中提出音乐创作仅仅是声音形式的游戏，"音乐的内容就是乐音的运行形式"。他否认音乐具有表现和描绘它自己领域以外任何事物的功能。这种形式主义的音乐美学观点曾经广泛流传，自成一派。

中国当代同样有类似的观点，认为音乐的功能是乐音对感官的刺激，声响本身给人带来享受，不需要追求复杂的艺术性，也不需要去理解作者创作音乐时要表达的内容，倡导"音乐何需懂"，听着舒服就好。这也许是对音乐本质的另一种回归，但也有人担心娱乐至上的观点流行会敲响音乐的艺术丧钟，导致音乐低俗化。

此外，人们在享受舒适的时候表现也会不同。奥斯陆露天音乐会的那种安静欣赏的氛围，笔者在大多数露天音乐会，特别是国内的露天音乐会中较少遇到。只有在室内的音乐剧场中，尤其是在国家大剧院听音乐会，才会有较多机会可以安安静静地欣赏和沉浸在音乐表演中的。

不少音乐形式其实不适合人多的场合欣赏。钢琴奏鸣曲最早原本是用于给少数听众演奏的，听众就是围在演奏者周围的几个人，像悄悄话一样，人多了就失去魅力。现代大型音乐会或剧院演出时，听众并非都是为了艺术作品而坐在台下，那些本是亲密性质的音乐走上了大型音乐厅的演奏台，就需要迎合新的环境，奏鸣曲具有了交响乐的风格，抒情歌曲配上了摇滚乐的节奏。

艺术形式随环境而改变本无可厚非，但原汁原味的艺术表演仍然有极高的保存价值。人类用非物质文化遗产的形式保存那些可能会失传的艺术内容。

中国列入联合国教科文组织非物质文化遗产名录（名册）项目共计42项（截至2020年12月），总数位居世界第一，其中以音乐歌舞为主。这些项目里，人类非物质文化遗产代表作34项，可分四大类：

一是歌舞表演类（包括口述史诗和器乐演奏）最多，共16项，包括：古琴艺术、京剧、昆曲、粤剧、南音、西安鼓乐、新疆维吾尔木卡姆艺术、蒙古族呼麦歌唱艺术、蒙古族长调民歌、藏戏、花儿、侗族大歌、玛纳斯、格萨（斯）尔、中国朝鲜族农乐舞、中国皮影戏。

二是知识实践类，共8项，包括：太极拳、中医针灸、中国珠算、中国书法、中国篆刻、二十四节气、端午节、藏医药浴法。

三是传统技法类，共8项，包括：中国剪纸、中国传统桑蚕丝织技艺、龙泉青瓷传统烧制技艺、中国传统木结构建筑营造技艺、南京云锦织造技艺、宣纸传统制作技艺、中国雕版印刷技艺、热贡艺术。

四是民俗仪式类，共2项，包括：妈祖信俗、送王船。

另外，还有急需保护的非物质文化遗产名录7项（羌年、黎族传统纺染织绣技艺、中国木拱桥传统营造技艺、麦西热甫、中国水密隔舱福船制造技艺、中国活字印刷术、赫哲族伊玛堪）和优秀实践名册1项（福建木偶戏后继人才培养计划）。

42个项目的入选，体现了中国日益提高的非物质文化遗产保护水平，对于在国际上宣传和弘扬中华文化、中国精神和中国智慧，以及保存音乐等艺术本身，都具有重要意义。

8. 人类信仰

8.1 神话

神话体现信仰。神话可以从宗教、哲学、艺术、历史、民俗、文学等不同视角去审视。神话本身往往充满想象的张力，而在故事背后，却表达着各民族对自然的理解和伦理的观念，不同的天道观与人道观塑造出不同的民族性格与文明特征。

透过奇幻而神秘的面纱，检视英雄史诗、宗教叙事、民间传说、童话故事等形式，发掘和还原特定族群的集体记忆，可以发现人类演化过程中的历史真相和曾经的价值观。

洪水是各地神话中的普遍题材。大概全世界 254 个主要民族、84 种语言区域里，都有大洪水的传说。只有少数如日本、蒙古、朝鲜、中亚等地区古代神话中没有洪水故事。早期人类临水而居生存条件比较适宜，却也会因此容易留下大洪水的记忆。

各地洪水神话一般描述都是人类因为各种各样的原因惹恼神，于是神降下洪水惩罚人类。不过，中国古代神话对大洪水有着与众不同的解释。水神（共工，炎帝之后）和帝神（颛顼，黄帝之孙）战争失败，一怒之下撞断了支撑天地的高山，导致天塌地陷，洪水滔天。当然，这次洪水不是女娲补天治水那一次（更早），也不是大禹治水的那一次（更晚），后世时常将不同的洪水故事混为一谈。

女娲是中国的人文始祖，她不仅是抟土造人的创世神和始母神，还是保护万物生长的自然神，以及音乐神。女娲有多种神话角色。在盘古开天辟地之后，她是创造人类的始母神（女娲神话远比盘古神话出现早）。在天塌地陷的洪水灾难中，她是拯救世界的救世主。她既是与伏羲并列三皇的女皇，又是后来传说中与伏羲作为兄妹在洪水后生存下来结为夫妻的始祖，并因创造笙簧而成音乐神。

女娲怎么会有这么多自相矛盾的神话角色？中国人自古有理性务实的传统，重历史，轻神话，往往不语怪力乱神。神话虽有而不发达，情节较少且不成体系，不像日本等地运用国家力量收集编纂系统化的神话故事。此外，中国人重权威，很多神话故事喜欢攀附在著名的神或人名下，造成神话故事零碎、多变而漏洞百出。

像世界各地的神话一样，中国神话的很多角色可能有历史原型。上古久远，无文字记载，传说语焉不详，神话情节简单。人类社会早期母性主导，故远古神话中创世神为女性。女娲（与"夏娃"发音相似）很可能是某位氏族首领，或某个部落的名字（有不少研究认为中国红山文化牛河梁遗址与女娲神话相当吻合）。

自旧石器晚期到新石器时期，华夏大地的部落联盟中不断涌现出先进的部落，兴盛一时，其首领往往被后世尊为神圣。

最早领先于其他部落的是有巢氏，因为发明了房屋使人类安全性大幅提高。继之而起的是燧人氏，掌握了人工取火的技术，饮食质量明显提升。接下来是伏羲氏的崛起，知识大爆发，发明文字，创立八卦，掌握渔猎、蚕织和驯养家畜方法，改血缘婚为族外婚，改进治理制度。神农氏的崛起则标志着游牧社会向农业社会的转变。神农氏"制耒耜、种五谷、尝百草"，开创了农业与医学。

女娲部落的繁荣，可能早于伏羲部落（如果女娲部落是母系社会），或处于伏羲部落和神农部落的强盛之间，以致后世有人将其并称"三皇"（存在多种说法）。女娲氏凭什么可以与文化昌盛的伏羲氏和神农氏相提并论？

很可能是因为女娲氏对人类有再造之功。当时曾经气候异常，出现过罕见的水火灾难，人类大量死亡。《淮南子·览冥训》载女娲治水的背景："往古之时，四极废，九州裂，天不兼覆，地不周载，火爁焱而不灭，水浩洋而不息。"

女娲氏第一件功劳是繁衍人类。在人口骤减的背景下，由于该部落女性多，灾后大量生殖恢复人口，留下女娲造人的神话。

女娲氏的第二件功劳是灾后重建。"断鳌足以立四极，杀黑龙以济冀州，积芦灰以止淫水。"女娲氏斩杀巨鳌和黑龙，是在消灭水怪，清除威胁人类生存的猛兽。然后利用火灾过后产生的大量芦灰，填补淹水地区，治理水患，重返家园。

女娲氏的第三件功劳是创造发明。大洪水很大程度上摧毁了人类的知识技术积累，女娲氏做了大量恢复和创新工作，其中制陶技术是最突出的贡献。女娲氏以制陶闻名。神话中说女娲喜抟黄土，泥人塑像其实是制陶技术的副产品。"女娲炼五色石"，应该也与制陶相关。"五色石"即各色陶土及陶器，制作出各种生产生活工具，让人们正常生活。

女娲部落的巨大贡献使女娲成为与伏羲并列的圣皇，甚至流传补天造人的神话。但在最早记载女娲神话的先秦时期的《山海经》《楚辞》等现有古籍中，女娲与伏羲是各自独立的大神。到了汉代，二者才多有并提，东汉始有神话典籍称二者为兄妹，很多出土的画像砖、石、壁画、帛画等都有他们并存的形象。至隋唐，两位神仙变成了兄妹兼夫妻。

根据后世神话，伏羲与女娲两兄妹在大洪水后幸存下来，为繁衍后代而结为夫妻，因此古画中有"结草为扇，以障其面"的遮羞画面。这种神话应该是在中华民族成分复杂化的过程中融合了少数民族的神话故事，嫁接在伏羲与女娲的身上。笔者在旅行途中走访基诺族、苗族、侗族、土家族、蒙古族等少数民族聚居区时，也听到类似的灾后兄妹繁衍神话，日本等外国也有。

汉唐画中，常见的女娲和伏羲形象是：戴冠的伏羲执矩，头挽发髻的女娲执规，二者均人首蛇身且尾部交缠。一般的解释是，规画圆，矩画方，寓意天圆地方，二神开天辟地。至于人首蛇身的交尾形象，有人说是龙身、蝌蚪、精子，或 DNA 双螺旋，总之强化其造人意象。

神话都是人类发展特定背景下的历史和观念产物。上述神话均可探寻背后的历史踪迹，虽然也可能会出现穿凿附会。英国人类学家马林诺夫斯基说："神话表达、增强并理顺信仰，捍卫并加强道德观念，保证仪式效用并提供引导人的实践准则。神话是人类文明很重要的组成部分，不是聊以消遣的故事，而是积极努力的力量。"

神话必须传递积极努力的正能量，否则不会流传。在人类发明文字之前，重要知识信息和历史事件只能口口相传，语言传递的过程中出现夸张想象的艺术加工是正常现象。神话很大程度上可以满足人们对美的追求，包括完美的角色、场景、情节、观念、力量、道德等。

古西亚史诗神话

迄今为止所发现的人类最早的史诗是苏美尔时期的《吉尔伽美什》。主人公吉尔伽美什是乌鲁克城邦的国王，在苏美尔人国王名录中记载着他的名字，是个真实的历史人物。

早于中国黄帝时代之前，吉尔伽美什的神话已经在苏美尔人中广为流传。后来在全面继承苏美尔文明时，巴比伦人对吉尔伽美什的神话传说加以再创造，并以史诗的方式写定。最终成型的时间约在巴比伦第一王朝时期（对应中国夏朝前期）。

史诗的主要故事情节是：乌鲁克城国王吉尔伽美什英俊勇猛而功绩卓著，同时又专横残暴。天神创造了一个善良英雄恩启都来到人间与之对抗。

吉尔伽美什知道后，派了神庙中的娼妓（神娼在古代城邦很普遍）去消耗恩启都的精力。恩启都同神娼相处了六天七夜后，反而在她的引导下具有了人性和智慧。恩启都同吉尔伽美什进行了一场搏斗，未分胜负，最终相互敬佩并结拜为友。

后来他们一起在神的帮助下除掉了怪物，解救了被怪物霸占的女神。女神对吉尔伽美什产生爱意，却被吉尔伽美什拒绝。女神的父亲试图用公牛去咬杀吉尔伽美什。吉尔伽美什同恩启都携手杀死了凶恶的公牛。

众神决定对这种行为给予惩罚,让两人之中死掉一个。最后决定让恩启都死去。好友的死亡令吉尔伽美什悲痛万分,于是走遍天涯海角去寻求关于生与死问题的解答。

远祖之神告诉吉什伽美尔,大海中长有长生不老草可以使生命永恒。吉尔伽美什勇敢地沉下深海取得了长生草。但是在他准备把草带回乌鲁克城时,长生草却被蛇叼跑了。最后他绝望地回到了乌鲁克城。

像众多奇幻神话故事一样,《吉尔伽美什》的故事里包含了人与人、人与妖、人与神、人与内心的斗争情节,体现了人类最早文明的原始精神。

史诗表达的思想特征反映出世界上的任何事物都以对立且依赖的状态存在,任何一个事物都兼具好坏、善恶、美丑的两面性。这种天道观与中国老子列举祸福、长短、有无、刚柔、强弱、生死、轻重等对立现象后、提出事物存在相互依存的道理异曲同工。

在吉尔伽美什的故事中,对吉尔伽美什产生爱意的女神叫伊斯塔尔(苏美尔人称其为伊南娜,阿卡德人称其为伊什塔尔,西闪米特人称为阿斯塔特,腓尼基人称为阿纳特)。

伊斯塔尔是巴比伦神话中最重要的角色之一,相当于埃及神话中的伊西斯、希腊神话中的阿佛洛狄忒、罗马神话中的维纳斯。在巴比伦神话中,她既是爱神,也是谷神、战神。

伊斯塔尔的情人(植物之神塔穆兹)被野猪咬死了。管理阴间的神是伊斯塔尔的姐姐,伊斯塔尔于是来到阴间找姐姐求情。姐姐刁难她,要她每过一重门都要脱下一件衣服,直到一丝不挂,并且要承受60种病痛。伊斯塔尔为了情人最终通过七重门,走向了死亡之路。

此时人间发生变化,万物失去求爱的兴趣,树不开花,果不结实,禽兽不交配,人类不生育。人和牲畜越来越少,众神没有了供奉,非常恼怒,命令伊斯塔尔的姐姐,赶紧释放伊斯塔尔和她的情人。两人从阴间回来的时候,大地回春,草长花开,果实累累,牲畜繁殖。

这是一个季节神话,说明自然界的兴衰轮回,植物在冬天枯死之后又能于春天复活。神话中可以看到很多浪漫和隐喻，走向阴间的脱衣如同植物入冬时的落叶，爱神返回神界为万物带来生机。

古埃及的伊西斯

在伊斯塔尔的故事中，伊斯塔尔象征生物繁殖，所以她被古巴比伦人奉为生命与性爱之神，受到广泛崇拜。而在古埃及神话中，生命和生育女神叫作伊西斯（其埃及语发音也类似"伊斯塔尔"，最早出现时间与中国黄帝时代相仿）。她同时也是魔法之神，女巫的宗师，对古希腊和古罗马神话及后来的天主教（圣母原型）有重要影响。

伊西斯嫁给了自己的哥哥奥西里斯（水神、土地神、冥王神，地位几乎与太阳神平起平坐，万物之主，埃及之王）。二人是一对农业神。奥西里斯教人类开垦土地、播种粮食、栽培果树，使埃及人民过着幸福生活。

奥西里斯远征亚洲胜利归来，举行了庆功宴会。弟弟塞特带着72名同谋者赴会，并带来一只装饰华美的箱子。塞特宣布，谁躺在箱子中合适，这箱子就归谁所有。当轮到奥西里斯试躺时，长短正好，因为这箱子就是趁他睡觉时量了他的身体后制作的。

塞特与同谋者一拥而上，合上箱盖，用铅水封死，将箱子投入尼罗河中。伊西斯顺流寻找箱子，并把它带回埃及，藏在沼泽中。塞特打猎时发现了箱子，将箱子中奥西里斯的尸体肢解成14块，抛到埃及各地，使伊西斯永远无法再找到奥西里斯。

伊西斯生下奥西里斯的遗腹子荷鲁斯，历尽艰辛将其养大后，带着他要求众神判决荷鲁斯是奥西里斯的合法继承人并得到埃及王位。塞特设置各种障碍与陷阱阻止伊西斯帮荷鲁斯得到王位，但荷鲁斯最终战胜了塞特，成为统治全埃及的王。

这段神话通过善与恶之间不断的斗争，表达了邪不压正的观念。伊西斯不畏艰险寻夫的精神则反映了顽强、执着、坚忍的民族性格。神话故事与古巴比伦的神话有很多相似性（不排除神话之间互相借鉴与融合），甚至伊西斯夫妇主管万物生长的丰收之神角色与伊斯塔尔夫妇也相同（在古印度神话中是毗湿奴与妻子拉克希米，即吉祥天女，保护万物生长；在中国神话中，伏羲女娲夫妇扮演该角色）。

在伊西斯的故事中，每年尼罗河洪水的泛滥，就是伊西斯哭泣死去丈夫流下的悲伤泪水。而在古印度神话中，恒河之水尽是毁灭神兼舞蹈神湿婆的精液。印度两大史诗之一的《罗摩衍那》描述湿婆与妻子欢爱一次长达百年，巨量精液落入恒河。这种想象是古人对"水是生命之源"的另类阐释。神话总喜欢将自然现象拟人化，早期人类对各种现象解释力有限。

古希腊的特洛伊

为人熟知的特洛伊战争，在传说中充满了神话情节。通过逻辑、证据与背景知识的分析，可以判断其中合理可信的成分。

故事的大体过程是这样的：

公元前12世纪，希腊半岛的迈锡尼王国为了争夺海上霸权而跟小亚细亚西南沿海的国家发生冲突，引发了特洛伊战争。

起先，希腊半岛的斯巴达国王有四个孩子，其中海伦的美貌冠绝希腊，诸位来求婚的爱琴海首领通过掷戒指的方式选出了墨涅拉奥斯，他后来成了斯巴达国王。

此时，在神的世界里，著名的英雄佩琉斯（Peleus）婚宴邀请众神。女神厄里斯（Eris）没被邀请参加，出于不满，她将一只写有"给最美丽的女神"的金苹果扔在宴会上，赫拉（Hera）、雅典娜（Athena）及阿弗洛狄忒(Aphrodite)三个女神都认为自己是理所当然应得的。众神之神宙斯拒绝作裁判，于是三人带着苹果找特洛伊王子帕里斯作裁决。

三个女神都提出给他奖品，赫拉答应给他至高无上的权力，雅典娜要给他最聪明的头脑，而阿弗洛狄忒则要给他世上最漂亮的海伦作妻，帕里斯把金苹果交了给阿弗洛狄忒，于是阿弗洛狄忒答应帮帕里斯诱惑斯巴达王后海伦。

8. 人类信仰

　　帕里斯受到阿弗洛狄忒的唆使，乘船探访斯巴达，受到国王墨涅拉奥斯款待，宴会上海伦被迷惑。海伦为了爱情抛弃一切，跟帕里斯同赴特洛伊。墨涅拉奥斯得知后怒火万丈，并找他的哥哥阿伽门农，阿伽门农建议召集当年起誓的英雄一起进攻特洛伊。

　　希腊联军出发前在岸边祭坛作献祭，忽然祭坛下面爬出了一条血红的怪蛇，到树上最高处的鸟巢里，吃了一只雌鸟和八只雏鸟，然后变成一块石头。预言家说这表示要围城九年，十年成功。

　　果然，战争前九年，希腊很多英雄都战死了。到第十年，墨涅拉奥斯和帕里斯单挑。阿弗洛狄忒赶来帮助被击败了的帕里斯，她割断了帕里斯的头盔带，令墨涅拉奥斯手中只剩下一个头盔，并用浓雾将帕里斯摄回城中。

　　雅典娜女神欲帮助希腊人，太阳神阿波罗要帮助特洛伊人，也都同意促成双方休战。尽管特洛伊军向希腊军提出交还财宝及额外的赔款，但希腊军却因帕里斯不肯交还海伦而拒绝停火。

　　翌晨，宙斯召集众神，警告他们当天不可帮任何一边，他乘着马车来到山顶观战。特洛伊人攻至希腊军的船边，尽管女神们想帮助希腊军，但宙斯却派使者阻止她们。

　　特洛伊的赫克托耳率军攻进了希腊人的壁垒，放火烧船，希腊人面临危机。就在这个时候，阿基里斯的朋友穿上阿基里斯的盔甲代友出战，却被赫克托耳杀死。阿基里斯悲怆不已，终于出战，击败特洛伊军队，并杀死赫克托耳。后来却不幸被赫克托耳的弟弟帕里斯用箭射中脚后跟而死。

　　帕里斯也在后来的战斗中身负重伤，对此前行为感到悔恨，祈求原配的原谅，却未能如愿。最后死在半路上，其原配在听闻此消息后也一同殉葬。

　　希腊联军的战舰突然离开，特洛伊人以为希腊人撤军回国了，却在城外发现海滩上留下一只巨大的木马。他们捉住了一个希腊人，这个希腊人告诉国王，木马是希腊人用来祭祀雅典娜女神的，如果特洛伊人把木马拉进城里，就会给特洛伊人带来神的赐福，所以希腊人把木马造得这样巨大，不想让特洛伊人拉进城去。

　　特洛伊人赶紧拆了一段城墙把木马拉进城里，喝酒庆祝胜利。晚上藏在木马中的全副武装的希腊战士出来突袭,迅速打开城门,并在城里到处点火。隐蔽在附近的大批希腊军队如潮水般涌入特洛伊城,城内男人大多被杀死了,妇女、儿童、财宝被掳走,海伦也被带回了希腊。特洛伊战争就此结束。

特洛伊战争的过程与情节,主要来自以荷马史诗《伊利亚特》为代表的一系列文学作品。

荷马被认为是生活在大约公元前9世纪的盲诗人。可是,也有观点认为历史上并无荷马其人,《伊利亚特》是游吟诗人的集体创作成果,"荷马"可能仅仅意味着"集会歌手",因为希腊语中homaris意为"集会"。还有学者从语言学角度考察,认为荷马时期的古希腊文字词汇不足以支撑史诗华丽的咏唱内容,因此荷马史诗是后人的托古之作。

中外历史上经常可以看到,一部伟大作品并非出自一人之手,而是历经时间洗礼,从一个真实素材经过反复加工润色,最后由某位执笔人在前人的基础上完成出色的作品。最终的成品必然呈现诸多艺术成分,但内容或多或少总有真实的蓝本。《伊利亚特》应该也不例外,在众多想象情节中存在一些历史描述。

《伊利亚特》最初是一部口头文学作品。这部史诗超过1/4的篇幅讲述的是发生在一天内的故事,主题是阿基里斯的愤怒。开篇是:

> 歌唱吧,女神!
> 歌唱裴琉斯之子阿基里斯的愤怒!
> 他的暴怒招致了这场凶险的灾祸,
> 给阿开亚人带来了受之不尽的苦难!
> 将许多豪杰强健的魂魄打入了哀地斯,
> 而把他们的躯体,
> 作为美食扔给了狗和兀鸟,
> 从而实践了宙斯的意志。
> 从初时的一场争执开始,

> 当事的双方是阿特柔斯之子、民众的王者阿伽门农
> 和卓越的阿基里斯。

"伊利亚特",是当时的希腊人对"特洛伊"的称呼。特洛伊城邦位于亚洲安纳托利亚半岛西北,达达尼尔海峡东南。"阿开亚人"(或"亚该亚人")指当时的希腊人。公元前12世纪的希腊分为数个国家,基本都说希腊语。按照特洛伊传说,这些国家为共同目标,形成联盟,组成10万希腊联军,千余艘战船,越过爱琴海,围攻特洛伊。

《伊利亚特》的故事从特洛伊战争的第9年开始讲起。希腊联军统帅阿伽门农夺走联军猛将阿基里斯喜爱的一个女俘,阿基里斯愤而退出战斗,特洛伊人乘机大破希腊联军。阿基里斯的好友穿上阿基里斯的盔甲上阵,被特洛伊王子赫克托耳杀死。阿基里斯悔恨愤怒中重上战场,杀死赫克托耳。特洛伊老国王以重金赎还儿子尸体。史诗在赫克托耳葬礼中结束。

《伊利亚特》原文的24卷中,不只有人的战争,还有神的世界。里面既有雅典娜、阿波罗等分别支持不同战争方的众神,还有宙斯这样擅运用权术和搞政治平衡的神主。人间战争的爆发、胜负、停止、再战,都离不开众神的意志。这样的情节充斥在《伊利亚特》以外的相关文学著作。这些文学作品共同形成的特洛伊故事有多少是来自真实的历史?

文学作品肯定不能视作历史文献。与特洛伊战争同时期的中国处在殷商后期,关于盘庚迁都、武丁中兴等事件,有甲骨文档案及后世的正史资料记录。然而特洛伊战争的双方,古希腊与特洛伊,乃至西亚赫梯帝国的历史文献,均无此战记载。

公元前5世纪的古希腊"历史学之父"希罗多德著有西方最早的史书《历史》,其历史地位相当于中国西汉撰写《史记》的司马迁。这位严肃的历史学家对《伊利亚特》描述的特洛伊战争同样不以为然,除了神话部分,他不相信一个美女能让人类战争打上十年,但他倾向于这场战争真实存在过。

荷马史诗的创作,距离故事发生已经过去300—500年,希罗多德的考察则相距700年,都很难有第一手资料。然而3000年后,德国传奇式的考

古学家施里曼却让特洛伊与迈锡尼的宝藏重见天日。由于施里曼严格按照荷马史诗提供的线索进行挖掘，似乎可以证实荷马史诗叙述的历史事件的真实性。

不过，从逻辑上讲，从特洛伊与迈锡尼挖出古迹和宝藏，也许并不能证明特洛伊战争的存在。假设特洛伊战争是真实事件，如何证明考古挖掘成果就是特洛伊战争的遗存呢？按照荷马史诗的记载找到了古城古墓、挖到了古董宝藏，能排除这些东西是同时期其他人物与事件遗迹的可能吗？

针对特洛伊遗迹，有学者认为特洛伊城可能是毁于地震，而非战争。有学者认为古城被焚可能是意外或仪式造成的。也有学者认为特洛伊古城是战争后被焚毁的，但敌人不是来自希腊的亚该亚人，而是海上民族腓尼基人，甚至是赫梯人。而从《伊利亚特》的内容看，作者似乎并不知道赫梯人的存在。

公元前13世纪赫梯与埃及争霸的卡迭石之战是古代军事史上有文字记载和国际条约的最早会战，两大军事强国在会战中集结的军队各自也只有2万多人。而几乎同时期的特洛伊战争，按照《伊利亚特》的讲述，希腊联军多达10万人，真实性令人生疑。

特洛伊城应与赫梯帝国有密切关系，但赫梯帝国宫廷档案中看不到特洛伊城受到希腊人大规模攻击被毁灭的记录。不过，赫梯人与希腊人对于特洛伊的小规模争夺战是有的，双方互有攻守。根据以上情况分析，特洛伊战争背后的真实背景基本浮现：

爱琴海西侧，孕育出古希腊文明的克里特文明被伯罗奔尼撒半岛的迈锡尼文明取代后，繁荣的迈锡尼文明向四面扩张，并与爱琴海东侧的特洛伊地区发生冲突。公元前12世纪前后，爱琴海周边曾经存在过迈锡尼、埃及、赫梯、亚述几个强权，并围绕特洛伊地区展开过争霸战争，战争的结果是爱琴海东西政权两败俱伤，均陷入长期混乱与野蛮。

特洛伊城地处爱琴海东北的亚欧交界线附近，位于通向达达尼尔海峡及黑海周边肥沃土地的要冲，具有重要的战略价值。城市周围有富庶平原和金属矿藏，吸引移民定居。在积累一定实力之后，其开始利用有利的地理位置，向欧亚贸易的大量船只商人征税，利润丰厚，反过来进一步增强实力。

益发富有的特洛伊城邦，既存在加强控制本地区的欲望，又面临其他地区势力来抢夺财富的欲望。从特洛伊挖掘的文物看，有来自爱琴海南部的陶器、橄榄油、酒，有来自多瑙河的琥珀、刀剑、马匹，还有来自中国的玉。特洛伊则外销金银、木材、牲畜。对大量贸易征税，一方面增加财富，另一方面遭到敌视。

处于交通枢纽的地理资源可能是特洛伊城下发生战争的关键原因，而不是美丽的海伦。对任何稀缺资源，觊觎它的势力会设法夺取，拥有它的势力则会竭力维护，没有更好方式解决争端的时候，战争就会爆发。战争目标是交通控制权的归属。

为维护既有权利，特洛伊无疑会调动各种资源抵御外部侵略。面对来自海上的持续攻击，作为一个城邦，特洛伊的人口和物资都相对有限，因此需要取得包括赫梯在内的小亚细亚诸国的支持。

赫梯是西亚地区乃至全球最早发明冶铁术和使用铁器的国家，世界上最早进入铁器时代。铁的硬度高于铜，铁武器对阵铜武器有明显优势。铁刚出现的时候价格昂贵，是黄铜的60倍。在《伊利亚特》第23卷中，阿基里斯拿出贵重的奢侈品作为葬礼竞技会的奖品，其中包括一块没有加工过的铁块。

赫梯人建国后凭借铁器优势四处征战，占据安纳托利亚半岛，约公元前14世纪达到鼎盛，灭亡巴比伦第一王朝，并与埃及第19王朝法老拉美西斯二世争霸。在卡迭石之战中，古埃及文献提到赫梯军队中有一支盟军，后世学者判断该盟军就是特洛伊人。特洛伊城邦很可能是赫梯帝国的附属国或结盟国。

如果古希腊诸国联合进攻特洛伊，赫梯支持特洛伊也是合理的。赫梯古文献中提到过传说中希腊联军统帅、迈锡尼国王阿伽门农的父王，但无迈锡尼与特洛伊的战争记录。

如果希腊联军远征特洛伊确实存在，真实目的很可能是抢夺资源和控制海上交通。伯罗奔尼撒半岛曾经果实丰饶，畜牧昌盛，贸易发达。荷马史诗中描述的古希腊民众生活，穷人三餐是鱼和饼，富人与士兵早餐有酒有肉。奥德修斯和他的养猪人共同吃一只烤猪当午饭。这样的富足生活使古希腊诸国具备较高的贸易和军事实力。

但随着气候恶化、农业歉收、物产减少、流民增多，加之贸易受阻影响税收，古希腊诸国开始以军事手段维护贸易利益。如果能够征服特洛伊，至少可以打通欧亚贸易线，甚至可以获得当地的税收与资源。劳师远征需要有让士兵不畏牺牲的理由，抢掠富庶地区不够冠冕堂皇，维护国家利益不够通俗易懂，捍卫男人名誉可能会成为借口。

当时古希腊诸国多为家族统治，各族必须一致行动时，族长们就遵从他们中的最强者为国王。这个国王对军队、政府和宗教都有绝对的控制权，他的财富主要来自税收。当税收不足时，会想方设法开辟税源，商业税是主要税种。

古希腊的贸易线向爱琴海周边扩散，包括通过达达尼尔海峡进入马尔马拉海，再经博斯普鲁斯海峡进入黑海。当时迈锡尼进口品主要是金属、谷物、油、酒，出口品主要是陶器。特洛伊的兴起，使达达尼尔海峡处于其控制之下，伯罗奔尼撒半岛诸国的贸易和殖民受到重税或阻挠，于是兴兵征讨特洛伊，不甘臣服的特洛伊则奋起还击。

战争一定是激烈而残酷的，结果也很悲惨。特洛伊战争之后，希腊诸国一蹶不振，可能是长年战争导致人口锐减，很快被来自北方的持有铁制刀剑的多利安人征服，迈锡尼文明几乎完全被摧毁。原有的辉煌宫殿被毁，几百年未能重建。艺术衰落，陶器工艺大幅下降。秩序混乱，人人自危，希腊人开始随身携带武器。

战胜方都如此孱弱，战败方更惨不忍睹。按照荷马史诗的记述，特洛伊城在木马屠城后被焚毁。考古挖掘也发现被焚毁的证据。当然，特洛伊古城历时久远，屡次重建，考古证据很难证明哪些传说是真实的存在。施里曼挖掘的特洛伊城不到2公顷，后来发现至少有20公顷。施里曼发现特洛伊城上下叠加9层，他认为被希腊人攻陷的是自下而上的第2层，后来学界考证判断应该是第 6 层和第 7 层的第 1 阶段，特别是第 6 层第 8 阶段的特洛伊城有明显被毁痕迹。但这也只是那个时期的遗迹，是否毁于希腊人无从判断。可以肯定的是，战火毁灭了繁盛一时的特洛伊城。

与特洛伊关系密切的赫梯帝国旋即灭亡。入侵者不仅有来自爱琴海的希腊人和腓尼基人，还有来自黑海沿岸的异族，以及亚述帝国。赫梯帝国控制下的首都及各大城市被彻底焚毁，首都及附近荒无人烟达 300 年。赫梯人虽开铁器时代的先河，但以《赫梯法典》为代表的法律体系远比古巴比伦法律人道，死罪也不多，而灭亡后被充满剥皮、宫刑、钉木桩等酷刑的亚述法律所替代。

真实的特洛伊战争未必如荷马史诗般精彩纷呈、波澜壮阔、英雄辈出，更不可能有那么多神与神之间的勾心斗角和神与人之间的利益交换。富有想象力的艺术作品让残酷血腥的战争鲜活起来，参战者可能只是一系列无名战役的获胜者或牺牲者，却被后人加工塑造成各具特点和魅力的传奇英雄，并赋予他们英雄的名字和戏剧化的人生，让他们像历史人物般存在于后人的记忆中。

8.2 宗教

先有人还是先有神？先有宗教还是先有人类？为什么有些宗教认为万教同宗？这样的问题在信教人数超过全球总人口 60% 的当今世界不存在共识性答案。对宗教和其他信仰问题都需要抱持尊重的态度。

儒学是不是宗教？这个问题虽无共识，但可以探讨。

宗教有两大特征：一是相信神的存在，并以神的意志形成一套指导性的理论体系；二是根据自身理论对信徒有清规戒律，严格约束。两个特征都不具备的学说，只是理论或信仰。

用这个标准来衡量，儒家学说并不是宗教。儒学体系既没有神，也没有戒律，还没有宗教节日。儒学尊崇的圣人（孔子）和亚圣（孟子）都是人，不是神，是先哲。儒家学说被后世作为价值标准和行为规范，但不像宗教教义那样具有强制性和排他性。将儒学信仰视为宗教信仰往往是宗教视角的惯性思维。

绝大多数宗教都重点关注人类与神魔的关系，而不是人与人之间的伦理关系。儒学重伦理，不涉及人神关系。"子不语怪力乱神"。信仰儒家学说的人有儒士、儒生、儒商、儒者，鲜有人自称儒教徒。如果将儒学视为儒教，按信众人数应该算世界第几大宗教？

制度学说也不能算宗教。尤瓦尔·赫拉利将自由主义、共产主义、演化主义都称为人文主义宗教，认为这些理论是"崇拜人性的宗教"。这些理论体系均相信人类的行为与秩序要符合正确的规律，但这些制度学说中不信神，也没有清规戒律，不能算宗教，只能算理论或信仰。

神话也不是宗教。神话中有神，却往往没有理论体系作为教义来指导人类社会的行为规范。很多神话的产生早于宗教，在宗教观念的形成过程中起着基础作用。但人们，特别是教徒，往往认为神话故事是虚构的，宗教故事却是真实的，或是隐喻的。

科学同样不是宗教。虽然有些科学家也相信神的存在，但绝大部分科学理论不认为有神，更没有科学规范作为生活戒律。科学理论主要是基于研究得出的结论，相当部分的理论可以被证实或证伪，而且理论可能被科学自身发展推翻。宗教信仰则无法被证实或证伪，更不能被自己推翻，因为教义是神的旨意。在解释世界方面，科学与宗教的替代关系大于互补关系。

崇拜的偶像介于神和人之间的算不算宗教？比如唐朝三夷教？景教（基督教聂斯脱里派）主张基督有神、人二性，祆教（拜火教）中"七位一体"的善神创造出圣人（琐罗亚斯德）以善的教义教导人类与恶神斗争，摩尼教（明教）中恶宗创造出人类与"四位一体"的善宗作战而人类受到善宗派出的天使解救。这些教义中有神，有体系，有戒律，都是宗教。

崇拜的偶像原来是人后来变成神的信仰呢？诸如中国的关公、妈祖、八仙，英国的圣乔治，法国的圣马丁，匈牙利的圣史蒂芬？如果这些神已经被吸收到某些宗教理论体系中（如上述神灵后来被纳入道教、基督教），那就是宗教信仰。否则虽然成神受人崇拜，但没有理论体系作教义，且无戒律，就不是宗教。通常不是宗教的神鬼信仰被称为迷信。

佛教相信佛法、道教相信天道、神教（神道教）相信神道，均崇拜自然法则，而不是某位神，是不是宗教？这些是宗教。它们都有自己的戒律。另外，在这些宗教的信徒眼中，也有神，且神灵往往是教义的体现。例如佛教中的佛和菩萨，道教中的元始天尊、太上老君，神教中的国常立尊、天照大神，等等。

基督教和犹太教相信上帝，伊斯兰教和巴哈伊教相信安拉，印度教相信多个主神，并且均认为神的旨意是人类行为的基础，以此制定具有约束力的规范和价值观。显然都是宗教。

总之，宗教者，以教旨为宗，以戒律为教。以神谕或创始人的观点为宗，以各种生活行为规范为教，从而建立信徒共同信仰。宗教的力量正是来自共同信仰与教义约束下的自律。

宗教是文明产物

宗教是人类文明发展到一定阶段的产物。从经济学的视角分析，当人类对某种精神产品产生需求时，宗教应运而生了。对宗教的需求方而言，人类整体因此获得某种秩序，人类个体因接受宗教而获得慰藉和力量。对宗教的供给方而言，通过提供宗教可以获得人们的支持，对信徒具有不同程度的控制权和支配权。

费尔巴哈（Ludwig Feuerbach）在《宗教的本质》中认为人类对于自然的依赖感是宗教基本行为的基础。马克思（Karl Marx）说，宗教是人民的鸦片。是人创造了宗教，而不是宗教创造了人。赫拉利（Yuval Noah Harari）认为科学最在乎的是力量，宗教最在乎的是秩序。这是从宗教功能与社会需求角度分析得出的结论。

不过，如果从宗教信徒个体的初衷看，难道是为了人类社会有更好的秩序才信教吗？更多的恐怕是为了获得解脱、觉悟、力量、信仰等精神食粮才会信教。培根（Francis Bacon）说，知识就是力量。宗教难道不是力量？

某种程度上，宗教诞生之时往往意味着当时较为先进的知识和观念，而且宗教教义也会随着人类知识发展不断改进，或改善理解方式。

宗教（religion）的本意是指人在神面前感到恐惧和敬畏。宗教源自崇拜。早期人类的知识和力量非常有限，对无法理解或解释的、拥有强大力量的事物，容易产生敬畏和崇拜之情。对这些事物的原始崇拜发展到一定阶段就会产生宗教。

崇拜源自欲望。知识和力量的欠缺使人类渴望存在无所不知、无所不能的神可以帮助自己。神是什么？神是远远领先于人类知识和能力的拟人存在，神是人类无法解释的永恒存在，神是制定秩序和规律的先天存在。人类期望凭借依附神、通过神的保佑实现自身的欲望。

欲望和现实的矛盾是崇拜与宗教产生的根源。宗教是理想与现实的平衡与联结。从"原始崇拜"到"部落图腾"到"族群信仰"到"普世宗教"，是宗教演化的大体脉络。

在原始崇拜阶段，人类敬畏和崇拜的事物五花八门。既有太阳、雷电、洪水、地震、火等自然现象，也有鬼魂、梦境、巫术、生殖、化学反应等神秘现象，还有各种动植物。人们对这些崇拜对象举行仪式和集体活动，只能称为崇拜活动，而不是宗教活动。早期人类无法理解或解释这些现象，但幻想自己能具有类似的力量，于是开始出现"图腾（totem）"。

在部落图腾阶段，原始部落将崇拜的事物与自己绑定在一起，认为那是自己的祖先或庇护神灵，借以寻求力量，并有自我标志和团结的作用。例如以猛兽为图腾崇尚勇武，以鱼蛙为图腾崇尚繁衍。

在族群信仰阶段，历史传说糅合了崇拜与想象，产生出神话，并通过神话故事，凝聚出族群信仰，形成原始宗教，对稳定族群秩序和鼓舞士气发挥积极作用。原始宗教的特点是万物有灵，神祇众多。这些神灵可以满足特定族群的特定需要，因此具有地域性和民族性特点。

在普世宗教阶段，以论述人神之间、万物之间关系为核心的理论体系的构建，并有约束人行为的戒条为特征，形成宗教信仰。宗教信仰提升到理论层次而出现神学。神学思维并不是人类理性的结晶，甚至曾是宗教战争的根源，但却有助普世宗教解释世界，并成为有较长生命力的人类精神现象或力量源泉。

宗教的共同源头

宗教现象起源很早。不过，在世界上有影响力的宗教都是随着人类文明发展而产生，且宗教演变也与文明演化与扩张的轨迹相一致。世界主要宗教有千丝万缕的联系，都是人类文明发展过程中顺应需要的精神产物。

亚洲有四个两河流域：东亚两河流域（黄河流域与长江流域）、南亚两河流域（印度河流域与恒河流域）、西亚两河流域（幼发拉底河流域与底格里斯河流域）、中亚两河流域（锡尔河流域与阿姆河流域）。伊朗高原(Plateau of Iran)几乎是在四个两河流域中间。

在伊朗高原区域，曾经居住一些部落（来自黑海北部的印欧语人），这些人被称作雅利安人（Aryan）。他们较早驯化了动植物，发明了农业，领先其他地区部落。因此"雅利安"本意是"农夫"，后来引申为"高贵"的意思。二战前期纳粹德国认为雅利安人是高贵的人种，"波斯"于是宣布自1935年起其正式国名改为"伊朗"，伊朗（Iran）的国名就是由"雅利安"而来。

距今4200年前，地球出现影响巨大的气候转冷事件（"4.2千年冷事件"），受此影响，亚洲东部沿海气候变化以暴雨洪水为主，为治理洪水涌现出尧舜禹等杰出人物，产生华夏文明；亚洲内陆气候变化以干旱寒冷为主，雅利安人走下伊朗高原，向四个方向扩散，向南向东发展出印度文明，向西向北发展出波斯文明。

兴都库什山脉（Hindu kush Mountains）是印度河与阿姆河的分水岭。"4.2千年冷事件"之后，雅利安人正是穿越该山脉进入印度河流域。Hindu指的是印度人的宗教，该词来自印度河的梵文名Sindhu。雅利安人创造了印度教（古婆罗门教），其最古老的经典是《吠陀》(the Vedas)。

公元前6世纪，印度教面临来自内部的两股挑战：耆那教和佛教兴起。

印度教是种姓等级分明的多神教，耆那教和佛教是人人平等的无神教。这两个新兴宗教一度有取代印度教之势，但几个世纪后，吸纳了这两个宗教成分之后的印度教（新婆罗门教）重新成为印度绝对主流的宗教。印度目前信仰耆那教和佛教的人数已经非常少。印度教则成为世界第三大宗教。

与耆那教的苦行教义导致教徒很少不同，佛教虽然在印度也被边缘化，但在东亚和东南亚却获得广泛传播。佛灭百年后，佛教分化成小乘佛教和大乘佛教。前者目前只剩上座部，信众主要在东南亚；后者在东亚传播的过程中演化出净土宗、禅宗、天台宗等流派，这些在中日韩广泛流传的宗派也被称作汉传佛教，有别于流行在中国青藏与蒙古地区的藏传佛教。

公元4世纪至8世纪，汉传佛教经朝鲜半岛传入日本，渐被日本人接受，但日本的本土势力为维护本民族文化，创造"神道"一词与"佛法"一词分庭抗礼，以此区分日本固有的信仰与外来的宗教。神道教开始出现。但8世纪后神道教与佛教融合程度非常高。17世纪德川幕府时期官方大力支持神道教，19世纪升为国立宗教。二战后国家支持被废止，但在日本仍是仅次于佛教的第二大宗教。

印度还有一个少数人信仰的重要宗教——锡克教。该教起源于16世纪，背景是穆斯林政权统治印度后，伊斯兰教与印度教由于存在根本性不同，双方教徒时常发生冲突。锡克教的诞生是试图将印度教与伊斯兰教结合在一起的折中宗教。（尼赫鲁的女儿、印度总理英迪拉·甘地由于采取镇压锡克教的政策措施，1984年被她的两个锡克教警卫开枪刺杀身亡）。

"4.2千年冷事件"之后，与雅利安人征服印度河流域同时，雅利安人的另外一支迁移到了伊朗高原西南部的波斯（Pars或Fars法尔斯）地区，并建立了后来的波斯帝国（Persian Empire）。公元前6世纪，琐罗亚斯德教（Zoroastrianism，中国史称祆教、火祆教、拜火教）成为波斯帝国的国教。教义从雅利安人早期多神信仰过渡到一神论。

琐罗亚斯德教虽然由琐罗亚斯德（Zarathustra，又译查拉图斯特拉，德国哲学家尼采曾以其为主角撰写《查拉图斯特拉如是说》）所创，但研究者对琐罗亚斯德的存在时间没有共识，估计在公元前14世纪到公元前6世纪之间，那么该教可能有 3000 多年历史，是现存的最古老宗教之一，也是伊斯兰教诞生之前西亚最有影响的宗教，目前信徒极少。

随着 4000 年前雅利安人走下伊朗高原，原来居住在阿拉伯半岛东北部的一些游牧部落（希伯来人）被迫迁移至迦南（今巴勒斯坦南部），后迁居埃及。约公元前 11 世纪，这个族群在领袖摩西率领下逃离埃及，返回地中海东岸。在此过程中将希伯来人的传统信仰发展为具有统一信条和礼仪的民族宗教——犹太教。

公元 1 世纪，在罗马帝国处于顶峰的统治时期，犹太教出现了一个新的宗派——基督教。此时的罗马社会没有主流的宗教信仰。帝国统治的各民族有自己的民族宗教。基督教创始人耶稣重新解释犹太教的《希伯来圣经》，并与犹太教其他派别发生激烈冲突，虽然他本人遇害，但他派出使徒四处传教的做法被坚持下来。300 多年后，基督教成为罗马帝国的国教。目前基督教已成有 20 多亿信徒的世界第一大宗教。

被钉死在十字架上的创教者不止有耶稣，据说还有摩尼。公元 3 世纪，波斯人摩尼试图综合琐罗亚斯德教、佛教和基督教的教义，创立一个世界性的宗教，称为摩尼教（Manicheism，中国史称明教）。他从巴比伦城开始传教，向东与祆教、佛教竞争，向西与基督教、犹太教竞争，一度势大。但遭到祆教（萨珊波斯帝国的国教）和基督教（罗马帝国的国教）的激烈抵制。后来摩尼被萨珊波斯帝国处死。唐武宗时摩尼教在中国也被禁。该教最终灭绝。

不过试图综合已有宗教、创立新宗教的努力仍在继续。公元 7 世纪，地处连接东西方的阿拉伯半岛受到多种宗教特别是基督教和犹太教的影响。随麦加商队走南闯北、阅历丰富的穆罕默德创立了伊斯兰教。该教信仰的唯一的神与基督教、犹太教敬拜的是同一个神，但该教教义融合了其他宗教成分。目前已成拥有近 20 亿信徒的世界第二大宗教。

伊斯兰教后来分化出逊尼派（约占 85%）和什叶派（约占 15%），双方经常是剑拔弩张的敌对关系。什叶派的一个分支 19 世纪发展迅速，成为独立宗教——巴哈伊教。该教对各种宗教再一次做出综合努力，宣称所有宗教同出一源。《圣经》与《古兰经》具有同等地位。

在公元前6世纪的轴心时代，不仅有释迦牟尼、琐罗亚斯德、苏格拉底在南亚、西亚、欧洲传播思想，还有东亚的李耳和孔丘等人在宣传思想。李耳又名老聃，后人尊称老子，写出《道德经》，被后来的道教奉为经典，该书犹如印度教的《吠陀》、琐罗亚斯德教的《伽萨》、犹太教的《托拉》。

宗教的主要节日

宗教节日是体现宗教戒律与价值观的一种形式，也可以更好理解宗教的特点。

基督教主要节日：圣诞节庆祝耶稣诞生。此前4个星期是基督降临节（Advent），此后12天是主显节（Epiphany）。复活节（Easter）纪念耶稣复活。此前40天是大斋节（Lent），期间人们通常会禁戒某些食物或嗜好。复活节后40天是耶稣升天节（Ascension Day）。圣灵降临节（Pentecost）纪念教会的诞生。万圣节（All Saints' Day）纪念逝去的圣人。

伊斯兰教主要节日：开斋节是斋月后的第一天，庆祝回归常规生活，节庆可能持续3天。斋月是纪念真主安拉将《古兰经》下降给穆罕默德圣人的月份。斋月每天从日出到日落期间均为斋戒状态。宰牲节纪念人对神的忠诚，是朝觐月的第10天。

佛教主要节日：佛诞节纪念释迦牟尼诞辰（4月8日，中国是农历，日本是公历）。盂兰盆节（中元节，俗称鬼节）用以超度亡灵。供僧衣节纪念释迦牟尼之母在其修行前连夜为其织成袈裟的行为，以及印度阿育王时代派出的第一批佛教传教僧。

道教主要节日：三清节纪念道教最高神，即玉清元始天尊、上清灵宝天尊、太清道德天尊，其诞辰分别是冬至日、夏至日、二月十五日。三元节祭祀天、地、水神。上元节为农历正月十五日；中元节为七月十五日；下元节为十月十五日。关圣帝君圣诞纪念关羽（农历六月二十四日）。妈祖圣诞纪念林默（农历三月二十三日）。吕祖圣诞纪念吕洞宾（农历四月十四日）。

印度教主要节日：霍利节敬拜大黑天神，庆祝恶魔毁灭，祈求丰产，迎接春天。排灯节朝拜湿婆的妻子时母和财富女神吉祥天女，迎接新年。杜尔迦女神节庆祝湿婆的妻子杜尔迦（"难近母"）杀死了恶魔的野牛。

犹太教主要节日：赎罪日是最神圣的节日，为赎罪而祈祷，不吃饭不喝酒不工作。安息日是周五日落到周六日落，禁灯禁火禁烟禁驾驶禁带钱。逾越节纪念以色列人从埃及的奴役中解放出来。五旬节即圣灵降临节，纪念摩西接受十诫。成年礼庆祝 13 岁男童可以拥有法定男教徒资格。

信仰是人类特有的现象，也是不容低估的力量源泉。人有意念，才有付诸实施的动力。念是精神的集聚，唯信有念，故曰信念。宗教是人类文明的阶段性产物，也会随着科学与制度的不断进步与演化。

8.3 哲学

毕达哥拉斯称哲学是最高形式的音乐。哲学的音符在人的精神世界中流淌和回响。千百年来人类社会的各个角落都可以在其中感受到内心的迷茫与激荡。

孔子等中国古代哲学家常常围绕道德和国家建设展开话题，很少谈及形而上学，特别是认识论，这使很多西方哲学家不愿承认孔子等人是哲学家。理论和实践都是哲学的表达形式和内容。中国人有务实而世俗的传统，讲究"世事洞明皆学问，人情练达即文章"。中国文化主流重现实而远鬼神，哲学也是近生活而重伦理。

哲学本质是求知

哲学的本质是求知和思考，特点是追根溯源。哲学不是哲学家们的专利。各行各业的人都可以讨论，诸如生与死、善与恶、美与丑、真与假、知与行、自由与秩序、幸福与快乐等，都是常见话题。

哲学不是解决实际问题的实用性学问。虽然柏拉图和达芬奇都认为哲学可以给人带来"最珍贵的喜悦",但这种喜悦并非人人可以感同身受。在更注重物质生活的社会,哲学也常被视为无用的空谈。的确,真理能够使人自由,却无法使人富有。

哲学实质上是人类智慧对科学的综合。不过,人们对哲学与科学的印象不同。科学充斥着完美,哲学却充满着疑惑。科学是分析式描述,哲学是综合式诠释。科学提供解决问题的方法,哲学探讨认识问题的视角。科学始于哲学,止于艺术。哲学反思科学,探求智慧。

哲学传统上包括形而上学、逻辑学、美学、伦理学、政治学五个学科。形而上学研究本体论(物质本质)、心理学(意识本原)、认识论(物质与意识关系);逻辑学探究理想的思考方法;美学研究理想的形式;伦理学研究理想的行为方式;政治学研究理想的社会组织形式。

哲学在不断发展,出现科学哲学、数学哲学、逻辑哲学、语言哲学等分支。哲学的批判性和多元性的特点被应用到多个领域。无论哲学如何细分,哲学作为"反思的学问"其特质不会改变。

哲学的两大主题

东西方哲学中,世界与人,是最受关注的两个哲学议题。

世界的本原是一元还是二元?为什么会有唯物主义与唯心主义之分?

在苏格拉底以前,希腊哲学主要研究宇宙的本原是什么,世界是由什么构成的等问题,后人称之为"自然哲学"。苏格拉底开始研究人类本身,后人称苏格拉底的哲学为"伦理哲学"。他将精神和物质明确对立起来的观点,明确了唯心主义和唯物主义对立的二元论,成为哲学史上的滥觞。

培根批判了自苏格拉底以来的轻自然哲学、重伦理哲学的欧洲学术传统。培根重新发扬了古代唯物主义,提出唯物主义经验论的基本原则,认为感觉是认识的开端,同时必须借助科学实验,才能弥补感官不足,揭露自然奥秘,获得人类自由。

与培根相反,笛卡尔是唯心主义二元论者,认为世界由物质和精神构成，两种实体截然不同，完全独立，谁也不影响谁。物质可分割，占空间；精神不可分割，不占空间。所有物质的东西都受同一机械规律支配，物质之外还有一个精神世界存在。这种二元论的思维方式后来成了包括马克思在内的欧洲人的根本思想方法。

康德哲学不同于培根（早康德163年出生）的客观唯物主义，也不同于笛卡尔（早康德128年出生）的主观唯心主义，甚至不同于黑格尔（晚康德46年出生）的客观唯心主义。康德将唯心主义哲学推向高峰。康德认为存在一个不以人的意志为转移的绝对理性。康德把这种绝对理性叫作"道德"，它是绝对至高无上的客观存在，不受人类社会变动影响。

20世纪美国在继承欧洲哲学时发展出新的方向。美国是一个没有世袭贵族和宗教统治的国家，所以不需要强调外在权威的唯心主义哲学，于是"实用主义"（pragmatism）哲学兴起。杜威认为"实用主义"更好的名字应该是"实验主义"（experimentalism）或者"工具主义"（Instrumentalism）。它实际上是一种方法论，回避了唯物主义和唯心主义争论。

中国自诸子百家时期即有唯物与唯心哲学之争。两汉以儒学为主，魏晋掀起玄学之风，南北朝佛教唯心主义占了上风，隋唐儒释道并行，佛道交替兴盛。晚唐开始，儒学复兴。宋代理学是客观唯心主义，明代心学是主观唯心主义。当代马克思哲学是客观唯物主义。

随着科技发展与人类认识水平不断提高，哲学领域的二元论会不会重回一元论？所谓物质世界与意识世界，真的是两个世界吗？意识的本质是信息，信息能否在物质与意识的不同形态中转换？看到物质生成信息的现象就唯物主义，看到信息生成物质的现象就唯心主义，如果看到相互转化的全过程，会不会就回到没有唯物与唯心之分的一元论？

第二大主题：人性是善是恶？何谓善恶？何以有善恶？

苏格拉底认为，善即知识。柏拉图认为，善是一切之源，创造万物。科学和真理只是善的体系中的一部分。亚里士多德认为，善分理智和道德两种，前者靠教育，后者靠习惯。善的状态就是中庸之道。这与早他100多年的孔子提出的"中庸之为德也，其至矣乎"不期而同。

晚于孔子100多年的孟子主张人性善。"人性之善也，犹水之就下也。人无有不善，水无有不下。"小孟子3岁的庄子（与孟子同寿，83岁卒）倾向人性恶。"人心险于山川，难于知天。"小孟子59岁的荀子主张人性恶。"人之生也固小人"，"人之性恶，其善伪也。"不过，无论主张性善还是性恶，都认为教化可使人趋善。

培根认为人性有善恶二重性。"天性好比种子，它既能长成香花，也可能长成毒草，所以人应当时时检查，以培养前者而拔除后者。"霍布斯倾向性恶论，人的本性是趋利避害的，是利己主义的，自然状态下，会陷入"万人对万人的战争"。卢梭倾向性善论，认为人在自然状态下有自爱心和怜悯心，"在人与禽兽之间的区别上……这种特质就是自我完善化的能力。"孟子由性善论发展出自律，卢梭则由性善论发展出他律。

康德将人性善恶分为自然本性与理性本质讨论。自然本性无所谓善恶，理性本质有善有恶——合乎"道"的行为是善，故意逆"道"而动的行为是恶。（康德著作的中译本一般将"道"翻译成"道德"或"道德律令"）"善恶概念不应在道德律令之前先行决定"，"人是恶的，只能解释为：他意识到道德律令，但采取了背离它的原则。"

杜威将人性善恶由静态推向动态，由绝对转为相对。将"发展"作为世间至善，并以"善"作为自己的伦理标准。"不断完善、不断成熟、不断美好的过程才是人生的目的"，"什么是坏人——无论他曾经多么好，一旦他开始变坏，变得不再那么好，他就是坏人。"反之亦然。

在中国思想史上，儒释道一直有不同的善恶观念。儒家讲行善去恶，道家讲善恶无常，佛家讲无善无恶。各家对善恶的判断标准大同小异，而态度迥然。

这种差异会不会是由于考察维度不同：儒家以生存为维度，人间善恶分明，故需惩恶扬善。道家以生死为维度，此时之善或为彼时之恶，未必有及时的善报恶报。佛家以生死循环（轮回）为维度，善恶均是自然之态，故应无善无恶，以实性观之。（《六祖坛经》："善恶虽殊，本性无二。无二之性，名为实性。于实性中，不染善恶。"）

且不论答案为何，当我们思考这些普世问题时，我们已经领略到人类文明中的哲学芬芳。走入哲学殿堂，如同打开思维的视窗，收获一些豁然开朗的惊喜，看到一些瑰意琦行的景象。这是个体可以从集体智慧中汲取的营养。

哲学家们的故事

哲学（Philosophy）的本意是"爱智慧"。人人都爱智慧。

古希腊雅典街头，经常能看到一个人，整天找人讨论问题，从未正经工作过，一生大部分时间在室外度过，喜欢在市场、运动场等公众场合与各方面的人谈论各种话题。在他妻子桑喜普看来，他是个一无是处、游手好闲的人。不过他三次参战，表现英勇。作为学者，他任何时候都喜欢思考。70岁时无罪被公民投票判死刑，他本可逃走，却选择饮鸩而死。——他是苏格拉底。

在欧洲文化史上，苏格拉底一直被看作是为追求真理而死的圣人，几乎与孔子在中国文化史上的地位相当。尽管在他之前，古希腊有过不少著名的哲学家，诸如泰勒斯、赫拉克利特、巴门尼德、毕达哥拉斯等，但苏格拉底仍被视为欧洲哲学的创立人和奠基者。他一生没留下任何著作，他的学说主要是通过学生柏拉图等人著作（《理想国》等）记载流传下来。

在苏格拉底出生前不久，有两位先后逝世的东方哲学家，也是自己口述，由学生记录其哲学思想。古印度哲学家释迦牟尼是迦毗罗卫国（尼泊尔境内）王子，29岁出家苦行，35岁冥思悟道，后半生传播其哲学思想，其谈话被学生整理成《论藏》。中国的孔丘是殷商王室后裔，20岁就学问渊博，56岁短期代理宰相，而后12年周游列国。回来开创私学，知名学生甚多，其言论被学生整理成《论语》。

孔子因头顶凹陷而名"丘"，柏拉图因额头宽阔而名"柏拉图"。与出生于普通公民家庭的苏格拉底不同，柏拉图生于雅典贵族家庭。苏格拉底被判死刑后，柏拉图开始周游地中海地区。12年后结束旅行返回雅典，创立了柏拉图学院，这是西方文明最早的有完整组织的高等学府，也是后来大学的前身。柏拉图晚年在这里努力研究，勤耕不辍，著作丰富。柏拉图很欣赏学院里的一名学生，称其为"学院之灵"，并戏称学院由该学生的头脑与其他学生的身体组成。柏拉图一生中几次想作为帝师培养哲学家国王，均未成功。这项事业被这名叫作亚里士多德的学生继承了。

亚里士多德17岁开始在柏拉图学院学习了约20年，直到柏拉图去世才离开雅典去游历。游历期间，作为马其顿宫廷御医的儿子，他有机会给马其顿王子亚历山大做了3年的老师。后来亚历山大继承王位并开创了空前疆域的帝国。亚里士多德回到雅典开办了自己的学院。这一时期他撰写大量著作。在学生亚历山大病逝后，亚里士多德受到反马其顿势力的威胁，他拒绝像苏格拉底那样饮鸩自尽，而是选择逃出雅典。次年病逝。

在亚里士多德准备赴柏拉图学院求学的时候，中国哲学家庄周出生。他是楚国贵族后裔，曾经四处游历，学问渊博。楚王聘其做相国，他却表示宁愿做泥塘里自由的乌龟，也不愿做太庙里尊贵的祭品。他不求政治抱负，隐居著书10余万字，是道家思想的重要代表人物。他提出的"窃钩者诛，窃国者为诸侯"与苏格拉底关于"正义与强权"的论述不谋而合。

苏格拉底奠定了古代欧洲哲学，培根则奠定了现代欧洲哲学。培根被视为客观主义与唯物主义之父。马克思、恩格斯称他是"英国唯物主义的第一个创始人"。他出身官宦，年少成名，12岁入剑桥大学，后来游历整个法国，热爱思考，热衷仕途，曾担任英国女王特别法律顾问以及朝廷的首席检察官、大法官等。晚年专心从事学术研究和著述活动，死于风寒。

法国哲学家笛卡尔与英国哲学家培根一同开启了近代西方哲学的"认识论"转向。黑格尔称他为"近代哲学之父"，罗素说他是"近代哲学的始祖"。笛卡尔出生在富裕家庭，受到良好教育，26岁时游历欧洲，后定居荷兰，完成其一生的研究与著作。54岁因肺炎逝世，临终前是瑞典女王的家庭教师。

与很多哲学家都有游历经历不同，康德从出生到逝世都在德国哥尼斯堡，在哥尼斯堡大学毕业和任教，直到病逝，终生未曾离开哥尼斯堡。他活了 80 岁（与释迦牟尼同寿，超过孔子的 72 岁）。康德是德国古典哲学创始人，康德哲学统治了整个 19 世纪的欧洲哲学思想，此前没有一个哲学体系可以做到这一点。

德国哲学发展越来越偏向宗教和精神领域，英国哲学发展则越来越偏向社会与自然领域。美国哲学家杜威使实用主义成为美国特有文化现象。他应该算是英国哲学家培根、霍布斯、斯宾塞、穆勒这个谱系的传人。杜威出生于美国中产阶级的杂货商家中，一生从事学术研究与教育事业。1919 年 5 月到 1921 年 7 月他曾游历中国，先后在北京、南京、杭州、上海、广州等地讲学，由胡适等人担任翻译。1952 年（93 岁）因肺炎去世。杜威不善口才，文笔亦不精辟，但涉猎广泛，著述甚丰。

古今中外的著名哲学家们有各种职业背景，包括战士、官吏、王子、帝师、隐士、学者等。他们的共同特点是知识渊博，有强烈的求知欲，喜欢思考。

8.4 科学

宇宙是复杂的。人类的认识能力无论较之从前有多大进步，在自然面前，人类知识永远非常有限。不是所有事物都可以重复发生，科学方法并不适用于所有领域。相信科学的力量，但不应对科学抱有迷信的态度，因为科学本身就是批判性的思维方法。如果将科学视为人类唯一正确的认识方法，科学也就成了信仰。

当前人类无法认知的事物，未来也许可以，毕竟人类集体知识在不断迅速扩展。科学方法是目前人类知识拓展的最可靠方法，也是很多人仍亟须补强的认知方法，但对科学方法的有限性和适用性同样应有足够的认识。保持批判性思维和学习状态、不断提升自身鉴别力才是应有的认知态度。

神秘现象与科学

2001 年美国影片《小岛惊魂》(The Others)讲述了一家人的奇异遭遇。二战结束后,在一座小岛上,女主独自抚养着两个孩子,等待丈夫从战场上归来。两个孩子对阳光过敏,他们居住的独栋公寓里所有的窗帘都拉得严严实实。后来公寓里发生一系列类似闹鬼的奇怪事情,例如窗帘莫名其妙被拉开,女儿经常说在屋里看到一个陌生小男孩。女主陷入不安。她反复搜查了每个屋子,并严厉要求两个孩子按自己的要求做事,惊恐下两个孩子多次哮喘发作,仍然不能平静。后来丈夫回来却又走了,女主始终走不出浓雾笼罩的公寓。

灵媒的出现揭开了谜底。女主和她的孩子们看到有一家人在公寓里围着灵媒坐在桌前驱鬼,才意识到自己才是这栋公寓里的鬼魂!真相是,女主在日复一日等待丈夫从战场归来的过程中精神崩溃,用枕头捂死了自己的孩子们(哮喘且怕光),然后开枪自杀(习惯用枪)。丈夫在战场阵亡,回来与已成鬼魂的家人(浓雾永不散去)短暂相聚。鬼魂女主出于执念带孩子坚守在公寓里,直到有新的人家要入住公寓才发生上述奇怪的摩擦。

另外一部经典的 1999 年美国影片《灵异第六感》(The Sixth Sense)也运用了同样的叙事手法。故事讲述一个心理疾病患者出于恐惧心理枪击了他的治疗师,而后自尽。治疗师对未能及时消除该病人的恐惧心理而自责。在遇到下一个充满恐惧的自称可以看到逝者游魂的少年的时候,治疗师竭尽全力助其克服内心恐惧,终于完成自己未偿的心愿,而后才发现:少年所谓"能够看到鬼魂但鬼魂自己不知道已死"说的原来不是别人,正是治疗师本人!治疗师已在上次的枪击中身亡,是因为心愿未了才一直游荡。

大量以鬼魂为题材的电影都有共同的假设:人死后灵魂仍在,存在一种特殊的人,被称为灵媒(medium)或通灵者(channeler),可以与鬼魂沟通。这种假设的一种逻辑是:作为物质的人体在某种条件下可以保持生前形态(如干尸或冻尸),作为意识的灵魂在特定条件下也可以没有消散(如转世或附体）。在人类漫长的早期史中，绝大多数关于世界的看法都是充满了神灵。直到科技发达的今天，人类对那些超自然现象仍知之甚少。

超自然现象（Supernatural Phenomenon），又称"灵异现象"，通常指在现有科学水平下无法解释的事件或现象，例如不可思议的神秘现象及超越经验的感受。很多人认为超自然现象不能重复和被证实，因此是不真实不存在的。也有不少人认为那是现有科学知识解释不了的客观存在。2001年的盖洛普调查数据显示，美国人相信超自然现象的比例超过半数，相信鬼魂者占42%，相信灵媒者28%，且这些数据都在持续增加中。

科学与非科学经常混杂在一起。即使是伟大的科学家牛顿（Isaac Newton），事实上在神秘主义、宗教和炼金术方面写的书比科学方面还多。出于对炼金术的追求，牛顿在封闭的实验室角落里长时间与汞样品打交道，以致引起严重的汞中毒——后世对牛顿头发做微量分析时发现了高浓度的汞，证实了牛顿为神秘主义的信仰付出了高昂代价。

在牛顿出生前35年，英国皇室科学顾问迪伊（John Dee）去世。现今人们大多不知道这个人，他生前曾经是几乎与牛顿齐名的科学家和数学家，是文艺复兴时期英国杰出的博学家，还是宫廷占星师。他不仅才华横溢，还是当时藏书最为丰富的科学家，藏书量是当时剑桥大学图书馆的8倍。后来他却迷上巫术，与灵媒合作，向英国皇室请假到欧洲去表演占卜和通灵。后来身体不好返回英国病逝。他至死相信通灵现象的存在。

在牛顿出生前43年，意大利思想家布鲁诺（Giordano Bruno）经过7年审讯后被烧死。他的观点其实与哥白尼的"日心说"不同，他并不认同哥白尼的太阳中心说，而认为整个宇宙是无限大的，根本就不存在固定的中心，也不存在界限。他提出宇宙有多个空间，或许有人生活在宇宙的其他世界里。布鲁诺的很多观点相当超前，但没有证据表明他是通过科学方法得出的结论，因此他被后世的科学家视为神秘主义鼓吹者。

在牛顿逝世百年后，西方兴起了招魂运动。先是"可以通灵"的戴维斯（Andrew Jackson Davis）向美国人提供了支撑招魂术的哲学和宗教框架，而后纽约州的福克斯（Fox）姐妹在美国各地进行巡回演讲和表演招魂术，掀起招魂运动热潮，并席卷英国和欧洲。

最常见的招魂术是人们在暗室里围桌而坐（《小岛惊魂》中的场景），顾客们的手放在桌子上后，由灵媒召唤鬼魂出席，鬼魂应答的方式往往是让桌椅、灯和床铺移动或跳动，灵媒会滔滔不绝传递鬼魂的话语（与中国常见的神灵附体相同），这些话语有时是无人能懂的语言，所询问的鬼魂可能是很多名人，诸如牛顿、富兰克林、莎士比亚等。

英国著名科学家法拉第（Michael Faraday）是第一批研究该现象的英国科学家。他做了一系列实验，结论是桌子的运动是顾客的手对桌面施加无意识压力而造成的。另一位深受敬重的英国化学家和物理学家克鲁克斯（William Crookes）则根据亲身体验公开认可鬼魂显灵。英国博物学家华莱士（Alfred Russel Wallace）对待招魂术的态度极为严肃，他倾向于该现象的存在，并与伦敦辩证法学会其他会员组织了一次调查，并发表报告，没有否定招魂术。

同样是伦敦辩证法学会委员的赫胥黎（Thomas Henry Huxley）则认为招魂术是荒谬可笑的举动，根本不值得科学上的严肃对待。赫胥黎的著作《进化论与伦理学》的一部分1898年被翻译成中文，题为《天演论》，名噪一时。他对招魂术的否定并不代表他对灵异现象的总体态度。事实上，正是他首次提出了"不可知论"一词，认为人们只能认识感觉现象，物质实体和上帝、灵魂一样，都是不可知的。

前面提到的美国福克斯姐妹的招魂术，后来她们自己承认整个事件是一场骗局，表演期间发出的神秘声音是她们扳动趾关节发出的。但灵魂相信者们认为一场骗局不能否定所有的灵异现象。哈佛大学一些教授1857年开始进行认真调查，并为后来的研究铺垫了基础。他们正式悬赏可以通过测试的招魂术，有5位灵媒接受委员会的挑战，但均告失败。不过他们宣称，教授们设置的条件不适合与敏感的鬼魂接触。剑桥大学一些学者1882年成立了"灵魂研究学会"，但第一代研究者们并未找到死后灵魂不灭的可接受的科学证据。后来学会分裂成不同派别，少数调查者仍然关注招魂的真假，更多人开始关注超自然现象。

主流科学界并不承认也未证实超自然现象，但这些现象却在民间流传甚广。中国社会一度兴盛的特异功能（Exceptional Function，也称"超心理学"）也是超自然现象，其研究对象主要可归为两类：一类是认识上的超常现象，即"特异感知"；一类是意念直接作用于外界事物，称"特异致动"。这两类现象的故事不胜枚举，信众甚广，但均无法以科学方法进行验证。

还有一些与人体科学（Somatic Science）相关的领域也无法用科学方法重复实验，诸如气功、瑜伽、打坐、禅定、内视、虹化以及某些中医疗法等，会出现多种神秘现象，但不确定性很大。这些领域的认知更多要靠认知者的自身体验，无法进入科学控制的实验，或无法用语言表述。也有人试图用科学方法对某些不确定现象进行解释，例如用量子力学解释意识现象，也尚未得到主流科学界认可。

科学是一种方法

科学是一种认知世界的思维方法。与其他方法相比，科学方法更不容易产生错觉。这种方法采用观察、实验、推理等一系列有助于发现自己错误的规则。一个在科学上有效的假说，必须是可证伪的。例如科学史上曾以"燃素说"解释燃烧和氧化现象，那么逻辑上铁氧化后应该因消耗燃素而变轻，但事实上铁生锈后会变重，那么"燃素说"就不可靠了，于是拉瓦锡提出空气中含有一种支持燃烧的气体，他将其称为"氧气"，这种新假说可以得到更多验证。

在科学上，没有一个理论能够得到"完全彻底的证明"。当新的事实或观察结果出现时，它必定有待于进一步检验和审视。正是这一不断自我纠错的特性，使科学成为人类理解自然最为严谨也最为有效的手段。这种批判性思维正是科学的关键要素。如果忽视了科学的思维方法，就会不知道某种观点或奇迹是否科学和可信。

1989年两位受过良好训练的美国化学家向新闻界宣布：他们发现了一种方法，可以从核反应产生清洁的热能，用的燃料只是海水，在室温下发生,称为"冷聚变"。美国联邦政府为此拨给他们2500万美元作为研究经费。当这股狂热过去之后,人们反思:为什么并无证据和成效的假说被当成科学的奇迹?科学结果必须能够重复,而当其他实验室无法重复这两位化学家的实验时,他们仅以细节保密不能公开为由为自己辩护,最后却仍逃不脱名誉扫地的下场。

科学发端于渴望求知。求知可能是出于对知识本身的兴趣,也可能是出于实用目的。科学提供了一种方法,将其用在过程中就能得到可测的结果。科学要求这种过程或实验必须是可重复的。从实用角度看,科学与巫术同根。二者的区别,不在于目标和结果,而在于过程。

巫术也像科学一样注意到人类与自然有相互联系,巫师也像科学家一样利用自然的力量来为人类服务,但巫术没有科学的准则和测试过程,结果也不确定。巫师运用敏锐的观察和虚玄的咒符与丹药达到目的,但往往并不清楚是哪种因素起了作用。巫术像科学一样也有预测,但不是根据理论推导,更多的是含混的联想与附会,错了不能证伪,对了不能重复。

古老的占星术今天依然是巫师的工具。这种活动最早发现于3000多年前的古巴比伦。当时人们一般以星为神,相信通过研究其运动规律,可以预言神灵对人间的影响。占星术在古希腊也很流行,但在中世纪的欧洲一度衰落,文艺复兴后再次流行。天文学家开普勒(Johannes Kepler)也曾经以占星术维持生计。不过后来大多数科学家和受教育的人们开始远离占星术,这并不妨碍其在坊间仍有市场。

当一些先哲提出人类能够通过观察和推理发现自然规律及背后原因,科学与巫术就开始分道扬镳了。科学不再通过超自然力量来理解世界。自17世纪开始,科学方法逐渐形成固定的研究途径:(1)客观仔细观察;(2)建立假说,能够从中推导出可验证的预言;(3)要设计和完成可提供确凿证据的实验。

科学方法做出的研究探索不像神学和玄学,它是可以纠错的。如同玩拼图,早期的放错了位置后面终究会看出错在哪里。这时可以将放错位置的图片换回来。即使图片放错了位置,也可能有用处,图案也许出现意外的效果。科学史上有些被抛弃的理论会死而复生，或理论的某些"错误"造就了新的可被接受的理论，这都对人类知识积累做出贡献。

科学的方法与手段通过纠错、改进和互补可以不断丰富人类的认知。

不可知论与可知论自古都有，反复出现。17世纪以来，科学革命席卷全球，欧洲在18世纪开始流行进步主义。这是一种可知论。认为人可以用新的理性、观察、实验和数学标准检验各种假说和理论，人们可以认识世界并将使世界变得越来越有利于人类。

与之相对应的，19世纪欧洲兴起的解构主义属于不可知论。认为世界没有任何东西是可知的，每一件事情都可以有多种解释，不同解释之间的冲突不可能消失。对科学的负面态度有时来自对人文主义的热爱。德国作家和哲学家歌德曾批评科学观自负乏味，剥夺了自然和人性中的许多美感及精神价值。19世纪初发展起来的浪漫主义运动将个人感觉置于理性之上。

20世纪下半叶兴起的后现代主义理论又对科学与理性思维提出批判观点。其核心主张是人不可能通过不够完善的感知能力来真正认识所处的世界。在极端后现代主义者看来，占星术和天文学一样合理，招魂术与人们在电话中交谈一样真实。进而，有观点提出：通向真理的唯一途径是放弃理性，采用灵性。

在更广阔的社会范围中，很多人不知道"解构主义"和"后现代主义"，但他们仍然会不加鉴别地相信似是而非的知识或消息，仍然会购买声称包治百病的保健品或医疗设备，仍然会痴迷于某些奇人异士的超能力表演或治疗，仍然会游走于迷权威或想当然的两个极端。

与几百年前相比，现代社会充满了科学带来的神奇。但很多人并不善于区分什么是科学，什么不是科学。也许他们认为这不重要。可是，如果只知道科学结果中的奇迹而不掌握科学思维，就会认为任何事情都是可能的。其表现就是对新鲜事物缺乏鉴别力而充满盲目性。

20世纪初，最大的黑箱医生阿布朗斯（Albert Abrams）借科学的名义行骗而成为亿万富翁，利用的就是人们的这种轻信科学的心理。他是美国病理学教授和加利福尼亚医学学会的副主席，后来他提出所谓的"脊椎理疗学",并发明了包治百病的医疗设备。后来他的声望过大,引起科学界注意,开始研究他的理论和设备,打开黑箱发现里面只是一堆电线和杂物的混乱拼接,某物理学家评论"就像10岁孩子制作哄骗8岁孩子的装置"。但他各地行医的5000多套设备居然没有一套被人打开研究过。骗局被揭穿前几个月阿布朗斯因肺炎去世。

  科学方法有自身的特点,对科学与非科学的讨论也在增多。解释宇宙的超弦理论一度相当普及,认为大爆炸最初的一刹那,并没有点状粒子,只有一小段弦,需要10维才能运作——9个是空间,1个是时间。理论家称,之所以人类只能感知三维空间,是因为另外6维自行卷曲了。许多科学家对这种过度理论化的研究感到不安,这些复杂理论几乎难以诉诸实验进行验证。这还是科学研究吗?许多批评者担心宇宙科学有变成新神话的危险。

  催眠术是科学的结果吗?奥地利医生麦斯麦(Franz Anton Mesmer)原本是科学家,最后却被视为骗子。他最初着迷于研究占星术,并取得了一定成果。随后,他攻读了神学、法律、哲学与医学,并在奥地利的维也纳开了一家诊所,成为一名医师。他结合占星术与宇宙磁流说对生命进行了新的阐释,认为人的身体就像一个磁场,有许多看不见的磁流像行星那样分布,当磁流分布不均匀时,人体就会生病,只有使身体磁流重新恢复均匀,病情才会好转。

  麦斯麦据此发明并应用"磁流术"为患者进行治疗,并声称只要患者对他有完全坚定的信心,任何疾病均可治愈。麦斯麦的影响不断扩大,他在巴黎开了豪华诊所,在病房中间是那个著名的神奇浴盆。患者往往在这里失去常态,但许多疾病的确被治愈。麦斯麦因此名声大振,成了巴黎时尚,但也引起了医学界的声讨。法国国王路易十六派遣了一个委员会去调查麦斯麦和他的"磁流术",委员会中还包括了知名的美国科学家本杰明·富兰克林。最后的权威报告否定了麦斯麦疗法和他的理论,他直到穷困潦倒悄然过世都认为自己是毁于忌妒的竞争对手。麦斯麦术(亦称"通磁术",即催眠术)却流传下来,成为心理学和医学的研究内容。

  真实与虚假一直伴随着科学的发展,也让人质疑正确认识世界的方法是不是只有科学。科学尽管在自然界的物质领域取得成功，但它未必非要用于社会和超自然领域。在那些存在更多不确定性和概率性现象的领域，也许更适合科学以外的方法，尽管那些方法肯定不如科学方法更易于积累人类的集体知识。

科学知识的对话

人们一般将已被科学方法证实的公认结论称为科学知识。科学知识在日常生活中无处不在。

女儿曾经突然问父亲："老爸你知道钢铁是怎样炼成的吗？"

"知道啊，保尔·柯察金的成长故事，苏联作家奥斯特洛夫斯基写的小说。"

"不，我是说真正的钢铁。"

"哦，怎么想起问这个？"

"你看，这个工艺品是铁做的，不知道它会不会生锈。"

"铁做的东西，时间长了会生锈，除非它是不锈钢做的。"

"钢为什么不会生锈？"

"钢是铁和碳的合金，也会锈。现实生活中我们几乎看不到纯铁，铁里面含碳量高的叫生铁，含碳量低的叫熟铁，含碳量不高不低中间水平的叫钢。不锈钢不易生锈，因为里面有大量的铬。自然界的纯金属中，只有贵金属，比如金银，不生锈，其他的普通金属，都会生锈。"

"所有金属都是从矿石中提炼出来的吧？"

"绝大多数金属在自然界中都是以矿石形态存在，比如铁矿石，咱们在自然博物馆中看到过，像是粗糙的石块，但黄金就不是石头的样子，是天然的金块，或金粒。"

"金银为什么要叫作黄金白银？"

"因为颜色。金是唯一的黄色金属。白色的金属很多，银的颜色是纯白的，锡是黄白色，锌是蓝白色。自然界中，金和铜以外的金属，基本都是白灰黑的颜色。"

"黄铜不也是黄色金属吗？"

"黄铜不是纯金属，黄铜是铜锌合金。作为纯金属的铜，是唯一的红色金属。而且，黄铜会生锈，黄金不会，空气潮湿也不生锈，甚至不会失去光泽。"

"难怪以前人们喜欢用黄金做佛像。"

"黄金不仅不生锈，还是最有韧性的金属，所以特别适合作首饰和工艺品，包在雕像或器皿外面也很容易。黄金可以压成超薄的金箔，厚度只有一张纸的百分之一。有韧性、易切割、耐保存、又稀有，所以黄金还是天然的货币。"

"对呀，以前咱们去看过一个金融博物馆，里面有一堆金砖，可以用作货币。"

"没错，那堆捆绑的金砖上有个提手，可以让游客体验黄金的重量。你当时提不起来，因为黄金是自然界最重的金属。不过黄金还是太软了，实际应用中人们经常混合铜。"

"咱们在历史博物馆看到的铜器都是青铜做的，没有黄铜？"

"青铜是铜锡合金，黄铜是铜锌合金。青铜熔点比黄铜低，容易冶炼，强度却比黄铜大，所以早期人类文明选择青铜制作礼器和装饰品，后来还做兵器。铜易生锈，铜锈叫铜绿，是有毒的。青铜器最初也是金黄色的，时间久了有铜锈，才变成绿色的，后人给它起名叫青铜。"

"熔点越高越难炼？"

"当然，青铜熔点800度，铁的熔点却需要1300度，所以人类先会炼铜，后会炼铁。但铁器强度高于铜器，后来人们用铁兵器替代了铜兵器。"

"中国是最早掌握冶炼的国家？"

"中国不是最早掌握炼铜和炼铁技术的国家，但中国炼铜和炼铁鼎盛时期的技术都登峰造极。冶炼铜矿和冶炼铁矿一样要通过熔化去除杂质。"

"冶炼是怎么操作的？"

"先将铁矿石和木炭或煤炭混合烧几天，那些没用的杂质，比如硫，就烧没了。再把烤过的铁矿石放进鼓风炉，日夜燃烧，熔化的红色铁水流入高炉底部的洞口，再排入沙子或砖石做的模具，冷却后得到固体的铁块，就是生铁。"

"为什么不直接熔化铁矿石？"

"因为自然铁容易氧化，需要用木炭或煤炭从氧化铁中还原出来铁。这种还原技术是有难度的，炭渣太多或还原不够就炼不出有用的生铁。"

"生铁为什么要炼成熟铁？"

"生铁又硬又脆，没有塑性，只能做铁锅这类的东西。如果需要能变形的东西，比如铁丝，就只能用熟铁，韧性好，不易断。"

"生铁怎么做成熟铁？"

"前面制作生铁时，在鼓风炉中有煤炭，所以做出的生铁中会有煤炭、焦炭等杂质，要把它们去除，再通过加热和锻造，就变成了柔软的熟铁。熟铁烧红了可以打造成任何形状。"

"对，我看到过古代铁匠铺打铁，就是用烧红的熟铁。"

"鼓风炉可以达到非常高的温度，这是个了不起的发明，古代中国就是因为较早发明了提高温度的方法，才会曾经在冶炼和陶瓷方面有领先全球的技术。"

"所有金属都可以在高温下熔化吗？"

"是的，熔化需要的温度不同，但所有金属都能熔化成液体。"

"水银本身就是液体啊！"

"没错，水银是唯一的液体金属，但在极冷的地区，也会以固体形式存在。水银很重，在金属中仅次于金。"

"比固体银还重？"

"对，水银更重。它和银是完全不同的两种金属。水银剧毒，银是无毒的。"

"你旅行时带的银筷子，是为了防毒吗？"

"古代用银筷子或银针试毒，因为那时的毒药主要是砒霜和鹤顶红，含硫量高，与银器一接触，发生化学反应，银筷子变黑，就知道有毒。现在有毒物质太多了，不一定含硫，银筷子接触了毒药也可能没反应。但银器有很好的杀菌效果，所以我去一些自然条件恶劣、不安全的地方，会带银筷子。"

"博古架最上面的茶叶罐也是银制的吧？"

"不是，那是锡罐。锡也不易生锈，时间久了擦一擦，光泽就出来了。不过大多数锡器都是铁做的，表面涂锡，又白又亮。"

"所以用锡是为了好看？"

"也不全是。锡可以压得很薄，锡纸可以隔绝空气，所以人们用锡纸包食品、香皂之类的东西。铅与锡的合金可以用作焊料，焊接其他金属制品。"

"铅？电箱保险丝里面也有铅。"

"对，铅的特点是弹性好、韧性差、易弯曲、易熔化，保险丝需要熔点低，避免温度过高引起火灾，因此适合用铅丝，不过铅丝一般是用含锡锑的合金。"

"锡和银，哪个亮？"

"锡和银，还有锌，都是亮白色的，都有光泽，但所有金属中，最亮的是锌。所以很多器皿虽然是铁做的，却要镀锌，不仅为防止铁锈，还可以有漂亮的光泽。"

"这些知识人们是怎么掌握的？"

"文明发展过程中，人类会有各种尝试，很多知识是偶然发现的，不过大量知识缺乏记录，特别是文明早期，不少发现与发明都屡屡失传。直到科学实验方法出现后，人们对各种实验过程和结果进行详细记录，并制定实验规则，人类集体知识才得到了更好的积累。换句话说，科学方法的运用，使人类对很多问题有了基本公认的解释，这些现象都是可以确定且重复出现的。不过自然界中还有些现象的出现存在高度不确定性，人类也缺乏共识性认知，这时可能需要比科学方法更多的方法。"

8.5 修行

有个叫作比尔·波特的美国人，以自己的亲身经历写了《空谷幽兰》《禅的行囊》等几本书，向世界介绍中国人的修行与文化。

比尔的父亲是美国黑帮分子，出狱后曾经靠酒店生意积累万贯家财。1972 年，不差钱的比尔在街头百无聊赖的时候，遇到一个流浪汉。

这个流浪汉曾经是战斗机飞行员，二战时在菲律宾空战中跳伞逃生，落在热带丛林，醒来时发现自己躺在树枝和树皮搭成的窝棚里，是一群皮肤棕黑的土著救了他。

他摔断了一条腿和几根肋骨，因此恢复花费了很长时间。等他能动的时候，才发现窝棚并不是在地面上，而是在几十米高的树冠中间。

土著教他学会在丛林上下和打猎，负责照顾他的女性后来成为他的伴侣。直到有一天，一支美军小队经过，他激动地跑过去告诉自己被救的经过。

他被小队指挥官收编。当他提出回去和自己的救命恩人告别时，指挥官命令他废话少说，否则视为逃兵正法。他忽然意识到自己再也回不去那片原始丛林了。

战争很快结束，飞行员回到美国，工作一段时间后，放弃工作选择流浪生活，流浪了 20 多年。他对比尔说，在城市里流浪与在丛林里没什么不同，他始终没搞清楚当初自己被击落的准确位置，但很后悔离开那片丛林。

这件事对比尔触动很大。人生可以有多种活法。

第二天，他飞到中国台北，在一所寺庙里过起了隐居的修行生活。4 年后，寺庙方丈给他一封信，是他父亲去世前一天寄给他的，信中说"你是不是该考虑干点有意义的事情了"。比尔于是开始翻译佛经和中国古诗，一干就是 30 年。译作中包括大量中国隐士的古诗。

1987 年，台湾开放赴大陆探亲。比尔萌生了想到大陆寻访隐士的念头。比尔在 1989 年出发了。经过多次寻访大陆，他的结论是："隐士传统不仅存在得很好，而且是中国社会很有活力的部分。"

比尔深入中国偏远地区寻访隐士和人文遗迹，然而看到的隐士并不像唐朝王维那样精通音乐、书画、诗词，在松下云中悠然自得。有的疾病缠身，有的苦于生存，有的无所事事。唯一相同的是，他们都坚持和相信自己的修行。

比尔在书中感慨："我们都需要有时间独处。有人却能从独处中变得更有智慧、更为仁慈，这是我遇到中国隐士后让我吃惊的事。他们是我见过最幸福、最和善的人。"

修行是追求信仰

修行也是探求事物规律的方法与途径。修行可以追求意识开悟，也可以追求身体健康。成吉思汗曾经向长春真人丘处机讨要长生不老药。丘处机坦言："但有卫生之道，而无长生之药。"养生之术常常也是修行的重要内容，道家称之为"实修"。实修也要靠知识信息，修行根本上修的是智慧和心境。人类意识的核心是信仰，因此修行的本质就是追求信仰。

各种宗教或学说关于修行的目标并不相同。

佛教修行常常要跳出轮回，修成佛陀，求得解脱。"如是法相，名大涅槃。真见此法，名为解脱。"（《大般涅槃经》）

道教修行大多要长生不老，超然世外，修成神仙。"列仙之人，盈乎竹素矣。不死之道，曷为无之？"（《抱朴子·内篇》）

基督教修行要完成上帝旨意，死后升入天堂。"凡称呼我主啊主啊的人，不能都进天国，惟独遵行我天父旨意的人，才能进去。"（《马太福音》）

伊斯兰教修行要最终完成扬升，与真主同在。"你们把自己的脸转向东方和西方，都不是正义。正义是信真主……并谨守拜功，完纳天课，履行约言，忍受穷困、患难和战争。"（《古兰经》）

印度教的修行要合于种姓制度。"婆罗门的第一大职责是自我约束，静心修炼苦行。""刹帝利应该施舍别人。不能教授别人。""吠舍应该用公平的手段获得财富。他要通过每年的劳动获取一定的报酬。""首陀罗通过为其他三大种姓服务获得巨大的愉悦，但决不能聚敛财富，否则就可能利用财富使其他三个种姓里的一些人臣服于自己。"（《摩诃婆罗多》）

儒家修行要修炼自己成为合于道德的智者，完成人生使命。"天命之谓性，率性之谓道，修道之谓教。道也者，不可须臾离也。可离，非道也。"（《中庸》）儒家以"格物、致知、诚意、正心、修身、齐家、治国、平天下"为修行的步骤与目标。

总之，修行是一种追求，信仰目标不一而足。可以是修养德行，精神开悟，也可能是追求得道成仙，普度众生。修行的共性是通过对身体和意识的不断磨练和强化，达到新的意识境界。

当意识功能发生改变达到新的境界时，修行者既可以将其用于影响和支配其他人，也可以将其用于让自身行为更符合自然规律。清代道士刘一明言："道成之后，须要韬明隐迹，以待脱化。"（《西游原旨》第九十八回）这些人修行悟道后只是指导自身，并不热衷向别人传播。

意识的本质是信息。信息场是信息集中的场所，人的精神是有序的信息场，是负熵。对人类个体而言，会受到很多来自外界的信息场的作用，包括其他人的信息场。善意是接收到有益信息，恶意是碰到有害信息。

同样，自己的意识和精神可以是有益的信息，也可以是有害的信息。这种信息既可对人，也可对己。一个信息成为执念，如抑郁或自杀，会影响人体正常运行。人类集体的信息场也是如此。国家意志可能有益于人类发展，也可能给世界带来灾难。

意识成长的方式之一是修行。各种修行，归根结底，修的是智慧和心境。智慧是观察宇宙的哲学，心境是处理事情的境界。

面对天地万物和人生百态，只要有足够的智慧和心境，各种修行方法都是殊途同归。修行最终都是以理性和知性，取代感性和本性——这个过程是意识成长与进化的过程。

人类个体获取的信息总是有限的，但人类整体获取信息的能力是无限的。人类异于其他物种的根本原因也在于人类超强的集体信息积累能力，因此个体获取信息之后传播信息、推动集体意识的进步，也是修行。

修行虽然是个人的行为，却与人类集体有着密切联系，对人类社会发展有着或多或少的影响。因为在宇宙这个多层级系统中，任何一级或一个系统的改变，都会对其他层级或系统产生非线性作用。修行带来的个人意识的变化，有时也会左右人类集体意识的演化方向。

修行可以提升意识层级，更好地理解和顺应天人合一之道，追求人与自然的和谐与完美。无论是否有意识地主动在做，人的一言一行都是在修行。如果有意识地将修行作为人生目标，修行就是一种人生观和价值观，是求知省悟的过程，是追求信仰的过程。

奇特的修行方式

修行不限于隐士。修行可以是山民野叟，也可以是达官显贵。可以在世外桃源，也可以在闹市红尘。修行的方式也五花八门。

埃及修行者们曾经激烈竞争。公元4世纪，一个最著名的隐士（安东尼）90岁高龄离开隐居的山峰跋涉到亚历山大城。亚历山大城内有很多修行者都在比拼忍耐力。有个人（马卡里乌斯）7年不吃煮过的食物，曾经连续20个晚上不睡觉，还连续6个月睡在沼泽中，并裸露身体任毒虫叮咬。

中东也是修行者们的聚集地。有个人（西米恩）做到了40天不吃食物。后来他住在一根18米高的石柱上，柱子顶部圆周不超过1米，只有栏杆防止睡觉时跌落，他在这个完全暴露在日晒、雨淋、寒冷的柱子顶上不间断地生活了30年。他将这个高高的石柱作为讲坛，向聚集来的人们讲道。

欧洲有一位修行者（圣奥古斯丁），年轻时找了好些情妇，18岁就做了父亲，后来却皈依基督教，热衷于修行，成立了西方最早的修行团体（奥古斯丁修道会），自己也成为神学家、哲学家和主教。他矮瘦而敏感，曾经留下两本名作（《忏悔录》和《上帝之城》）。在异族入侵时，他命令各主教和祭司们坚守抵抗，并以身作则，守城的第三个月去世。

印度修行者向以残酷苦行闻名。有个人（悉达多）放弃太子之位去修行，父王忧心其苦行生活，挑选出5位有心修行的贵族作为侍者随太子出家。太子以六年时间极端苦行，几乎丧命。最终放弃苦行，开始沐浴，并接受了牧羊女的奶粥。五侍者因此厌弃并离开他。但他调整方法和思维后，精神觉悟，又找到五侍者传法，五侍者被说服并成为第一批弟子（五比丘）。他被后人尊称"释迦牟尼（释迦族圣者）"。

日本很多修行者重视行走学习。公元9世纪，一位高僧（圆仁）从日本入唐求法，历时9年穿越7省20州，写成《入唐求法巡礼行记》（与玄奘的《大唐西域记》、马可·波罗的《东方见闻录》并称东方三大游记）。回国后其弟子根据其记述，创立了"千日回峰行"的日本修行方式。修行者在7年的1000天里，完成总步行数约4万公里的朝拜，相当于绕地球一周。具体要求和修行环节非常残酷。1200多年来，共有50多人修成，其中有3人曾两次修满。

中国古代修行方式各不相同。

禅宗的祖师中，初祖到三祖都是居无定所的修行生活，四祖（道信）开创了在自给自足的寺院内进行禅修和劳作的修行方式。这是中国第一所禅修中心。

五祖（弘忍）圆寂时该寺常住僧侣已超过千人。互助劳作让修行者将心灵修炼从禅堂扩展到日常生活的所有领域，任何时间任何事务都可以修行。

曾经有人问五祖，为什么不在城市修行，而要在偏远的山里？他回答说："大厦之材，本出幽谷，不向人间有也，以远离人故，不被刀斧损斫。"（《楞伽师资记》）

这种修行方式后来被六祖（惠能）否定。六祖提出："若欲修行，在家亦得，不由在寺。""道由心悟，岂在坐也？""心平何劳持戒，行直何用修禅。"（《六祖坛经》）这种观念使修行方式摆脱了持戒和坐禅的形式。

修行的文化选择

修行的过程是追求信仰的实践过程。修行的目标是用意识调理身心。理念决定意识。文化影响理念。个人可以选择文化。

不同文化孕育不同理念。以德报怨、以直报怨、以怨报怨，三种态度在佛教、儒学、伊斯兰教的不同文化中各自都是正确的理念。修行是通过不同方式了解各种文化，选择自己认可的文化理念，然后经过修炼心性，趋向理想境界。理想境界只有更好，没有最好。

修行的主题离不开生死。

道家的态度是出生入死，死生一体。庄子认为，"人之生，气之聚也。聚则为生，散则为死"。道家强调"性命双修"，生命与心性都重要，我命由我不由天。

佛教的观点是解脱生死，因果轮回。六祖临终前说，"有来必去，理亦常然"。佛教强调"明心见性"，心性重于生命，"诸行无常，是生灭法"（《大般涅槃经》），唯有自性不生不灭。

儒家的主张是生而不朽，视死如归。生命和心性都不如道义重要。孟子说："生我所欲也，义我所欲也，二者不可得兼，舍生而取义者也。"儒家也强调"修身养性"，"身体发肤，受之父母，不敢毁伤"，但"立身行道，扬名于后世"才是人生目标。"朝闻道，夕死可矣"（孔子）。

修行使心智受到滋养，每日平静愉悦，胸怀坦坦荡荡。心境高远自然思虑纯正，不屑于虚假，不陷于口舌，不迷于善恶，不困于是非。修行者可以选择远离烟火，也可以选择行走闹市。方式虽有不同，目标均为修心。修在体会而非言辞，心有体会自见光明。

万物有阴阳。有真就有假，有实就有虚，有善就有恶，有德就有怨。真诚就有人欺骗，实在就有人利用，善良就有人挤兑，德让就有人过分。选择好就要承受坏。修行者自己选择内心的方向和应对的方式，并接受相应的各种后果。

有人选择生命的长度，有人选择生命的宽度。2017年诺贝尔文学奖获得者石黑一雄认为："人重要的不是年龄，而是经历。有的人活到一百岁也没经历过什么事。"当追求生命质量被多数人接受的时候，修行者也在选择追求什么样的质量。

有人选择精神世界，愉悦多来自道德与艺术，追求真理与高雅，遵循美善与良知。有人选择物质世界,快乐多来自感官与地位,追求财富与名声,醉心饮食与异性。虽然饮食是维持生命的需要,异性是繁衍生命的需要,但凡事过度则不应是修行者的选择。修行者既可选择安贫乐道,也可选择富而不骄。

世间自古百态,选择基于理念。修行者在不同文化影响下选择修行的方向。有方向则有信仰,有信仰则有定力,有定力则不会随波逐流。面对外界的误解、歪曲、抹黑、攻击、污蔑、嘲讽、恐吓,修行者无怨无畏,岿然不动。个人如此,国家亦如此。

换位思考不仅要人与人之间换位,还有文化与文化之间换位。

每个人活着都有其在社会中扮演的角色,这些角色根据不同场景而发生变化,因此每个人的身份是在不断切换的。人的行为常常取决于自我身份认知,自我身份认知往往受文化熏陶影响。

文化表现在一群人的思维模式与行为方式的共性。选择融入还是选择独立,其实是不同文化的选择。

只有了解更多的文化思维,才能知道有更多的理念选项,方能真正做到尊重其他人和其他文化。

修行者通过不断学习,洞察万物本性,理解不同视角,纵观境界高下,顺应天地之道。

对待别人的选择,态度包容、开放、豁达、淡然。对待自己的选择,态度坚定、真诚、纯净、执着。

修行路上参差不齐,先进后进体会不一。面对他人的方向及高度,或选择逍遥,或选择慈悲。小乘大乘,俱为智慧。

9. 人天关系

形而上者谓之道（《易经·系辞》）。大千世界，有形无形，虽变化莫测，机制各异，却有共同规律，是为天道。宇宙万物谓之天，运行规律谓之道。寻道四方，就是要在生态环境与人类文明的时空中不断探寻规律，认识规律，把握规律，顺应规律。每个人都是时空的旅行者，都有独自面对天地的真实体验与真诚思考。尊重生命，体验生命，热爱生命，通透生命，在短暂的个人生命中幸福感受丰富的人类文化，在为人类社会做出个人贡献之后超然看待寻常的生命来去。寻道的目的是要做到知行合一与天人合一。

9.1　时间

落英桃花路，含苞杨柳枝。

故地春如旧，犹记少年时。

思考的万年视角

人生快意事：读万卷书，行万里路，后面还要加上"想万年事"。人生区区百年，何以要用万年的视角思考问题？

一生看山川，只见草木荣枯，却看不出山在变高、海岸线在移动、物种在减少。但若以万年看山川，则能发现有沧海桑田、海底冰山、森林沙漠、物种灭绝的自然巨变。同样道理，人类社会的万年巨变也远远超出人们一般的想象。短期内看似静止的事物,长期都是可变的。

各种影响因素变与不变,决定着人们的思考和选择。个人、国家、人类,面临选择的时候首先是分轻重。理性的选择都会选取更看重的方面。可是何为轻?何为重?很多时候是主观的判断。轻重因人而异、因时而异、因视角而异。生命、爱情、自由、事业、独立、富强、稳定、民主,孰轻孰重?这是观念的问题。而观念,是变化的。

万年视角令人思路开阔。以万年视角思考,人们头脑中很多无可置疑的观念,很可能在另一时期大多数人并不以为然。以万年视角思考,人们以为必然会到来的事物发展趋势,很可能突然转向发展成了另一趋势。以万年视角思考,人们看似无用的某些想法,很可能成为未来人类知识体系中的新学科。

万年视角令人心胸豁达。以万年视角思考,人生中似乎极其重要的东西,也许突然显得微不足道。反之亦然。以万年视角思考,历史上各种灾难、血腥、战乱、奸邪、困苦,让眼前的问题不致绝望。以万年视角思考,更容易运用人类文明演化规律,把握眼前的生存发展和幸福的机遇。

万年视角令人心怀敬意。毫不起眼的任何一个人,都可能因为其某方面特殊之处名载史册。地处偏远的任何一个部族,都可能演化成具有世界影响力的国家。人类活动空间的任何一个点,都可能成为未来文明的发源地。

万年视角令人不会孤独。以万年视角思考,与自己思想碰撞的人就不只是生命时序有交集的人,而是超越古今时空。以万年视角思考,看透有形无形,不仅可以发现不同时期、不同个人或集体的物质水平差异及原因,还可以领略人类精神层面的高峰及本质。以万年视角思考,可以过滤掉生活中的杂质与噪音、无聊与琐碎,提供一个清静旷达的心灵空间,感受自然与人类社会演化的厚重脉动,顺应天人合一的宇宙之道。

文明的时间维度

文明是人类社会的火焰。人类生生不息,文明就会薪火相传。

一般认为，人类几千年的文明史绚烂夺目，在物质领域和精神领域均取得显著成就。当前，数十亿人口免于饥饿。集体知识爆炸式发展。新的理念、制度、组织不断涌现。也有人说，人类文明的科技成就固然显著，人性与道德却几千年来变化甚微。

人类文明真的是"不断用新方法去实现老目标"的演化过程吗？

文明的历史并不能让人们预知未来，却可以启发人们对未来有更多思考和想象。拿破仑临终遗言对寄予厚望的儿子"罗马王"忠告："经常阅读思考历史，这是唯一的真哲学。"虽然拿破仑之子21岁就死于肺结核，但历史学家们对拿破仑这种见解常常奉为圭臬。

当然，人类文明的历史如此浩繁，以致历史学家提出的任何观点都可以找出史料佐证。现实就是如此。即使是真相和真理，往往也并不单纯，从不同的角度每每会看到不同的面孔。

人们从文明史中得到的最大收获，是知道真理、是非、价值观往往不是一成不变的。人们昨天的信仰与价值观，可能随着个人生活阅历的增加与知识信息的丰富而出现自我否定。

人类历史中，某时期的价值观几乎总要遇到被另一时期主流观念颠覆的时期。六祖慧能所说"学道之人，一切善念恶念应当尽除"，实质是主张摆脱价值判断后达到无我状态。所有的价值判断都是特定时空下的文明现象。时间如果足够长，"善恶虽殊，本性无二"。

从文明的不同时间维度看，人性是常量，道德是变量。万物运行的规律是常量，评价和试图影响规律的意识是变量。

万年未有之变局

如果从人类的演化视角看，当今社会正处于万年未有的变局之中。

在马克思的理论体系里，用"生产力"和"生产关系"的概念分别描述人与自然的关系以及人与人的关系。

从生产力的角度看，当前人工智能的兴起意味着什么？在过去千年乃至万年的人类历史上,人类何曾用过自身具有智能的工具?人类从事经济活动的方式可能正在由"人—机器—产品"演化为"人—人工智能—机器—产品"。

从生产关系的角度看,数字经济和区块链技术的普及意味着什么?仿真场景和"去中心化"的新形态,会不会解体以往人类历史以"中心—层级控制"为特征的人与人之间的组织关系?

当生产力和生产关系都发生颠覆性的质变时,人类的演化必然会出现前所未有的新变化。

人们常常身处其中,却察觉不到千年剧变、万年巨变的来临。而往往是后人回视历史时,才恍然发现彼时乃是演化的拐点。对于新事物,人们难以识别昙花一现与流传千古的演化前景。

近万年来,人类由新石器时代演化到人工智能时代。这种演化不仅是物质世界的演化成果,同时也是能量世界和信息世界的演化成果。

在这个意义上说,"演化论"与"神创论"并无本质区别,都是信息对演化过程的作用。这个过程可能是物质世界的从无到有,也可能是从简单到复杂。但对信息而言,本来就是先验存在的。

自然演化,是较弱信息流影响下的渐变;神创演化,是较强信息场影响下的突变。二者可能交替出现,也可能同时出现。有时渐变明显,有时突变强烈。

人类目前开发人工智能就是利用集体知识的信息场,以神创演化的形式创造新事物。智能机器人诞生后,通过学习能力进行自我完善,就属于自然演化的过程。

目前智能机器人的记忆能力、计算能力和学习能力已经明显优于人类。由于人类的情绪和感情都是自然演化的结果,未来智能机器人也可以演化出情绪,情绪只是一种维护个体生存的记忆依赖的本能。

近些年,欧美国家的一些普通人将芯片植入体内,一些残疾人用智能假肢复原人体,还有一些人将意念控制实物的科研成果用于实践,人体与人工机器结合日益紧密。

当人体的大部分器官都已经被人工机器取代时，一种被称作"超级智人"的新物种就会出现，其各方面能力无疑都会超越现有人类。当智能机器人同样具备思考能力与情绪变化时，也会作为一种新的物种面对人类。人类由智人走来，不会为超越石器时代感到惋惜。物种的演化，新物种的出现和旧物种的消亡，都只是世界形态细小的变化。

人们有越来越多的视角审视所处的世界。人们看到的事物或理念，有的是从前有、现在绝迹的，有的是从前没有、现在出现的。日复一日，年复一年，看似循环的时光走廊里，世界演化正在悄悄进入对人类而言具有质变性质的拐点。

9.2　空间

风起秋云动，日落溪水红。
星移光阴转，人在行旅中。

旅行的人生意义

人类历史给当代人类宝贵的经验教训。旅行提供纵横万里的空间和文明变迁的画卷。在以万年为单位的世界里，社会只是一个点，世界只是一条旅行线，时代只是一瞬，一生只是一个故事。

任何历史事件都是特定时间和空间下发生的故事。然而通过阅读或口述了解到的那些人类历史充满想象和模糊。旅行可以让人穿越时空，置身于历史事件发生的地点，观察历史事件真实的遗迹，更加感性而真切地接近历史事件的真相和情境。

情境是某个时空（古代或现代、战争年代或和平年代、英雄时代或平庸时代）下的情绪和环境。每个人都深受所处情境的感染，保持超乎时代的冷静清醒难之又难。生命总是倾向于对现实情境作出反应，而较少考虑历史记忆。

不同文明有不同的社会意识环境，不同时代有不同的社会主流情绪。旅行让人可以穿越和切换不同的情绪与环境，检验信息是否真实，反思信念是否正确，感受不同时空下的人物心态和社会思潮。

每个人的生命长度都短暂而有限。旅行让人走出固有的空间，接触和体验不同的自然和人文环境，让人生更加丰富多彩，让思维更加活跃开阔。正如合理的饮食和锻炼可以延长人的时间，适当的旅行和读书可以扩展人的阈间。

古罗马思想家奥古斯丁（Aurelius Augustinus）发现了空间变化对阈间变化的影响："世界是一本书，那些不旅行的人只读过其中一页。"对人类文明了解得越多，阈间越广阔。

读书是理性的旅行。旅行是感性的读书。旅行和读书的根本意义都是求知。求知是意识演化的过程。人类社会中，求知和反智两种方向都有，人们因此产生阈间差异。

真正的旅行应该以知识为基础，通过旅行，接触人类文明的不同领域，印证和反思自己以前的信息和观点是否可靠，同时扩大视野，发现新现象新问题，通过继续读书与交流，弄清背后的道理或艺术价值，人的思想深度与广度会因此而不断拓展。

旅行游历的目的不应仅限于开阔眼界，观察空间差异，还应通过视野的拓展提升内心修为，最终实现意识的升华。因此，身体和心灵的旅行是身心演化的过程，是探索规律的过程，是追寻天道的过程。人生本身就是旅行，旅行路上不懈寻道。道在心中，世界因内心明亮而精彩。心怀大道，生命因洞察演化而超然。

生活的旅人视角

社会生活有多种人生，多种意识，多种视角。社会需要多元视角。旅人视角是一种无我视角，有时也被称为"审美视角"，是文明演化的重要组成。

旅人视角看待人生，不热衷于参与、改变、竞争或博弈，不执着于对人、财、事、物的支配，只是以旅行所见的态度与视角看待万物。

旅人视角喜欢看美丽的花，却并不想要折下来戴上；喜欢看饱满的果，却并不想要摘下来吃掉；喜欢看健壮的动物，却并不想要驱使；喜欢看优雅的异性，却并不想要占有；喜欢看人间的故事，却并不想当演员；喜欢看事物的规律，却并不想要谋私。

旅人视角不以改变现状为己任。法国医生伯尼尔（Francois Bernier，1620—1688）在《莫卧儿帝国之旅》中记述了大量他在印度的见闻，明知问题所在，却未告知带他旅行的莫卧儿帝国皇帝，他只是记录自己的观察与推想。

300多年前他在书中记录印度所见："如果有人发了财，他不会让自己生活得更舒适，表现出衣食无忧的样子，反而要装穷……所有的金银财宝都深埋地下……我很肯定地认为，这种埋藏贵重金属的习惯导致很多贵重金属退出了市场流通，因而是印度斯坦陷入贫困的一个主要原因。"

旅人视角甚至不以对人有用为己任。《庄子·逍遥游》中，惠子批评枝干弯弯曲曲的大树，认为无用，木匠都不看它一眼。庄子不以为然，认为这样的大树可以生长在广莫之野，人们可以随意在它旁边徘徊，躺在树下逍遥自在。大树没有什么用处，但也无害。

旅人视角平和而超然，抱持顺其自然的观察心态，体验或记录自然与人类现象。旅人视角认为不必追求自己对个人、国家、人类、自然的改变。其他人，为满足个人或集体欲望而进行的改变努力，自己并无肯定或否定的必要。万物运行自有规律。

旅人视角面对规律是无忧的。《易经》讲规律，但从文字本身看，很多都是旅人视角的记录。不要说旅卦，就说睽卦，从初九到上九，讲了旅人丢马、遇到坏人、巷子中的主人、割了鼻子的人在拉牛车、遇到跛子、看到族人吃肉、满身是泥的猪、打扮夸张的一车订婚人，自始至终，旅人笔调轻松而客观。

很多行业中不少人士喜欢抱持旅人视角，诸如科学家、美学家、哲学家、历史学家、文学家、旅行家、艺术家、记者等等。通常旅人视角更习惯使用实证方法，而对使用主观性较强的规范方法非常慎重。

旅人视角的观察与记录不一定准确。他们在画作中可能让冬天的蜡梅与夏天的荷花同时盛开，可能让北方的柿子和南方的芒果同地出现。他们在诗作中可能极尽夸张，在叙事中可能掺杂想象，但旅人的视角一定在努力追求美好。

每种视角都有局限性。每个旅人的观察都有局限性。历史学家往往更多记录和关注自己所处的文化发展。解释某个事件诸如战争的原因时，忽略或扭曲另外一方的因素并不罕见。但旅人的视角一定在尽量追求真实。

以旅人视角看待人生，各种现象都不足为怪，各种体验都了然于心，各种诱惑都不为所动。

隐士的生活空间

隐士是一种生活方式的选择，可居闹市，可隐山野。隐士不是无所事事，只是不追求社会地位与人脉资源。在名望与人脉方面，隐士做的是减法而不是加法。隐士的修行目标是天人合一，而非人际关系。

心之所至，无处不可以静修。静修的方式，也绝无固定之法。可以静坐，可以冥想，可以读书，可以打拳，可以吐纳，可以导引。不必拘泥于姿态和仪式。静修的本质是要连接人的内心与外界，个人与社会，人类与自然，内外相融，天人合一。

静修之妙，在于修复和保养生命。生命需要物质、能量、信息三方面的新陈代谢。对生命体而言，信息与物质、能量一样，也需要反复释放和获取。冥想与睡眠都是信息新陈代谢的方式。

思考是有逻辑的分析过程，是理性的信息整理过程。冥想与睡眠是无逻辑、非理性、潜意识的信息组合过程。冥想与梦境中的信息都是人脑中本身已有的信息，但组合方式天马行空，毫无规则，奇幻多变，是与现实世界迥然不同的"平行世界"。

现实中的理性世界可能会限制人们的想象力。静修则使人可以保持更加开放的思维方式。17世纪以前的欧洲人在没有看到澳大利亚黑天鹅的情况下,以为世界上的天鹅都是白色的。开放的思维方式让人们始终对黑天鹅现象保持认识上的谨慎和尊重。

商汤曾问老师夏棘:四海之外还有什么?夏棘回答:都和中国差不多。商汤说:你没有走遍,怎样能肯定是这样呢?夏棘说:我向东走到营州,发现和中国相似,问当地人更东边的情况,据说与营州相似;我向西走到豳州,发现和中国相似,问当地人更西边的情况,据说与豳州相似;由此可知,天下都是差不多的。

这种认识观忽略了黑天鹅现象。时间和空间不够大导致推理可能有问题。事物在不同的环境下演化,时间久了会产生巨大的差异,同一物种都会分化成生殖隔离的不同物种。文明相隔的时间和空间会造成思维方式的巨大差异。个人也是一样。

这种差异应该以开放的视角看待,不宜简化为某些人标新立异。如果是为了与众不同而标新立异,那就是以吸引他人注意为目的的哗众取宠。如果只是在正常的生活状态与价值观念下表现出标新立异,那只是行为方式或思维方式可能与众不同。只要是追求自由的行为,就一定会因违背他人的意愿而需要承受压力。

院子里有很多草木,气味不同。有人在院子里转,乐于多去芬芳之处。有人在院子里转,更关注哪些草木有可食用的果实,为了采集果实不在乎气味。开放的态度是要让自己可以在气味和果实之间自由选择,而不是必须要热衷于与所有草木接触,并以获得大量果实为傲。

以开放的心态顺应内心感受,个人与社会及自然形成统一。无论在任何地方,每一天都这样生活,就没有错过人生演化中的任何事。

9.3 阈间

细雨乌石板，竹径翠庐轩。
人间寻常事，山水阅千年。

空间变化是事物位置的移动，时间变化是事物自身的改变，阈间变化是事物维度的增减。当然，所有这些变化都是相对的。旅行不仅是空间与时间的变化，也是阈间的变化。

对人类而言，阈间意味着文明演化。两个不同地域的文明，空间不曾改变，时间同步发展，文明成果却大相径庭。阈间广阔的文明较为先进，与落后文明碰撞时会出现降维打击。

对个人而言，阈间意味着思维发展。知识和才艺的增加可使人思维开阔，阈间扩大，不同程度超越瞎子摸象的狭隘。两个人的阈间不同，意味着两个人的精神世界差异，心态、视角、行为、思路都会因此不同。

一个人的时间，可以是 20 岁，也可以是 120 岁；一个人的空间，可以是一个城市，也可以是世界各地；一个人的阈间，可以是一种专业，也可以是百科全书。时间越长，空间越大，阈间越广，人体系统与外部环境交换的信息、能量、物质越丰富。

东西方的生死观

在人类文明的"轴心时代"，东西方都出现了影响人类思想几千年的哲人，他们塑造出不同文明的精神框架，各自也都是阈间开阔之人。

灿烂的东方文化中，儒、释、道学说的创始人孔子、释迦牟尼、老子，分别大约出生在公元前 551 年、公元前 623 年、公元前 571 年。孔子强调人与人的关系，释迦牟尼强调人与自我的关系，老子强调人与天地的关系。

孔子一生追求建立理想的社会秩序，并为此抱憾而亡。《史记·孔子世家》记载，孔子 73 岁卒，临终前对学生子贡说：泰山要崩坏乎！梁柱要摧折乎！哲人要凋萎乎！还说梦见自己坐在屋子两柱之间，这是商代停放棺椁的礼仪，夏代和周代则是停放在屋子两侧。自己是殷商后裔，看来自己确定是要死了。语气无奈而悲凉。孔子始终将实现完美的社会治理作为自己的目标和责任，当他发现理想越来越远而自己即将离世，对死亡充满遗憾。

释迦牟尼35岁觉悟，此后一生传道。他80岁去逝时，留下最后的话是："一切存在皆有灭，当勤精进勿放逸。"前半句话说的是规律，即"道"，后半句话说的是选择，即"德"。作为探求规律与选择的智慧思考，佛教学说与道家学说有很多相通之处，殊途同归。佛学与儒学也有一些相同的哲学结论。例如，释迦牟尼觉悟后找到五比丘，阐述他的最终观点：极端享乐与极端苦行均不是正确的修行之法，而应选择中间路线，即儒学推崇的"中庸之道"。

后来使禅宗在中国兴盛的六祖惠能，临终前对弟子们说："莫作世情哭泣"，要像我生前那样保持端坐，"但能寂静，即是大道"，展现出智慧平静的道行。唐初求法归来的玄奘，晚年身体病痛，不断做梦，或与野兽搏斗，或从高山坠落，或见各种妖怪，也有享受众生祭拜、或见大白莲花的好梦。自知不久于人世，玄奘遗嘱安葬在"山涧僻处，勿近宫寺"。临终时弟子问他是否会转生为佛，玄奘给了肯定回答："得生！"觉悟成佛是佛家弟子的终生追求。

老子是真正的隐士，经历不详。他不像孔子、释迦牟尼那样有几千几百的学生替自己及学说做宣传。图书馆长的职业经历使其知识丰富、认识深刻。西出函谷关后，大概去秦国安度晚年了。其生前的最后记载，就是关尹要他留下五千字的《道德经》。不排除尹喜留书的情节也只是传说。老子真正达到了不求为人所知的无我境界。

后来的庄子也是道家代表人物，记载相对翔实。庄子略晚于亚里士多德，但活了83岁。年轻时做过地方官吏，生命中大部分时间是隐居生活。临终前学生讨论如何安葬，庄子说："吾以天地为棺椁，以日月为连璧，星辰为珠玑，万物为赍送。吾葬具岂不备邪？"学生很为难地说：那样怕您被乌鸦老鹰吃掉。庄子却超然地说：我的尸体在地上会被乌鸦老鹰吃掉，在地下会被蚂蚁吃掉，何必偏向某一方呢？庄子做到了把天人合一、顺其自然的理念贯彻生死。

古希腊三贤出生时间略晚于儒释道创始者。苏格拉底整天找人辩论，从未正经工作过，在市场、运动场等公众场合与各方面的人谈论各种话题。他通常喜欢启发式提问，有时他也会直接给出回答。回答有风险。由于一些回答内容超出了当权者的理解范围，或者对当权者不利，于是，苏格拉底70岁那年，被判死刑。罪名一是不信雅典的神，二是蛊惑青年。虽然他有条件逃跑，但他拒绝了朋友们的好意。

根据柏拉图的记述，监狱看守长含泪向苏格拉底宣布饮鸩命令，苏格拉底平静地说："谢谢你的好意，我一定会照你说的去做。"他从狱卒手中接过毒酒后问："你说我用这杯酒祭神可以吗？"狱卒回答："我们只准备了刚够你使用的分量。"苏格拉底仍然向众神祈祷，然后将毒酒一饮而尽。此时在场的学生们均忍不住哭泣，苏格拉底说："人应该平和安详地死去。"

苏格拉底去世时柏拉图28岁，此后他四处游学，返回雅典时已经40岁。然后开始建立学院，著述讲学。柏拉图虽然也曾做过国王的老师，但结果并不理想。他绝大部分时间都是在学院中度过。柏拉图学院是西方文明最早的有完整组织的高等学府，也是后来大学的前身。他与学生们关系极好，在他80岁那年，参加学生的婚宴，疲惫时就在屋里安静的角落一只躺椅上小憩，没有醒来，也没有给世界留下遗言，正如其师所言，"平和安详地死去"。

亚里士多德在柏拉图学院学习了相当长时间。他曾去给13岁的马其顿王子亚历山大当帝师，后在雅典城生活。他主张希腊各城邦统一，而不是分裂。当他在雅典受到指控、有生命危险时，他做出与苏格拉底相反的选择——逃亡。不过他离开雅典几个月后就病逝了。他的遗嘱如同贵族的财产安置，提到了他的母亲、弟弟、姐姐、姐夫、女儿、外甥、妻子、前妻，以及奴隶，没有哲学，没有名言。

在世为生人，去世为鬼神。在世时，西方强调平等，中国重视尊卑；去世后，西方习惯驱鬼，中国流行敬鬼。中国传统文化中，虽也有"驱鬼"

的节日习俗，譬如放鞭炮、点火把、跳神会，但更多的是"敬鬼"，比如设酒菜、燃香烛、烧纸钱、放河灯等。

东西方都有"鬼节"，却有不同的文化态度。11月1日万圣节（All Saints' Day; All Hallows' Day）是西方的"鬼节"。万圣节本来是公元前五世纪生活在苏格兰和爱尔兰的凯尔特人的驱鬼习俗，后来欧洲的基督教会却用万圣节纪念逝去的宗教圣人，要举行弥撒仪式。

古人普遍畏惧鬼怪和疾病。早期凯尔特人（Celts）在该节日前夜，为躲避鬼怪恶灵附体或侵扰，采取两个办法：一是点起篝火，大概以为鬼怪象动物一样怕火且喜阴暗，而活人则喜欢光明；二是装成鬼怪，让鬼怪认不出自己是活人。后来演化成烛火与化妆两个节日习俗。万圣节在欧洲本土不受重视，但历史上的大量爱尔兰移民将该节日在美国发扬光大，成为美国每年都要举行盛大的万圣节派对和游行，万圣节之夜(All Hallows' Eve; Halloween)也成了家喻户晓、被孩子们喜欢的节日活动。

在中国传统文化中，祖先也是逝去后的鬼神，而且会庇佑后人，因此对祖先的尊敬崇拜情绪也就形成了中国"敬鬼"传统。商代极为重视祭祀，被看作最重要的两件国家大事之一。孔子作为殷商后裔也"敬鬼神"。儒家提倡"孝道"，生死均须尽孝。

因此，中国文化中有强烈的祭祖传统。春节、清明节、中元节、重阳节，都是具有代表性的祭祖节日。特别是清明节和重阳节的春秋两祭，是中华文化较为重视的民俗节日。其中，"中元节"也被民众视为"鬼节"，大概始于东汉。中元节的"敬鬼"风俗原本早就存在，主要是祭祀祖先的习俗。道教出现后，将农历正月十五称"上元"，七月十五称"中元"，十月十五称"下元"。从其在中国出现的时间看，道教"中元节"应该是借鉴了佛教以该日作为救倒悬痛苦之器法会的"盂兰盆节"。

无论"敬鬼"还是"驱鬼"，人们对鬼神的态度取决于人们对鬼神的理解。主要有两种理解方式：一种是将鬼神高度拟人化、神奇化，妖狐鬼魅，聊斋志异，这是迷信式、故事化的想象，不存在于现实。这是对鬼神的庸俗理解方式。另一种是将鬼神理解成能量场、信息场，是与活人并存、却没有形体的精神现象，或无形的存在现象。这是对鬼神的科学理解方式，这种理解方式显然阈间更为广阔。

生人有躯体，可以通过声音、文字、表情、动作传递信息。鬼神无躯体，通过图文、灵感等多种媒介和方式，也可以传递信息。例如古人的思想学说也可视为鬼神，古人虽逝，其无形的观念却可影响生人。人类在演化发展过程中对鬼神这类信息现象的感知和扩大，于是有了各种无法验证、光怪陆离的不同描述。

中国传统文化中有"一死生、齐彭殇"的思想。认为生与死、长寿和短命、生人同鬼神都可以一视同仁。这种思想摆脱了对人体感觉的依赖，于是对鬼神有了超然的态度。不需要怕鬼、驱鬼，相反，要给鬼神以活着时的尊重，因此要敬鬼、祭鬼。中国"鬼节"表现出的"敬鬼"习俗，更多是对先祖的尊重、崇拜与思念，与面对生人无异。

开悟本质是什么

意识是人体系统的功能，当系统受到外部刺激时，包括意识在内的各种功能会随之发生适应性改变。既可以通过异于常人的修行方式（例如苦行）获取不同寻常的领悟与功能，也可以通过普适性的修行方式（例如学习）获取身体、智慧、品德等方面的提升。

意识由信息构成。意识处于不断演化的过程中。先天信息在基因，后天信息是知识，二者都是可变的。获取后天信息有两种途径：直接方式谓之思，包括冥想、坐禅、苦行等修行方式。间接方式谓之学，包括语言、文字、观察等修行方式。

开悟是修行的成果，虽然不易，却不神秘，而且也只是修行的一道门槛，修行永无止境。开悟者可能知道自己达到开悟状态，也可能虽然开悟，却不自知其为开悟。

各种宗教或非宗教的修习之法都可能有助于通向开悟。开悟是一种生命状态，各家各派称呼不同，特征类似。开悟状态的特征主要有四：无执念，无烦恼，无迷惑，无恐惧。

无执念，是进入无我视角。开悟前是以自我视角做事，追求为己、为人、为国、为民等各种人生目标。开悟后是以无我视角做事，看着自己追求为己、为人、为国、为民等各种人生目标。做事尽力而为，却不计较成败。

无烦恼，是实现心灵自由。开悟前受外界影响大，认知及情绪往往取决于外界的肯定、表彰或赞誉。开悟后是认知由心，情绪不随他人毁誉而波动。任何事做或不做，以及面对任何困苦，都能内心平静、空灵清澈、轻松愉悦、不懈精进。

无迷惑，是达到天人合一。开悟前是学有专精，知识条条块块，事物各有规律。开悟后是万物一体，万法归宗，世界由模糊变为清晰。看透事物本质，知识融会贯通，规律一以贯之。信仰坚定，面对天地万物与世间万象不再困惑迷失。

无恐惧，是跳脱生死得失。开悟前恐惧死亡，恐惧病痛，恐惧流言，恐惧羞辱，恐惧要挟，恐惧邪恶，恐惧失败，恐惧攀比，恐惧贫穷，恐惧丧亲，恐惧孤独，恐惧灾难。开悟后看淡生死，处变不惊，胸怀坦荡，无惧无忧。

开悟的途径，有渐悟，也有顿悟。任何途径，开悟前后，均需不断学习和修行。某次顿悟通常只是特定方面开悟。开悟不断积累，直至大彻大悟。

开悟是智慧发展的境界，或早或迟，或有或无。开悟之后身心状态提升，人体系统功能涌现。未开悟也不影响正常生活。开悟并非人生的必修课。

开悟后因意念能力增强，有时可能伴随出现超常功能或现象，中外古籍均有"神通"等修行的衍生现象记载，但历来修行者不将其视为目标。认知深刻与心灵自由才是修行者的开悟目标。

开悟与聪明无关。虽然聪明者常有悟性，但聪明而不悟者比比皆是，开悟而不聪者仍身心洒脱。开悟与经历无关。虽然大起大落、历尽艰险、劫后余生者更易开悟，然历经沧桑仍执迷不悟者大有人在，生活简单却勤于思考者仍可开悟豁达。

开悟是修行的结果。修行有多种方式，闹市与深山，无处不可为道场。隐于朝还是隐于野，可以选择，但不必排斥，勿厚此薄彼。各有利弊，无须独钟。洞彻天地人世，悟道殊途同归。

阴阳需要平衡，独处不可或缺。独处对人的境界提升大有助益。古往今来那些最有创造力的人往往具有乐于独处、善于思考、长于表达的特点。摩西、耶稣、释迦牟尼、穆罕默德等宗教创始人都有独处经历。达尔文、康德等科学家思想家都宁愿独自散步而拒绝各种晚宴邀请。修行是孤独的。但修行路上并不孤独。大道无疆。每个人都可以感受到天道的力量。

探讨修行的表现

笔者隐修期间，常有宾客来访。客人闲问主人："修行者和不修行者有什么区别？"

"修行者为自由放弃利益，不修行者为利益放弃自由。"

"一个重视精神世界，一个喜欢物质世界，都很美好。"

"修行者追求与世无争，不修行者追求升官发财出名。"

"一个喜欢清静和平淡，一个喜欢风光和成就。"

"修行者平淡生活有美好，不修行者平淡生活很无聊。"

"一个没有寂寞，一个害怕孤单。"

"修行者身心始终在路上，不修行者寻找舒适和歇着。"

"一个喜欢体验和提升，一个喜欢轻松和稳定。"

"修行者在旅行中求知，不修行者找美食美女和购物。"

"一个更喜欢知识见闻，一个更喜欢感官享受。"

"修行者业余时间喜欢学习，不修行者喜欢喝酒打牌。"

"一个重视内在精神成长，一个重视外界朋友社交。"

"修行者想的是天人关系，不修行者想的是人际关系。"

"一个追求出世，一个追求入世。"

"不，修行者也可能追求入世，却是抱持求道心态取得成就。不修行者追求入世，无论成功与否，目标都是富贵、权势、名声。"

"为理想牺牲名利或性命的革命者、地下党算不算修行者？"

"算。他们在俗世中修行，为追求精神自由牺牲物质名利。"

"美国流浪汉，物质世界艰苦却精神自由，算不算修行者？"

"如果这些流浪汉抱有求知悟道的进取心态，就是修行者。如果只是浑浑噩噩得过且过混日子，就不是。"

"陶渊明不为五斗米折腰之后，恬淡闲散，算修行者吗？"

"算。陶渊明隐居后的文学创作是求知进取的表现。传世诗作百余首，散文十余篇，都是思考感悟。他过于好酒，不是修行者的优点，但我醉欲眠卿可去的率直，不失名士之风。他的曾祖陶侃为求做官，将母亲头发卖了置备酒菜招待引荐人，把床席劈碎给引荐人喂马。这种以尊严换功名的行为不是修行。不过，陶侃的不修行和陶潜的修行，时势与偏好不同，没有道德高下之分。"

"有人追求在佛道的学会或组织任职挂名，是不是真修行？"

"真的修行者不会论而不做，一定会为信仰身体力行。"

"听说前些年终南山聚集了数万修行者，是不是真修行？"

"修行的真假，只有修行者自己才知道。旁人的评论，也不过是以自己的理解，去揣度他人。"

"不少终南山的修行者被揭穿是假和尚、假道士。"

"修行和信教是两回事。真的修行者中，有佛教徒、道教徒，也有不信教的人。披着宗教或修行外衣的骗子哪里都有。"

"选择隐居修行，会不会是沽名钓誉？"

"名誉，入世才有，隐居修行的出世行为，何来沽名钓誉？"

"隐居修行与俗世修行有区别吗？"

"没根本区别。如同人在花园或在闹市，都可以看书。"

"那为什么还要隐居？"

"安静的场所、简单的生活，更有利于学习和思考。选择隐居修行，不见得是有想不开的难题、躲不掉的麻烦,只是选择一种生活方式。修行要不要隐居,视具体情况和个人偏好而定。"

"如果不隐居,怎么观察一个人是不是修行者?"

"看他的目标、心态和生活方式。修行者追求精神上的自由,比如知识和心境;不修行者追求物质上的自由,比如财富与权力。"

"人生很短,修行者选择平淡生活会不会为没有做而后悔?"

"世界很大,看待生命中事情的轻重有不同视角。修行者看透世事,不求世俗目标,平淡生活中有真诚美好,不为人生后悔。"

"对高官巨富,怎么知道修行者是不想要,还是要不到?"

"做自己,不需要向人证明。修行者做事面对自己的内心,不是做给人看。不必在意别人评价。人不知而不愠,不亦君子乎。"

"修行会不会让社会失去活力?"

"修行并不是消极遁世、虚无主义、无所作为。修行者自力更生,做该做的事情,尽应尽的义务,但不以世俗风光为荣。以出世之心做入世之事也是修行。修行和任何兴趣、职业一样,都只会是部分人的选择,不需要担心修行会对社会有负面影响。"

"修行需不需要打坐练功、受苦受难?"

"修行有两种根本途径:直接方式是思考,包括冥想、坐禅、苦行、感悟。间接方式是学习,包括语言、文字、接触。各种修炼功法与生活磨难都只是促进思考和学习的具体形式。"

"修行的目标是什么?"

"追求身心自由度。通过学习和思考,不断渐悟与顿悟,修炼自己的智慧和心境,让自己的认识和行为不断提升到新境界。"

"怎么理解身心自由度?"

"身体自由是健康长寿,摆脱疾病困扰,尊重和保持生命质量。心灵自由是平静愉悦,摆脱精神束缚,不用去做违心的事情。不修行者求助于医师、营养师、心理医生,修行者靠自己努力。"

"如何获得身体和心灵的自由度,靠财富还是知识?"

"知识更重要。知识可以解决包括创造财富在内的各种难题。修行的本意就是求知的过程，求知永无止境。各种修行，归根结底，修的是智慧和心境。智慧是观察自然和世间的哲学，心境是处理事情和内心的境界。一个是世界观，一个是方法论。"

"开悟是不是修行的目标？"

"开悟是智慧发展的境界，或早或迟，或有或无，可以作为修行的阶段性目标。古来许多禅师记载自己的开悟体会，大多是开悟时的感受，或用佛教语言体系阐释心得，多有晦涩，需仔细体会。"

"开悟之后是什么状态？"

"开悟主要有四个特征：无执念，无烦恼，无迷惑，无恐惧。开悟之后身心状态提升，创造力得到激发，愉悦感得到增强，认识问题更加深刻。开悟前后需不断学习和修行。通过多次开悟走向大彻大悟。"

"开悟后怎样修行？"

"继续坚持自律，不断学习磨练，遵循善的天道和生活方式，用心感受天人合一。修道修的不是道，是以道修己。修行之道，不但要修，而且要行。修其智，行其心，知行合一。"

"修行者要不要向别人传道？"

"修行者有两种，一种选择逍遥，修行悟道后只是指导自身，并不热衷向别人传播。这是修行的本意。另一种选择慈悲，自己体验到开悟的益处后，热衷于传道弘法。佛教中的小乘与大乘分别对应这两种状态。提升个人或造福社会，都是智慧的表现。"

"什么是修行的平衡状态？"

"人生之旅是境界提升之旅。怀修行之念，存无我视角，求知行合一。在去除执念的前提下，通过各种磨练，力求身心平衡，提升意识境界。隐士，不以功利为目标，不以史册为归宿，不以消沉为取向，不以风光为荣耀。以个人修行的提升，端正自身举止，顺应演化规律，丰富人类文化，实现生态和谐，趋于天人合一。"

9.4　世间

墨香书经纬，茶色映春秋。
五岳循古道，四海泛轻舟。

傍晚时分，红云层叠，湖水赤染，对岸木桥有渔者垂钓，怡然自得。朋友来访，煮好黑茶，分杯散香，品味陈韵。

朋友问道："悠闲是不是生命的最佳状态？"

"生命的最佳状态应该是自由。身心合一，天人合一。"

"可以自由地去做任何想做的事？"

"至少可以自由地拒绝任何不想做的事。"

"身的自由和心的自由，哪个更重要？"

"心更重要。不少人思维固化，对于很多观念观点从来不曾思考背后的原因，满脑子本就如此，束缚太多，这是心的不自由。"

"身的不自由应该也是束缚太多，不能做想做的事，不能拒绝不想做的事，只能沿着他人设定的轨道前行。"

"身的不自由，既包括不能自己把控生活方向，也包括没有足够的知识维护身体的健康运行。"

"把控生活主要是工作和事业的选择吧？你的工作经历跨越研、学、产，是在寻找合适的目标还是在拒绝勉强的事情？"

"只是想多一些经历和体验，然后才能知道哪些事最适合自己，让自己最舒适，所以最终还是回到研究领域。"

"七十而从心所欲，不逾矩。"

"对，从心所欲不逾矩。你知道为什么要70岁才能做到吗？时间不够长，很难弄清楚自己内心的欲求和世间外界的规矩。"

"想做成一件事，应该没办法自由地拒绝任何不想做的事。"

"逻辑上的确如此。所以无为，才能无不为。不求成功，自然没有失败。不求风光，自然没有落寞。"

"无为是否太过消极？"

"自由只是修行的目标。修行是漫长的人生过程。在实现目标之前，先要有为，要积极乐观，这是辩证的关系。不经历入世体验，妄言出世，面对考验，难有所成。"

"积极乐观地奋发有为，是身心合一的表现？"

"这是一种好的状态。心有喜怒忧惧，身有松紧疾康。身随心动，五情牵动五脏。调整好心态，有利于维持健康的身体状态。"

"身心合一才能天人合一？"

"身心合一是个人修行。天人合一不仅指人类要与自然和谐，个人也要尽量与天地合拍。"

"是说天冷加衣、下雨打伞、夜深睡觉这类适应的反应吗？"

"包括这些。譬如尽量在天气好的时候室外活动，天气差的时候室内工作。咱们坐在这里，清风徐来，云卷云舒，是天地的形态，心情因之悠闲，身体随之轻爽，是天人合一的表现。"

"这么说，身心的美好，还是需要环境的美好。"

"温室与荒漠都能长出植物，热带与寒带都能存活生命。好的环境有利于身心，如果可能，还是尽量选择好的环境。"

"什么是好的环境？你行走七大洲、到过南北极，看了不少地方，最终还是选择在国内定居，是因为国内的生存环境更好？"

"修养身心的外部环境，包括自然条件，也包括人文社会。有人更注重空气食物对身体的影响，有人更在意文化理念对心灵的影响。如果能够选择对身心都有利的环境，就是追求天人合一。"

"谁不愿意自由选择呢，可是，不具备自由选择的条件怎么办？心向自由但身体疲惫怎么办？"

"关键要有心。只要有向往自由之心，生活就可以是悠闲的。残疾人的身体自由度小于正常人，却同样可以追求幸福。身体再疲惫，看一眼星空，闻一下花香，都是在自由地实现天人合一。"

"生命易逝。百年之后，骨灰化作尘埃，更是天人合一了。"

"本就如此啊！生命里的悠闲，在于求与不求、察与不察。"

志趣的闲情视角

康乾时期浙江有个被乡里视为神仙般的人物，叫曹庭栋，活了快90岁，不用药物，不用导引，乐享天年。他志趣恬淡，不肯为官，不愿在学界互相吹捧，朋友很少，默默无闻。但他喜欢博览群书，著述均有感而发，存有《老老恒言》等众多文稿。

《老老恒言》对日常生活的衣食住行都有论述，颇多心得，而不盲从。与之相类似的，清初的李渔著有《闲情偶寄》，内容也是生活心得，包括饮食、器玩、居室、种植、颐养、词曲等五花八门的观察和感想，文学价值不逊于其戏剧和小说成就。

中国自古这类人物和志趣多如星辰。人们的志趣，有的从一而终，有的半途转变。孙思邈自年轻时就无意功名，一心致力医学，晚年隐居陕西省铜川，享年142岁。曾被封为"伏波将军"的葛洪则是半路辞官，绝弃世务，修习玄静，著书讲学，成一代宗师。

曾国藩讲："凡人才高下，视其志趣。"从一个人的志向和兴趣可以看出其品质和潜力。每个人的生命史就是他自己的作品，志趣体现了一个人想将自己的人生作品塑造成什么样子。

有的人志趣有明确目标，比如建功立业、完成历史使命、实现自我价值。有的人志趣并无特定目标，不追求实用性，也有别于浑浑噩噩，这种闲情视角也是一种旅人视角。当然有明确志向的人空闲时也会以闲情视角思考和做事。

艺术是美的创造和体现。人生本身就可以有艺术性。急于赶到目的地的旅人往往会忽略路上的风景。闲情视角让人暂时抛弃目标的干扰，以完全放松的心态观察周围与内心的世界。

当然，人的志趣可能有弹性变化。于人于己，都是好事。生存环境或面临形势发生重大变化时，譬如从和平年代到战争年代，志趣发生变化很正常。

水温过高则为气，水温过低则为冰。无事则静如泰山，有事则奔若急流。

人类文明多姿多彩，既有战争时期的雄浑惨烈，也有和平时期的清静绚烂。稳定美好的社会需要人们的生活丰富多彩。居安应当思危，但不必非要把安定的日子过成危险的生活。既不要"内卷"，也不要"躺平"，应该积极地发掘和创造生活中的美好。生活中需要闲情视角，需要人与自然的和谐、内心与外界的平衡。

人生只是一段旅程，常人与圣贤均在面对生死。旅人视角会以审美的眼光走完一生。在生命即将结束的时候，最留恋的是依然是一切让人觉得美好的东西或瞬间。

什么是美好？

美好是可以拍照或随笔记录下令人心情舒畅的时刻或画面，每次重温都能感受到幸福。美好是可以体会文字、音乐、绘画、摄影、舞蹈、雕塑等艺术作品的力量，产生共鸣。

美好是可以感受不同时空下人们的思维与情感，不同生存环境中人们的智慧与神奇。美好是可以给孩子自由时间，让孩子感受开心，无论怎样的一生，都有最宝贵的回忆。

美好是可以努力实现自己的目标，或帮助别人实现目标，能感受到别人心中的美好。美好是可以真正认识自己，让自己保持学习能力和想象力，让生活富有变化和创造力。

美好是可以保持情绪和想法内外一致，不必被迫掩饰和扭曲自己的心境、表情与观点。美好是可以远离可能带来病痛与恐惧的一切，保留可能带来自由与幸福的一切。

美好是可以平静生活，平静面对褒贬，平静面对涨跌，平静面对聚散，平静面对生死。美好是可以按照自己内心的道德、而不是别人口中的道德做事。浩然正气天地可鉴。

美好是可以按照自己的自由意志去努力追求，而不是将任何攀比作为目标。美好是可以实现心灵与身体的和谐统一、个人与天地的和谐统一，感受到平衡的愉悦。美好是可以不断增长知识，超越此时此地的自我，每天都在进化，每天都是新的生命。

快乐的三个层次

世界是演化的。人在感官、感情、感悟方面一直在演化。

感官方面，大部分哺乳动物都不能辨认颜色，但灵长目，特别是人类，比较例外。这是因为人类早期与猴子一样，主要生活在树上。居高临下的视角与平视看到的内容很不一样，演化出颜色辨认的能力就非常重要。主要在地面生活的哺乳动物演化出发达的听觉和嗅觉，视觉则大多只停留在深浅的程度，而无法像人类那样，对颜色变化有着清晰的区分。

发达的视觉保障人类的生存。即使因为后来气候变化，森林变成草原，早期人类被迫从树上生活转为地面生存，仍然保留了辨别颜色的能力。当然，如果视觉细胞出了问题（主要是视锥细胞，而非视杆细胞），人的颜色辨别能力就会缺失。

语言也是演化的结果。早期人类生活环境从森林变成草原，需要直立行走才能更好捕捉猎物。直立后的重力改变了人的喉咙与上颚结构，使人的发音系统变得复杂，产生了语言。

哺乳动物用上颚区隔口腔与鼻腔，可以防止幼仔喝母乳时吸入鼻腔，影响呼吸。上颚也是辅助发音的器官，没有上颚的爬行动物就无法发声。人类上颚与咽喉的位置和形状都有利于声音变化。包括上颚在内的复杂发音系统，使人类可以发出比其他哺乳动物更多的声音，形成了语言这种交流模式。

感情方面，人类的感情与表达感情的表情远比其他动物丰富。

感情是人与人之间情绪的互动。情绪是人与外界之间本能反应。本能是生物在演化过程中形成的有利于生存的行为方式。情绪也是本能。达尔文提出情绪帮助动物们适应环境。情绪出现初期，大多有目的性，成为本能后，目的性模糊了，但却是自然选择的产物。人的基本情绪有喜、怒、哀、惧。

早期人类在遇到有利于生存的事情时，会产生喜的情绪。此时大脑分泌多巴胺，促进记忆和运动。例如发现食物源，高兴的情绪可以加强让人记住该地并迅速行动的能力。

人在受到伤害、或遇到意外障碍和困难时，欲望得不到实现，会产生怒的情绪。此时人体血液循环加速，心跳加快，血压升高，迅速进入临战状态。例如受到动物攻击后人会本能愤怒。

人在遭遇挫折或损伤时，会产生哀的情绪。此时大脑分泌安多芬，这种天然镇痛剂对人有缓解疼痛、调节呼吸、体温和血压等作用，有利于补偿人在受到身体或心理创伤后的脆弱。

人在遇到外部威胁时，会产生惧的情绪。此时人体分泌大量肾上腺素，使人的体能迅速高于平常，可以迅速逃生。恐惧情绪下人或动物的"毛发竖立"，是使自己在敌人眼中显得体型更大。

人不仅在面对自然的时候会有情绪反应，与其他人打交道同样会有情绪，双方的情绪互动，就形成了感情，例如由喜到爱，由怒生恨。只是不同的人和人生的不同阶段对感情的理解深度不同。不懂珍惜或不辨真假，都很常见。

感悟方面，人类早期与其他动物类似，只能将已有信息以本能的方式存入基因。后来人类演化出语言和文字，可以汇集和积累集体智慧。语言工具将人类个体联网，形成集体知识系统，人类整体能力的演化速度迅速超越其他物种。

感官、感情、感悟均能带给人快乐。追求快乐是人的本能，但有境界高低之分。低是指容易实现，比较常见。高是指门槛较高，相对较少。

第一境界是感官层次，追求外界事物给自身的视觉、听觉、味觉、触觉、嗅觉带来的愉悦体验，例如美景、美声、美味、美人、香气。

第二境界是感情层次，追求外界事物给自身情绪带来的舒适体验，例如亲情、友情、爱情、恩情、同情，以及社会地位带来的被尊重感。

第三境界是感悟层次，追求外界事物给自身理性带来的开阔体验，例如知识、视野、技能、道德、智慧。人生之旅是境界提升之旅。

感官层次是生物本能。感情层次是人的本能。感悟层次是人的理性。理性超越本能，是修行的结果。

修行提升境界。"曾经沧海难为水"就是这个道理。见识等外界事物接触多了，观念也会变化。是非、美丑、大小，都可能剧变。

内心境界提升之后，追求的方向也会随之改变，原有的人际关系必然因此发生变化。要避免盲目的优越感，须知修行路上天外有天。

境界会有波动，精神亦有兴衰。怀修行之念，存无我视角，求知行合一，寻快乐之源。在某种境界中，平静即是快乐。

不以功利为目标，不以史册为归宿，不以感情为取向，不以风光为荣耀。去除执念，历经磨炼，身心平衡，境界提升。

通过个人修行，端正自身举止，顺应演化规律，丰富人类文化，实现生态和谐，趋于天人合一。

追求身心自由度

从修行的视角看，生活是不断提升、趋于完善、合于天道的努力过程。这个过程虽不轻松，但令人愉快。

修行有两个主要内容：身体与心性。修行的方向是追求身心自由度：身体免受病痛之苦，心性脱离困顿之羁。

心灵自由是古今中外都向往的境界。庄子在《秋水》中表示，自己宁可在泥水中自由自在，也不愿被供奉在庙堂中毫无生气。汤因比晚年在《从东方到西方》中说："如果我可以转世当一头牛，而且可以在印度和西方之间选择出生地的话，我相信我应该选择西方……在西方，我可能会在人类专横的双手中缩短生命，但是活着的时候大概会快乐的多。"

中国古代有一些传统的修行理念，各有特点：儒家讲修身养性，道家讲性命双修，释家讲明心见性。

儒家和道家之所以提倡身体与心性并重，是因为儒家以生存为维度，道家以生死为维度。佛教只重心性不重身体，是其以生死循环为维度。

儒家修行方式是"知止而后有定，定而后能静，静而后能安，安而后能虑，虑而后能得"，以此达到"止于至善"的目标。(《大学》)"学而不思则罔，思而不学则殆。"(《论语》)

佛教主张通过"戒、定、慧"三学、经由"知、解、行、证"次第往上修行，提升意识层级。"理可顿悟，事须渐修。"(《楞严经》)

道教提出以"致虚极，守静笃""见素抱朴，少私寡欲"(《道德经》)"心斋""坐忘"(《南华经》)等方式修行。

修行之道，不但要修，而且要行。修其智，行其心，知行合一。儒释道都强调知行并重。"论先后，知为先；论轻重，行为重。"(朱熹)"知是行之始，行是知之成。"(王守仁)"如或但能诵说，心不依行，自心则无经；实见实行，自心则有经。"(惠能)"夫道，有情有信，无为无形。可传而不可受，可得而不可见。"(庄周)"上士闻道，勤而行之；中士闻道，若存若亡；下士闻道，大笑之。不笑不足以为道。"(老聃)

"养心即是养生"也是一种理解方式。汉儒董仲舒认为，"仁者所以多寿，外无贪而内心静，心平和而不失中正，取天地之美以养其身。"

《黄帝内经》是道家著作，提出养生的境界等级：少病长寿为"贤人"，长命百岁为"圣人"，修出神通为"至人"，寿敝天地为"真人"。

道家和中医认为养生最核心之处在于"不治已病治未病"，从饮食起居和精神心境两大方面，按照人体自然规律进行调节。

从道家的视角看，人生修行有四个境界：吃好喝好、得过且过是庸众；呼风唤雨、声名显赫是权贵；名留青史、流芳百世是英杰；无欲无求、逍遥无我是神仙。

因此，以最高境界为目标的修行者往往具备以下若干特点：

修行者不重视感官上的满足，而追求精神上的成长。修行者不倦于充实内心世界，而外部生活尽量简单。修行者不沉迷生活舒适状态，而进行各种体验思考。修行者不重复停滞浪费生命，而一直设法提升认识。

修行者不受外界毁誉干扰，心态纯净平衡。修行者不为塑造形象作秀，诚实面对内心。修行者不因生活困窘苦闷，乐观豁达坚毅。修行者不对意外灾难惊恐，平静担当承受。

修行者不追求特定的恩怨、责任、使命、情境。修行者不追求个人的人脉、影响、权力、声望。修行者不追求世人的赞誉、尊敬、膜拜、拥戴。修行者不追求历史的定位、评价、名气、荣誉。修行者有条件却不放纵。修行者有权力却能谦虚。修行者有财富却能节俭。修行者有自由却能勤奋。

修行者不恋富贵，却勤于精进。修行者不存执念，却全力以赴。修行者不肯苟且，却顺应天道。修行者不惧生死，却珍重生命。修行者信仰坚定，却不一定是各种宗教。修行者自我约束，却不需要是清规戒律。修行者看淡世事，却不见得会没有感情。修行者追求开悟，却不懈学习各种知识。

修行者追求无我视角，而不是生活视角。无我视角是俯瞰视角，生活视角是平视视角。平视多倾向模仿和攀比，俯瞰则可以超然而洒脱。平视可能会意气而争斗，俯瞰易选择淡泊与和谐。

修行者可以是胸怀天下苍生，也可以是认真做好自己。修行者可以是投身人类事业，也可以是专注修养身心。修行者不断开拓视角与深化理解，日益远离简单狭隘。修行者不断加强自身能量和信念，合于天道正气不朽。

修行没有终点。悟道者往往学识丰富，参透大道，不惑不忧，看淡生死。所谓"超出三界外，不在五行中"。严复在《天演论》导言中说，"凡属生人，莫不有欲，莫不求遂其欲。"人生常有不如意，往往是意愿太重，倘若无欲，何来不如意。无欲而为，并非无为。尽其所能，而不计成败。

人类社会常见人生观大体有六类（享受快乐、经历苦难、奉献社会、赚钱糊口、体验成功、丰富人生）：

1. 人生是快乐，认为人生目标是享受各种成功，包括兴趣、名望、朋友、财富、权力，例如获取尽可能多的资源、尽可能大的影响、尽可能高的社会地位，以及为实现目标而奋斗本身所带来的快乐。

2. 人生是受难，认为人生就是经历各种苦难。

3. 人生是贡献，认为人生是为对他人、对社会、对自然奉献自我。

4. 人生是活着，认为人生没有目标，像其他生物一样，只是该活的时候活着，该死的时候死亡。

5. 人生是体验，认为人生就是体验可能遇到的各种事情、感官刺激和心理体会。

6. 人生是修行，认为人生是不断提升自我、趋于完善的努力过程。

这六种人生观在现实中交织混杂在一起，每个人在不同的人生阶段和不同的人生遭遇下会有某种类型非常显著。"追求梦想"和"志向远大"是社会主流价值观。对以"修行"为目标、以"无我"为视角的人生来说，苦难和欢愉都不是人生的终点，获取和奉献都不是人生的目标，活着和体验都不是人生的牵挂，唯有让自身的意识和举止无限趋近于"道"，才是生命的真谛。这个"道"，就是"无我"，就是万物一体的演化规律。

9.5 无间

田舍着轻衣，窗外星渐稀。
释卷闻犬吠，烹茶看云起。

生态环境需要和谐平衡，人与自然应该亲密无间。无间，是指人与自然在本质规律上并无不同，二者应该相生互融，而非对立与征服。当人类文明发展已经对世间规律有了相当程度的认识，就应该顺应规律，遵循天道。"天道学说"有三个核心内涵：聚散、繁简、兴衰。万物均在聚散中演化，一切复杂的事物均由简单而来，兴衰生灭是所有事物的演化特征。顺应天道是最有利于人与自然的行为方式，因此应该保护生态环境，调养内心道德，从无我视角出发，不强调人类的独特性，而重视人与自然的协调性，真正做到知行合一，天人合一。

天道演化聚和散

事物是演化的。天道是演化规律。天道集中表现为聚散。聚为负熵，散为熵。

9. 人天关系

天道之行，无所不在，无始无终。事物皆有兴衰，天道万法归一。规律自会演化，没有绝对真理。

演者，量变。化者，质变。世间万物，每时每刻，或生或死，均在量变与质变之间。顺之则利，逆之则害。尊重天道，遵循规律。

万物有生灭，凡事有聚散。宇宙、地球、板块、生命、人体、部落、民族、国家、文化、制度、语言、等等，莫不如此。

万物有阴阳，凡事有利害。同一举动，在此为利，在彼为害，此时为善，彼时为恶，角度不同，结论各异，道却相同。

人的器官感知范围非常有限，大体仅限于可以看到、听到、触到乃至探测到的物质世界。能量和信息通常很难被人体传感系统直接感知。然而包括星系粒子在内的物质世界的万事万物，都离不开信息的支配。规律、结构、基因、意识、信号、知识等等，都是信息。维纳（N. Wiener）在其《控制论》一书中提出："信息就是信息，不是物质也不是能量，唯物论不承认这一点在今天就不能存活下去。"

"唯信息论"认为，世界的本原是信息，物质与能量均是信息的衍生物，三者相互转化。信息被称为"负熵"。有人总结出信息主要具有可共享性、可再生性、可转换性、可存储性等多种特性。

能量和物质在传递过程中有"守恒"特性，即甲将能量或物质给乙，则甲就会失去这部分能量或物质。而信息在传递过程中没有"守恒"特性，甲无论将信息给多少人，甲仍拥有等量信息。

物质是实体，在人的感知范围内，通常能被五官皮肤等人体传感器感觉到。能量不是实体，大部分不能被人体传感器直接感觉到。信息也不是实体，人的意识、生物的反应，都离不开信息。

能量和信息不在人体感知范围内，但人可以通过物质世界可感知的东西来描述它们。电流、电磁波、引力波、雷达波、黑洞，人们用流、波、洞等事物来比喻看不见的能量。同样看不见的信息也可以用一些物质世界的现象来描绘，如：信息流、信息场。

信息构成意识。"唯物主义"强调物质决定意识，"唯心主义"重视意识决定物质，现实中这两种现象都存在，二者相互决定，只是阶段和场合差异。摆脱局部因果关系的视角，超越二分法，世界就呈现出以系统为核心的一元论。

在这个一元论中，信息、能量、物质之间并非仅存在线性决定关系，而是发生非线性作用。非线性作用是非平面、立体化、无中心、无边缘的网状结构，推动系统演化。

以系统思维来观察真实的世界，更强调事物的相互决定和相互转化，以及系统的整体性。当然，这不意味着系统的视角可以完全看清真实的世界。真实的世界只能不断接近却永远无法尽知。

物质、能量与信息，三种形态以某种方式融合在一起，不但相互作用，而且可以相互转化，犹如冰、水、气，特性不同而本质相同。基本上，物质由能量凝聚而来，能量由信息凝聚而来。

物质和能量可以互相转化。能量波叠加形成粒子。粒子不断细分到最后是能量。物质世界是千变万化的舞蹈，却没有舞蹈者，只有能量。物质的变化也是能量的变化。

能量和信息可以互相转化。人逢喜事精神爽，好信息可以增加正能量。同一时点同一人体，既可通过积极信息瞬间产生巨大能量，也可因为负面信息迅速失去原有能量。

信息和物质可以互相转化。梦想可以成真。真实化为泡影。理论与现实互相作用和转化。信息可以改变物质，物质也可以改变信息。

物质世界的生生死死只是形态变化。物质不灭，能量守恒，信息不死。信息、能量、物质构成世界的系统。三者互相转化和聚散的过程中，形成包括生命现象在内的世界画卷。生命现象是演化的结果，却不是演化的必然。

万物同理繁由简

所谓"天道酬勤"，是因为重复简单的行为可以产生复杂的结果。事物规律本就如此。世间万物纷繁复杂，但任何复杂均由简单叠加和演化而来。

这种叠加常常并非简单重复。

复杂性理论认为，生命与非生命均是系统。任何系统均有内部结构和外部功能。结构是系统内部各要素间相对稳定的联系方式和组织秩序。功能是系统与外部环境相互作用中表现出来的性质和功效。

结构是系统的内在规定性，功能是系统的外在规定性。系统结构具有相对稳定性，系统功能则灵活易变，不同条件下可能表现出不同功能。任何系统总有一定结构，结构不同，系统的质的规定性就不同，系统就有质的区别。系统结构发生改变，系统就会发生质变。

系统是由若干要素组成的有机整体，具有独立要素所不具有的新功能，这种新功能也不等于各个要素的功能相加。微观元素的非线性作用导致整体系统功能具有涌现性。

新功能的涌现常常令人很难看清复杂系统是由简单而来。

任何一个复杂系统都是不同层次大量子系统组成的，子系统总是存在着自发的无规则的独立运动，同时又受到其他子系统运动的影响。

自组织运动自主地从无序走向有序，从简单走向复杂，形成有结构的系统。耗散结构论认为，系统开放、远离平衡、非线性相互作用、涨落是自组织形成的基本条件。

花开花落，沧海桑田，生死兴衰，万物运行机理固然繁杂而不同，演化过程却存在共同的基本规律。

复杂性科学现代理论与中国古代哲学思想，东西方理论虽有不同表述，核心内涵却有共同的规律特征，只是侧重点有所不同。

中国古代哲学重视研究事物之间的关系，擅长整体观，重点观察功能。西方传统科学更重视研究实体，强调分析法，优先探索结构。不过，当西方传统科学不断分解物质，希望找到组成世界的最小粒子时，最后发现没有最小粒子，只有看不见的能量。物质或实体只是宇宙存在中的某种特定形态。实体结构虽千变万化，系统功能却有共同特征。

中国古代哲学中的阴阳理论以不同的表述方式阐释了系统的规律。这种规律涵盖宏观世界和微观世界。结构为阴，功能为阳。不过，更多时候阴阳被用于描述事物功能。这也是中国哲学思想的特色，即不重视结构的差异，而强调功能的类似，通过分析功能的变化，决定采取施加影响的策略。

阴代表的功能特性包括：有形、物质、重浊、黑暗、沉降、寒冷、低下、抑制、静止、内向、消极、悲哀、虚弱、柔和、迟钝，等等。

阳代表的功能特性包括：无形、精神、轻扬、明亮、升腾、温暖、高亢、兴奋、运动、外向、积极、喜庆、强壮、刚烈、灵敏，等等。

《素问·阴阳应象大论》将宇宙基本规律简化为阴阳："阴阳者，天地之道也，万物之纲纪，变化之父母，生杀之本始，神明之府也。"

中国传统哲学有"天人合一"的理念，不仅是人与环境要和谐统一，而且从功能特性方面看，人与天地并无不同。

"积阳为天，积阴为地。阴静阳躁，阳生阴长，阳杀阴藏。阳化气，阴成形。""清阳为天，浊阴为地。地气上为云，天气下为雨。雨出地气，云出天气。故清阳出上窍，浊阴出下窍。清阳发腠理，浊阴走五脏。清阳实四肢，浊阴归六腑。水为阴，火为阳。阳为气，阴为味。味归形，形归气，气归精，精归化。"

天地运行规律可以用阴阳概括，人体的产生与运行遵循同样的阴阳规律。人体运行既需要呼吸，也需要饮食。二者产生能量，形成人体及遗传物质，再演化出新的人体，循环往复。

中国传统哲学中的阴阳理论与五行学说正是摆脱了实体表象的束缚，通过特征描述将世间万物统一起来。

五行学说用更细的划分来描述世间万物。但容易被人误解的是，五行并不是指实体，不宜理解为金水木火土五种元素构成天地万物，而是金水木火土五种物质的特性可以用来描述事物变化。五行学说同样是以功能的视角论述宇宙万物，是具体事物的抽象特征。

《尚书·洪范》将五行特征概括为："水曰润下，火曰炎上，木曰曲直，金曰从革，土爱稼穑。"

水曰润下，水的特性是滋润、向下、向内、闭藏、寒凉。

火曰炎上，火的特性是炎热、向上、向外、光明、温暖。

木曰曲直，木的特性是生长、变化、升发、条达、舒畅。

金曰从革，金的特性是刚硬、跟从、护卫、保守、悲伤。

土爰稼穑，土的特性是孕育、承载、转化、生新、厚重。

因为五行有以上特性，不同功能之间才会有相生、相克、相乘、相侮、相及。

五行相生：金生水（矿物质改变水质）、水生木（水助木生长）、木生火（木助火旺盛）、火生土（火改变土质）、土生金（土质决定矿产）。

五行相克：金克木（金属可毁草木）、木克土（草木破土而出）、土克水（土能防水）、水克火（水能灭火）、火克金（火能熔金）。

五行相乘：与五行相克次序相同，相克太过，超出正常。

五行相侮：相侮意为反克，被克方成了克制方。木侮金，金侮火，火侮水，水侮土，土侮木。相乘与相侮是过与不及的关系。

五行相及：五行相生中，出现"母病及子"或"子病及母"，损及上下，导致关系失常，一损俱损。

五行学说是中医藏象学说的重要哲学基础。五脏对应五行，心肝脾肺肾对应火木土金水。值得注意的是，中医的五脏六腑同样是从功能视角来描述人体的，而不是解剖学意义上的人体内脏器官。

将五行学说用于解释人体，除以五行特性确定五脏的属性和生理功能外，还以五脏为中心推演整个人体的各种组织结构与功能，并将自然界的五色、五味、五方、五时、五气、五化与人体的五脏、五官、五体、五志、五液、五脉对应起来。这些对应，都是功能表现的联结。体现了人与自然的统一性，表达了天人合一的相互对应的整体观念。

五行学说还可以同易经卦象联系起来。例如，在"乾卦"中，初九"潜龙勿用"代表事物的初始状态，对应着原始存在的"土"；九二"见龙在田"代表事物的萌芽状态，对应着"土"中孕育的"金"；九四"或跃在渊"代表事物的波动状态，对应着"金"生化的"水"；九五"飞龙在天"代表事物的旺盛状态，对应着"水"中旺盛生长的"木"；上九"亢龙有悔"代表事物的转折状态，对应着让"木"走向毁灭的"火"；用九"群龙无首"代表事物的回归状态，对应着"火"后生成的原始的"土"。五行相生的循环与易经乾卦的轮回都是事物发展过程中功能演化的表达，是将纷繁复杂的事物演化简化为规律。

无我视角兴与衰

哥白尼等人打破了人类以地球为宇宙中心的观念。达尔文等人打破了人类是地球生物特例的观念。当今世界，人类需要打破以自己所属文明为中心的世界观（特别是西方文明）。体悟天道需要"无我"视角，即摆脱以观察者（个体或集体）为中心的思维惯性。

人类一直在观察和认识世界的演化。人类最早的认识论是经验主义。通过经验或实验，探究事物的关系，总结出可以应用在其他领域的一般性规律。后来理性主义兴起，其特点是通过数学、逻辑等方式，提出一般性原理，然后应用在实践领域，解释各种现象。

经验主义受观察者影响大，多以归纳方法总结规律，属于"有我"的感悟，在东方思想较为主流。理性主义以推理演绎方法为主，属于"无我"的感悟，在西方思想占据主导。

西方思想从"毕达哥拉斯－柏拉图传统"到"笛卡尔－牛顿传统"，一直强调理性。这种思维方式通过区分主体与客体、物质与精神，用二元论认识世界。德国哲学家康德提出感性－知性－理性的认识路径，自己将其《纯粹理性批判》称为理性主义的"哥白尼革命"。

康德三大批判阐述了关于人的三大问题：人能够知道什么？人应该做什么？人可以期望什么？他认为世界本身是不可知的，但人可以在其能力范围内认识世界，并获得自由。他认为理性是人先天具有的，人应当服从理性，人的道德自律成为理性的最高实现，只有这种自律才能证明人是自由的。他把道德定义为向善的意志，从而将"道德律令"和"自然法则"区分开来，道德哲学从此诞生。

日本哲学家安培能成称："在哲学之路上，任何思想家都必须经过一座桥，这座桥就是康德。"然而这座桥并不是人类哲学的终点。人们会在前人的基础上不断寻求从新的层面与视角审视与思考世界。

康德的认识论本质上属于"有我"思维。如果重新将"道德律令"和"自然法则"的内外规律有机融合，就是"无我"思维。这二者本来就是相通的，人的举止"合于道"就是"天人合一"。

"道德律令"属于精神世界，"自然法则"属于物质世界，而人类近来才意识到的"信息世界"，则是比这两个世界更为本原的先验存在。物质世界和精神世界均要以"我"的存在为前提，均以人类为中心来认识世界，而信息世界是不需要以"我"的存在为前提的。

康德出生距今快300年了，"有我"思维正在走向"无我"思维。至于何时再次回归"有我"思维，应该不是现阶段可以讨论的问题。不过，事物总在螺旋式上升发展，每次回归，都是更高层次认识上的回归。"有我"-"无我"-"有我"-"无我"，是人类思想发展的必然轨迹。

宏观层面，无我视角看透事物演化规律的共性，不再执迷于本集体或本文明的视角与利益，于是可以纵观宇宙、俯瞰世间，无我无他，天人合一。只有规律，没有个体。

微观层面，无我视角是俯瞰视角，生活视角是平视视角。平视多倾向模仿和攀比，俯瞰则易于超然而洒脱。平视可能会意气而争斗，俯瞰多选择淡泊与和谐。

无我视角看清万物兴衰。演化有兴衰，波动有周期。平衡与失衡是演化的基本特征。平衡久了必然走向失衡，失衡过后必然趋于平衡。只要观察周期足够长，没有永久的平衡，也没有永久的失衡。

阴阳互动，正反交替。事物演化总是不断打破平衡再趋于平衡。兴衰是所有事物的共同规律。兴衰固有循环，每次并不相同。失衡总会出现，仍需追求平衡。

无我视角不仅有利于认识天道，还有利于遵循天道。以无我视角修道，修行方式是以超然境界控制身心，以认真态度为人处事，可以是投身事业，也可以是修养身心。胸怀天下苍生是大乘，完善个人素养是小乘。修行的目标，均是向好向善。好与善的标准就是符合天道，古今同理，各地皆然，生死兴衰，超越时空。

修道是认知和理解天道，并作为思考和行为的指导原则，顺应天道，达到天人合一，而非他人认可。修道是孤独的过程，修道者却并不孤独。与万物同生不会感到孤独，无我状态更不存在寂寞。

修道修的不是道，是以道修己。道存在于天地之间，人先悟道，而后合于道而行，是谓修行。修行的目标，是要洞察天道，探求规律，超然物外，无他无我。修行的过程，是意识升华，豁然开悟，触类旁通，心随所欲，内心与行为不断趋向人与自然的和谐与完美。

> 深山沉晓雾，问君行何处。
> 顺乎万里风，栖于千年树。
> 庄周轻死生，葛洪重抱朴。
> 毁誉如霜露，心明正气足。

参考文献

1. "GEO 4: Cultural Geography", Jon C.Malinowski, David H.Kaplan, The McGraw-Hill Companies, Inc., U.S., 2013

2. "Human Geography in Action", Michael Kuby, John Harner, Patricia Gober, John Wiley & Sons,Inc., U.S., 2002

3. "Human Geography: People, Place, and Culture", Erin H.Fouberg, Alexander B.Murphy, H.J.de Blij, John Wiley&Sons, Inc., U.S., 2009

4. "Human Geography", Jon C.Malinowski, David H.Kaplan, McGraw-Hill Companies, Inc., U.S., 2013

5. "World Regional Geography: Global Patterns, Local Lives", Lydia Mihelic Pulsipher, Alex Pulsipher, W.H.Freeman and Company, Inc., U.S., 2008

6. [英]加里·J.肖:《埃及神话》,袁指挥译,民主与建设出版社 2019年版。

7. [美]爱德华·威尔逊:《半个地球——人类家园的生存之战》,魏薇译,浙江人民出版社 2017年版。

8. 薄世宁:《薄世宁医学通史讲义》,中信出版集团 2019年版。

9. [美]凯尼恩:《被禁止的历史》,周子玉译,江苏人民出版社 2011年版。

10. (明)李时珍:《本草纲目》,华文出版社 2009年版。

11. [美]爱德华·威尔逊:《缤纷的生命》,金恒镖译,中信出版集团 2016年版。

12. [英]P.H. 马修斯:《缤纷的语言学》,戚焱译,译林出版社 2013 年版。

13. [美]内森·沃尔夫:《病毒来袭:如何应对下一场流行病的爆发》,沈捷译,浙江人民出版社 2014 年版。

14. [美]沙龙·莫勒姆、乔纳森·普林斯:《病者生存:疾病如何延续人类寿命》,程纪莲译,中信出版集团 2018 年版。

15. [法]勒内·格鲁塞:《草原帝国:游牧与农耕民族三千年碰撞史》,李德谋译,江苏人民出版社 2011 年版。

16. [美]比尔·波特:《禅的行囊》,四川文艺出版社 2018 年版。

17. [古罗马]奥古斯丁:《忏悔录》,周士良译,商务印书馆 1963 年版。

18. [美]菲利普·博比特:《朝服》,杨立峰译,商务印书馆 2017 年版。

19. [英]约翰·里德:《城市》,郝笑丛译,清华大学出版社 2010 年版。

20. [英]菲利普·费尔南多-阿梅斯托:《吃:食物如何改变我们人类和全球历史》,韩良忆译,中信出版集团 2020 年版。

21. 李乾朗:《穿墙透壁:剖视中国经典古建筑》,广西师范大学出版社 2009 年版。

22. [英]阿诺德·汤因比:《从东方到西方——汤因比环球游记》,赖小婵译,上海人民出版社 2016 年版。

23. [日]畠山创:《打开哲学家的正确方式》,范宏涛译,四川文艺出版社 2019 年版。

24. 高振农释译《大般涅槃经》,东方出版社 2018 年版。

25. [美]罗伯特·所罗门:《大问题——简明哲学导论》,张卜天译,广西师范大学出版社 2014 年。

26. [美]伊恩·塔特索尔:《地球的主人:探寻人类的起源》,贾拥民译,浙江大学出版社 2015 年版。

27. [美]贾雷德·戴蒙德:《第三种黑猩猩》,王道还译,上海译文出版社 2012 年版。

28. [美]威廉·塔克:《雕塑的语言》,徐升译,中国民族摄影艺术出版社 2017 年版。

29. 王其亨：《风水理论研究》，天津大学出版社 2005 年版。

30. 亢亮：《风水与建筑》，百花文艺出版社 1999 年版。

31. [美] 布莱恩·阿瑟：《复杂经济学：经济思想的新框架》，贾拥民译，浙江人民出版社 2018 年版。

32. [法] 洛朗·亚历山大、让·米歇尔·贝尼耶：《给未来人类的终极 12 问》，张芳译，北京联合出版公司 2019 年版。

33. [美] 戴维·珀尔玛特、克里斯廷·洛伯格：《谷物大脑》，温旻译，机械工业出版社 2015 年版。

34. [英] 亚当·斯密：《国富论》，谢宗林、李华夏译，中央编译出版社 2011 年版。

35. 朱磊：《国家统一的系统演化动力——复杂性思维视角下的中国国家统一战略》，九州出版社 2019 年版。

36. [美] 理查德·拉克曼：《国家与权力》，郦菁、张昕译，上海人民出版社 2013 年版。

37. [英] 史蒂芬·霍金：《果壳的宇宙》，吴忠超译，湖南科学技术出版社 2002 年版。

38. 余秋雨：《何谓文化》，长江文艺出版社 2012 年版。

39. [荷] 弗朗斯·德瓦尔：《黑猩猩的政治：猿类社会中的权力与性》，赵芊里译，上海译文出版社 2014 年版。

40. 李谨伯：《呼吸之间》，华夏出版社 2013 年版。

41. （唐）王冰：《黄帝内经》，中医古籍出版社 2003 年版。

42. 张其成：《黄帝内经养生大道》，广西科学技术出版社 2010 年版。

43. [美] 戴维·费尔津：《霍金的宇宙》，赵复垣译，海南出版社 2000 年版。

44. [日] 大山旬：《基本穿搭：适用一生的穿衣法则》，肖潇译，四川人民出版社 2019 年版。

45. [美] 悉达多·穆克吉：《基因传》，马向涛译，中信出版集团 2018 年版。

46. [美]邦妮·罗彻曼:《基因机器:推动人类自我进化的生物科技》,张宏翔、李越译,中国人民大学出版社2018年版。

47. [加]斯蒂芬·J.海涅:《基因与命运:什么在影响我们的信念、行为和生活》,高见、刘淑华译,中信出版集团2019年版。

48. [英]马克丹尼尔斯:《极简世界神话》,薛露然译,中信出版集团2019年版。

49. [日]宫崎正胜:《简明世界经济史:金钱推动下的人类进程4000年》,徐娴扬译,北京时代华文书局2019年版。

50. 中共中央文献研究室、中国人民解放军军事科学院编:《建国以来毛泽东军事文稿》,军事科学出版社2010年版。

51. [德]汉诺-沃尔特·克鲁夫特:《建筑理论史:从维特鲁威到现在》,王贵祥译,中国建筑工业出版社2005年版。

52. [英]罗杰·斯克鲁顿:《建筑美学》,刘先觉译,中国建筑工业出版社2003年版。

53. [德]克里斯蒂安·冯·勒费尔霍尔茨:《健身营养全书:关于力量与肌肉的营养策略》,庄仲华译,北京科学技术出版社2018年版。

54. [以]尤瓦尔·赫拉利(Yuval Noah Harari):《今日简史》,中信出版集团2018年版。

55. [加]皮特·S.昂加尔:《进化的咬痕:牙齿、饮食与人类起源的故事》,韩亮译,新世界出版社 2019年版。

56. [美]保罗·萨缪尔森:《经济学》,萧琛译,人民邮电出版社2008年版。

57. [美]保罗·海恩、彼得·勃特克、大卫·普雷契特科:《经济学的思维方式》,马昕陈宇译,世界图书出版公司2008年版。

58. [美]曼昆:《经济学原理》,梁小民、梁砾译,北京大学出版社2009年版。

59. [意]尼科洛·马基雅维里:《君主论》,潘汉典译,商务印书馆1985年版。

60. [澳]依丹·本-巴拉克:《看不见的世界：微生物与人类的博弈》，郭佳、王也译，电子工业出版社 2017 年版。

61. [美]雷·斯潘根贝格、黛安娜·莫泽:《科学的旅程》，郭奕玲、陈蓉霞、沈慧君译，北京大学出版社 2008 年版。

62. [英] A.F. 查尔默斯:《科学究竟是什么》，鲁旭东译，商务印书馆 2007 年版。

63. [澳]约翰·A·舒斯特:《科学史与科学哲学导论》，安维复译，上海科技教育出版社 2013 年版。

64. 郑毓信:《科学哲学十讲：大师的智慧与启迪》，译林出版社 2013 年版。

65. 安维复:《科学哲学新进展——从证实到建构》，上海人民出版社 2012 年版。

66. [美]比尔·波特:《空谷幽兰》，明洁译，四川文艺出版社 2018 年版。

67. [瑞士]希格弗莱德·吉迪恩:《空间·时间·建筑：一个新传统的成长》，王锦堂、孙全文译，华中科技大学出版社 2014 年版。

68. [美]克雷格·莱特:《聆听音乐》，余志刚、李秀军译，生活·读书·新知三联书店 2012 年版。

69. (唐)惠能:《六祖坛经》，邓文宽校注，辽宁教育出版社 2005 年版。

70. [奥]汉斯立克:《论音乐的美：音乐美学的修改刍议》，人民音乐出版社 2003 年版。

71. [英]阿兰·德波顿:《旅行的艺术》，南治国、彭俊豪、何世原译，上海译文出版社 2009 年版。

72. 詹宏志:《旅行与读书》，中信出版集团 2016 年版。

73. [德]贝尔特·荷尔多布勒、[美]威尔逊:《蚂蚁的故事——科学探索见闻录》，夏侯炳译，海南出版社 2003 年版。

74. [德]伯特·霍尔多布勒、爱德华·O·威尔逊:《蚂蚁的社会》，刘国伟译，中信出版集团 2019 年版。

425

75. 李泽厚:《美的历程》,生活·读书·新知三联书店 2009 年版。

76. 宗白华:《美学与艺术》,华东师范大学出版社 2013 年版。

77. [美] 托马斯·D. 西利:《蜜蜂的民主：群体如何做出决策》,刘国伟译,中信出版集团 2019 年版。

78. 安介生:《民族大迁徙》,江苏人民出版社 2011 年版。

79. [古印度] 毗耶娑:《摩诃婆罗多》,黄宝生译,译林出版社 1999 年版。

80. [古罗马] 塞·尤·弗龙蒂努斯:《谋略：外国著名军事著作丛书》,袁坚译,解放军出版社 2005 年版。

81. [意] 乔治·美第奇尼:《男士风雅：男士着装实用指南》,迟培信译,人民邮电出版社 2011 年版。

82. [美] 迈克尔·波伦:《烹：烹饪如何连接自然与文明》,胡小锐、彭月明、方慧佳译,中信出版集团 2017 年版。

83. [英] 西蒙·普莱斯、彼得·索恩曼:《古典欧洲的诞生：从特洛伊到奥古斯丁》,马百亮译,中信出版集团·新思文化 2019 年版。

84. 张文木:《气候变迁与中华国运》,海洋出版社 2017 年版。

85. [日] 田家康:《气候文明史：改变世界的 8 万年气候变迁》,范春飚译,东方出版社 2012 年版。

86. [美] 吴军:《全球科技通史》,中信出版集团 2019 年版。

87. [美] 哈罗德·伊罗生:《群氓之族：群体认同与政治变迁》,邓伯宸译,广西师范大学出版社 2008 年版。

88. [美] 史密斯:《人的宗教》,梁恒豪译,海南出版社 2013 年版。

89. [美] 兰迪·拉森、戴维·巴斯:《人格心理学：人性的科学探索》,郭永玉译,人民邮电出版社 2011 年版。

90. 于希贤:《人居环境与风水》,中央编译出版社 2010 年版。

91. [美] 斯宾塞·韦尔斯:《人类的旅程：基因的奥德赛之旅》,张涛、严墨译,中信出版集团 2019 年版。

92. [肯尼亚] 理查德·利基:《人类的起源》,符蕊译,浙江人民出版社

2019 年版。

93. [美] 迈克尔·托马塞洛:《人类沟通的起源》,蔡雅菁译,商务印书馆 2012 年版。

94. [以] 尤瓦尔·赫拉利:《人类简史》,中信出版集团 2017 年版。

95. 张振:《人类六万年》,时代出版传媒股份有限公司·安徽人民出版社 2015 年版。

96. [美] 大卫·赖克:《人类起源的故事》,叶凯雄、胡正飞译,浙江人民出版社 2019 年版。

97. [美] 丹尼尔·利伯曼:《人体的故事》,蔡晓峰译,浙江人民出版社 2017 年版。

98.（台）吴清忠:《人体使用手册》,北京科学技术出版社 2019 年版。

99. 赵荣:《人文地理学》(第二版),高等教育出版社 2010 年版。

100. [英] 加文·弗朗西斯:《认识身体：探秘人体微宇宙》,马向涛译,中信出版集团 2018 年版。

101. [美] 埃利奥特·阿伦森:《社会性动物》,邢占军译,华东师范大学出版社 2007 年版。

102. [英] 安东尼·吉登斯:《社会学》,李康译,北京大学出版社 2009 年版。

103. [美] 戴维·波普诺:《社会学》,李强译,中国人民大学出版社 2007 年版。

104. [美] C·赖特·米尔斯:《社会学的想像力》,陈强、张永强译,生活·读书·新知三联书店 2005 年版。

105. [美] 乔纳森·H. 特纳:《社会学理论的结构》,邱泽奇译,华夏出版社 2006 年版。

106. [美] 尼尔·舒宾:《身体中的宇宙：探索宇宙、地球与人类进化的共同历史》,严晨风译,电子工业出版社 2016 年版。

107. [英] 阿姆斯特朗:《神的历史》,蔡昌雄译,海南出版社 2013 年版。

108. [美] 戴维·利明、埃德温·贝尔德:《神话学》,李培茱、何其敏、金泽译，上海人民出版社 1990 年版。

109. [美]卡伦·霍妮:《神经症与人性的成长：为自我实现而奋斗》，陈超然、卢光莉译，上海锦绣文章出版社 2008 年版。

110. [美]约翰·布罗克曼:《生命：进化生物学、遗传学、人类学和环境科学的黎明》，黄小骑译，浙江人民出版社 2017 年版。

111. [英]理查德·福提:《生命简史》，高环宇译，中信出版集团 2018 年版。

112. [奥地利]埃尔温·薛定谔:《生命是什么》，罗来欧、罗辽复译，湖南科学技术出版社 2005 年版。

113. [美]大卫·克里斯蒂安:《时间地图：大历史》，晏可佳等译，中信出版集团 2017 年版。

114. [英]史蒂芬·霍金:《时间简史》，许明贤、吴忠超译，湖南科学技术出版社 2007 年版。

115. [美]蒂姆·冈恩、埃达·卡尔霍恩:《时尚衣橱：时尚教父的 20 堂品位进阶课》，刘洲译，中信出版集团 2016 年版。

116. [英]丽贝卡·阿诺德:《时装》，朱俊霖译，译林出版社 2019 年版。

117. [英]安格斯·麦迪森:《世界经济千年史》，伍晓鹰、许宪春等译，北京大学出版社 2003 年版。

118. [美]詹姆斯·E·麦克莱伦第三、哈罗德·多恩:《世界科学技术通史》，王鸣阳、陈多雨译，上海科技教育出版社 2012 年版。

119. 朱伯雄:《世界美术史》，山东美术出版社 2006 年版。

120. 马克垚:《世界文明史》，北京大学出版社 2016 年版。

121. [美]丹尼斯·舍曼等:《世界文明史》，李义天等译，中国人民大学出版社 2012 年版。

122. [英]修·昂纳、约翰·弗莱明:《世界艺术史》，吴介祯译，北京美术摄影出版社 2014 年版。

123. [美]刘易斯·M.霍普费、马克·R.伍德沃德:《世界宗教》，辛岩译，北京联合出版公司 2019 年版。

124. 葛剑雄:《四极日记》,复旦大学出版社 2016 年版。

125. 孙武:《孙子兵法》,陈曦译注,中华书局 2011 年版。

126. 朱光潜:《谈美》,新星出版社 2015 年版。

127. 朱磊:《天命之争——中国历史上的统一与分裂》,九州出版社 2014 年版。

128. [美] 詹姆斯·M. 布坎南、戈登·图洛克:《同意的计算——立宪民主的逻辑基础》,陈光金译,上海人民出版社 2017 年版。

129. 梁思成:《为什么研究中国建筑》,外语教学与研究出版社 2011 年版。

130. [以] 尤瓦尔·赫拉利:《未来简史》,北京:中信出版集团 2017 年版。

131. [美] 克利福德·格尔茨:《文化的解释》,韩莉译,译林出版社 1999 年版。

132. [美] 劳伦斯·哈里森、塞缪尔·亨廷顿:《文化的重要作用:价值观如何影响人类进步》,程克雄译,新华出版社 2010 年版。

133. [英] 肯尼斯·克拉克:《文明》,易英译,中国美术学院出版社 2009 年版。

134. [美] 威尔·杜兰特:《文明的故事》(The Story of Civilization)之《东方的遗产》(Our Oriental Heritage),台湾幼狮文化译,天地出版社 2018 年版。

135. [美] 阿尔伯特·爱因斯坦:《我的世界观》,张卜天译,商务印书馆 2018 年版。

136. [英] 阿兰娜·科伦:《我们只有 10% 是人类:认识主宰你健康与快乐的 90% 微生物》,钟季霖译,北京联合出版公司 2018 年版。

137. [法] 古斯塔夫·勒庞:《乌合之众:大众心理研究》,冯克利译,广西师范大学出版社 2011 年版。

138. 吴京平:《无中生有的世界:量子力学外传》,北京时代华文书局 2018 年版。

139. [日]三崎良章:《五胡十六国:中国史上的民族大迁徙》,刘可维译,商务印书馆2019年版。

140. [美]阿尔伯特·爱因斯坦、[波兰]利奥波德·英费尔德:《物理学的进化》,周肇威译,中信出版集团2019年版。

141. [英]皮库克:《西方服装通史经典图鉴》,刘瑜译,上海人民美术出版社2008年版。

142. 余玉霞:《西方服装文化解读》,中国纺织出版社2012年版。

143. [日]远山公一:《西方绘画史:文艺复兴的惊愕》,范宏涛译,中信出版集团2017年版。

144. [美]马文·特拉亨伯格、伊莎贝尔·海曼:《西方建筑史:从远古到后现代》,王贵祥、青锋、周玉鹏、包志禹译,机械工业出版社2011年版。

145. 陈杰:《西方建筑小史》,清华大学出版社2015年版。

146. 朱光潜:《西方美学史》,人民文学出版社1963年版。

147. 钱乘旦:《西方那一块土:钱乘旦讲西方文化通论》,北京大学出版社2015年版。

148. [美]哈里特·沃斯利:《西方女装百年图鉴》,上海人民美术出版社2010年版。

149. [美]阿兰·邓迪斯:《西方神话学读本》,朝戈金等译,广西师范大学出版社2006年版。

150. [加拿大]梁鹤年:《西方文明的文化基因》,生活·读书·新知三联书店2014年版。

151. [美]保罗·亨利·朗:《西方文明中的音乐》,张洪岛、杨燕迪、汤亚汀译,广西师范大学出版社2014年版。

152. [美]唐纳德·杰·格劳特、克劳德·帕利斯卡:《西方音乐史》,汪启璋、吴佩华、顾连理译,人民音乐出版社1996年版。

153. (清)刘一明:《西游原旨》,中央编译出版社2014年版。

154. (台)王祯煜:《习惯决定健康》,辽宁教育出版社2009年版。

155. [美]罗莎琳·克劳斯:《现代雕塑的变迁》,柯乔、吴彦译,中国民族摄影艺术出版社 2017 年版。

156. [英] 赫伯特·里德:《现代雕塑简史》,曾四凯、王仙锦、叶玉译,广西美术出版社 2015 年版。

157. 钱颖一:《现代经济学与中国经济改革》,中国人民大学出版社 2003 年版。

158. 樊纲:《现代三大经济理论体系的比较与综合》,上海人民出版社 1994 年版。

159. [英] 昆廷·斯金纳:《现代政治思想的基础》,奚瑞森、亚方、李强译,凤凰出版传媒集团、译林出版社 2011 年版。

160. [美] 彼得·伯格、托马斯·卢克曼:《现实的社会建构:知识社会学论纲》,吴肃然译,北京大学出版社 2019 年版。

161. [美] 本尼迪克特·安德森:《想象的共同体:民族主义的起源与散布》,吴叡人译,上海人民出版社 2005 年版。

162. [美] 林恩·马古利斯、多里昂·萨根:《小宇宙:细菌主演的地球生命史》,王文祥译,漓江出版社 2017 年版。

163. 程建军:《爕理阴阳:中国传统建筑与周易哲学》,中国电影出版社 2005 年版。

164. [美] 戴维·迈尔斯:《心理学》,黄希庭译,人民邮电出版社 2013 年版。

165. [美] 库恩等:《心理学导论:思想与行为的认识之路》,郑钢译,中国轻工业出版社 2014 年版。

166. [美] 理查德·格里格、菲利普·津巴多:《心理学与生活》,王垒等译,人民邮电出版社 2014 年版。

167. 梁实秋:《雅舍谈吃》,山东画报出版社 2005 年版。

168. [英] 约翰·B·汤普森:《意识形态与现代文化》,高铦译,译林出版社 2005 年版。

169. [英] 蒂姆·斯佩克特:《饮食的迷思:关于营养、健康和遗传的科学真相》,李超群译,广西师范大学出版社 2019 年版。

170. 王仁湘：《饮食史话》，社会科学文献出版社 2012 年版。

171. 付有强：《英国人的"大旅行"研究》，中国社会科学出版社 2015 年版。

172. [英] 金斯·J.H.：《宇宙深处》，吕德生、王蓓译，石油工业出版社 2017 年版。

173. [英] 牛顿：《宇宙体系》，王克迪译，北京大学出版社 2017 年版。

174. 王士元：《语言、演化与大脑》，商务印书馆 2011 年版。

175. [美] 史蒂芬·平克：《语言本能：人类语言进化的奥秘》，欧阳明亮译，浙江人民出版社 2015 年版。

176. [美] 科姆里：《语言共性和语言类型》，沈家煊、罗天华译，北京大学出版社 2010 年版。

177. [意] 达里奥·马埃斯特里皮埃里：《猿猴的把戏者：进化论破解人际潜规则》，吴宝沛译，中信出版集团 2019 年版。

178. [美] 迈克尔·波伦：《杂食者的两难：食物的自然史》，邓子衿译，中信出版集团 2017 年版。

179. [日] 安藤忠雄：《在建筑中发现梦想》，许晴舒译，中信出版社 2014 年版。

180. [英] 利德尔·哈特：《战略论：间接路线》，钮先钟译，上海人民出版社 2010 年版。

181. [德] 克劳塞维茨：《战争论》，中国人民解放军军事科学院译，解放军出版社 2005 年版。

182. [英] 约翰·基根：《战争史》，林华译，中信出版社 2015 年版。

183. [瑞士] A·H·若米尼：《战争艺术概论》，刘聪译，解放军出版社 2006 年版。

184. [美] 威尔·杜兰特：《哲学的故事》，蒋剑峰、张程程译，新星出版社 2013 年版。

185. [英] 罗伯特·艾伦：《哲学的盛宴》，刘华译，新世界出版社 2017 年版。

186. [美]安东尼·奥罗姆:《政治社会学导论》,张华青等译,上海世纪出版集团 2014 年版。

187. [英]安德鲁·海伍德:《政治学》,张立鹏译,中国人民大学出版社 2013 年版。

188. 鞠海龙:《政治学概论》,时事出版社 2015 年版。

189. 沈从文:《中国服饰史》,陕西师范大学出版社 2004 年版。

190. 贾玺增:《中国服饰艺术史》,天津人民美术出版社 2009 年版。

191. 刘敦桢:《中国古代建筑史》,中国建筑工业出版社 2008 年版。

192. 蔡杰:《中国古代堪舆小史》,中国长安出版社 2014 年版。

193. 林徽因:《中国建筑常识》,天地出版社 2019 年版。

194. 梁思成:《中国建筑史》,生活·读书·新知三联书店 2011 年版。

195. [日]伊东忠太:《中国建筑史》,陈清泉译,商务印书馆 1937 年版。

196. 高春明:《中国历代服饰艺术》,中国青年出版社 2009 年版。

197. 洪再新:《中国美术史》,中国美术学院出版社 2000 年版。

198. 李霖灿:《中国美术史》,中信出版集团 2018 年版。

199. 葛剑雄:《中国人口史》,复旦大学出版社 2005 年版。

200. 方鸣:《中国书法大全》,中国华侨出版社 2013 年版。

201. 高明一:《中国书法简明史》,中信出版集团 2018 年版。

202. 李萧锟:《中国书法之旅》,中信出版社 2018 年版。

203. 楼宇烈:《中国文化的根本精神》,中华书局 2016 年版。

204. 孙隆基:《中国文化的深层结构》,广西师范大学出版社 2011 年版。

205. 殷海光:《中国文化的展望》,上海三联书店 2002 年版。

206. 钱穆:《中国文化史导论》,商务印书馆 2003 年版。

207. 王光祈:《中国音乐史》,广西师范大学出版社 2005 年版。

208. 臧一冰:《中国音乐史》,武汉大学出版社 2011 年版。

209. 刘月:《中西建筑美学比较论纲》,复旦大学出版社 2008 年版。

210. 张捷、李悦:《中西饮食文化比较》,上海交通大学出版社 2017 年版。

211. 郭建龙:《中央帝国的哲学密码》,鹭江出版社 2018 年版。

212. 杜茂爱:《中医自学百日通》,天津科学技术出版社 2015 年版。

213. [美] 悉达多·穆克吉:《众病之王：癌症传》,李虎译,中信出版社 2013 年版。

214. 何新:《诸神的起源》,民主与建设出版社 2018 年版。

215. [法] 布封:《自然史》,沈玉友译,新世界出版社 2015 年版。

216. [英] 理查德·道金斯:《自私的基因》,卢允中等译,中信出版集团 2018 年版。

217. [德] 克里斯蒂安·迈耶:《自由的文化：古希腊与欧洲的起源》,史国荣译,文化发展出版社 2019 年版。

218. [德] 费尔巴哈:《宗教的本质》,王太庆译,商务印书馆 2010 年版。

219. [英] 托马斯·马丁·林赛:《宗教改革史》,孔祥民、令彪、吕和声、吕虹译,商务印书馆 2016 年版。

220. 葛剑雄:《走非洲》,作家出版社 2005 年版。